Contraste insuffisant
NF Z 43-120-14

Texte détérioré — reliure défectueuse

NF Z 43-120-11

La Mare d'Auteuil

par Paul de Kock

Imprimerie Ve P. Larousse et Cie   J. Rouff & Cie, Éditeurs
19, Rue Montparnasse   14, Cloître St-Honoré

Jules ROUFF et C¹ᵉ Éditeurs, 14, Cloître Saint-Honoré, Paris.

LA MARE D'AUTEUIL

I.

Un portier d'une nouvelle espèce.

Un jeune homme de vingt-trois ans, bien fait, bien mis, bien tourné et ayant une assez jolie figure, sur laquelle cependant on lisait quelque chose de naïf, que chez un homme on est toujours disposé à prendre pour de la niaiserie, parce qu'on ne peut jamais croire que ce soit encore de la candeur;

Ce jeune homme, qui était fort gentil malgré son air naïf, ou peut-être grâce à cet air-là, qui lui donnait quelque chose de distingué quand il se trouvait au milieu de gens de son âge ; ce jeune homme, disons-nous..., ne vous impatientez pas, lecteur, nous allons arriver, venait d'entrer dans la rue des Martyrs et cherchait le numéro qu'on lui avait indiqué.

Or, si vous habitez Paris, ou si vous y êtes venu quelquefois, vous devez savoir que dans cette ville si renommée, si vantée, si prônée!... excepté par Jean-Jacques Rousseau ; il ne la vantait pas celui-là, mais c'était un homme fort difficile à satisfaire et à contenter. Il était pessimiste, toujours de mauvaise humeur, voyant tout en noir et croyant que le genre humain était occupé à lui faire des méchancetés ; voilà quelle était l'humeur de ce monsieur, qui n'était même pas aimable avec les gens qui lui faisaient du bien. Tout lui était dû et il ne devait rien aux autres.

Je préfère moins de génie et plus de cœur ; on l'a appelé l'homme de la nature!... Triste nature alors!

Nous disions donc que dans Paris, ce qu'il y a de plus difficile à trouver, ce sont les numéros des maisons, il semblerait pourtant que c'est la chose qui doit surtout se mettre en évidence, et qu'un propriétaire devrait penser que ses locataires recevront quelquefois du monde, et qu'il sera fort difficile de découvrir où ils demeurent si l'on ne peut pas apercevoir le numéro de la maison.

Eh bien! il n'en est point ainsi : une maison sera surchargée d'ornements, de corniches ; les boutiques auront des enseignes, des auvents, des tableaux, des tentes, de belles tentures voltigeront dans les airs et caresseront votre chapeau et quelquefois votre nez lorsque vous passerez dessous, mais pour des numéros, fi donc!...

C'est la chose à laquelle on songe le moins, souvent ils sont cachés par des étalages, quelquefois, au lieu de frapper la vue, on a l'idée ingénieuse de les incruster en relief sur la maison, mais on se garde bien de les peindre, et comme ils sont alors de la même couleur que la muraille, il faut que vous ayez de bien bons yeux pour parvenir à les voir ; enfin très-souvent on n'en met pas du tout, ou s'il y en a, ils sont dissimulés de façon à ce que vous passerez dix fois devant la maison avant d'être parvenu à les voir.

Espérons que cet état de choses changera et que nous aurons enfin partout les beaux numéros blanc et bleu qu'on nous promet depuis longtemps.

Le jeune homme dont nous avons esquissé le portrait, s'appelait Benjamin Godichon ; son nom de famille faisait souvent sourire ceux qui le prononçaient, et depuis qu'il était à Paris, Benjamin s'étonnait de l'effet que son nom produisait sur ses amis et dans la société.

Les Parisiens ont le rire si facile, il faut si peu de chose pour provoquer leur gaieté.

— Ah! enfin!... c'est là... dit le jeune Benjamin en apercevant le numéro d'une maison devant laquelle il avait déjà passé plusieurs fois sans le voir, parce que d'un côté une banne et de l'autre une en-

4

seigne qui faisait saillie semblaient avoir mission de le dérober aux yeux des passants.

Le jeune homme entre dans la maison, se trouve dans une petite cour, et voit une petite porte vitrée au-dessus de laquelle est écrit le mot *concierge*.

Il court entr'ouvrir cette porte, et avançant à peine le bout de son nez vers la loge qui est fort sombre et n'exhale pas une odeur embaumée, s'écrie :

— Madame Saint-Lambert, s'il vous plaît?

Une voix gutturale, perçante, brève et qui semble partir du fond de la loge répond :

— C'est ici... c'est ici... c'est ici...

— Diable, se dit le jeune Benjamin, voilà un concierge qui a peur que l'on ne soit sourd, et qui ne craint pas de se répéter, et il reprend :

— Et est-elle chez elle, madame Saint-Lambert?

La même voix répond :

— C'est ici... c'est ici... c'est ici...

— J'ai fort bien entendu, concierge, mais je vous demande maintenant si cette dame est chez elle.

— Montez... montez... montez...

— Ah! elle y est... fort bien. A quel étage, s'il vous plaît? car c'est la première fois que je viens chez madame Saint-Lambert et j'ignore où est situé son logement.

— Montez, montez, c'est ici... c'est ici... c'est ici...

— Voilà un portier assommant! se dit le jeune homme en reculant sa tête de l'ouverture de la loge d'où continuait à s'exhaler un parfum qui prenait aux yeux et annonçait que les habitants de l'endroit cultivaient avec succès le miroton.

— Je ne sais pas ce que ce portier fait cuire dans sa loge, mais vraiment, c'est une odeur à vous asphyxier. Ah! je reconnais, c'est de l'oignon... il en fait des confitures probablement. Comment ces gens-là peuvent-ils vivre là dedans... Voyons, il faut pourtant en finir.

Rassemblant son courage, Benjamin avance de nouveau la tête en disant :

— Voulez-vous bien me dire, s'il vous plaît, à quel étage demeure madame Saint-Lambert?

— Fermez la porte... fermez la porte... fermez la porte...

— Mais supristi, portier, vous m'impatientez à la fin, je ne demande pas mieux que de fermer votre porte, car il règne dans votre loge une odeur qui prend aux yeux... cela est peu agréable... Ah! fichtre... répondez donc à ma question d'abord... à quel étage?

— Montez, montez, montez!...

— Pour le coup, j'en ai assez, se dit Benjamin, et refermant avec colère la porte vitrée du concierge, il se dirige vers l'escalier, bien résolu à porter plainte contre celui qui remplit si mal le poste qui lui est confié.

Après avoir monté un étage, Benjamin s'arrête et réfléchit :

— En me répondant toujours : Montez!... montez!... ce portier n'a-t-il pas voulu me dire que madame Saint-Lambert logeait tout en haut, et que je devais monter tant que je trouverais des marches... Oh! oui, c'est probablement cela... mais il aurait pu me le dire d'une autre façon... Quelle horrible voix nasillarde et rauque... Comment peut-on garder un portier aussi peu honnête avec les personnes qui viennent faire visite aux locataires!

Tout en faisant ces réflexions, le jeune Benjamin s'est remis bravement à gravir les degrés, et comme la maison avait six étages, il monte longtemps; enfin, lorsqu'il ne trouve plus de marches à franchir, il s'arrête et regarde autour de lui.

Il est sur un palier assez propre pour son élévation, et sur lequel donnent trois portes : l'une est pourvue d'une sonnette; l'autre n'a qu'un petit bout de ficelle, qui semble tenir un loquet; la troisième n'a rien.

Le jeune homme se dirige vers la porte qui, ayant une sonnette et un paillasson, semble annoncer un appartement qui a du moins la prétention d'être propre.

Il sonne, au bout de quelque temps des pas lents et mesurés se font entendre.

— Elle vient bien doucement! se dit Benjamin, et hier à ce bal elle était si lestement, si sautillante... elle ne pouvait pas tenir en place même quand elle ne dansait pas... ce n'est pas elle qui vient ouvrir, ce doit être sa domestique.

On ouvre. Une vieille femme, coiffée d'un bonnet qui a au moins un pied de haut et donne de l'originalité à une figure déjà passablement grotesque, examine celui qui vient de sonner d'un air assez maussade et lui dit :

— Essuyez vos pieds, j'ai un paillasson pour ce motif.

— Je le vois bien, madame... pardon, est-ce ici...

— Certainement, c'est ici... je vous attendais depuis longtemps, j'ai envoyé chez vous il y a plus d'une heure... Essuyez donc vos pieds...

— Madame, je ne comprends pas bien... vous avez envoyé chez moi, dites-vous?...

— Deux fois... ma petite-nièce... Vous êtes sans doute un nouveau garçon, car je ne vous connais pas... ça ne fait rien... est-ce que vous aurez la complaisance de me les poser... car ma nièce est si sotte, si intempestive, et d'ailleurs... elle est capable de ne rentrer que ce soir...

— Vous les poser... Qu'est-ce que vous voulez que je vous pose..

— Les sangsues que vous m'apportez; le docteur m'en a ordonné quinze... à un certain endroit où il m'est impossible de les mettre moi-même... car on ne se voit pas par là... et c'est bien dommage.

Benjamin Godichon recula brusquement jusque sur le carré, comme frappé de terreur, et s'écrie :

— Certainement, nous nous trompons tous deux... je demande madame Saint-Lambert, est-ce ici?

— Saint-Lambert!... vous n'êtes donc pas le garçon pharmacien qui m'apporte des sangsues?...

— Mais non, madame... et si vous aviez voulu m'écouter...

— Fichez-moi donc la paix, alors...

Et la vieille femme referme brusquement la porte au nez du jeune homme, sans écouter ce qu'il continuait de lui dire.

— Je m'adressais bien moi!... cette dame qui me propose de lui poser des sangsues... elle a refermé sa porte avec colère... mais elle est malade... il faut l'excuser... voyons... tirons cette ficelle à côté...

Le jeune Benjamin tire la ficelle, un loquet se lève, il entre. Une voix qui part d'une pièce voisine, crie :

— Par ici... che suis au fond, entrez.

— Diable! ce n'est point une voix de femme, se dit Benjamin, mais c'est peut-être une domestique mâle... un groom, elle était assez bien mise pour qu'on suppose cela... c'est pourtant singulier qu'elle loge si haut... mais à Paris maintenant on ne sait pas ce qui c'était aussi élégant au sixième qu'au premier...

En faisant ces réflexions, le jeune homme traversait une pièce mansardée et qui n'avait pour tenture qu'un papier décollé en plusieurs endroits, et pour meubles que deux fourneaux en terre, dont l'un était cassé... Tout cela s'accordait peu avec la supposition d'un groom.

Dans la pièce du fond était une grande table en forme d'établi, sur laquelle un homme était assis les jambes croisées à la turque. Habillé d'un simple pantalon et d'une chemise, sans gilet, ni veste, cet homme, dont le visage était rouge et le nez betterave, ressemblait au premier abord à un masque; il était en train de coudre un pantalon, tout en chantonnant avec un accent fort prononcé :

On n' fait bus l'amour tous les chours,
Mais l' chouecroute on en manche touchours.

— Bon, me voilà chez un tailleur, à présent! se dit Benjamin, tandis que celui chez qui il vient d'entrer lui dit :

— Che vous tiens, monsir Chiffretin... che zuis à fotre dernière chambre... fous l'aurez ce zoir, je bouvais bas avant...

— Pardon, monsieur, de vous avoir dérangé, mais je ne suis pas la personne que vous croyez... et je vois bien que je me suis trompé...

Le tailleur relève la tête et s'écrie :

— Tiens! c'ètre bas monsir Chiffretin... c'ètre un nouvelle bratique!

— Non, monsieur, je demande madame Saint-Lambert, qui doit demeurer dans cette maison... mais le portier n'a pas eu la complaisance de me dire à quel étage.

— Matame Saint-Lampert... de la bart de monsir Chiffretin?...

— Mais non!... je vous demande cette dame... la connaissez-vous dans la maison?...

— Ché réponds bas bour les tâmes, che zuis bas tailleur bour femme... che connais bas le Saint-Lampert... foulez-fous que je breme mezure à fous?

— Eh non, je ne veux pas que vous me preniez mesure, j'ai mon tailleur... d'ailleurs, je n'ai besoin de rien... c'est bien singulier que vous ne connaissiez pas une de vos voisines...

— Je foisine bas... che finis le bantelon bour monsir Chiffretin, il sera pien choli!... Voulez-vous que je fous prenne mezure pour faire le bareil...

— Non, monsieur, non... désolé de vous avoir importuné... ne vous dérangez pas de votre ouvrage, je vous en prie... j'ai l'honneur de vous saluer...

— Bouchour, monsir.

Et Benjamin se hâte de sortir de chez le tailleur, que reprend sa chanson sur l'amour et la choucroute, en continuant de confectionner le pantalon de M. Chiffretin.

Il ne restait plus qu'une porte sur le palier, le jeune homme se demande s'il y frappera; mais après avoir tant fait que de venir là, il ne veut pas abandonner la partie.

Il frappe à la troisième porte. On ne répond pas.

Au bout d'un moment, il refrappe encore. Il entend alors un bruit de pas comme des personnes qui vont, viennent, courent, se sauvent ou se cachent, puis le bruit cesse entièrement, mais on n'ouvre pas.

Certain d'avoir entendu du monde, Benjamin frappe une troisième fois, et plus fortement.

Alors la porte s'ouvre brusquement, une jeune fille à demi vêtue paraît, tenant à sa main une grande jatte remplie d'eau dont elle lance le contenu au nez de la personne qui a frappé, en lui criant :

— Tiens, voilà pour t'apprendre à revenir malgré ma défense, vilain Cotonnet, et si tu refrappes encore... si tu...

La jeune fille n'achève pas, elle a regardé Benjamin, elle s'est aperçue qu'elle avait fait une méprise, elle balbutie :

— Ah ! mon Dieu ! ce n'est pas Cotonnet !...

— Et quand même c'eût été Cotonnet, dit Benjamin, était-ce donc une raison pour l'arroser ainsi !

Mais la jeune femme parle inutilement, car la jeune fille, toute honteuse de ce qu'elle a fait, vient de refermer sa porte et ce disparaître aussi vite qu'elle était apparue.

— Allons !... ça va bien ! se dit Benjamin, en tirant son foulard de sa poche et en essuyant de son mieux l'eau qu'il a reçue en plein visage Il faut avouer que je n'ai pas de chance et que la connaissance de madame Saint-Lambert me coûtera bien des tribulations... et encore parviendrai-je à la faire, je ne connaissance... la retrouverai-je cette dame qui m'a bien donné son adresse dans cette maison et que personne n'y connaît... excepté le portier, puisqu'il m'a répondu trois fois : C'est ici !... mais puisque le portier la connaît, c'est le principal... c'est qu'elle y demeure, et il faudra bien que je la trouve... oui... ça m'est égal, mais on me jeter autre chose à la figure... je brave tout !... Et puis elle était très-gentille, cette petite qui vient de m'arroser... son costume était léger comme celui du tailleur, si ce n'est qu'elle avait un jupon au lieu d'un pantalon. Ah ! c'est bien plus gentil, les jupons !... il est vrai que ce sont les femmes qui les portent... ce serait fort vilain aux hommes.. Elle avait de beaux cheveux noirs, cette demoiselle.. des yeux noirs aussi et très-brillants, très-animés.. des couleurs vives... Je voudrais bien savoir ce qu'elle faisait là dedans et si elle y était seule... Tiens, c'est madame Saint-Lambert que j'oublie.. c'est celle-là qui est jolie.. et hier au Château des Fleurs, comme elle me regardait... et en me quittant, je suis très-sûr qu'elle m'a serré la main... Donc, j'ai fait sa conquête... Oh ! il faut absolument que je la retrouve... Tant pis, je vais sonner au-dessous.

Benjamin Godichon descend lestement un étage. Il y a encore trois portes sur le palier ; cette fois, il court sonner à la première venue. On ouvre. Une jeune bonne se présente :

— Madame Saint-Lambert, s'il vous plaît ?

— Ce n'est pas ici, monsieur.

— Voulez-vous bien me dire où c'est, s'il vous plaît ?

— Mais, monsieur, je ne connais personne de ce nom-là dans la maison, et pourtant je connais toutes celles qui l'habitent ; je suis bien sûre que vous vous trompez de maison.

— Non, mademoiselle, puisque le portier m'a dit que c'était bien ici qu'elle logeait.

— Ici ? dans ce logement...

— Non, mais dans cette maison.

— Je n'y comprends rien, il faut qu'il ait mal entendu. Eh bien, alors, qu'il vous dise donc à quel étage, à quelle porte... Je crois qu'il vous fait aller, le père Locard.

— Si je savais cela... oh ! mais vous avez raison, mademoiselle, je me lasse de sonner, de frapper partout, je redescends parler au portier, au père Locard, comme vous l'appelez ; il faut qu'il s'explique, cette fois, et s'il s'est joué de moi, il verra que je ne suis pas de ces gens qui souffrent qu'on se moque d'eux.

— Allez, monsieur, vous ferez bien ; d'abord c'est un grippe-sous que ce portier-là.

Le jeune homme descend vivement les cinq étages, il arrive dans la cour, il court ouvrir la porte vitrée du concierge, et, bravant cette fois l'odeur de l'oignon, passe entièrement sa tête dans la loge, en s'écriant :

— Portier, il faut en finir... voilà une heure que je frappe à toutes les portes de votre maison...

— Montez !... montez !... montez !... répond de nouveau la voix nasillarde dont on n'aperçoit pas le propriétaire.

— Merci, j'ai bien assez monté comme cela, j'ai été jusqu'au sixième ! Je vous ai demandé madame Saint-Lambert...

— C'est ici !... c'est ici !... c'est ici !..

— Eh bien, puisque c'est ici... à quel étage... à quelle porte dois-je m'adresser... je n'ai pas envie de me tromper encore... J'ai eu assez d'aventures comme cela... Voyons, voulez-vous bien me répondre... où diable vous cachez-vous donc... père Locard, car je sais votre nom maintenant...

— Fermez la porte... fermez la porte... fermez la porte...

— Ah ! c'est trop fort... vous vous moquez de moi... insolent. drôle... je vous ferai bien sortir de votre loge, moi...

Et le jeune Benjamin, furieux, se dispose à pénétrer dans la loge du concierge, lorsque des éclats de rire frappent son oreille ; il se retourne et aperçoit dans la cour un jeune homme fort élégant, fort beau garçon, qui se tord de rire en le regardant et s'adosse contre le mur pour se livrer tout à son aise à sa gaieté.

Benjamin regarde ce monsieur, il s'arrête, il ne sait plus ce qu'il veut faire : il lui semble que c'est de lui que ce monsieur rit, et cela le pique ; d'un autre côté, il brûle de rosser le portier. Il fait un pas dans la loge, en criant :

— Où vous cachez-vous donc ; canaille que vous êtes... montrez vous, qu'on vous voie un peu.

— Montez !... montez !... montez !...

— Vous êtes donc dans une soupente, que votre voix part d'en haut ?... Ah ! quelle fichue odeur... j'en ai les yeux qui pleurent !...

Benjamin ressort de la loge les yeux rouges comme un lapin.

Le beau monsieur rit encore plus fort.

Notre jeune amoureux n'y tient plus, il s'avance vers l'inconnu en lui disant :

— Est-ce de moi que vous riez, monsieur?

— Oh oui... hi... hi... hi... oh oui !...

— Est-ce parce que je veux corriger cet insolent portier que vous riez tant ?

— Justement. Ah ! ah ! ah ! je n'en peux plus... il veut battre le portier... c'est pour en mourir !

— Monsieur, savez-vous bien que je n'aime pas que l'on s'amuse à mes dépens ?

— Oh !.. ah ! ah ! ah ! dites tout ce que vous voudrez, vous ne m'empêcherez pas... il veut rosser le portier... Ah ! ah ! ah !

— C'est bien, monsieur, tout à l'heure nous aurons aussi une explication tous deux. Mais il faut d'abord que j'en finisse avec ce drôle !

Et le jeune Benjamin retourne à la porte de la loge et se met à crier :

— Père Locard, je vous ordonne de sortir ! ou je vais chercher la garde. Je saurai bien avoir raison de vous.

— Ah ! ah ! ah ! il veut aller chercher la garde... ce serait délicieux... oh !... Ah ! je n'en puis plus.

En ce moment un homme en veste, en casquette, entre dans la cour, et apercevant Benjamin qui donne de grands coups de poing sur les vitres de la loge, ce qui a déjà attiré plusieurs locataires aux fenêtres, court bien vite se mettre entre lui et la porte vitrée, en lui disant :

— Monsieur, que demandez-vous ? Ne faites donc pas tant de bruit, vous attirez tout le monde aux fenêtres.

— Qu'est-ce que cela me fait... laissez-moi tranquille... je veux rosser le portier... sortez, père Locard.

— Mais, monsieur, c'est moi qui suis Locard, le portier, pourquoi donc voulez-vous me battre ?

— Vous... vous êtes le portier ? mais alors celui qui occupe votre loge... et cela empoisonne l'oignon... qui est-il... c'est celui-là que je veux... qu'il me faut.

Le portier, car c'est bien lui qui vient de rentrer, semble très-embarrassé et ne sait que répondre ; mais pendant qu'il cherche une défaite, le monsieur qui riait tant s'est approché, puis, faufilé lestement dans la loge du concierge, en ressort bientôt ayant sur un de ses bras un gros perroquet gris qui baisse le nez d'un air sournois, et qu'il présente à Benjamin, en lui disant :

— Tenez, monsieur, voilà le portier que vous vouliez absolument rosser et faire arrêter par la garde.

Benjamin regarde le perroquet ; il ne sait s'il doit en croire ses yeux Mais en ce moment le malin oiseau se met à crier de nouveau

— Montez... montez... montez... c'est ici... c'est ici...

Il n'y avait plus à douter.

Le jeune Benjamin a un moment envie de rire comme le monsieur qui tient le perroquet ; mais au lieu de céder à ce premier mouvement, qui est toujours le bon, comme vous savez, il pense qu'il ne doit point souffrir qu'on se soit moqué de lui, et s'écrie d'un ton aigre :

— Comment, portier, vous quittez votre loge et vous mettez à votre place un perroquet ! Ceci me semble peu sans gêne.

— Mon Dieu, monsieur, je vous demande mille excuses, répond le portier d'un ton suppliant. Mais tout cela est la faute de monsieur que voilà, qui loge dans la maison et qui a eu l'idée d'apprendre à son perroquet tous ces mots que disent souvent les concierges ; si bien que, quand monsieur veut m'envoyer en commission, comme aujourd'hui, il me descend son oiseau, en me disant : N'aie pas peur, Jacquot te remplacera; on ne se doutera pas que tu es sorti... et pour plus de sûreté, écrase quelque oignon dans la loge, cela ôtera l'envie d'y entrer aux personnes qui passeront. C'est encore ce que j'avais fait aujourd'hui.

— Oh! sapristi, je m'en suis aperçu... Ah ! c'est vous, monsieur, qui avez des idées aussi originales ?

— Il me semble, monsieur, que l'idée n'est pas si mauvaise. Voyons, franchement, n'y avez-vous pas été trompé vous-même?

— Oui, monsieur. Oh! j'y ai été parfaitement trompé !

— Est-ce qu'il n'y avait pas de quoi pouffer de rire quand vous vouliez à toute force faire sortir le père Locard ?

— Oui, monsieur, je comprends que cela devait vous amuser beaucoup, vous!

— Si monsieur voulait bien me dire maintenant ce qu'il demande dans la maison? murmura le portier d'un ton humble.

— Ah! c'est juste. Qui je demande? eh parbleu, madame Saint-Lambert!

Le concierge semble un instant chercher dans sa mémoire, puis enfin il s'écrie :

— Ah! oui, monsieur, madame Saint-Lambert. Oui! oui ! elle est chez elle... je pense qu'elle doit être chez elle. C'est au quatrième, la porte à droite.

— Ah ! c'est bien heureux !

— Qu'est-ce que vous dites donc, vieux Locard? dit le monsieur au perroquet ; et, s'adressant à demi-voix au portier :

— Vous avez une madame Saint-Lambert dans la maison... et depuis quand ? je ne connais pas cela, moi !

Mais le père Locard se rapproche de son locataire et lui glisse quelques mots dans l'oreille.

Alors celui-ci part d'un nouvel éclat de rire, en s'écriant :

— Ah ! très-bien! compris... connu... C'est une seconde édition du perroquet !

Benjamin avait presque oublié l'histoire du portier, et il se disposait à remonter l'escalier, quand il entend le monsieur élégant rire de nouveau aux éclats en le regardant.

Cette fois le jeune homme n'y tient plus, il court d'un air furieux contre celui qui lui rit au nez et lui dit :

— Quant à vous, monsieur, j'espère que demain vous voudriez bien me rendre raison de vos mauvaises plaisanteries.

— Tout cela quand vous voudrez, monsieur. Tenez, voilà ma carte ; du reste, je demeure dans la maison, et cela ne vous dérangera pas, puisque vous venez... chez madame... Saint-Lambert !... Ah ! ah ! ah !

— Oui, monsieur, oui, demain vous aurez ma visite.

— Ah ! donnez-moi donc votre carte aussi, que je sache un peu à qui j'aurai affaire.

— C'est juste... Voilà ma carte, monsieur.

Benjamin a fouillé dans sa poche et remis sa carte à ce monsieur.

A peine celui-ci a-t-il jeté les yeux dessus, qu'un fou rire lui prend de nouveau et qu'il se jette sur un banc en s'écriant :

— Godichon!... il s'appelle Godichon!... Ah! décidément ce jeune homme a juré de me faire mourir de rire!...

Benjamin grimpe l'escalier, rouge de colère, et poursuivi par les éclats de rire du beau monsieur.

II.

Madame Saint-Lambert.

A mesure que le jeune Benjamin Godichon montait les marches de l'escalier, sa colère se calmait et des idées d'un genre anacréontique lui passaient par l'esprit ; il se disait qu'il allait enfin voir cette femme séduisante, dont il avait ébauché la connaissance la veille au Château des Fleurs, et il se flattait bien que cette connaissance allait devenir plus intime. Tout devait le lui faire espérer : lorsqu'une femme donne son adresse à un jeune homme et lui permet de se présenter chez elle,
ce n'est pas ordinairement pour se conduire avec lui comme *Lucrèce* avec *Tarquin.*

Enfin, le voilà au quatrième étage, devant la porte à droite; il sonne, on ouvre.

C'est une petite fille de treize ans, mise d'une façon qui fait douter si c'est une bonne, une ouvrière ou une charbonnière; car la petite est fort sale et a une partie du visage noircie par le charbon, ce qui ferait penser qu'elle ne se sert point de soufflet pour allumer son feu.

Les mains répondent à sa figure; elles sont aussi parfaitement noires; mais, comme elles reluisent en plusieurs endroits, on peut reconnaître qu'elles doivent leur couleur au cirage anglais.

— Madame Saint-Lambert? demande Benjamin en saluant profondément la petite fille, qui le regarde d'un air espiègle et continue de tortiller une grosse bouchée qu'elle vient de détacher d'un morceau de pain enduit de raisiné qu'elle tient dans sa main gauche.

— Madame Saint-Lambert... murmure la petite fille, en étalant avec l'index de sa main droite une agglomération de raisiné, qui ne bouchait pas convenablement les trous de son pain.

— Je me flatte que c'est ici !... reprend Benjamin d'une voix tremblante, tandis que la petite fille, en mordant de nouveau à sa tartine, vient de couvrir une de ses joues de raisiné, ce qui, joint à la poussière de charbon et au cirage anglais, dont son visage porte aussi quelques traces, donne à sa physionomie quelque chose d'original qui ne serait pas désagréable chez les *Mohicans* de Cooper.

— Ah oui ! ah oui! que je suis bête! s'écrie tout à coup la petite. Madame Saint-Lambert... certainement que c'est ici... donnez-vous la peine d'entrer, monsieur... elle y est.

— Ah ! enfin ! se dit Benjamin en suivant la petite fille qui lui fait traverser une espèce d'antichambre servant aussi de sale à manger, et quelquefois de cuisine, à en juger par des épluchures de légumes épars, çà et là ; puis elle introduit le jeune homme dans un salon assez mesquinement meublé et où il y a un vieux piano carré.

— Monsieur, si vous voulez attendre un moment... ma... ma... madame Saint-Lambert va venir...

— Je ne la dérange pas, j'espère ?

— Oh ! non, monsieur, puisqu'elle vous attendait... c'est qu'elle se débarbouille...

Benjamin ne peut s'empêcher de se dire que la petite bonne devrait bien imiter sa maîtresse, mais il garde cette réflexion pour lui, et la petite, après lui avoir dit de s'asseoir, s'éloigne en attaquant de nouveau la tartine au raisiné.

Lorsqu'on a pour la première fois chez une dame, et que cette dame vous fait attendre, ce qu'elles font presque toujours, la première chose à laquelle on se livre est tout naturellement l'examen de la pièce où l'on est ; on cherche à deviner, sur l'ameublement, la position, les goûts et même le caractère de la personne que l'on vient voir.

On se trompe quelquefois dans ses conjectures, mais, fort souvent aussi, on devine juste.

Benjamin n'est point fasciné par le luxe qui règne dans la pièce où il attend.

Le parquet a probablement été frotté jadis, mais depuis longtemps on ne lui a pas donné cette parure, il est même douteux qu'on l'ait balayé.

Le divan sur lequel il est assis n'est nullement élastique, un ermite ne le trouverait point trop doux.

La toile à petits carreaux bleus et blancs, employée pour housses sur tous les meubles, a perdu sa blanchissage une partie de ses couleurs et s'est tellement raccourcie, qu'en certains endroits elle ne descend pas à moitié du meuble.

Les rideaux sont en toile de Perse et ont encore tout leur brillant, bien que tachés à plusieurs places.

Il y a une table à jeu sur laquelle est une lampe Carcel.

Sur la cheminée, une fort jolie pendule en rocaille, éclipse par son élégance tout ce qui est dans l'appartement, mais il lui manque sa garniture.

Quelques méchants tableaux sont placés au-dessus du divan ; mais, en face, un charmant portrait de femme, au pastel, attire bientôt les regards du jeune visiteur.

— C'est elle... c'est son portrait ! se dit Benjamin en se rapprochant du pastel. Un peu plus jeune peut-être... mais cela lui ressemble beaucoup encore... elle a une coiffure espagnole là-dessus... Est-ce qu'elle serait de ce pays-là !... c'était peut-être un costume de carnaval... mais elle est vraiment ravissante ainsi.

En ce moment une porte s'ouvre et madame Saint-Lambert entre dans le salon.

C'est une femme de trente-quatre ans, qui a été fort jolie, mais n'est pas mal encore, mais semble avoir considérablement, *dit le balai.*

Elle est très-mince, on pourrait dire maigre ; mais elle est bien faite et a la tournure jeune.

C'est une brune aux yeux bleus ; sa carnation annonce une femme du Midi.

Sa bouche, un peu grande, est spirituelle; ses dents sont assez blanches; son ton leste et dégagé.

Elle est coiffée exactement comme son portrait.

Ses cheveux noirs et retroussés en nattes sur les côtés se marient ensuite avec un fichu de soie rouge qui est roulé avec art autour de sa tête; un voile noir qui, par devant, descend presque sur les yeux, est jeté sur tout cela, et couvre par derrière des épaules qui ne sont pas d'une entière blancheur.

Le reste de la toilette se compose d'une robe de soie noire, extrêmement chiffonnée.

Mais en se retournant et en apercevant cette dame, Benjamin n'est frappé que d'une chose: c'est de sa ressemblance avec son portrait.

Il est probable que c'est dans le dessein de rendre cette ressemblance plus frappante que madame Saint-Lambert s'est coiffée exactement comme sur son image.

— Bonjour, monsieur... excusez-moi de vous avoir laissé ainsi seul... ma caméristre aurait dû vous faire passer dans mon boudoir... mais cette petite ne pense qu'à manger... Ce salon n'est pas encore coté... on ne finit à rien à Paris... C'est bien aimable à vous de vous être souvenu de moi.

— Ah! madame, reprend le jeune homme un peu étourdi par ce jeu de paroles qui tombent sur lui coup sur coup. Certainement... je ne pouvais pas vous oublier... vous n'êtes pas de ces personnes qu'on oublie!...

— Hum! flatteur, cela entre à peine dans le monde! et cela connaît déjà le langage de la séduction... Venez donc vous asseoir.

Benjamin croyait qu'on allait le faire entrer dans le boudoir dont on venait de lui parler, mais cette dame est allée se placer sur son divan, où elle adopte sur-le-champ une position qui met en évidence ses pieds, qu'elle a très-petits.

Le jeune homme s'empresse d'aller se mettre à côté d'elle.

— Que regardiez-vous donc quand je suis entrée?
— Votre portrait, madame, il est d'une grande ressemblance!
— Trouvez-vous... je crois qu'on m'a un peu flattée...
— Mais non... vous voilà bien comme le portrait...
— Aujourd'hui, je suis fatiguée... j'ai mal dormi... j'ai mes nerfs... je suis affreuse...
— Ah! madame!
— Je ne veux pas que vous me regardiez... je n'ai pas eu le temps de me coiffer...
— Mais votre coiffure est délicieuse au contraire, c'est celle de votre portrait... Est-ce que vous êtes étrangère?...
— Oui, je suis Espagnole... Par les femmes, ma mère était une Villa de las Tormas de Bellaréal.

Benjamin s'incline respectueusement devant tous ces noms, en répondant:

— C'est donc cela, madame, que vous avez un léger accent étranger...

— Oui, oui j'ai un peu d'accent en effet.

Ce que Benjamin prenait pour un accent espagnol était tout simplement celui des habitants des bords de la Garonne; mais un amoureux se trompe facilement, et le jeune Benjamin était fort amoureux.

— Vous avez donc bien trouvé mon adresse, monsieur?
— Oui, madame... Ah! quand je dis oui, c'est-à-dire que j'ai eu presque autant de mal à parvenir jusqu'à vous que Jason à conquérir la toison d'or. J'ai même cru à un moment qu'il le faudrait y renoncer.
— Vraiment!... mais que vous est-il donc arrivé?
— Une foule d'aventures.
— Oh! contez-moi cela... J'adore les événements qui sortent de la route monotone de la vie. J'aurais voulu vivre au temps des chevaliers errants, j'aurais été une Bradamante...
— Ma foi, madame, j'ai été très-heureux, moi, car, sans sortir de votre maison, j'ai eu toutes sortes d'aventures.

Et Benjamin fait à madame Saint-Lambert le récit de ce qui lui est arrivé.

Elle l'interrompt de temps en temps pour dire:
— Des sangsues! oh! c'est ravissant!... C'est madame Patouillard, une ci-devant charcutière... Pauvre jeune homme, vous êtes tombé!... Ah! un Allemand! un tailleur: c'est le vieux Birmann, un ivrogne!... Comment on vous a jeté de l'eau au visage! mais c'est affreux! c'est indigne! c'est cette petite Coralie!... ou sa camarade... est-ce qu'elles ont une volée là-haut. Je crois qu'elles logent six dans une chambre. Je ne comprends pas qu'un propriétaire tolère cela!
— Et que font ces demoiselles?

Elles sont fleuristes!... soi-disant... elles font une foule de choses.
— Continuez... ici dessus...
— Ah! c'est la bonne de madame Barigoule qui vous aura parlé...
— Comment se fait-il que cette bonne ne vous connaisse pas, vous qui logez au-dessous? elle m'affirmait positivement qu'il n'y avait pas de madame Saint-Lambert dans la maison.

La dame au voile noir pince un peu la bouche, puis répond:

— Est-ce que les bonnes savent ce qu'elles disent...; est-ce qu'il faut écouter ces gens-là...
— Mais achevez donc... Je ne conçois pas ce portier qui ne vous dit pas tout de suite où c'est.
— Attendez, madame, la fin est ce qu'il y a de plus curieux.

Benjamin termine son récit. Lorsque madame Saint-Lambert apprend que c'était un perroquet qui était dans la loge, et qui répondait pour le concierge, elle est prise d'un accès de fou rire, qui laisse bien loin derrière lui celui du monsieur qui était dans la cour. Elle se roule, elle se tord sur le divan, et dans les bonds qu'elle fait en se jetant de côté et d'autre, sa robe n'observe pas toujours les lois de la pudeur; parfois elle recouvre à peine les jarretières ponceau de cette dame, mais celle-ci ne semble pas y faire attention, elle continue de rire et de faire des soubresauts; un autre que Benjamin profiterait de cet accès de gaieté; mais il se contente d'être très-ému.

Cette dame a tant poussé d'éclats de voix en riant, que la petite fille entre dans le salon, toujours la bouche pleine, en disant:
— Qu'est-ce qu'il y a, madame Saint-Lambert?... Madame Saint-Lambert a appelé?
— Eh non! je n'ai pas appelé, sotte, laisse-nous donc tranquilles... Comment, tu manges encore?...
— Tiens, pardi... je n'avais pas déjeuné ce matin, puisqu'il n'y avait pas de sucre ici... et je n'aime pas le lait sans sucre, moi...
— C'est bien, en voilà assez, éloignez-vous, Marinette... Cette petite me mange tout... j'enferme le sucre, monsieur, ce n'est pas par avarice... je n'ai jamais tenu à l'argent... mais je connais cette enfant, je sais qu'elle se ferait mal... elle en mangerait un pain par jour, quand elle en met dans son lait, c'est un véritable sirop.

Mademoiselle Marinette, qui avait quitté le salon, y reparait subitement en criant:
— Veux-tu que je mange le restant de pâté de hier au soir?

Madame Saint-Lambert fronce ses sourcils noirs, et fait de gros yeux à la petite fille qui n'a pas l'air de comprendre et continue:
— Tu sais bien qu'il n'était pas gros... C'était un pâté de quinze sous et tu n'en as guère laissé!

Ces détails ajoutent à la colère de madame Saint-Lambert qui est fort contrariée que le jeune homme, qui vient chez elle pour la première fois, entende sa bonne la tutoyer. Elle se lève vivement, en faisant avec son pied un geste tellement significatif que la petite Marinette se sauve sans se retourner, mais en murmurant:
— C'est embêtant ça!... faut juste que je fasse tout ici!... et on enferme un méchant reste de pâté!... D'abord je suis bien décidée à ne pas manger de pain sec!

Benjamin ne disait rien; mais il trouvait assez singulier qu'une Espagnole descendante des Villa de las Tormas de Bellaréal se laissât tutoyer par sa domestique. Madame Saint-Lambert, qui a le coup d'œil fin, devine ce que pense son jeune amoureux, et lorsque la petite fille est enfin sortie tout à fait, elle reprend la parole:
— Mon Dieu! oui... voilà pourtant ce que l'on gagne à être trop bonne et à gâter ces gens-là... Voilà une enfant qui me manque de respect... Après cela, elle m'a vue si jeune... je veux dire que je l'ai vue si jeune! Cette petite est la fille de ma nourrice... Je l'ai prise avec moi, elle était encore toute petite... Elle m'appelait sa sœur... en effet, elle est ma sœur de lait... Je la laissais alors me tutoyer... et quelquefois... comme vous venez de l'entendre, elle s'oublie au point de me tutoyer encore!...
— Aïe! que c'est votre sœur de lait!...
— C'est égal, je ne veux plus supporter de telles familiarités... je la corrigerai... Mais laissons cela... revenons à l'histoire du perroquet-portier... c'est si drôle... et qui donc avait inventé cela?
— Un monsieur qui riait comme un fou dans la cour... Il se moquait de moi... J'aurais pu le lui pardonner... mais cela a duré trop longtemps... et il a l'air si impertinent, ce monsieur... je le reverrai. Cela me fait penser qu'il m'a donné sa carte, que je n'ai pas encore regardée... Voyons donc un peu...

Benjamin fouille dans sa poche et en tire une carte sur laquelle il lit:
— Achille Rocheville.
— Achille Rocheville! s'écrie madame Saint-Lambert, qui semble troublée en entendant ce nom; comment! c'était lui!... oh! je le reconnais bien là!... un étourdi... mauvaise tête, se moquant de tout le monde, même de ses amis... il sacrifierait son frère pour dire un bon mot, pour faire une plaisanterie; enfin c'est ce que dans la société on nomme maintenant un blagueur!...
— Un blagueur!...
— Oui, monsieur, oh! le mot est reçu et adopté... notre langue n'est pas assez riche pour que nous fassions fi d'un mot qui a une nouvelle signification; car blaguer, voyez-vous, c'est autre chose que plaisanter, que railler, que rire; blaguer est pis que tout cela, parce que les gens qui ont cette manie l'exercent constamment, sans cesse, et sur les objets qui prêtent le moins au ridicule, n'importe!... vous leur direz que vous êtes ruiné, que votre maîtresse vous est infidèle, que votre ami, que votre frère est mort, que vous souffrez, que vous êtes malade, ils blagueront sur tout cela... plus ils verront que

cela vous irrite, plus ils redoubleront. Que ce qu'ils disent n'ait pas le sens commun, que cela vous choque, vous nuise ou vous ennuie, qu'est-ce que cela leur fait! Ils vont toujours leur train... pourvu qu'ils disent des blagues, leur but est rempli, et ils se croient des hommes d'esprit!

— En vérité, madame, le tableau que vous venez de tracer ne me donne pas envie de faire la connaissance d'un blagueur!

— Eh! mon Dieu, monsieur! peut-être vous séduirait-il d'abord; il y a des gens qui les trouvent aimables, amusants; d'autres qui les recherchent comme on recherche des bouffons qui vous font rire par leurs grimaces ou leur danse grotesque; quant à moi, ils me font l'effet de la manne : on en mange un tout petit morceau, comme un bonbon, et il passe, mais le second morceau donne des nausées. Revenons à ce M. Achille Rocheville, c'est un voisin, il demeure au-dessous de moi.

— Oui, il m'a dit qu'il logeait dans cette maison.

— Mais pourquoi vous a-t-il donné sa carte... pourquoi devez-vous le revoir?

— Parce que je veux qu'il me demande excuse de s'être moqué de moi... sinon...

— Qu'est-ce à dire... un duel!... vous êtes donc une mauvaise tête aussi, vous? Oh! je ne veux pas de cela, je ne souffrirai pas cela; vous battre, vous faire tuer, blesser! que sais-je!... non, non, vous n'irez pas chez M. Rocheville, vous ne le reverrez pas, il faut que vous me le promettiez...

— Madame, je suis désolé de vous refuser quelque chose; mais c'est moi-même qui ai demandé un rendez-vous à ce monsieur. Si maintenant je n'allais pas le trouver, j'aurais l'air d'un fanfaron... d'un lâche... vous sentez que je ne puis accepter cela.

— Oh! mon Dieu! mais c'est horrible... voyons, mon cher Benjamin... vous m'avez dit, je crois, que vous vous appeliez Benjamin?

— Oui, madame : Benjamin Godichon.

— Je me contenterai de vous donner le premier nom... vous le voulez bien?

— Ah! madame!...

— Eh bien, Benjamin, soyez raisonnable; vous sentez bien que je ne veux pas que vous ayez un duel à cause de moi.

— Ce n'est pas du tout de votre faute.

— J'en serais toujours la cause; et moi qui éprouve déjà pour vous un intérêt... un penchant si vif...

— Ah! madame...

— Appelez-moi Berthe, c'est mon petit nom.

— Berthe!... que j'aime ce nom-là!

— C'est celui d'une reine qui protégeait les amours et les troubadours. Je voudrais bien être reine, il n'y aurait dans mon royaume que des combats à armes courtoises. Mais vous m'écouterez, n'est-ce pas... vous obéirez à celle sur qui vous exercez déjà un empire. Mon Dieu, je dis des choses que je devrais renfermer dans mon cœur... mais je ne sais comment cela se fait... j'éprouve le besoin de m'épancher avec vous.

— Ah! madame...

— Appelez-moi Berthe; ah! a-t-il les cheveux doux et soyeux!... Voyons, mon ami, car vous voulez être mon ami, n'est-ce pas?

— Je voudrais être plus encore...

— Méchant, comme sa voix arrive à mon âme. Vous n'irez pas trouver ce Rocheville. J'irai à votre place et j'arrangerai l'affaire.

— Mais, madame...

— Appelez-moi donc Berthe! je dirai que vous êtes mon frère... ah! c'est gentil, cela... que vous n'êtes pas habitué aux plaisanteries françaises. Enfin, je saurai dire tout ce qu'il faudra pour arranger cette affaire; vous le voulez bien, Benjamin, n'est-ce pas?

Au moment où le jeune homme va répondre, la sonnette retentit avec violence, et ce bruit semble vivement inquiéter madame Saint-Lambert, elle pose sa main devant la bouche de Benjamin, qui allait parler, en lui disant : — Taisez-vous.

Bientôt on entend ouvrir la porte. Madame Saint-Lambert fait un geste de colère en murmurant : — Que cette petite est bête! je lui avais défendu d'ouvrir.

— Vous craignez une visite ennuyeuse? dit Benjamin.

— Taisez-vous.

Quelques moments s'écoulent. Madame Saint-Lambert prête l'oreille en faisant toujours signe à son jeune ami de ne point bouger. Celui-ci commence à trouver la situation un peu trop prolongée, enfin on entend la porte qui est refermée avec fracas, et bientôt mademoiselle Marinette entre dans le salon, d'un air effaré, en s'écriant :

— C'était lui tout de même, et il n'avait pas l'air de croire...

Madame Saint-Lambert interrompt la petite en la poussant assez brutalement dehors, où elle la suit, ayant soin de refermer la porte après elle.

Benjamin Godichon se retrouve livré à ses réflexions. Les mots échappés à la jeune fille : C'était lui! ont désagréablement frappé ses oreilles. Il se demande quel peut être ce lui dont la visite a si fort troublé sa belle; ce ne peut être un mari, car la veille, en causant avec cette dame, au Château des Fleurs, il se souvient parfaitement qu'elle lui a dit être veuve d'un banquier, qui avait perdu une grande partie de sa fortune sur mer.

Mais l'accueil aimable qu'il a reçu, les aveux que madame Saint-Lambert n'a pas craint de laisser échapper devant lui, ne lui permettant plus de douter qu'elle ne réponde à son amour, Benjamin ne voit pas pourquoi il s'inquiéterait de la visite qu'elle a reçue.

L'absence de son Andalouse se prolongeant, Benjamin, qui est un peu musicien, ouvre le piano et veut essayer de jouer quelque chose, mais la plupart des touches ne parlent plus, les unes ne veulent point se baisser, les autres se baissent, mais ne se relèvent plus, et celles qui daignent enfin dire quelque chose font entendre un petit son d'épinette qui doit remonter au moins à Rameau.

Madame Saint-Lambert reparait au moment où le jeune homme quittait le piano, sa figure a repris sa sérénité et son amabilité.

— Ah! vous jouez du piano?

— J'avais voulu essayer, mais...

— Il a besoin d'être accordé.

Benjamin trouve que le piano aurait besoin de beaucoup d'autres choses. Il va se replacer près de cette dame qui s'est étendue de nouveau sur son divan, dans une position qui semble annoncer beaucoup de laisser-aller. Elle sourit au jeune homme et passe sa main sur ses cheveux.

— A-t-il les cheveux doux!...

— Vous trouvez, ma... charmante Berthe?

— Ah! c'est bien heureux qu'il m'appelle Berthe, enfin! oui, petit Benjamin, vous avez les cheveux d'une finesse... savez-vous ce que cela annonce?

— Non, madame... non, Berthe...

— Ah! c'est heureux! j'allais vous pincer sans cela. Eh bien, on assure que cela pronostique du bonheur en amour...

— Vraiment...

— En avez-vous eu déjà beaucoup?

— Je ne m'en souviens pas... je ne pense qu'à celui que je rêve près de vous.

— Ah! voyez-vous cela... quand je disais que c'était déjà un roué fini. Mais si on vous accordait ce que vous désirez, seriez-vous fidèle, aimant, discret? je crains tant d'être compromise! La réputation d'une femme est une glace que le moindre souffle ternit!

— Moi, je trouve que le bonheur est bien plus grand lorsqu'il est caché. D'ailleurs, soumis à vos moindres volontés, je n'agirais que suivant vos désirs.

— C'est bien, cela; je vous préviens aussi que je suis très-jalouse. Si vous me trompiez, je serais capable de me porter à quelque action grave; je sens que je deviendrais criminelle... j'ai le sang brûlant des femmes de mon pays... je suis Andalouse jusqu'au bout des ongles!

— Vous ne devez pas redouter tout cela. Etre aimé de vous serait un si grand bonheur! pourrait-on risquer de le perdre en vous trompant, vous, si séduisante, si jolie!

— Vraiment! Ah! si je pouvais vous croire, Dieu! que je suis faible!... non, je dois vous résister... ce sont encore des peines que je me prépare!

Cependant madame Saint-Lambert ne semble pas du tout se disposer à résister; enflammé par son amour, enhardi par ses yeux qui le provoquent au lieu de le gronder, le jeune Benjamin devient téméraire... lorsque la terrible sonnette se fait entendre de nouveau.

La belle Espagnole se relève en repoussant Benjamin par un mouvement si prompt qu'elle envoie le jeune homme rouler sur le parquet non frotté du salon. Elle court coller une oreille à la porte en balbutiant :

— Mon Dieu! il sera revenu... il aura eu des soupçons... cette Marie aura répondu de travers.

— C'est donc quelqu'un dont vous craignez les...

— Taisez-vous!

On entend ouvrir, puis parler très-fort. Benjamin est resté assis par terre devant le divan, car Berthe lui fait signe de ne point bouger; elle écoute toujours avec anxiété, enfin la porte d'entrée est refermée de manière à faire trembler toutes les vitres de la maison. Alors Berthe sort du salon.

— Sapristi! voilà une sonnette bien désagréable, se dit Benjamin se relevant : j'allais triompher de sa résistance. Cette femme charmante se donnait à moi... mais j'espère que ce n'est que partie remise, car du moment qu'une femme le veut bien... que diable peut donc sonner ainsi chez elle et lui causer une si vive émotion?

Madame Saint-Lambert revient, mais elle est troublée, son front est soucieux et elle s'empresse de dire à son jeune homme qui l'attendait :

— C'est mon oncle qui vient de venir... c'est lui qui était déjà venu tout à l'heure... je crains qu'il n'ait des soupçons... il ne vous connait pas, et s'il vous trouvait chez moi... ce serait des questions à n'en plus finir. Nous ne serions pas tranquilles ici aujourd'hui... il faut vous en aller...

— Comment, madame, vous me renvoyez...

— Mais attendez donc! descendez la rue, il y a une place de voitures derrière Notre-Dame-de-Lorette... prenez-en une, montez dedans, restez sur place et attendez-moi, dans trois minutes j'irai vous rejoindre... et nous irons dîner ensemble.

— Ah! c'est charmant! vous consentez à venir dîner avec moi!...
— Il le faut bien... je suis trop bonne... mais mon cœur m'entraîne, partez vite.
— Ah! suis-je heureux... je passerai la journée avec vous... je...
— Oui, oui, mais filez vite. Vous me direz tout cela tantôt. Ne vous arrêtez pas chez le portier, surtout!
— Chez le perroquet? oh! il n'y a pas de danger. Vous allez venir?
— Oui, oui, mais allez donc...

Berthe pousse Benjamin hors du salon, elle le pousse hors de la salle à manger, elle le pousse jusque sur le carré, elle le pousserait peut-être ailleurs encore, mais sur le carré on trouve mademoiselle Marinette qui était mise en vedette pour regarder s'il ne montait personne, et qui s'écrie, en voyant sortir le jeune homme :
— Je ne vois pas un chat sur l'escalier... ah! si...
— Quelqu'un monte? s'écrie Berthe.
— Non... je veux dire que je vois le chat du premier.

Madame Saint-Lambert, qui ne trouve pas sans doute cette plaisanterie de son goût, applique un soufflet à la petite fille, qui rentre en grommelant, tandis que Benjamin descend rapidement les quatre étages et sort de cette maison dans laquelle, en si peu de temps, il lui est déjà arrivé tant de choses.

III.

Une voiture sans stores.

En quelques minutes Benjamin est arrivé à la place de fiacres, il monte dans le premier qu'il aperçoit et dit au cocher :
— J'attends une dame... dès que vous la verrez venir, ouvrez la portière et faites-la monter.
— Suffit, bourgeois.
— Où mènerai-je dîner? se dit le jeune homme dès qu'il se voit seul dans la voiture.

Il semblera singulier qu'un jeune homme qui court les bals et les belles ne sache pas où il doit mener dîner une dame à Paris. Mais il faut vous dire que le jeune Godichon n'habite la capitale que depuis huit mois, et qu'avant ce temps il était relégué dans la province qui l'avait vu naître. Né à Louviers, où son père avait une grande fabrique de draps, il y avait fait des études légères, mais on le destinait au commerce, et ses parents pensaient avec raison que le latin et le grec ne seraient d'aucune utilité à leurs fils dans ses relations commerciales. Bientôt la mort d'un parent éloigné qui avait fait le jeune Benjamin son héritier, et qui lui laissait près de cinquante mille francs de rente, vint changer les projets que l'on avait formés pour Benjamin. Déjà riche par son père qui avait amassé assez de fortune dans son commerce de draps, le jeune homme devenait un grand parti et pouvait porter ses vues très-haut... D'ailleurs tout le monde a de l'ambition maintenant, et il n'est pas nécessaire d'être riche pour cela, au contraire : ceux qui n'ont rien sont en général ceux qui osent le plus ; quand on n'a rien à perdre, on doit naturellement être plus audacieux ; aussi ce sont plutôt ceux-là qui arrivent, suivant l'axiome latin : *audaces fortuna juvat*.

M. Godichon le père, homme fort respectable, mais qui avait mis tout son esprit dans son commerce et n'en avait pas gardé une parcelle à son service particulier, ne savait rien refuser à son fils qu'il idolâtrait. Madame Godichon, femme de tête et de caractère, était morte peu de temps avant le superbe héritage survenu à son fils. Le jeune homme se trouvait donc à peu près maître de faire tout ce qu'il voulait ; du reste il n'abusait pas de cette liberté ; né avec un caractère naturellement doux, naïf et confiant, il n'avait jamais causé le moindre chagrin à son père ; c'est celui-ci qui répétait cinquante fois par jour à son fils :
— Tu es très-riche... tu es beau garçon... tu peux aller... tu peux arriver où tu voudras... tu es sûr de réussir... ne crains rien, va de l'avant!...

Alors le jeune Benjamin, sûr de réussir, voulut apprendre à peindre. Au bout de six mois d'étude, il ne pouvait pas faire un nez, et on prenait ses oreilles pour des yeux.

M. Godichon père s'en prenait au maître en disant :
— Comment se fait-il que mon fils, qui a déjà cinquante mille francs de rente et qui en aura cent mille après moi, ne puisse pas faire un nez? Cela ne se conçoit pas... Assurément c'est que vous lui montrez mal!
— Monsieur, répondait le maître, si la fortune suffisait pour donner du talent, quelle consolation resterait-il aux pauvres gens?

Benjamin renonça au dessin et voulut devenir virtuose. Il apprit le violon. Il faisait ses gammes encore moins bien que ses nez. Il abandonna un instrument qui exige de si longues études. Il étudia le piano et parvint à tapoter un quadrille et à accompagner une romance.

Enfin il voulut être poëte, et se donna plusieurs fois la migraine pour accoucher d'un méchant couplet qui rimait mal et qui ressemblait pour la force aux devises qu'on lit sur les mirlitons.

La Fontaine l'a dit avec raison : « *Ne forçons point notre talent, nous ne ferions rien avec grâce.* »

Le jeune homme avait du moins le bon esprit de ne rien vouloir forcer ; il renonçait très-facilement à ce qui lui donnait de la peine, son père avait beau lui répéter :
— Continue, poursuis... tu réussiras... Tu dois réussir... Tu as cent mille francs de rente! va de l'avant!

Le jeune homme souriait et répondait :
— J'aime mieux essayer autre chose.

Enfin un beau matin, le désir de voir Paris, de connaître tous les plaisirs amoncelés dans cette capitale, se fit jour dans ce jeune cœur neuf, qui se sentait le besoin de jouir de sa fortune dans un grand espace et de voir autre chose que Louviers.

M. Godichon ne trouva nullement à redire à la demande de son fils ; plus d'une fois lui-même avait été sur le point de lui conseiller d'aller visiter la capitale.

Il répéta donc à Benjamin ce qu'il lui avait dit en mainte occasion :
— Va, mon garçon, va à Paris... va de l'avant! tu y réussiras... Tu dois réussir, y obtenir de grands succès, car c'est surtout à Paris que l'on apprécie la fortune, le physique, les talents... Je ne te propose pas de t'accompagner ; d'abord tu es en âge d'aller tout seul, tu as vingt-deux ans sonnés, ensuite quand un jeune homme va à Paris pour s'amuser, la compagnie de son père serait pour lui plutôt une gêne qu'un plaisir...
— Oh! écoute donc, j'ai été jeune aussi... mais je n'avais pas cent mille francs de rente comme toi. Aussi je me suis fort peu amusé à Paris. Je resterai donc à Louviers, j'y ai mes habitudes, mes amis... mes réunions, mon café habituel... Tu m'écriras, toi, tu me feras part de tes succès, de tes triomphes, et quand tu voudras me voir, tu reviendras... c'est si facile maintenant qu'il y a un réseau de chemins de fer sur la France, on voyage si vite... on est arrivé avant d'être parti!... Va donc, tu reviendras savant dans tous les genres, et j'en serai glorieux.

A la suite de cette conversation, le jeune Benjamin était parti pour Paris ; il n'y avait pas eu autant de succès que monsieur son père avait bien voulu lui en prédire, cependant il s'y amusait, parce qu'avec de la jeunesse, de la santé et de la fortune, il faudrait avoir sans cesse mal aux dents pour ne point s'amuser à Paris. Mais depuis huit mois qu'il habitait la grande ville, le jeune Benjamin n'avait point encore perdu cet air naïf et candide qu'il avait rapporté de Louviers ; les aventures qui lui étaient arrivées étaient si simples, si ordinaires, qu'il n'avait pas acquis beaucoup d'expérience, et c'est pourquoi maintenant, dans son fiacre, il se demande où il pourra conduire sa nouvelle conquête pour être certain d'être avec elle dans un cabinet tout à fait particulier.

— J'aurais dû demander à ce jeune artiste qui loge dans ma maison et qui veut toujours m'emmener promener quand je rentre me coucher, se dit Benjamin... les artistes, ce sont des hommes à bonnes fortunes... et quoique celui-ci n'ait pas l'air de s'occuper des femmes, il est bien probable qu'il en connaît ; certainement il aurait pu me renseigner... m'indiquer un bon endroit... pour conduire une dame... avec qui on désire... parler d'amour... Ah! que je suis donc fâché de ne point avoir parlé de cela à Tamboureau!

La portière, qu'on ouvre avec précipitation, met fin aux réflexions du jeune amoureux. Madame Saint-Lambert s'élance, tombe presque sur les genoux de Benjamin et dit au cocher :
— Partez vite, et menez-nous lestement.
— Et où allons-nous? demande le cocher, qui tient sa portière entr'ouverte.

Benjamin balbutie :
— Où nous allons... mais nous allons... je pense que nous pourrions bien aller...

Berthe s'empresse de répondre pour lui :
— Eh! mon Dieu... au bois de Boulogne... au Ranelagh... justement il y a bal ce soir... nous y dînerons... puis nous y danserons; partez, cocher! filez!

Benjamin voit qu'il a affaire à une dame qui connaît les bons endroits, et qu'avec elle il peut se passer de consulter Tamboureau.

On part. Madame Saint-Lambert se laisse aller au fond de la voiture, en disant à son compagnon :
— Baissez les stores.

Benjamin se penche vers chaque portière ; il cherche en haut, en bas, des glands de cordon, puis il répond avec un air pénétré :
— Il n'y a pas de stores à cette voiture!...
— Pas de stores!... et elles en ont toutes maintenant. Par exemple, c'est jouer de malheur... Et vous choisissez précisément une voiture qui n'en a pas... voilà une idée dont je ne vous ferai pas compliment!..
— Mais je n'ai pas remarqué cela en montant...

— Mon cher ami, c'est la première chose que l'on doit examiner lorsqu'on monte en voiture avec une dame...
— Voulez-vous que nous redescendions, nous en prendrons une autre...
— Oh! il est bien temps, à présent qu'elle roule!... Mais je vous défends de m'embrasser... et les mœurs!... on pourrait nous voir...
— Mon Dieu que j'ai été bête de prendre cette voiture...!
— C'est vrai... Je veux dire que vous avez été étourdi... mais consolez-vous... la journée n'est pas finie...
— Dieu merci... et elle sera charmante, puisque je la passerai avec vous...
— Pourvu que je ne sois pas aperçue dans cette voiture avec vous... on aurait le droit de se plaindre à l'administration des citadines... ils doivent être forcés d'avoir des stores...
— Vous craignez d'être rencontrée par votre oncle?
— Justement.
— Il est donc bien sévère cet oncle-là?
— Très-sévère... c'est un homme qui est toujours de mauvaise humeur... excellent cœur du reste, mais très-brutal.
— Puisque vous êtes veuve, il me semble que vous devez être libre de vos actions...
— Oh! sans doute, je suis libre... mais cependant... vous savez... il y a de ces convenances... de ces devoirs de famille... Mon oncle ne veut pas que je reçoive personne... Je crois qu'il a envie de m'épouser.
— Ah! bah! les oncles épousent donc leurs nièces?
— Quelquefois... avec des dispenses... cela s'est vu...
— Et vous consentiriez à épouser votre oncle?
— Moi!... oh jamais!... je l'ai en horreur... je l'exècre... c'est-à-dire je le respecte et le vénère, mais je ne veux point l'épouser... Fi donc! je ne veux pas être ma tante!
— Oh! tant mieux... restez libre... que j'aie seul le droit de vous aimer...
— Est-il gentil ce petit Benjamin... Quelle bête de voiture... que c'est contrariant qu'il n'y ait point de stores... baissez-moi la main... je vous le permets... regardez-moi... Oh Dieu! Voyons, monsieur, répondez-moi un peu maintenant, car enfin, il est assez naturel que je désire connaître les antécédents d'un homme qui vient de me voler mon cœur... Depuis quand habitez-vous Paris?
— Depuis huit mois... et huit jours...
— Tant que ça! je n'aurais pas cru... Et avant où étiez-vous?
— A Louviers, ma ville natale, où mon père est établi fabricant de draps.
— Ah! votre père fait dans les draps...
— C'est-à-dire que maintenant il ne fait presque plus rien, il s'est retiré; il peut se reposer, il est assez riche.
— Ah! votre père est riche...
— Et moi aussi... j'ai déjà cinquante mille francs de rente...
— En vérité! Oh! moi, je fais peu de cas de l'argent... j'en dépense beaucoup, parce qu'il en faut pour vivre, mais je ne sais pas ce que c'est que de compter... de calculer... Fi! cela m'ennuie... Regardez-moi encore... dans les yeux!... Petit monstre! n'a-t-il de beaux cils... Ne me regardez plus! j'ai peur de trop l'aimer!...
— Ah! Berthe!...
— Oui, appelle-moi Berthe!... ta Berthe!... je veux l'être toujours... Ah! que c'est désolant de ne point avoir de stores... Vous ne garderez pas cette voiture-là, j'espère; vous la renverrez quand nous serons au bois de Boulogne?
— Oh! certainement...

— Et que venez-vous faire à Paris?
— Rien, m'y amuser, y faire des connaissances...
— Mon ami, je veux vous guider, je veux être votre mentor dans cette ville qui est très-dangereuse lorsqu'on n'a pas une longue expérience... les gens qui en sont s'y perdent bien quelquefois... il ne faut pas vous lier trop facilement... avec les hommes surtout... il y a des connaissances bien funestes parfois... c'est toujours entre eux que les hommes se perdent. Qui connaissez-vous à Paris?
— Fort peu de monde: quelques anciens correspondants de mon père, auxquels il m'avait adressé et chez qui je dîne quelquefois.
— Ensuite?
— Un jeune artiste qui demeure dans ma maison... un peintre qui a beaucoup de talent...
— Les peintres qui ont beaucoup de talent ont rarement beaucoup d'argent... Fait-il le portrait?
— Oui, et fort ressemblant.
— Vous lui ferez faire le mien et vous me donnerez le vôtre... Et les femmes, qui connaissez-vous?
— Fort peu de monde... j'ai rompu avec quelques grisettes parce que...
— Assez! assez! je ne veux pas en entendre davantage... vous allez me donner des attaques de nerfs... Ah! mon Dieu... et j'ai oublié de prendre mon flacon... En avez-vous un sur vous?
— Moi, je n'en ai jamais.
— Je ne peux pas passer une journée sans flacon... je suis tellement impressionnable...
— Comment faire!
— Rien de plus facile... vous allez m'en acheter un... Tenez, j'aperçois justement une boutique d'objets de fantaisie... faites arrêter le cocher... et descendez m'acheter un flacon... Prenez-le un peu grand, j'aime que cela puisse tenir quelque chose.
Benjamin a fait arrêter la voiture; il descend, entre dans un élégant magasin et choisit un fort beau flacon en cristal avec un bouchon enrichi d'une turquoise. Il remonte et présente le flacon à madame Saint-Lambert, qui daigne le trouver à son goût.
— Mais cela ne remplira pas votre but, dit Benjamin, car ce flacon est vide... et si vous aviez besoin de respirer quelque chose...
— Soyez tranquille, répond Berthe en souriant, nous allons sur notre route trouver quelque parfumeur... Oh! je ne suis jamais embarrassée...

En effet, en entrant dans la rue Saint-Honoré, on passe devant un magasin de parfumerie. Benjamin fait arrêter.
Cette fois madame Saint-Lambert descend avec lui; elle veut choisir elle-même l'odeur qu'elle fera mettre dans son flacon.
Après avoir flairé une grande quantité de parfums, la conquête de Benjamin se décide pour l'eau de Portugal. On en met dans son flacon; mais pendant cette opération, elle a senti du vinaigre de Bully, puis de l'eau de violette, elle en veut aussi et en prend deux flacons; elle aperçoit ensuite un petit sachet qui est disposé de manière à servir de porte-monnaie et qui embaume le patchouli.
Le sachet lui plaît tant que Benjamin se croirait indigne de son amour s'il ne lui en faisait pas présent. Il paie le sachet, les essences, les odeurs, et on remonte dans la voiture avec tous ces objets, que Berthe sait fort bien faire tenir dans ses poches, qu'elle a soin d'avoir toujours très-grandes.
La voiture est embaumée, Berthe met sur le mouchoir de son amant du vinaigre de Bully et de l'essence de violette; elle lui fourre ensuite son mouchoir sous le nez, en lui disant:
— Quel parfum!... n'est-ce pas, petit Benjamin? Oh! j'adore les

Oh!... ah! ah! ah!... dites tout ce que vous voudrez... Vous ne m'empêcherez pas..

odeurs, moi; il semble que l'on soit entouré de fleurs, que l'on vive dans un bosquet... O Dieu!... si nous avions des stores!...

Le jeune Benjamin se laisse parfumer et embaumer; il calcule qu'il a déjà dépensé quarante-cinq francs de flacons et cinquante chez le parfumeur.

A ce prix-là on a le droit de sentir bon. Il y a pourtant des gens fort riches qui persistent à ne point user de ce droit-là.

Du reste, notre amoureux ne tient point à l'argent, il a seulement peur de se trouver à court si la journée continue sur le même ton. Il fouille donc dans sa poche, regarde dans son portefeuille, et y voit avec joie un billet de deux cents francs qu'il ne se rappelait pas y avoir mis.

— Ah! bravo! je craignais de n'avoir plus assez d'argent sur moi, s'écrie Benjamin, mais me voilà rassuré.

— Mon Dieu, mon ami, dit Berthe, si vous n'en aviez pas, je vous en donnerais... Tout ce que j'ai est à vous...

— Vous plaisantez?

— Moi, je tiens si peu à l'argent qu'aujourd'hui on me donnerait mille écus, et demain je n'aurais plus rien du tout. Je ne sais pas où cela passe. En ce moment, par exemple, je n'ai pas un sou sur moi. Ah! mon Dieu! folle que je suis, à quoi ai-je pensé, où avais-je la tête, vous me l'avez fait perdre assurément.

— Mais vous n'avez pas besoin d'argent pour venir avec moi, j'espère...

— Qu'il est bête! ce n'est plus de cela qu'il s'agit, c'est mon ombrelle que j'ai oubliée.

— Votre ombrelle?

— Sans doute, je ne l'ai pas; il est impossible que je me passe d'ombrelle quand nous allons être au bois de Boulogne, avec cela qu'il fait aujourd'hui un soleil... d'Afrique.

— Comment donc faire... est-ce qu'il n'y a pas d'ombre au bois de Boulogne?

— Il est charmant! nous ne pourrons pas aller continuellement à l'ombre... et je n'ai pas envie de me griller la figure. Il est bien plus simple d'acheter une ombrelle.

— Ah! c'est vrai, au fait.

— Il y a justement un très-beau marchand de parapluies par ici. Ah! je crois que nous l'avons passé... oui, nous l'avons passé.

— Nous en trouverons d'autres.

— Je ne sais pas... il est plus simple de retourner. Cocher! cocher! L'automédon reçoit l'ordre de retourner sur ses pas, et madame Saint-Lambert, qui connaît parfaitement les bons endroits, fait bientôt arrêter devant une belle boutique où il y a les ombrelles les plus à la mode.

Cette dame est descendue pour choisir elle-même; elle a fort bon goût et prend ce qu'il y a de plus joli et de plus nouveau.

Benjamin n'en est pas quitte cette fois à moins de soixante-quinze francs.

On remonte en voiture.

— Pourvu qu'elle n'ait plus rien oublié! se dit le jeune homme, qui a changé le billet de banque pour payer l'ombrelle.

Mais Berthe ne demande plus rien, elle est plus aimable, plus aimante, plus piquante que jamais; et lorsqu'on arrive enfin au bois de Boulogne, Benjamin s'écrie à son tour :

— Oh! s'il y avait des stores...

IV.

M. Boucaros et sa maîtresse.

A peine a-t-on renvoyé la voiture et fait cent pas sur la pelouse qui fait face au Ranelagh, que la compagne de Benjamin Godichon pousse un cri de joie à l'aspect d'un monsieur orné de sa dame qui viennent devant eux, et elle quitte le bras de son cavalier pour courir vers ces personnes en s'écriant :

— Tiens! c'est Lucie avec son époux... Ah! en voilà une rencontre! Ah! que c'est gentil... quel heureux hasard!

Le couple que l'on vient de rencontrer semble annoncer un artiste en n'importe quoi, promenant une dame qui travaille en une foule de choses. L'homme est jeune et joli garçon; sa mise est à la mode prise par partie, mais offre peu d'ensemble, son habit lui est trop large, son pantalon trop étroit, son chapeau pose à peine sur sa tête. Il a une longue barbe et un cigare à la bouche. La dame peut avoir de vingt-six à vingt-huit ans; elle n'a jamais été jolie, mais elle a un petit air effronté et une tournure cancan qui font parfois plus de conquêtes que la beauté; sa toilette serait passable si elle était fraîche. Total : le couple a l'air d'être dans la panne et de la supporter très-philosophiquement.

Berthe a couru au-devant du couple, afin de pouvoir leur dire quelques mots tout bas sans être entendue par Benjamin. Lorsque celui-ci rejoint la compagnie, on en est au plaisir de se revoir.

— Cette chère Lucie! je l'ai reconnue tout de suite!... dit madame Saint-Lambert en prenant la main de son amie.

— C'est pas étonnant, murmure le monsieur : vous devez connaître son chapeau... depuis le temps qu'elle le porte.

— Est-il bête, ce Boucaros!... donne-m'en un autre, je le mettrai plus celui-là.

— Et tu aurais tort, s'écrie Berthe, car il te va fort bien, du reste, est-ce qu'on fait de la toilette pour venir à la campagne... moi, je ne pensais pas du tout sortir.. aussi, vous voyez comme je suis faite. Mais monsieur est venu me chercher... je me suis laissé enlever. Je vous présente M. Benjamin, capitaliste, auquel je m'intéresse beaucoup, et dont je compte diriger la conduite à Paris.

Benjamin salue. Le monsieur lui envoie une bouffée de tabac dans l'œil; la dame fait un petit bond en arrière, puis une révérence à la mazurka.

Tiens!... c'est Lucie avec son époux.»

— Mon ami, reprend Berthe, je vous présente M. et madame Boucaros, des artistes remplis de cœur et de talents, anciennes connaissances auxquelles j'ai toujours porté une amitié sincère, un dévouement de tous les temps!

— Et qui te l'ont bien rendu, reprend la dame, dans le bonheur comme dans l'adversité... je dis l'adversité, parce que ça rime avec amitié.

— Mon épouse fait des vers, monsieur, s'écrie le fumeur d'un air goguenard, c'est une Sapho, un bas-bleu qui n'attend pour faire des feuilletons qu'un journal qui paraîtra six fois par jour.

— Boucaros, vas-tu recommencer tes bêtises? si je voulais écrire, je ferais peut-être des romans tout aussi amusants que ceux de madame A., ou B., ou X. Mais je ne veux pas écrire.

— Tu as tes raisons pour ça... tu n'écris pas même tes Mémoires!... Et la petite sœur, comment va-t-elle?

Berthe fait une légère grimace. Son amie s'empresse de dire :

— Ta sœur de lait... voilà ce qu'il veut dire... ta petite sœur de lait...

— Ah! oui... de lait... Marie, enfin.

— Marinette, vous voulez dire?

— Marinette, Marinade, vous voulez! je n'y tiens pas.

— Elle est toujours aussi paresseuse, aussi sale et aussi gourmande!

— Le portrait est court, mais il est bien touché!

— Et ressemblant, je m'en vante. Ah çà, vous étiez donc venus comme nous, vous promener par ici?

— Oui, ma bonne, Boucaros n'avait rien à faire...

— C'est-à-dire que je n'étais pas en train de travailler. Je suis

comme Tamboureau, dont je m'honore d'être l'élève ; il faut que je sois en train, sinon, il me serait impossible de tenir un pinceau...
— Oui, mais au moins Tamboureau travaille quelquefois, tandis que toi, flâneur, tu ne fais jamais rien, toujours sous prétexte que tu n'es pas en train.
— Voilà bien les femmes... elles croient qu'on fait un tableau comme une paire de bottes... passez-moi le cuir... la poix... pif, paf ! ça y est !... Mets cela en vers, chère amie. tu me feras bien plaisir, je les collerai sur mon mirliton.
— Que vous êtes taquin, Boucaros ! Toujours faire endêver votre petite femme... c'est mal, cela...
— Ah Dieu ! vous n'êtes pas digne de la fidélité que je professe à votre égard...
— Il y a une foule de choses que l'on professe et qu'on ne pratique pas.
— J'ose croire que ce n'est pas pour moi que tu dis cela, ingrat !
— Monsieur connaît Tamboureau, peintre ? dit Benjamin, en s'adressant au jeune fumeur.
— Oui, monsieur... qui loge rue du Faubourg-Poissonnière...
— C'est cela même. Je suis son voisin, monsieur.
— Et moi son élève et son émule.
— Je loge au second, dans l'escalier du devant.
— Je suis étonné alors de ne point vous avoir encore rencontré, car il m'arrive assez souvent de coucher chez Tamboureau... quand je me trouve le soir dans son quartier... j'aime assez à coucher de côté et d'autre...
— Oui, monsieur me laisse quelquefois l'attendre jusqu'à deux heures du matin, dit Lucie.
— C'est que ça t'amuse. Est-ce que je t'ai jamais dit de m'attendre, moi ?
— Monsieur, dit Benjamin, il n'y a que trois semaines que je suis voisin de M. Tamboureau ; c'est sans doute pour cela que nous ne nous sommes pas encore rencontrés.
D'autant plus que je viens de faire un petit voyage de quinze jours en Lorraine... j'ai été dans ma famille.
— Et il n'a pas seulement rapporté un jambon, dit Lucie.
— Ma chère amie, vous donneriez à penser que mes parents sont des charcutiers, tandis qu'ils sont rentiers.
— Charcutiers ! rentiers !... c'est toujours le pays des jambons !
— Je suis revenu avec des lauriers, le jour de ma fête.
— Alors c'est toi qui étais le jambon ! Fichtre ! vous avez une bien jolie ombrelle, madame Saint-Lambert !
— N'est-ce pas qu'elle est de bon goût ?... C'est un cadeau que mon ami vient de me faire...
— Quand m'en achèteras-tu une comme cela, Boucaros ?
— Quand j'aurai tous les grands prix de Rome, ma biche.
— Mes enfants, reprend Berthe, qui s'est rattachée au bras de son jeune homme, est-ce que vous ne dînez pas par ici, comme nous... car nous avons l'intention de faire un repas agréable... puis de danser un peu au bal. Ah ! une bonne idée : dînez avec nous... ce sera bien plus gentil, nous rirons, nous boirons du champagne frappé, et ce sera vous nous ferez vis-à-vis au bal N'est-ce pas, Benjamin, que cela vous sera agréable de dîner avec moi ami et son épouse ?
Benjamin n'est point absolument de cet avis, car il se flattait de dîner avec sa belle dans un cabinet particulier, pourvu de tous ses stores, et il voit encore reculer le moment de son bonheur ; cependant il n'ose pas laisser paraître sa contrariété et tâche d'avoir l'air content, en répondant :
— Mais sans doute, cela me fera... beaucoup de plaisir.
Pendant ce colloque, le jeune fumeur regardait sa maîtresse en faisant une drôle de figure et en frappant légèrement sur ses goussets ; sa belle fait un mouvement d'humeur, en murmurant :
— C'est gentil, toujours logé au même numéro ! il serait temps cependant de le changer.
— Eh bien ! reprend Berthe, est-ce que ma proposition ne vous sourit pas, Boucaros ?
— Pardonnez-moi, elle me sourirait beaucoup, au contraire, répond celui-ci en se dandinant, mais c'est Lucie... qui a, je crois, affaire à Paris...
— Tu veux retourner à Paris, Lucie ?
— Moi, ce n'est pas vrai... c'est plutôt... une autre raison... c'est... parce que... c'est à cause de...
Et Lucie, se penchant vers son amie, lui glisse dans l'oreille :
— Il n'a pas le sou !
Berthe se met à rire en répondant à demi-voix :
— Je connais ça... cela n'est point un empêchement ! Je réponds de tout, je suis avec un californien !
— Oh ! alors... nous ne demandons pas mieux.
— Ma chère, reprend Berthe en parlant tout haut, tu es une enfant avec la toilette... je te dis que tu es très-bien mise. Figurez-vous, Benjamin, que mon amie. ne se trouve pas assez élégante pour dîner avec nous... elle est d'une coquetterie... n'est-il pas vrai qu'elle est à ravir ?
— Madame est très-bien...
— Monsieur est trop poli pour dire autrement...

— Allons, c'est décidé, nous dînons tous quatre ensemble... c'est moi qui commanderai... vous verrez que je m'y entends.
— Et moi, vous verrez comme je m'entends à faire honneur à un repas ! s'écrie Boucaros en faisant un entrechat et un pas de caractère un peu risqué.
— Allons dîner !... j'ai très-faim, moi.
— Allons dîner ! nous boirons à *Bacchus* et à *Vénus*, comme dans les *Porcherons*, à l'Opéra-Comique.
Madame Lucie, qui est devenue très-gaie ainsi que son cavalier, s'élance en avant avec lui.
Berthe, qui marche un peu en arrière avec Benjamin, remarquant la mine passablement contrariée de celui-ci, lui dit avec tendresse :
— Qu'avez-vous, cher ami ? votre front a des nuages.
— Mais, c'est que... je me faisais une si grande fête de me retrouver enfin en tête-à-tête avec vous... et quand je crois toucher au bonheur, vous le reculez encore.
— Taisez-vous, polisson !... tais-toi, ô mon Benjamin, nous reviendrons seuls tous deux à Paris... je te le promets... es-tu content ?
— Ne dois-je pas l'être, si vous m'aimez un peu !
— Si je l'aime ! il demande si je l'aime ! ô Dieu ! ô Dieu ! ô Dieu ! Ah !... j'ai perdu ma jarretière... tant pis, tu m'en achèteras d'autres ; des roses avec cette devise brodée : *Halte-là !* mais tu ne feras aucune attention à la devise.

V.

Cours de galanterie et cours de danse.

On est entré chez le meilleur restaurateur du bois. On choisit un joli petit salon donnant sur la pelouse.
Berthe s'est chargée de commander le dîner ; elle s'acquitte de ce soin en personne qui entend son affaire.
Pendant que le garçon met le couvert, ces dames ôtent chapeaux, châles, ceintures ; elles se mettent à leur aise.
M. Boucaros paraît vouloir en faire autant, car il lâche la boucle de son pantalon, tout en murmurant :
— Diable de pantalon, j'ai beau lâcher la boucle, il est toujours trop étroit ; il me gêne ; qu'est-ce que ce sera donc après dîner !
— Tu devrais bien changer de tailleur, Alfred, dit Lucie à son amant.
— Oui... oui !... c'est aussi ce que je compte faire... un ?e ces jours... quand je serai en fonds...
— Le fait est, dit Berthe, que vous avez un habit qui vous est trop large...
— Oui... dit Lucie, mais comme son pantalon est trop juste, ça se balance.
— Oh non, diable, je crois qu'il ne faut pas que je me balance avec... ça craquerait... Mon Dieu ! que cela sent les parfums... c'est madame Saint-Lambert qui embaume ainsi ?
— Mais oui... j'adore embaumer !
— Il faudra vous faire *ganaliser*...
— Qu'il est bête, ce Boucaros...
— Tenez... voyez quel charmant flacon mon ami Benjamin m'a donné...
— Oh ! c'est délicieux... regarde donc, Alfred.
— C'est *chicolo*... si ce flacon-là était à moi, je mettrais du kirsch dedans !
— Fi !... quel licheur que cet homme-là !
— Tenez, encore ce sachet qui sert de porte-monnaie.
— C'est ravissant.
— L'argent sentira bien bon là dedans ?
— Il faut en mettre beaucoup.
— C'est encore un présent de mon ami...
— Fichtre ! murmure Boucaros en se tournant vers Lucie. Il paraît qu'il va bien Benjamin... Quel pigeon !
— Oh oui ! il y a des femmes qui sont heureuses... Ce n'est pas toi, qui me parfumerais ainsi !
— C'est malsain, les odeurs ! ça porte à la tête, je ne veux pas que tu aies des attaques de nerfs !... Je prends trop soin de ta santé pour cela !
Le dîner est servi. Pendant le premier service Boucaros et Lucie parlent peu, mais ils agissent avec tant d'ardeur que l'on comprend qu'ils n'aient pas le temps de soutenir la conversation. Madame Saint-Lambert en fait les frais ; elle a la parole facile et la mémoire très-bien fournie ; elle conte une foule d'anecdotes arrivées à des dames de ses amies ; l'une a reçu de son amant sept cachemires indiens de couleurs différentes, afin de pouvoir en changer chaque jour de la semaine ; une autre ne pouvait pas se mettre à table sans trouver un bijou nouveau sous sa serviette ; enfin une troisième ayant témoigné à son amant

le désir de lire les contes de La Fontaine avec des gravures, il lui a envoyé les deux volumes avec des billets de banque en guise de papier de soie sur chaque gravure.

— Oh! mais c'est superbe! s'écrie Lucie en s'interrompant un moment devant une aile de volaille, voilà une galanterie raffinée !...

— N'est-ce pas que c'est de bon goût, reprend Berthe. Les cachemires et les bijoux sous la serviette ? ce sont de ces choses qui se font tous les jours. Tout homme un peu bien élevé pratique ce genre de galanterie... et passerait pour un cuistre s'il n'offrait pas toutes ces bagatelles à une femme... surtout lorsqu'il a de la fortune...

— Il est certain, murmure Boucaros, que s'il n'avait pas le sou cela lui serait assez difficile d'acheter des cachemires et des diamants... A l'impossible nul n'est tenu !

— Mais ce présent dans les volumes... ces gravures recouvertes de billets de banque... c'est délicat et coquet. Mon Dieu, ce n'est pas pour les billets de banque... cela ne représente toujours que de l'argent... et l'argent n'est bon qu'à dépenser, sans quoi autant vaudrait avoir du plomb ou de l'étain, tout le monde sait cela !... mais c'est la manière d'offrir les choses qui en fait tout le prix !... n'êtes-vous pas de mon avis, cher Benjamin.

Depuis quelque temps, Benjamin se bornait à écouter et ne disait rien ; la conversation roulait trop sur le même sujet, il aurait désiré que l'on parlât d'autre chose, cependant interpellé par Berthe, il répond :

— Certainement, la personne qui a fait cela agissait avec magnificence... c'est un don princier !... il me semble même avoir déjà entendu conter cette anecdote et on attribuait cette galanterie à un fort grand personnage.

— Pourquoi donc un homme du monde ne serait-il pas aussi généreux qu'un prince ?...

— Après cela, dit Boucaros, l'aventure peut n'être arrivée que depuis que l'on a mis en circulation les coupures, les billets de banque n'étaient sans doute que de cent francs.

— C'est égal, reprend Lucie, même avec des coupures, c'était encore bien gentil ! et si j'avais un amant capable d'un pareil trait...

— Tu lui demanderais l'Histoire universelle avec des gravures, cent vingt volumes in-quarto !...

— Ah! si j'avais hérité de toute la fortune à laquelle j'avais droit, s'écrie Berthe, en avalant un verre de champagne frappé, quel bonheur j'aurais éprouvé à faire des heureux !...

— Vous n'avez pas besoin d'argent pour faire des heureux ! dit timidement Benjamin.

— Ah! bravo ! le mot est charmant, s'écrie Boucaros, je voudrais l'avoir dit.

— Monsieur est plus aimable que toi, dit Lucie.

— Ça ne m'empêche pas de faire aussi des heureuses, et sans bourse délier, murmure le jeune homme en se servant pour la troisième fois du homard. Quant à Berthe, elle a tendu sa main à Benjamin qui la baise tendrement.

— Surtout, mon ami, n'allez pas croire que je tienne à la fortune, à la richesse, reprend cette dame en donnant avec sa main de petits coups sur la joue de son amoureux. Ah ! fi donc ! .. je méprise l'or... c'est pour cela que je ne comprends pas ceux qui en amassent !... car enfin la vie est si courte... à quoi leur serviront leurs trésors quand ils ne seront plus ?

— On avait pris des précautions pour empêcher cela. Les Huns étaient généralement tous ceux qui avaient aidé à inhumer *Attila* ; les Goths avaient fait la même chose pour *Alaric*, mort à Cosenza en Calabre, ils avaient détourné la rivière de Vasento et avaient fait faire une fosse dans l'endroit où le cours était le plus rapide, ils y enterrèrent *Alaric* aussi magnifiquement que le fut depuis *Attila*, et tuèrent ensuite, sans exception, ceux qui avaient aidé à creuser la fosse, après avoir fait rentrer la rivière de Vasento dans son canal.

— Quelle canaille que tout ce monde-là !... C'est égal, je m'enorgueillis de te voir si savant, Boucaros... est-ce Tambureau qui t'apprend tout cela ?

— Non; Tambureau ne s'occupe que de l'histoire grecque et du théâtre d'Aristophane, il va te dire tout de suite et sans se tromper, quel est le costume que portaient les acteurs à la première représentation des *Guêpes* ou des *Nuées*... il te contera aussi la pièce.

— Je ne suis pas de sa force... Je n'ai jamais pu retenir par cœur toute la romance de *Malbrough*.

— Savez-vous qu'on dine très-bien ici, dit Boucaros en versant du champagne à Benjamin.

— Est-ce que je vous y aurais menés si l'on y était mal, dit Berthe ; est-ce que mon ami Benjamin aurait voulu nous offrir un mauvais dîner !... car je suis bien aise de vous dire, mes amis, que c'est lui qui vous offre à dîner... Je vous ai invités et certainement il ne souffrira pas que vous payiez votre part ! n'est-ce pas, mon ami, que j'ai deviné vos intentions?

Benjamin, qui ne s'attendait pas à être l'amphitryon de monsieur et madame Boucaros, fait une légère grimace en calculant déjà tout ce qu'il a dépensé ; mais Berthe s'empresse de lui fourrer sa main sous le nez en lui disant :

— Baisez vite !

Benjamin baise la main de cette dame et répond en tâchant d'avoir l'air content :

— Assurément, je suis charmé d'offrir à dîner à monsieur et à madame, c'est un grand plaisir pour moi... c'est même une occasion dont je remercie le hasard.

— S'il en est ainsi, nous acceptons, monsieur, répondit Boucaros, d'ailleurs, moi, je suis très sans façon... les vrais artistes ne les aiment pas !... dès qu'on m'invite, j'accepte...

— Mais ce sera la charge de revanche, dit Lucie, et nous espérons qu'un jour monsieur nous fera aussi le plaisir de venir manger la soupe chez nous.

— Très-volontiers, madame. .

— Ah ! mon Dieu, monsieur a avalé de travers.

C'était une envie de rire qui venait de prendre à Boucaros, lorsque Lucie avait fait son invitation. Il met cela sur le compte du champagne qu'il aurait voulu ingurgiter.

Enfin le dîner est achevé, il a été splendide et on n'a pas ménagé le champagne ; madame Saint-Lambert a prétendu qu'il ne grisait jamais lorsqu'il était frappé ; ce qui n'empêche pas qu'en sortant de table ces dames n'aient une forte couche de vermillon sur la figure, tandis que Boucaros a les yeux tellement rapetissés qu'il y voit à peine. Benjamin seul a conservé son sang-froid, mais près de la femme qu'il aime et dont il n'a encore rien obtenu, un amoureux ne pense pas à boire et n'a nulle envie de s'étourdir.

— Maintenant, nous allons faire un tour au bal du Ranelagh, dit Berthe, la société y est fort distinguée, nous risquerons un quadrille, quelques redowa, ensuite chacun s'en retournera chez soi.

— Vous savez ce que vous m'avez promis, dit Benjamin en prenant le bras de madame Saint-Lambert, nous revenons en tête-à-tête.

— Oui, cher petit, et même il serait possible que...

— Que quoi ? achevez.

— Si vous le promettez de ne le dire à personne...

— Je vous ai dit que j'étais fort discret.

— Tous les hommes disent cela, et ensuite ils se vantent de leurs conquêtes... mais je vous aime, moi, et je suis capable de te sacrifier jusqu'à ma réputation.

— Ah ! madame, je serai digne de votre amour.

— Je l'espère bien... au reste, vos actions me le prouveront.

— Mais vous vouliez me dire quelque chose tout à l'heure, et vous n'avez pas achevé...

— Je voulais dire... mais non... je n'ose plus.

— De grâce, achevez!

— Eh bien !... je n'ai pas dit à Marinette de m'attendre... on peut croire que je couche cette nuit à la campagne chez une amie.

— Ah ! je comprends... C'est ravissant !... c'est délirant!...

— Modérez-vous, cher ami, nous vous laissons de ce monde, et je rencontre souvent des connaissances ici.

Les deux couples sont entrés dans le bal, où il y a déjà beaucoup de monde, car le dîner s'était prolongé tard, et il faisait nuit depuis longtemps. Un autre que Benjamin remarquerait une grande quantité de jolies femmes, à la tournure agaçante, à l'œil provoquant, qui saluent Berthe très-familièrement ; mais le jeune homme est tellement préoccupé du bonheur qu'on lui a laissé entrevoir pour la nuit, qu'il n'a des yeux que pour sa conquête. Celle-ci ne tarde pas à l'entraîner à une place en face de Boucaros et de Lucie en lui disant:

— Dansons, je suis disposée à faire des folies.

Le quadrille commence. Benjamin Godichon, qui ne sait pas encore bien la belle danse que l'on pratique maintenant dans les bals publics, devient rouge jusqu'aux yeux, lorsque, pour figurer, sa dame l'enlace, le serre, et s'attache après lui comme le lierre après l'ormeau ; il est vrai qu'on face de lui M. Boucaros et sa partenaire se livrent à une danse encore plus excentrique ; le jeune fumeur fait aller ses bras comme les ailes d'un moulin, et envoie ses jambes si haut, qu'à chaque instant son vis-à-vis manque de recevoir un coup de pied dans l'œil. Déjà Berthe a fini son quadrille et s'est approchée de Boucaros et l'a priée de modérer sa danse, mais il n'a obtenu pour réponse que :

— Vous m'embêtez !

On fait cercle pour voir danser les deux couples. Cependant Berthe n'est pas satisfaite de son danseur, et elle lui dit, après le quadrille :

— Petit ami, vous n'êtes pas encore fort sur la danse moderne, mais Boucaros vous donnera des leçons... c'est lui qui a une danse ravissante .., aussi, à *Mabille*, au *Château des Fleurs*, au *Château Rouge*.

au *Château d'Asnières*, on fait cercle quand il danse... et c'est flatteur pour une femme de l'avoir pour cavalier...
— J'aurais cru que c'était dangereux de danser avec lui... il fait tant de gestes.
— Enfant que vous êtes! il n'y a pas le moindre danger!... Ah! si je me livrais... vous en verriez bien d'autres!
— Comment! vous dansez comme cela?
— Je veux dire que je fais des pas qui font fureur... n'est-ce pas, Lucie?
— Oui, tu vas très-bien, quand tu es en train.
— Benjamin, allons prendre du punch, cher ami.
La société va se mettre à une table sous un bosquet. On prend du punch, c'est Benjamin qui le paye. M. Boucaros ne fait pas même semblant de vouloir fouiller à sa poche, ce qui, au reste, serait sans doute inutile. Mais bientôt l'orchestre joue la ritournelle d'une redowa, et Berthe se lève en s'écriant :
— La redowa... ma danse favorite... oh! je ne veux pas la manquer. La savez-vous, Benjamin?
— Oui... oui... je dois la savoir.
Benjamin n'avait jamais redowé de sa vie, mais il ne voulait pas avouer son ignorance, surtout à une femme qui semblait attacher tant de prix au talent de son danseur. Il se flatte qu'il se tirera de la redowa comme d'une valse, et il va, avec Berthe, se placer dans l'enceinte réservée aux danseurs. L'orchestre part, les couples se mettent en mouvement, Berthe veut en faire autant avec son cavalier, mais à la sixième mesure, elle voit qu'il n'y a pas moyen de le faire aller, elle s'arrête et s'écrie avec dépit :
— Ah! c'est affreux!... vous n'allez pas... vous ne savez pas du tout redower...
— Mais si, cela va venir ; vous allez voir.
— Ah non! je ne veux pas en voir davantage ; merci... vous me compromettriez, cher ami, moi qui suis une des premières redoweuses de Paris... Ah! voilà Bribri!... Bribri, voulez-vous me faire redower? je suis disponible.
Ces paroles s'adressaient à un jeune homme qui passait en ce moment près du couple et qui, pour toute réponse, passe son bras autour de la taille de madame Saint-Lambert et se lance avec elle dans l'espace. Benjamin en est réduit à regarder : c'est une triste position pour un amoureux ; il ne peut s'empêcher de trouver assez peu aimable la conduite de cette dame, qu'il a comblée de cadeaux depuis le matin, et qui le lâche pour prendre un autre cavalier, parce qu'il ne redowe pas en mesure.
Cependant, lorsque Berthe passe devant lui, elle lui lance de si tendres regards, et puis elle redowe si bien, il y a tant de volupté dans ses poses, que sa mauvaise humeur se dissipent, et se dit :
— Après tout! qu'est-ce qu'une contredanse... une redowa... une faveur que l'on accorde à tout le monde... et même à des gens que l'on ne connaît pas... mais le bonheur qui m'attend cette nuit!... ah! voilà ce qui est au-dessus de tout cela. Décidément, j'aurais tort de me fâcher!...
La redowa finie, Berthe est venue rejoindre son amoureux en lui disant :
— Soyez tranquille, mon petit Benjamin, je vous apprendrai à redower, moi, je vous donnerai des leçons particulières, et avant quinze jours je veux que vous soyez un danseur accompli.
— Est-ce que nous n'allons pas partir? il est dix heures passées.
— Est-il impatient! eh bien, encore une contredanse, et nous filons... Prenons des glaces.
On prend des glaces toujours avec Boucaros et Lucie, qui ne manquent pas d'accourir dès qu'ils voient Berthe et son cavalier s'approcher d'une table, et se lèvent toujours les premiers lorsque l'on appelle le garçon pour payer.
L'orchestre joue la ritournelle d'une contredanse, déjà Berthe s'est levée et a pris le bras de Benjamin pour aller se mettre en place, lorsque Lucie, qui allait devant avec son amant, revient précipitamment sur ses pas, et d'un air effaré accourt dire à Berthe :
— Sandarac!... Sandarac!... le voilà là-bas... dans ce groupe au fond!...
En une seconde, madame Saint-Lambert a quitté le bras de Benjamin et pris celui de Lucie en criant à son jeune amoureux :
— Adieu... bonsoir... laissez-moi... ne me parlez plus... vous ne me connaissez pas... je vous défends de me connaître.
— Comment?... qu'est-ce que cela veut dire? s'écrie Benjamin, qui veut suivre Berthe. Pourquoi me quittez-vous ainsi?...
— Taisez-vous!...
— Mais, je ne veux pas vous quitter, moi...
— Taisez-vous... mon oncle est là... ne le comprenez-vous pas...
— Votre oncle...
— Oui... adieu... demain, j'irai chez toi... ne me parlez plus...
— Mais pourtant...
— Taisez-vous... ou je ne vous revois de ma vie.
Et Berthe, entraînant Lucie, se perd bientôt dans la foule, tandis que Benjamin, tout abasourdi de ce qui lui arrive, reste planté à la même place, se demandant s'il doit souffrir que madame Saint-Lambert se conduise ainsi avec lui.
Pendant que le pauvre garçon est encore indécis sur ce qu'il doit faire, Boucaros vient à lui, en riant, lui dire :
— Eh bien, nous voilà veufs tous les deux...
— Veufs... comment? qu'est-ce que vous entendez par là?
— Parbleu, que Berthe vous a quitté parce qu'elle a vu Sandarac, et que Lucie en a fait autant pour avoir l'air d'être venue ici avec Berthe. Voilà comme ça se joue.
— Ah! voilà comme ça se joue... Dites-moi : il est donc bien méchant, l'oncle de madame Saint-Lambert?
— Queuque c'est que ça... l'oncle?
— Eh bien! ce monsieur Sandarac... dont la présence l'oblige à me quitter... Est-ce que ce n'est pas son oncle?
— Ah! si... oui!... c'est son oncle... Je n'y pensais plus... c'est un monsieur très-brutal!
— Il a donc des droits sur elle...
— Dame! il l'entretient... je veux dire, il a soin de sa maison.
— Son mari ne lui a donc rien laissé à cette pauvre Berthe?
— Son mari?... si nous allions prendre des grogs... hein?...
— Merci, je n'ai plus envie de rien prendre... Ah mon Dieu! la voilà... tenez... elle est au bras d'un monsieur...
— C'est Sandarac... n'ayez pas l'air de la connaître, il serait capable de lui donner un coup de pied... quelque part... de vous faire une scène... il faut éviter cela.
— Je me moque bien de ce monsieur... hum! si ce n'était pas son oncle!... je ne le laisserais pas promener une dame avec qui je suis venu ici...
— Je vous assure que cela se voit tous les jours! on amène une dame, elle s'en va avec un autre... c'est bien plus drôle!
— Je me trouve pas cela drôle, moi.
— Vous vous y ferez.
— Dieu... ils vont passer devant nous...
En effet, Berthe passait, donnant un bras à Lucie et l'autre à un monsieur d'une quarantaine d'années, très-grand, très-robuste, la figure aux trois quarts cachée sous sa barbe, ses moustaches et ses favoris; mais l'air farouche et la démarche d'un tambour-major.
En se trouvant à deux pas de sa belle, Benjamin devient tour à tour blanc, rouge et vert. Quant à Berthe, elle passe près de lui sans cesser de sourire, de minauder avec l'homme dont elle tient le bras, et jette à peine un regard en coulisse du côté de son jeune ami.
— Sapristi! je m'en vais! s'écrie Benjamin, lorsque Berthe est éloignée, j'en ai assez de votre bal... cela me fait mal de voir celle que j'aime au bras d'un autre... et c'est bien jeune pour un oncle!
— Il y a des oncles de tout âge...
— Du reste, il est bien vilain aussi. Adieu, monsieur Boucaros...
— Comment, vous partez... mais je m'en vais avec vous...
— Et votre dame?
— Elle est avec Berthe ; Sandarac les reconduira... oh! je n'en suis pas inquiet... d'ailleurs, je coucherai chez Tambourcau.
— Eh bien, partons alors, car je veux m'en aller sur-le-champ...
Les deux jeunes gens quittent le bal. Sur la pelouse ils trouvent des cabriolets, ils en prennent un et se font ramener à Paris. Pendant la route, Boucaros tâche d'égayer son compagnon par des contes d'atelier, mais celui-ci l'écoute à peine, il est trop contrarié de se voir encore trompé dans ses espérances, surtout après s'être flatté de passer une nuit délicieuse. Aussi, en arrivant à sa demeure, après avoir, comme de raison, payé le cabriolet, il se hâte de dire bonsoir à Boucaros et de rentrer chez lui sans écouter le jeune fumeur qui lui crie :
— Montez donc un moment chez Tambourcau..., il vous contera quelque trait d'*Agathocle* ou d'*Alcibiade*.

VI.

Augusta et Coralie.

Laissons quelque temps Benjamin Godichon penser à ses amours, Boucaros, à l'excellent dîner qu'il a fait; Berthe, aux mensonges qu'elle dira à ses amants, car vous avez deviné, je pense, que cette dame en a plus d'un. Entrons dans cette petite chambre du sixième étage, dont la porte s'est ouverte pour laisser paraître une jeune fille qui voulait arroser M. Cotonnet et qui a arrosé la jeune amoureux de madame Saint-Lambert.
Dans une petite pièce fort modestement meublée, et qui n'est pas rangée et entretenue avec beaucoup de soin, nous trouverons deux jeunes filles assises et travaillant contre une même table.
L'une est mademoiselle Coralie, la demoiselle à la jatte d'eau ; nous savons déjà que c'est une jolie brune, à l'œil noir, vif, éveillé ; ajoutons tout de suite que son petit nez légèrement retroussé, sa bouche

rieuse et son menton arrondi, achèvent de donner à sa physionomie quelque chose de piquant, de mutin, qui fait tourner beaucoup de têtes sur le passage de cette demoiselle.

La jeune fille assise près d'elle semble avoir deux ou trois ans de plus que Coralie; elle n'est ni blonde ni brune; ses cheveux châtains ont un joli reflet; ses yeux sont d'un bleu foncé, ils sont doux et annoncent une âme tendre; dans leur gaieté même, ils n'ont pas l'expression mutine de leurs voisins; la figure est ovale, le teint pâle, les traits fins, la bouche gracieuse. C'est aussi une charmante personne, mais dans un autre genre que son amie, et un peintre aimerait à reproduire ces deux têtes, toutes deux jeunes, jolies, inspirant et respirant l'amour.

Une seule lumière éclaire les deux jeunes filles. Coralie fait des fleurs, sa compagne travaille à un ouvrage de tapisserie.

Tout à coup mademoiselle Coralie part d'un éclat de rire. Sa compagne lève la tête avec surprise.

— Qu'est-ce qui te fait rire?

— Tu ne devines pas, Augusta, je pensais à ma méprise de ce matin... à ce jeune homme à qui j'ai jeté de l'eau au visage, croyant que c'était Cotonnet... Pauvre innocent... il ne s'est pas trop fâché... il était assez gentil... Je ne me rappelle plus quel nom il me demandait... Ah! madame Saint-Lambert... Je ne connais pas ça dans la maison... c'était peut-être un prétexte pour frapper chez moi.

— Mais pourquoi voulais-tu jeter de l'eau à Cotonnet : que t'a-t-il fait, ce pauvre garçon... vous êtes donc brouillés à présent?

— Brouillés à mort!

— Oh! la fort! comme d'habitude, et dans deux jours vous serez raccommodés...

— Oh non! cette fois c'est pour de bon, c'est fini... bien fini...

— Tu as donc un motif bien grave pour te fâcher ainsi avec quelqu'un que tu connaissais depuis près de deux ans, je crois?

— C'est peut-être parce qu'il y a déjà deux ans que je le connais que je veux rompre avec lui.

— Ah! Coralie! ce n'est pas joli'ce que tu dis là... tu me ferais croire que l'on a raison quand on dit que tu es légère, coquette...

— On peut dire tout ce qu'on voudra, ça m'est bien égal!...

— Mais il ne faut pas ainsi mépriser l'opinion du monde.. je sais bien que lorsqu'il se met à être méchant, il en dit toujours plus qu'il n'y en a... Malgré cela, quand on n'a rien à se reprocher, on est bien forte contre la médisance...

— Moi, je me moque de qu'en dira-t-on... Je n'ai pas comme toi la prétention d'être une demoiselle d'Orléans... mais aussi je ne moralise pas les autres, je ne leur fais point de sermons, et je ne trouve pas mauvais qu'ils aiment ou n'aiment plus quelqu'un quand c'est leur fantaisie... Il est vrai que j'ai toujours été si mal élevée, moi! ce n'est pas comme tant d'autres qui ont reçu une espèce d'éducation!

Mademoiselle Coralie a dit ces derniers mots avec un accent de dépit qui n'échappe point à Augusta. Celle-ci ne répond rien; elle se contente de baisser tristement ses regards sur son ouvrage, en poussant un léger soupir.

Mais au bout de deux minutes de silence, pendant lesquelles, au lieu de travailler, mademoiselle Coralie froisse et déchire les petits morceaux de batiste qui doivent servir à faire des pétales de roses, elle se rapproche de son amie et lui frappe doucement le genou, en murmurant :

— Augusta, est-ce que tu es fâchée?

— Moi!... mais non... car je sais bien que tu n'es pas aussi mauvais sujet qu'on le dit. Je sais d'ailleurs que tu as bon cœur... à la vérité tu n'as pas la tête si bonne, tu t'emportes très-vite, tu reviens de même. On doit donc excuser les défauts en faveur des bonnes qualités.

— C'est égal! je t'ai dit une méchanceté tout à l'heure...

— Je ne l'ai pas comprise...

— Je suis bien sûre que si! mais embrasse-moi, pour me prouver que tu me pardonnes!...

En disant cela, Coralie passe un de ses bras autour du cou d'Augusta, dont elle attire la tête de son côté, et elle l'embrasse à plusieurs reprises. La paix est faite, et la jeune fleuriste reprend son ouvrage.

— A présent, Augusta, je vais te dire pourquoi je suis fâchée avec Cotonnet : figure-toi qu'avant-hier je lui dis que j'aurais bien envie de manger des huîtres et qu'il devrait m'en régaler... Ce monsieur me refuse sous prétexte que nous sommes au mois d'août et que les huîtres ne valent rien dans les mois où il n'y a pas d'r... en voilà une bêtise! Je lui ai répondu : Cher ami, les huîtres sont bonnes toute l'année, quand elles sont fraîches, et les gens comme il faut en mangent pendant la canicule aussi bien que pendant les gelées. Mais tout cela n'était qu'une défaite dont je m'étais pas dupe; il ne voulait pas me payer des huîtres parce qu'elles coûtent peut-être un peu cher maintenant... moi je n'aime pas les hommes avares... ce fil en aiguille nous avons eu des mots et j'ai défendu à Cotonnet de remettre les pieds chez moi... sous peine de correction... Aussi tu as vu comme je comptais le recevoir!

— Ainsi, te voilà brouillée avec un homme que tu connaissais depuis longtemps... qui t'avait donné cent preuves d'amour, de dévouement!... et cela pour des huîtres!...

— Ma chère, on a vu des guerres détruire des empires et qui avaient commencé pour des motifs plus légers que celui-là.

— Je n'en sais rien... je suis peu savante... mais ce que je n'ignore pas, c'est que ce pauvre Cotonnet ne doit pas être traité d'avare par toi, à qui il faisait sans cesse des cadeaux... légers à la vérité, mais enfin, il n'est pas riche... il ne pouvait pas te couvrir de diamants et de cachemires... un pauvre petit commis en nouveautés qui gagne tout au plus mille francs par an...

— Il m'a dit douze cents!

— Mettons douze cents!... je ne comprends pas comment, avec cela, il pouvait te donner assez souvent une robe, un chapeau, te mener dîner chez le traiteur et au spectacle! Certainement il devait se priver de tout pour se conduire ainsi avec toi...

— Il a des parents riches!

— Il nous a dit plusieurs fois le contraire. Son père a une modeste retraite d'employé et sa mère est marchande au Temple...

— Il peut avoir des oncles en Amérique ou en Californie..

— Non, Coralie, quand tu devrais encore me dire que je te fais des sermons... que je te moralise... je n'approuve pas ta conduite avec ce pauvre Cotonnet, car s'il n'a pas satisfait ta dernière fantaisie, je suis bien sûre, moi, que c'est parce qu'il ne le pouvait pas.

— Mon Dieu! c'est possible!... mais enfin, si je n'aime plus Cotonnet, moi!... Ecoute donc, Augusta, on ne peut pas toujours aimer la même personne...

— Je croyais que si!...

— Tu croyais cela parce que tu n'aimes pas, toi, tu n'as pas encore connu l'amour... tu es très-froide, toi!...

— Mais il me semble que tu n'aimes guère non plus, toi, puisque tu as si vite envie de changer...

— Si vite!... au bout de vingt et un mois... je t'assure que la constance ce n'est pas amusant du tout!...

— Ah! Coralie, ne dis donc pas de ces choses-là!...

— Je les dis parce que je les pense... plus tard, tu verras que j'avais raison.

— Non! quand j'aimerai, moi, ce sera pour la vie...

— Ah! ma chère, on croit cela quand ça s'allume... on ne pense plus de même quand ça s'éteint...

— Pourtant cela doit être si doux de bien s'aimer!... d'avoir sans cesse la même image dans la pensée et de se dire : Aussi pense à moi en ce moment.

— Oui... ou à une autre... le plus souvent! Est-ce qu'il y a des hommes fidèles!

— Je suis bien certaine que Cotonnet ne t'a pas trompée, lui!

— Bon! voilà qu'elle remet Cotonnet sur le tapis... tu vois bien pourtant qu'il n'est pas venu de la journée, ce monsieur qui m'adore tant.

— Mais il était venu quatre fois hier sans te trouver.

— Je m'en doutais, c'est pour cela que j'étais sortie. D'ailleurs c'est fini, c'est décidé! je ne veux pas renouer avec Cotonnet...

— Prends garde, Coralie, ne va pas faire comme... tant de femmes que l'amour du plaisir entraîne, et qui ensuite font tant de sottises que tout le monde les méprise.

— Tu vas recommencer... parlons d'autre chose... Tu ne sais pas, j'ai fait une conquête dans ma maison...

— Ah!... et qui donc?...

— Le monsieur d'ici dessous... M. Barigoule...

— Comment, un monsieur marié!...

— Est-ce que tu crois que les hommes mariés se gênent pour lorgner les jeunes filles!... par exemple!... ils sont pis que les garçons... Au reste, tu penses bien que je n'ai pas envie d'écouter ce monsieur!

— Je l'espère!

— Jolie conquête! D'abord il est très-laid cet homme... haut comme une asperge, maigre comme un manche à balai... les cheveux en brosse... et quelle mise... toujours vêtu à la mode du roi Dagobert... non pas que j'entende par là qu'il met son caleçon à l'envers, mais de vieux vêtements... jamais à la mode du jour... Il n'est cependant pas âgé, c'est un homme dans les quarante-huit au plus... Ils ont pourtant voiture ces gens-là... dire qu'ils ont une voiture et un cheval, un vrai cheval, et qu'ils demeurent au cinquième... du cheval, par exemple !

— Ils sont donc riches?

— Je ne crois pas... ils ont un logement de quatre vingt francs; toutes leurs bonnes disent que leur maison est une baraque, qu'on n'y mange jamais de pain tendre... Je dis toutes leurs bonnes parce qu'ils en changent toutes les semaines, et quelquefois deux par semaine.

— Maintenant les domestiques disent toujours du mal de leurs maîtres, ce n'est donc pas sur de tels propos qu'il faut juger ceux-ci...

— La femme a l'air de faire la sucrée, sa précieuse... et elle confectionne ses chapeaux elle-même.

— Ce sont ses bonnes qui le disent?

— Oh! c'est bien facile à voir...
— Et leur voiture, est-elle jolie?
— C'est une espèce de petite calèche à deux bancs, sans cocher, on conduit soi-même... l'autre jour, en rencontrant seule dans l'escalier, ce scélérat de Barigoule m'a proposé de me mener promener au bois de Boulogne dans sa voiture. — Et votre femme, lui ai-je répondu, est-ce que cela lui ferait plaisir de vous voir m'emmener dans votre phaéton? — Ma femme n'en saura rien; j'irai vous prendre à un endroit dont nous conviendrons... — Tu penses bien que je l'ai envoyé promener tout seul... quoique ça... ce doit être bien amusant d'avoir une voiture à soi !... de rouler tant qu'on en a envie!
— Mon Dieu! quand tu prends un fiacre sur la place, il est à toi, et en le prenant à l'heure tu te fais aussi rouler tant que cela t'amuse.
— Oh! ce n'est plus la même chose !...
— Tu es ambitieuse, Coralie.
— Non, mais je voudrais pouvoir satisfaire toutes mes fantaisies... Ah! j'ai encore fait une conquête.
— Vraiment!... est-ce toujours dans le genre de M. Barigoule?
— Oh! c'est mieux... c'est beaucoup mieux... Quoique la personne n'ait pas voiture, c'est encore quelqu'un de la maison. Tu sais bien, ce joli garçon qui loge au troisième et que nous avons rencontré plusieurs fois en descendant l'escalier.
— M. Achille Rocheville!
— Justement.
— Mais, tu m'avais dit que tu ne pouvais pas le souffrir ce monsieur-là... qu'il avait un air moqueur qui te déplaisait, qu'il était connu d'ailleurs pour aimer à tourner en ridicule les choses les plus sérieuses, les sentiments les plus vrais; enfin tu m'en avais fait un portrait... on aurait cru que tu avais peur que je n'en devinse amoureuse!...
— Oui! oui, je m'en souviens, je t'ai dit tout cela, parce qu'on me l'avait dit aussi à moi... Tu sais bien qu'il ne faut pas croire tous ces propos-là... Après cela... qu'est-ce que cela me fait, je n'ai pas envie d'écouter ce monsieur Achille..... Il est toujours très-bien mis ce monsieur-là, il a une bien jolie tournure.
— Il t'a donc fait une déclaration, ce monsieur?
— Non, c'est-à-dire à peu près... L'autre soir je rentrais seule, je l'ai rencontré dans l'escalier...
— Il paraît que tous tes voisins te guettent dans l'escalier.
— Pourquoi pas!.. il a absolument voulu m'éclairer, et chemin faisant, il m'a dit que celui que j'aimais était bien heureux... que j'avais des yeux qui disaient une foule de choses... qu'il était enchanté d'être mon voisin... et puis ci, et puis ça... Eh bien? qu'est-ce que tu fais donc?... tu te lèves... tu plies ton ouvrage?...
— Oui, il doit être fort tard, et il est bien temps que je rentre chez moi.
— Tu m'avais dit que tu coucherais ici cette nuit.
— Oui, mais j'ai réfléchi, cela m'aurait une mauvaise renommée de ne point rentrer coucher... on ne croirait pas que c'est chez une amie que je suis restée.
— Il me semble que ce n'est guère plus raisonnable de rentrer seule à onze heures et demie... Avec cela que la rue de Latour-d'Auvergne est si déserte... tu peux faire quelque mauvaise rencontre.
— Songe donc que c'est à deux pas d'ici, je demeure tout à l'entrée de la rue.
— Allons, puisque tu le veux. Cela m'ennuie de rester seule. Dire que le mois dernier nous logions quatre ici, et toutes mes amies m'ont quittée: l'une est allée en Angleterre, l'autre est retournée chez ses parents, celle-ci s'est fait enlever, celle-là s'est mariée au treizième arrondissement, il faut que tu m'abandonnes aussi, toi !...
— Mais moi, je n'ai jamais demeuré ici avec toi.
— C'est égal, c'est ridicule de ne point vouloir coucher ici... nous aurions causé de nos conquêtes avant de nous endormir.
— Oh! moi, je ne fais point de conquêtes !... Bonsoir, Coralie; tu rêveras à M. Achille Rocheville, cela vaudra mieux...
— Tu me dis cela drôlement!...
— C'est que je pense à ce pauvre Cotonnet, que tu avais promis d'aimer toujours!
— Ah! si tu veux me reparler de Cotonnet, j'aime mieux me coucher! Bonsoir, Augusta.
— Bonsoir Coralie.

Les deux amies se quittent assez froidement.

Cependant Coralie reste longtemps, penchée sur le haut de l'escalier, pour voir descendre Augusta, et peut-être aussi pour regarder s'il y a quelque voisin sur les carrés.

Mais Augusta est descendue sans rencontrer personne. A peine a-t-elle fermé la porte de la rue, qu'un jeune homme qui se tenait en faction en face, accourt à elle si vivement qu'elle s'arrête effrayée.

— Ne craignez rien, mam'selle Augusta, c'est moi, Cotonnet, murmure le jeune homme d'une voix émue.
— Ah! c'est vous! monsieur Cotonnet! vous m'avez fait un peu peur... Que faites-vous donc là... dans la rue?
— Mon Dieu! j'attends, je guette, je voudrais absolu Coralie... mais le portier m'a dit qu'elle était sortie, j'attendais qu'elle rentrât.
— Vous attendriez bien inutilement, elle n'est pas sortie, puisque je viens de chez elle.
— Ah! que c'est méchant! faire dire qu'elle n'y est pas; elle ne veut donc plus absolument me revoir... mon Dieu! que je suis malheureux! moi qui l'aime tant, car vous savez si je l'aime, vous, mam'selle Augusta?
— C'est ce que je lui répétais tout à l'heure, monsieur Cotonnet!
— Ah! vous êtes bonne, vous, mam'selle Augusta, vous êtes sensible, vous ne feriez pas ainsi de la peine à quelqu'un dont vous sauriez être sincèrement aimée!...
— Qu'est-ce que vous tenez donc là sous votre bras, monsieur Cotonnet? cela a l'air bien volumineux?
— Ça! mam'selle, c'est une petite bourriche d'huîtres que je me suis procurée, parce que Coralie avait envie d'en manger.
— Ah! que vous êtes bon, et combien elle a tort de ne point vous apprécier! Croyez-moi, montez, parlez-lui à travers la porte, dites-lui ce que vous lui apportez, elle vous recevra, elle est si gourmande !...
— C'est-à-dire... elle recevra peut-être les huîtres... enfin, n'importe.. je vais essayer... mais vous êtes seule, je vais d'abord vous reconduire chez vous.
— Non, non, c'est inutile; c'est si près... au revoir, monsieur Cotonnet.
— Non, mademoiselle, je ne vous laisserai pas aller seule aussi tard. Et sans écouter Augusta, qui a pris sa course, le jeune homme se met à en faire autant; quoique gêné par la bourriche qu'il tient sous un bras, il parvient à rattraper l'amie de Coralie et se met à marcher à côté d'elle.
— Ah! monsieur Cotonnet, vous êtes vraiment trop bon... ce n'était pas la peine de m'accompagner, il ne m'arrive jamais rien à moi; il y a des femmes auxquelles il arrive toujours des aventures dans la rue; on les suit, on leur parle, on veut leur prendre le bras malgré elles.. mais moi, j'ai du bonheur, jamais on ne m'a rien dit; il est vrai que je marche très-vite...
— Oh! oui, vous allez vite.
— Pardon, je ne pensais plus que vous portiez quelque chose de lourd, vous devez avoir bien chaud?
— Non, mademoiselle, pas trop... Et Coralie? qu'est-ce qu'elle vous disait de moi ?... Qu'elle ne peut plus me souffrir, n'est-ce pas?
— Eh! quand on est fâchée, monsieur Cotonnet, vous savez bien que l'on dit une foule de choses par dépit, mais on ne le pense pas.
— Si vous pouviez dire vrai. Je ne sais pas pourquoi je crains que Coralie n'en aime un autre... Vous a-t-elle parlé d'un autre ?
— Non; tenez, vous feriez bien mieux d'aller faire votre paix avec elle.
— Et si elle ne veut pas m'ouvrir, malgré mes huîtres?
— Justement, me voici arrivée, j'aperçois ma porte... Bonsoir, monsieur Cotonnet.
— Mademoiselle, je ne m'en irai que quand je vous aurai vue refermer sur vous la porte de votre maison.
— Décidément, vous croyez que l'on veut m'enlever.
— Non; mais tenez, mademoiselle, regardez donc cet homme qui se tient dans l'ombre à quelques pas de votre porte.
— Vous croyez qu'il y a un homme? Je ne vois pas, moi.
— Comment, vous ne voyez pas? dans ce renfoncement... c'est ma foi un beau monsieur... un élégant en gants jaunes.

Augusta regarde de nouveau, et cette fois elle répond d'une voix altérée:

— Ah! oui, en effet... je crois qu'il y a quelqu'un... mais qu'est-ce que cela me fait... certainement, ce n'est pas pour moi que ce monsieur est là...
— Ça ne fait rien, je veux vous voir chez vous... bien rentrée dans votre maison.
— Et puis le portier de Coralie ne voudra plus vous ouvrir.
— Oh! que si! il y a toujours des moyens pour attendrir les portiers.

Augusta ne dit plus rien, elle pousse un léger soupir, puis se met à reprendre sa volée, et en une minute elle est devant sa porte. Le monsieur qui était dans l'ombre, à quelques pas, a fait un mouvement comme pour s'avancer vers elle, mais en apercevant Cotonnet et sa bourriche, il rétrograde bien vite.

Quant à la jeune fille, elle a sonné, puis elle est entrée et a vivement refermé la porte en criant:

— Bonsoir, monsieur Cotonnet.

VII

Une bourriche d'huîtres.

Lorsqu'il est bien certain que la jolie Augusta est en sûreté dans sa jeune Cotonnet, sans s'occuper davantage du beau monsieur à gants paille posté un peu plus loin, renfonce sa bourriche sous son bras gauche et reprend sa course dans la rue des Martyrs.

Cotonnet est un petit jeune homme tout mince, tout grêle, dont le teint est bilieux et qui a dans la figure quelque chose de souffreteux; il n'est pas laid, ses yeux sont même assez beaux, mais il a déjà perdu beaucoup de dents, ce qui fait rentrer sa bouche et lui donne l'ai d'un petit vieux; enfin, il a habituellement un accent mélancolique et malheureux; et en ce moment cet air-là s'augmente des peines qu'il éprouve dans ses amours.

Car Cotonnet n'est point coureur et volage; c'était un modèle de sagesse jusqu'au moment où il a fait connaissance de mademoiselle Coralie Plumet, qui l'a un peu dérangé, mais à laquelle il s'est attaché en faisant chaque jour des sacrifices pour elle; c'est assez l'ordinaire, on attache du prix à ce qui coûte cher; on dédaigne ce que l'on peut avoir gratis, le cœur a tant de vanité.

Cotonnet est arrivé devant la maison où loge Coralie, il sonne et on lui ouvre sur-le-champ, quoiqu'il soit près de minuit; mais cette maison avait pour locataires beaucoup de personnes qui menaient une vie peu régulière, et le portier ouvrait à toute heure, et quelquefois même ne se donnait pas la peine de regarder qui entrait. Il y a dans Paris une foule de maisons mal garnies.

Cependant cette fois, par extraordinaire, le père Locard, qui ne dort pas encore, crie à Cotonnet :

— Où allez-vous, monsieur ?
— Vous savez bien... chez mam'selle Coralie... Je suis Cotonnet, vous me connaissez bien, père Locard...
— Ah ! oui... mais vous savez que mam'selle Coralie m'a défendu de vous laisser monter.
— C'était pour rire, père Locard, je vous assure qu'elle me recevra avec plaisir... Tenez, voyez, je lui porte des huîtres pour son souper... C'est une surprise agréable, ça...
— Tiens, il y a donc déjà des huîtres...
— Eh ! mon Dieu, oui, il y en a toujours... Coralie ne se trompait pas ce me disant cela... Seulement elles sont... salées... je monte.
— Ma foi, voyez si elle veut vous ouvrir !... Ce ne sont pas mes affaires... Prenez garde, j'ai éteint...
— Oh ! je n'ai pas besoin de lumière, moi.

Cotonnet n'écoute déjà plus le portier, il grimpe l'escalier comme si le bonheur l'attendait aux mansardes; on est si leste quand on est amoureux... et qu'on est jeune... et qu'on n'a pas un gros ventre, ni mal aux reins, etc., etc., etc.

Au quatrième étage, Cotonnet se cogne dans mademoiselle Marie ou Marinette qui vient d'entr'ouvrir la porte de chez madame Saint-Lambert : la petite est à moitié déshabillée; elle tient un bougeoir à sa main droite; elle a sur sa tête le haut d'un bas de soie en guise de bonnet, ce qui lui fait une coiffure sans fond, et dans sa main gauche elle tient un gros morceau de pain sec tout grignoté.

— Est-ce toi, ma sœur ? demande la petite fille qui semble à moitié endormie et porte d'une voix s'éveillant son pain à la bouche. C'est amusant d'attendre... il est tard... Pourquoi n'as-tu pas pris ta clef... je pourrais me coucher, moi.

— Je ne suis pas votre sœur, mademoiselle, répond Cotonnet en se rangeant de la petite Marie qui, en étendant ses bras, lui donne son poing dans le nez.

— Ah ! c'est un monsieur... excusez, monsieur... quelle heure est-il donc, monsieur, s'il vous plaît... il est bien une heure du matin, n'est-ce pas ?...

— Non, mademoiselle, il est tout au plus minuit.

— C'est déjà pas si bonne heure... ma sœur n'en fait jamais d'autre, elle oublie sa clef... Alors, moi, il faut que je l'attende... parce que si je me couchais, je m'endormirais... et une fois endormie, Berthe pourrait bien cogner et sonner toute la nuit... Je dors comme un pot. Si le portier voulait, je lui donnerais la clef et il la remettrait à Berthe, mais il ne veut pas... Il prétend qu'il tire son cordon en dormant et qu'il ne veut s'éveiller tout à fait pour donner une clef... En voilà un Suisse... Ah, dame ! on lui graissait la patte... il prendrait la clef... mais... on ne lui graisse rien du tout... et il nous veut, le père Locard !

Tiens, il me m'écoute pas ce monsieur... il monte toujours... Dieu ! que je m'embête... encore si j'avais quelque chose de bon pour souper... mais du pain sec !... c'est divertissant... ma sœur m'a laissé trois sous pour mon dîner... ayez donc des restes pour souper avec !...

Pendant que la petite Marie se plaint toute seule, Cotonnet est arrivé au dernier étage; il n'y a pas de danger qu'il se trompe de porte; il va coller son oreille contre celle de Coralie, il entend chantonner l'air : C'est l'amour, l'amour, qui fait le monde à la ronde.

Cotonnet a pour d'une voix sèche et brève :
Aussitôt on cesse de chanter. Mais on dit d'une voix bien douce :
— Qui est là ?
— C'est moi, Cotonnet.

On répond d'une voix sèche et brève :
— Comment, c'est encore vous, monsieur, à l'heure qu'il est... voilà une belle heure pour venir chez les personnes.

— Mais il y en a plus de deux je suis dans la rue. Le portier me disait que vous étiez sortie.
— Il avait raison. Je suis sortie pour vous, puisque je ne veux plus vous recevoir... je vous prie de me laisser tranquille.
— Ah ! Coralie... ma petite Coralie, laisse-moi entrer cinq minutes.
— Pas une seconde, je vais me coucher... faites-en autant.
— Coralie, je t'apporte des huîtres... J'en ai là six douzaines dans une bourriche.
— Ce n'est pas vrai, vous mentez...
— Oh ! par exemple ! je te jure que c'est la vérité... ouvre un peu, tu verras la bourriche.. Je les ai fait ouvrir et recouvrir avec leurs coquilles... elles sont très-fraîches, il n'y a plus qu'à les manger.
— Ça m'est égal... je n'en veux pas de vos huîtres... gardez les...
— Ah ! Coralie... ma petite Coralie... tu ne voudrais pas me désespérer... tu sais combien je t'aime... D'abord je ne m'en irai pas sans t'avoir vue... Coralie... réponds-moi donc... Eh bien... elle ne répond plus... elle est capable d'être allée se coucher... elle me laisse là avec mes huîtres... Ah ! c'est affreux, c'est indigne... mais ça m'est égal... je resterai à la porte... je passerai la nuit sur le carré !...
— Monsieur ! quelle heure est-il, s'il vous plaît, à présent ?...

Cotonnet ne répond pas à la petite Marie, car il est tellement désespéré de ne pouvoir se faire ouvrir par sa maîtresse, qu'il s'est assis dans un coin du carré où, pour se consoler, il se cogne la tête contre le mur.

— Pourquoi donc qu'il ne me répond pas, ce monsieur ?... dit mademoiselle Marie en se frottant les yeux, il me semble pourtant qu'on ne lui a pas ouvert... Je voudrais bien savoir ce qu'il tenait sous son bras... c'était très-gros... dans un panier... c'est peut-être des pêches... ou des prunes... Je ne l'entends plus frapper ni parler... il s'est peut-être endormi. Tiens, il faut que j'aille voir...

Et la petite fille se met à grimper l'escalier, cachant avec une de ses mains la lumière de son bougeoir.. probablement mademoiselle Marie ne voulait pas qu'on la vît venir, et se flattait qu'elle ne réveillerait pas les personnes endormies.

Mais le pauvre Cotonnet ne dormait pas, il tenait alors sa tête dans ses deux mains, et avait les yeux fixés sur la malheureuse bourriche placée à ses pieds.

Tout à coup, et sans avoir entendu de bruit, tant on avait pris de précautions, il voit une petite tête qui s'avance sur la bourriche et un rayon de lumière qui frappe le mur.

— Qu'est-ce que vous voulez ? murmure Cotonnet d'une voix que sa mauvaise humeur ne rend pas mielleuse.

La petite fille fait lestement un saut en arrière, et s'écrie :
— Monsieur, voudriez-vous me dire l'heure qu'il est, s'il vous plaît.
— Eh ! sapristi, mademoiselle, est-ce que vous ne me laisserez pas tranquille, à la fin !... C'est insupportable, cela.
— Ah ! mon Dieu, vous fâchez pas... Je ne savais pas que vous dormiez là... Je ne vous aurais pas réveillé...
— Oh ! non, je ne dormais pas... je n'ai pas envie de dormir, moi !
— Ah ! bien, je ne vous ressemble pas... car j'en crève d'envie... mais il faut que j'attende ma sœur Berthe... parce qu'elle n'a pas pris sa clef... Comme c'est amusant ! elle me fait de ces tours-là trois fois la semaine... et quelquefois j'attends pour rien, elle rentre pas du tout !
— Alors, pourquoi l'attendez-vous ?
— Parce que si je me couchais et qu'elle vînt à rentrer par hasard, elle serait obligée de tambouriner pendant deux heures avant de m'éveiller, ce qui fait que toute la maison se lève avant moi... et c'est un train ! tout le monde crie ! On dit à ma sœur qu'on lui fera donner congé. Moi, tout ça me ferait rire !... Mais le lendemain Berthe me met au pain sec, et ça ne m'amuse pas.
— O Coralie !... Coralie !...
— Vous vouliez voir mam'selle Coralie, la fleuriste... Pourquoi que vous ne frappez pas... elle dort sans doute... J'ai frappé, elle sait bien que je suis là, mais elle ne veut pas m'ouvrir...
— C'est comme ma sœur... quand elle a un monsieur chez elle, elle n'ouvre pas à Sandarac !...
— Mademoiselle, je ne sais pas ce que fait votre sœur, et je ne m'en inquiète guère ! mais je suis très-persuadé qu'il n'y a pas d'homme chez Coralie... Ce n'est pas cette raison-là qui l'empêche de m'ouvrir... c'est taquinerie, entêtement de sa part, et voilà tout.
— Dame ! je n'en sais rien, moi... je disais pas... peut-être que je croyais, je suis sûre qu'il est bien plus d'une heure du matin, à présent !
— Je ne peux pas vous dire l'heure qu'il est; je n'ai pas de montre... c'est-à-dire je ne l'ai plus... je l'ai mise quelque part... pour... ça m'a bien réussi...

En disant cela, Cotonnet regarde tristement la bourriche qui est à ses pieds.
— Monsieur, qu'est-ce qu'il y a donc là-dedans... enveloppé d' paille ?
— Là... ce sont des huîtres.
— Des huîtres... ah bah !... des huîtres ! oh ! ma sœur les aime-t-elle !... elle s' fait payer bien souvent. Toutes les fois qu'elle parle

quelque chose, ce sont des huîtres... et elle ne perd jamais les paris. Moi aussi je les aime beaucoup les huîtres... mais on ne m'en donne jamais... j'en chippe quelques-unes en portant les assiettes...... et puis je gratte les coquilles avec un couteau quand elles sont mal détachées.. il en reste toujours et c'est le meilleur.

Cotonnet ne répondait plus, il était retombé dans ses réflexions. Le bruit de la sonnette de la rue retentit avec force.

— Ah! enfin voilà ma sœur! s'écrie la petite Marie en se penchant sur la rampe de l'escalier.

Mais bientôt elle soupire en disant:

— Non, ce n'est pas elle... je ne vois qu'un homme... il s'arrête au troisième... C'est M. Achille Rocheville qui rentre chez lui... mon Dieu oui... le voilà qui ouvre sa porte... J'ai eu une fausse joie!... Dites-donc, monsieur, si vous voulez entrer chez nous, jusqu'à ce que ma sœur rentre, vous serez mieux que assis là par terre...

— Merci, mademoiselle, mais je veux rester là... à sa porte... je veux que l'ingrate me trouve aux pieds demain matin en allant chercher son lait...

— Ah bah! c'est des bêtises... Je vais lui faire ouvrir, moi...

Et la petite fille, sans attendre si Cotonnet veut bien qu'elle frappe, se met à cogner si fort à la porte de Coralie que cela retentit comme un canon de mélodrame; que Cotonnet en devient tout tremblant et qu'on entend se fait horrible juron allemand sortir de chez le voisin Birmann, un cri d'effroi de chez madame Patouillard, puis ces mots:

— Si fous finisse bas toute zuite... che vas lefer, moi, et flamper une tause... entendez-fous!

— C'est infâme! une maison comme celle-ci!... et quand on sait que l'on a une voisine qui s'est fait apposer des moques-ade!... J'irai me plaindre au propriétaire,... s'ils ne m'ont pas tuée cette nuit, les turbateurs!... car ils en sont bien capables!

Mademoiselle Marie riait aux larmes en écoutant les voisins. Mais bientôt une troisième voix se fait entendre, et celle ci part de chez Coralie:

— Monsieur Cotonnet, si vous ne me laissez pas dormir, je vous promets que vous me le paierez... Je ne vous en dis pas plus, mais vous verrez!

Cependant, lorsque Berthe passe devant lui, elle lui lance de si tendres regards...

— Là! vous avez fait une belle chose! murmure Cotonnet en regardant la petite fille; elle croit que c'est moi qui ai cogné comme cela à sa porte, et elle est encore plus fâchée.

— Ah! tant pis... elle n'avait qu'à ouvrir... Dites-donc, monsieur, si vous... puisque vous ne les mangez pas... voulez-vous me donner... quelques huîtres...

— Je suis fâché de vous refuser, certainement je ne les mangerai pas... mais je les garde pour Coralie... et demain je veux pouvoir les lui montrer en lui disant: Vous voyez bien que je ne vous mentais pas... Voilà les huîtres.

— Ah bon!... c'est lui qui est une huître! murmure la petite fille en reprenant son bougeoir qu'elle avait placé dans un coin. Ma foi, ça m'ennuie... Tant pis!... je vais me coucher... Berthe ne rentrera pas à présent, il doit être deux heures du matin.

La petite Marie est redescendue chez elle. Cotonnet s'est remis en faction et la tête dans ses mains. Dix minutes environ s'écoulent, et le silence règne dans la maison.

Mais alors une porte s'ouvre tout doucement au cinquième étage; un particulier sort de chez lui dans un costume assez léger : caleçon de bain, robe de chambre très-longue en bazin, un foulard rouge sur la tête, pantoufles aux pieds, voilà la tenue de M. Barigoule, le grand homme long et sec qui a voiture et demeure au cinquième étage.

Nous savons déjà que M. Barigoule, quoique possesseur d'une épouse, fait la cour à mademoiselle Coralie; les yeux éveillés de la jeune fleuriste troublent le repos de son voisin du cinquième. Or, quand un homme est amoureux de sa voisine, il entend toujours tout ce qui se passe dans la maison.

D'ailleurs, à moins de dormir comme les marmottes, il eût été difficile de ne pas entendre au milieu de la nuit le coup de poing appliqué par la petite Marie sur la porte de mademoiselle Coralie.

Lorsqu'il pense que sa moitié est rendormie, M. Barigoule passe son caleçon, endosse sa robe de chambre nuptiale; il s'empare d'un flambeau, de quelques allumettes chimiques et arrive sur son carré.

Là, il veut allumer sa bougie, mais il frotte en vain ses chimiques contre le mur:

Rien ne prend.

— Après tout, je puis me passer de lumière, se dit le grand homme en rentrant son flambeau, c'est même plus prudent de n'en pas avoir... Je ne risque pas d'être vu... ce coup parti d'ici dessus m'a ému... d'ailleurs c'est un prétexte pour aller demander à la ravissante Coralie si elle est indisposée; ma femme et ma domestique dorment... Si la voisine m'ouvre, cela peut aller très-loin... Montons.

M. Barigoule se dirige à tâtons vers la rampe, puis il monte l'escalier bien doucement et sans faire le moindre bruit.

Il arrive ainsi sur le carré où dormait Cotonnet; car, malgré son chagrin, le pauvre garçon avait fini par s'endormir en pensant à Coralie et à ses huîtres dont probablement il rêvait.

— Surtout, n'allons pas nous tromper de porte!... se dit le galant en quittant la rampe; fichtre, je n'ai pas envie de réveiller madame Patouillard, ni ce vilain ivrogne de tailleur... mais je sais où c'est... la porte du milieu... Je vais tâter... je ne frapperai que quand je serai certain que c'est la porte de la fleuriste... Qu'est-ce que je sens dans mes jambes... un panier... de la paille... c'est probablement la Patouillard qui met son panier aux ordures sur son carré la nuit. Cela sent la marée... elle aura mangé du poisson aujourd'hui...

— Ah! bigre... la sonnette de la rue... quelqu'un qui rentre... si c'était pour mon étage... moi qui ai laissé ma porte ouverte... Écoutons.

La sonnette retentit une seconde fois. On a ouvert. La porte de la rue est refermée avec un sans-façon bien peu aimable pour les habitants de la maison. Bientôt des pas et des voix se font entendre dans l'escalier, car les personnes qui montent parlent et font du bruit comme si on était au milieu de la journée.

La tête penchée en avant, le grand Barigoule ne perd pas un mot.

— Je te dis que je ne donne pas dans la partie de campagne avec mon amie Lucie... Ce sont des colles, tout ça!

— Mon Dieu, Sandaraz! je ne sais pas ce que vous avez depuis quelque temps... vous devenez bien mauvais genre!

— Prends garde que je ne t'en donne pas du bon genre... madame l'ombrelle... voyons encore une fois, qui est-ce qui t'a donné cette ombrelle-là... je ne crois pas un mot de ton histoire de Lucie qui l'a reçue en paiement d'un juif, et qui te la cédo contre six paires de bas... D'abord, tu n'as pas trop de bas pour lui ne céder...

— Je vous ai dit la vérité... le jour n'est pas plus pur que le fond de mon cœur...

— Alors il doit faire de l'orage... Depuis ce matin il y a du louche; je suis persuadé que tu y étais quand je suis venu et revenu... Oh! c'est qu'on ne m'en fait pas accroire, à moi... Et toutes ces odeurs que tu sens!... Tu as passé la journée dans le laboratoire d'un parfumeur...

— Aimerais-tu mieux que je l'aie passée à Pantin?

Peut-être... Et tes poches... absolument les poches de Bertrand l'*Auberge des Adrets*. Que diable as-tu là-dedans?
— Trois mouchoirs, je suis enrhumée du cerveau.
— Eh! tu n'as pas éternué une seule fois depuis que je t'ai retrouvée!...
— Sandarac, vous devenez pis que *Bartholo*! Bientôt vous regarderez à mes doigts s'il y a de l'encre, à mon nez s'il y a du tabac!... je me demande où vous ne regarderez pas...
Pourvu que cette petite sotte de Marie ne se soit pas couchée... il ne manquerait plus que ça!...
— J'ai vu un petit jeune homme qui donnait le bras à Beaucaron, et qui faisait des yeux de perdrix malade quand tu passais près de lui..
— Est-ce que je peux empêcher les hommes de faire des yeux de perdrix, à présent !... en voilà de la tyrannie !... merci... et monsieur qui ne parle que de liberté, ne demande que la liberté... Maudite Marie !... voyez si elle ouvrira.
— Sonne plus fort.
— A moins que je ne casse la sonnette.
— Attends, je vais y joindre un accompagnement de coups de pied.
— Ah! mon Dieu, ils vont réveiller toute la maison! se dit M. Barigoule qui a reconnu sa voisine du quatrième. Et si ma femme s'apercoit que je ne suis plus à ses côtés... Hermelinde qui est si jalouse; heureusement je puis prétexter un motif... tout naturel pour être sorti... Fichtre! est-ce que la petite sœur ne leur ouvrira pas !... voilà des gens qu'on ne devrait pas garder dans une maison honnête. Cette dame Roussepignole mène une vie si dérangée... elle rentre à des heures indues!... Quel train! oh! les gredins!
— Marie!... Marie!... ouvre donc... c'est moi... ah! la petite sotte! la brute, la dinde... elle dort comme une taupe qu'elle est!
— Pourquoi n'as-tu pas la clef?
— Elle est perdue, la clef; on ne sait pas où elle est... Marie! Marie! réveille-toi donc!
— Qui est-ce qui t'a donné l'ombrelle?
— Sandarac, je vous jure... d'ailleurs, vous demanderez à Lucie...
— Oui, Lucie!... beau répondant; vous vous entendez toutes deux comme deux larronnes !
— Marie!...
— Bigre! il est galant, le monsieur... il s'est fendu ! c'est une ombrelle grand numéro... c'est cher.
— Marie!
— Je veux savoir d'où vient ce meuble de luxe !
— Vous m'embêtez à la fin; si vous n'êtes pas content, allez-vous-en et laissez-moi tranquille!
— Ah! je le prends sur ce ton... eh bien ! non, je ne suis pas content, et je vais te casser ton ombrelle sur le dos.
— Ah! vilain monstre !... il va casser mon ombrelle, au secours! à la garde!...
Madame Saint-Lambert, ou Berthe, ou Roussepignole, car vous avez pu voir que cette dame possède une foule de noms, se met à pousser des cris si perçants que la petite Marie s'éveille et vient ouvrir la porte en criant aussi, parce qu'elle a été éveillée en sursaut et qu'elle a peur.
M. Barigoule, qui est toujours sur le carré du sixième, est en proie à des transes continuelles, car il craint que sa femme ne se réveille, et pourtant il ne se sent pas la force de quitter le carré de Coralie sans avoir essayé de la voir. Cependant M. Sandarac a poussé devant lui Berthe et sa sœur, il est entré et a refermé la porte; le bruit cesse, et il ne paraît pas que personne dans la maison se soit ému des cris de madame Roussepignole, auxquels sans doute on est habitué.
Quant à Cotonnet, il dort toujours; probablement il avait veillé la nuit précédente.
M. Barigoule se rassure; il attend quelques minutes, puis il se met à chercher la porte du milieu, en se disant :
— Je ne dois pas avoir peur de cogner chez ma voisine, je ne ferai certes pas tant de bruit que tous ces gens-là.
Le grand monsieur avance en tâtonnant, ses pieds ne rencontrent pas Cotonnet, parce que celui-ci s'était établi dans une encoignure du carré; il arrive à la porte tant désirée, il écoute, il lui semble entendre marcher dans la chambre.
— Bon, elle ne dort pas encore... tant mieux, se dit M. Barigoule, elle m'entendra tout de suite.
Et en monsieur frappe deux petits coups secs sur la porte, en fredonnant à voix basse, et avec une *variante* :

Ma chandelle est morte,
Je n'ai plus de feu ;
Ouvre-moi ta porte
Que j'entre un p'tit peu!

On ne répond pas, mais Barigoule entend que l'on marche vers la porte, il rajuste son foulard sur sa tête, en se disant :
— Elle vient, elle va ouvrir... elle a reconnu ma voix.
Mademoiselle Coralie n'avait nullement reconnu la voix de son voisin du cinquième, et persuadée que c'est toujours Cotonnet qui frappe chez elle, elle se dispose à le traiter comme elle le lui a promis s'il la réveillait encore. Elle court donc s'emparer d'un petit poêlon dans lequel est un restant de panade et, dès qu'elle a ouvert sa porte, elle jette tout le contenu de son poêlon dans la figure de la personne qui se trouve devant elle.
Le malheureux Barigoule a tout reçu en plein visage; la panade lui est entrée dans les yeux, dans le nez, jusque dans la bouche, car il avait ouvert la bouche pour adresser un compliment à la fleuriste. En se sentant couvert de cet enduit collant, il reste un instant stupéfait, mais lorsqu'il sent ses yeux calfeutrés, sans pouvoir les ouvrir ni les fermer, il se met à braire comme un âne, en s'écriant :
— Je suis aveuglé !... on m'a bouché la vue... qu'est-ce que c'est que ça... c'est une horreur; on ne fait pas de ces mauvaises plaisanteries-là !...
Et, tout en se plaignant, ce monsieur marchait à tâtons; il est arrivé contre Cotonnet auquel il donne des coups de pied dans la tête ; alors celui-ci s'éveille à son tour, et crie :
— Qui est-ce qui est là ?... vous marchez sur moi... prenez donc garde... il y a du monde là... au voleur !...
Pendant que ces messieurs crient sans voir clair, mademoiselle Coralie, qui a compris qu'elle est encore trompée, et que la panade n'est que l'eau du matin n'a pas été à celui à qui elle la destinait, referme sa porte, moitié en colère, moitié riant de ce qui vient d'arriver et sans s'inquiéter de ce que vont faire ses deux amoureux.

Coralie fait des fleurs, sa compagne travaille aux ouvrages de tapisserie.

Mais bientôt des voisins arrivent avec de la lumière. C'est d'abord le tailleur allemand qui s'est armé d'une trique avec laquelle il veut rosser tous ceux qu'il trouve sur le carré; ensuite, c'est madame Barigoule qui s'aperçoit que son époux ne partageait plus sa couche, et, ayant entendu des cris, est montée au sixième, où elle veut savoir de son mari ce qu'il est venu y faire; mais celui-ci, tout empanadé, ne cesse de demander qu'on le débarbouille.
Enfin, c'est M. Sandarac, puis Berthe et sa sœur qui veulent savoir ce qui se passe, et se mettent sur-le-champ à fureter de tous côtés, en criant plus fort que les autres :
— Qu'est-ce qu'il y a ?
— Qu'est-il arrivé ?
— Pourquoi se bat-on ?
— Enfin, monsieur, que faites-vous ici ? dit madame Barigoule à son époux, et qui donc a pu vous barbouiller ainsi ? vous êtes donc tombé dans quelque chose... est-ce qu'on a voulu vous mouler en plâtre...
M. Barigoule, qui est parvenu à décoller ses yeux en les essuyant avec le bas de sa robe de chambre, répond en regardant Cotonnet d'un air effaré :
— Et monsieur.. qu'est-ce qu'il fait là... il n'est pas de la maison...
— Monsieur est l'amoureux de mam'selle Coralie, répond vivement la petite Marie, je le connais très-bien, moi; d'ailleurs, il était là hier à la soirée.. elle n'a pas voulu lui ouvrir, il s'est couché à sa porte.
— Il en a le droit, dit Sandarac ; allons nous coucher aussi,

nous autres... bonsoir, messieurs et mesdames... marche devant, petite... que chacun rentre dans son nid... Morphée nous réclame !

La petite ne se le fait pas répéter, elle dégringole lestement les degrés ; Berthe et M. Sandarac s'empressent aussi de disparaître. Madame Barigoule emmène son mari, en lui répétant :

— Enfin, monsieur, que faisiez-vous là-haut ?

— Ma chère amie, il m'avait semblé entendre le cheval hennir ou se plaindre dans l'écurie... je m'étais dit Zéphyr a quelque chose... Allons-y voir...

— Comment, monsieur, et pour aller à l'écurie vous étiez monté au sixième...

— Ma chère amie, j'étais tellement endormi... j'ai cru descendre et j'aurai monté sans m'en apercevoir, cela arrive quelquefois... c'est comme en voiture, ferme les yeux, tu croiras aller en avant quand tu vas en arrière.

— Ceci est bien louche, monsieur, et cette pâtée... sur votre visage...

— C'est une chose que je ne m'explique pas du tout... ce doit être ce jeune homme couché là qui m'aura fait cette mauvaise farce...

— Monsieur Barigoule, vous êtes un mauvais sujet... mais ie me vengerai !

— Hermelinde, tu t'abuses... je t'assure.

Tout en discourant ainsi, les deux époux sont arrivés chez eux et referment leur porte. Il ne reste plus sur le carré que Cotonnet ; car depuis longtemps l'Allemand est rentré chez lui avec sa trique en jurant après tout le monde.

Le pauvre amant de Coralie, qui n'a pas bien compris la cause du bruit qui s'est fait autour de lui, tâche de se rendormir dès que chacun est rentré chez soi ; il y parvient assez facilement.

Mais il ne s'aperçoit pas qu'au milieu de tout ce tumulte, sa précieuse bourriche a disparu.

VIII.

Achille Rocheville.

Nous sommes toujours dans la même maison de la rue des Martyrs, dans cette maison où nous avons déjà fait connaissance avec Berthe et sa sœur; avec l'espiègle Coralie et le couple Barigoule, sans compter le tailleur allemand et la dame aux sangsues. Voilà déjà pas mal d'originaux pour une seule maison ; mais à Paris, où les immeubles sont considérables et les logements souvent très-exigus, il n'est point rare de rencontrer sous le même toit de quoi défrayer dix auteurs comiques et fournir le sujet d'une masse d'intrigues ; et encore ! on ne sait pas tout ce qui se passe dans l'intérieur de chaque domicile, si l'on sait à peu près ce qui est arrivé chez un locataire, il est bien douteux que l'on connaisse le fond de sa pensée, et le motif secret qui le fait agir... combien de mystères qui restent à dévoiler, et qui ne le seront jamais !... en dépit de tous les diables boiteux passés et à venir.

Maintenant, ayez la complaisance de me suivre au troisième étage de la susdite maison... Vous voyez que nous descendons toujours ; nous entrerons dans un bel appartement fort élégamment décoré, et sur les onze heures du matin, nous y trouverons un jeune homme de vingt-huit à vingt-neuf ans, grand, bien fait, quoique un peu maigre de corps, et dont les traits bien caractérisés sont fins, spirituels, et annoncent un penchant habituel au persiflage.

Ce jeune homme est M. Achille Rocheville, dont vous avez déjà entendu parler, et que nous avons même rencontré un moment dans la cour de la maison ; c'est le possesseur du perroquet qui remplace le portier avec assez d'avantage.

En ce moment, M. Achille Rocheville est enveloppé dans une charmante robe de chambre de Perse, et assis devant une table sur laquelle est servi un déjeuner confortable. Il a pour vis-à-vis un jeune homme qui semble un peu plus âgé que lui, ce qu'il doit peut-être à un air habituellement grave et même mélancolique, mais dont les traits, sans être beaux, ont quelque chose de distingué et de bienveillant.

Ces messieurs causent tout en déjeunant. Achille rit encore, parce qu'il vient de raconter à son ami le rôle qu'il a fait jouer la veille à son perroquet.

— Eh bien, Albert, riez donc avec moi... Voyons, est-ce que l'idée n'est pas drôle...

— Si fait, l'idée est ingénieuse et tout à fait digne de vous, mon cher Achille. Mais il me semble qu'elle a bien dû paraître si comique à celui qui en a été victime.

— Ah ! à propos... vous m'y faites songer... Parbleu ! mais le jeune homme s'était fâché... rouge... je crois même qu'il voulait se battre

en duel... nous avons échangé nos cartes... il se nomme Benjamin Godichon... Ah ! ah ! ah !... que dites-vous de ce nom-là ?

— Qu'on peut s'appeler Godichon et avoir beaucoup d'esprit et de bravoure...

— Pour de la bravoure, passe ! mais de l'esprit, je ne vous accorde pas cela... car un homme d'esprit changerait de nom si son père se nommait Godichon... Au reste, il me paraît que mon jeune homme a mis de l'eau dans son vin... car il est onze heures et demie, et il n'est pas venu... Franchement, il a aussi bien fait ; il eût été déplorable de se battre pour madame de Houssepignole...

— Qu'est-ce que c'est que madame de Houssepignole ?

— Une femme entretenue qui demeure au-dessus... un fort mauvais sujet... qui aura pris le nom de Saint-Lambert pour attraper un provincial qui, sans doute, ne connaît pas encore son Paris et tous les périls auxquels un joli garçon est exposé... surtout s'il a de la fortune. Oh ! il est bien tombé avec Berthe ; elle le mènera loin...

— Si monsieur aime cette dame, pourquoi voulez-vous qu'il se repente d'avoir fait sa connaissance ?

— En vérité, mon cher Albert, vous me feriez damner avec vos suppositions... est-ce qu'on peut aimer ces femmes-là... et, d'ailleurs, est-ce qu'il faut jamais prendre les femmes au sérieux ? allons donc !... L'amour n'est-il pas une continuelle plaisanterie !... une comédie en un ou plusieurs actes, mais à laquelle il faut toujours un dénoûment.

— Tout le monde ne pense pas comme vous, Achille ; il y a des personnes pour lesquelles un sentiment profond décide du sort de toute leur vie !...

— Oh ! la bonne blague... et il dit cela avec un sérieux qui ferait croire qu'il le pense.

— Je le pense aussi. Je le sais par moi-même : j'aimais fort tendrement une jeune personne qui, de son côté, m'avait fait aussi les plus doux serments !... je fus obligé de la quitter, de m'absenter de Paris quelques semaines ; quand je revins, elle était partie pour la campagne avec sa famille.

— Ah ! elle avait une famille !... c'est bien embêtant !...

— Elle m'écrivit. D'abord, ses lettres étaient charmantes, elle me témoignait le plus vif désir de me revoir... elle me priait de lui répondre sur-le-champ, de lui écrire très-souvent ; il fallait même lui faire des romances sur les airs qu'elle m'indiquait, et lui envoyer mes paroles, qu'elle chantait en pensant à moi... C'était une tête un peu exaltée, un peu romanesque !... si j'avais proposé de l'enlever, je crois bien qu'elle y aurait consenti !...

— Et vous n'avez jamais eu cette idée-là, vous !...

— Non, je ne comprends pas les enlèvements... je suis pour les amours honnêtes.

— Quel bon père de famille vous ferez !... mais, allez toujours.

— Celle que j'aimais faisait des vœux pour être bientôt près de moi. Je lui répondis, et cela dura ainsi trois mois, puis elle ne m'écrivit plus, et, plus tard, lorsque je sus qu'elle était de retour à Paris, j'appris en même temps qu'elle était mariée...

— Eh bien ! cela rentre dans ce que je crois relativement à la fidélité des femmes !... histoire sans pareille !... commencée à Eve avec le serpent !... ah ! ah ! ah !...

— Mais je n'ai pas pris cela en riant, moi... j'en ai éprouvé une peine profonde ! et je ne puis encore me consoler !...

— Allons donc ! c'est que vous avez besoin de vous purger ; c'est la bile qui vous rend morose et vous vous figurez que c'est l'inconstance de votre belle. Mais permettez-moi une question, Albert, et à laquelle vous pouvez répondre, puisque vous ne m'avez pas nommé cette dame ; votre douce amie vous avait-elle tout accordé ?

— Non, vraiment... je l'aimais sincèrement... et je la respectais...

— C'est là votre manière d'aimer, à vous... mais alors si vous l'aimiez tant, pourquoi donc ne l'épousiez-vous pas ?...

— Je comptais bien l'épouser, j'attendais pour la demander à ses parents que j'eusse ma position faite, une fortune assurée.

— Oui, oui, vous l'eussiez fait attendre une vingtaine d'années, alors vous lui auriez dit : Chère amie, ce n'est plus que la peine de nous marier, pour le peu de jeunesse qu'il nous reste !... Tenez, mon cher, nous ne valons pas mieux que les femmes... quant à cela, j'en conviens, seulement nous avons plus de franchise qu'elles, nous dissimulons moins. Je vous le répète, je ne crois pas à la constance... Dans la vie je trouve qu'il faut s'amuser... voilà la grande affaire... A quoi bon s'affliger, s'inquiéter... pouvons-nous changer quelque chose à la marche des événements ?

— Vous ne croyez à rien, vous, Achille, vous tournez en ridicule les sentiments les plus respectables ; je ne pense pas que ce soit le moyen d'être heureux longtemps.

— Je ne tourne rien en ridicule... je ris, quand on veut me faire croire à une grande douleur qu'on n'éprouve pas !...

— Vous n'avez jamais aimé, vous !

— Moi ! par exemple !... mais je ne fais que cela... aimer, c'est ma vie... et c'est justement pour cela que je n'aime pas longtemps le même objet... En ce moment, j'en courtise deux fort gentils... sans compter le courant... une petite qui loge tout là-haut dans les mansardes... une fleuriste, à ce que je crois... oh ! c'est une rouée... elle a

amant... un niais qui passe des heures assis sur une borne en face de cette maison...
— Si ce pauvre garçon aime tant cette fleuriste, vous allez le désoler en lui enlevant sa maîtresse.
— Mon cher, si on raisonnait toujours ainsi, on n'oserait satisfaire aucun de ses penchants. Voyons... vous mangez des côtelettes de mouton en ce moment, parce que vous les aimez, et pourtant, pour que vous mangiez ces côtelettes, il a fallu tuer ce pauvre mouton, qui, certes, ne vous avait fait aucun mal. Vous voyez bien que vous êtes un barbare !... privez-vous de gigot, de côtelettes, de petits rognons, et on ne tuera plus ces informes moutons, car on ne le fait que pour contenter votre gourmandise. Mais non, il n'y a pas de danger que l'homme s'impose la moindre privation... eh bien, mon cher, moi j'aime les femmes au moins autant que vous aimez le mouton... je ne les mange pas... bien au contraire, je les accable de caresses ; vous voyez bien que je suis moins cruel que vous.
— Et l'autre objet?
— Ah! l'autre!... c'est encore une grisette... la race n'en est pas perdue, mon cher, et j'en rends grâce à la nature. Celle-ci est amie de la fleuriste, chez laquelle elle vient souvent travailler ; elle demeure près d'ici, rue de la Tour-d'Auvergne ; mais je dois avouer qu'avec celle-ci mon intrigue n'est pas encore avancée... elle semble plus farouche... c'est-à-dire qu'elle fait la farouche... je l'ai suivie, je lui ai parlé... elle a gardé un silence superbe !... on veut jouer la vertu... connu!...
— Vous ne croyez donc pas que cette jeune fille puisse être honnête?
— Je crois que si je lui plais elle me cédera... Hier au soir je la guettais dans la rue, je savais qu'elle n'était pas rentrée, et je m'étais placé en embuscade à sa porte ; mais elle s'était fait escorter pour revenir ; je n'ai pu lui parler. C'est partie remise. Elle sortait de chez son amie, la fleuriste.
— Et si ces demoiselles, en se faisant des confidences, ce qui est l'usage entre jeunes filles, savent que vous leur faites la cour à toutes les deux en même temps?
— Tant mieux, c'est ce que je désire, car alors l'amour-propre s'en mêlera, ce sera à qui l'emportera sur son amie, et je triompherai plus vite!
— Peste, Achille!... savez-vous que vous êtes fort!
— Mais non, mon cher, tout cela est le pont aux ânes des amourettes. Quand on a un peu l'habitude de ce genre de vie, cela va tout seul.
— Est-ce là tout?
— Non pas... Dernièrement, à une soirée donnée par un avoué, soirée fort brillante où il y avait beaucoup de femmes à citer pour leur beauté et leur toilette, j'ai remarqué une blonde charmante... des yeux bleus, limpides, tendres, romantiques... j'ai causé avec cette jeune dame...
— Ah! c'est une dame...
— Oui, vraiment, et cela n'en est que plus piquant!...
— Vous êtes un véritable festin de Pierre, on finira par avoir peur de vous fréquenter, Achille.
— Mais non... puisque je traite tout cela en riant. La jeune blonde a de l'esprit, beaucoup d'esprit même, cela m'a donné de l'espérance, parce que Larochefoucauld a dit : L'esprit de la plupart des femmes sert plus à fortifier leur folie que leur raison.
— Alors il faudrait donc de préférence épouser une sotte?...
— Ce serait payer bien cher son bonheur... Ah! Beaumarchais a bien raison!... où diable a-t-on été le nicher...
— Enfin, votre dame...
— Elle fait un peu sa bégueule... je l'ai revue deux fois en société. je vais dans plusieurs maisons où elle se rend ; elle est coquette, elle est flattée que je lui fasse la cour... justement parce qu'on lui a dit beaucoup de mal de moi... l'affaire est en bon chemin...
— Et le mari?
— Ah! ma foi! je ne m'en suis pas occupé du tout !... ce n'est pas au mari que j'ai affaire. Mais vous, mon cher Albert, comment donc passez-vous votre temps? on ne vous voit pas dans le monde, ni aux bois, ni aux courses, ni aux théâtres... est-ce que vous vous faites ermite?
— Non, mais je vous le répète, je suis de la tristesse même.
— Et pour cela vous ne prenez aucun plaisir, aucune distraction. singulière recette contre la tristesse.
— Je vais me promener dans les environs de Paris.
— Seul?
— Seul.
— Quand vous rencontrez un joli minois, vous n'avez pas envie de le suivre?
— Non ; mais quand je rencontre des malheureux, je leur parle... et je cherche à les consoler.
— C'est fort bien, mais ce ne sont pas les malheureux qui vous feront oublier vos ennuis!
— Pardonnez-moi ; quand j'ai pu adoucir la peine de quelqu'un...

n'aurais-je tari que les larmes d'un enfant, je vous assure que je me sens moins ennuyé!
— Oh! homme incomparable!... je voudrais vous voir redresser les boiteux, rendre la vue aux aveugles et faire chanter les muets... je vous élèverais des autels... avant que je veux voir votre statue sur les boulevards et votre image chez les marchands d'estampes...
— Achille, moquez-vous tout à votre aise... cela ne me fâche jamais, moi.
— Je ne me moque pas... Je dis que vous êtes un autre Montyon, un second petit manteau bleu, une providence en paletot et en bottes vernies. Si j'étais dans la garde nationale, je voudrais être votre tambour, justiquerais votre fourniment ; mais je ne puis que boire à votre santé... un verre de champagne. Allons, faites-moi raison... Albert Montbreilly.
— Je le veux bien, car sans cela vous croiriez que vos plaisanteries m'ont offensé.
— Si je pensais cela, mon cher ami, je ne rirais pas avec vous... mais je sais que vous avez un charmant caractère, et c'est pour cela que je voudrais vous égayer, vous voir partager mes plaisirs... triompher de ce chagrin qui, après tout, est un enfantillage... que diable prenez donc l'amour, les femmes, les hommes et les...
Le bruit de la sonnette interrompt Achille dans son discours.
— Tiens! une visite... un ami qui vient déjeuner peut-être... nous pouvons lui offrir une place.
Un domestique entre en disant :
— Un monsieur vient de se présenter, qui demande à parler à monsieur.
— Quel est cet individu?... vaut-il la peine que je quitte mon déjeuner pour l'entendre?... a-t-il dit son nom?
— Il m'a dit d'annoncer M. Benjamin Godichon.
Achille ne peut réprimer un léger mouvement de surprise, puis il jette un regard sur Albert, qui secoue légèrement la tête en murmurant :
— Vous le voyez, on peut s'appeler Godichon et être un fort brave homme.
— Faites entrer ce monsieur, dit Achille.
Le domestique sort et bientôt Benjamin Godichon est introduit près des deux jeunes gens, qui se lèvent pour le recevoir. Achille fait quelques pas au-devant du nouveau venu et lui présente un siège, en lui disant :
— Mille pardons, monsieur, si je vous reçois à table, mais je déjeune avec un ami, je pense que vous nous permettrez de continuer?... On cause très-bien en mangeant... Si vous n'aviez pas déjeuné et qu'il vous fût agréable de faire comme nous...
— Je vous remercie, monsieur, répond Benjamin tout surpris de l'accueil gracieux que lui fait ce monsieur, chez lequel il vient dans l'intention de se battre. J'ai déjeuné, et...
— Alors, monsieur, prenez la peine de vous asseoir et permettez que je me remette à table ; un déjeuner est chose qu'il ne faut jamais faire en deux fois. N'est-il pas vrai Albert?
Albert se contente d'incliner la tête, tout en regardant de côté le jeune homme qui vient d'arriver.
Benjamin s'est décidé à s'asseoir, mais il prend aussitôt la parole.
— Monsieur, je ne vous dérangerai pas longtemps...
— Vous voyez bien, monsieur, que vous ne me dérangez pas du tout.
— Vous ne me remettez peut-être pas... c'est moi qui... hier... dans la cour...
— Je vous remets parfaitement... vous avez eu une querelle sérieuse avec mon perroquet. Tenez, voilà le coupable... As-tu déjeuné, Jacquot?
Le perroquet gris relève la tête et s'écrie : C'est ici! c'est ici! c'est ici!
Benjamin se pince les lèvres.
Albert dissimule aussi mal une envie de rire et Achille continue :
— Ce gaillard-là était né pour tenir l'emploi des concierges. Enfin, monsieur, il paraît que je vous ai offensé, vous désirez que je vous rende raison, je suis à vos ordres... Aujourd'hui, il est peut-être un peu tard pour se battre, surtout quand il fait si superbe, il y aura du monde partout. Si vous n'êtes pas trop pressé, nous pourrions remettre cela à demain matin de bonne heure.
— Je le veux bien, monsieur.
— Alors, dites-moi vite quelle heure et le lieu du rendez-vous.
— Huit heures, à la porte Maillot.
— Très-bien ; vos armes?
— Des pistolets.
— C'est une chose convenue ; vous amènerez un témoin, M. Albert Montbreilly que voilà sera le mien.
— Il suffit, monsieur.
Benjamin se lève et se dispose à partir ; Achille l'arrête en lui disant :
— Pardieu, monsieur, puisque cette affaire est arrangée, voudriez-vous bien aimable maintenant de boire avec nous un verre de champagne... il me semble que nous ne sommes pas de ces gens qui ont besoin

pour se battre de se mettre en fureur; je trouve, moi, qu'il est de bien meilleur goût de conserver pour son adversaire les égards et les procédés que l'on doit à un homme de cœur : c'est se conduire un peu en gentilhomme du vieil âge, mais nos pères avaient aussi du bon... Etes-vous de mon avis ?

Benjamin demeure tout surpris de l'invitation que son adversaire vient de lui adresser, et il ne sait encore à quoi se décider; mais pendant qu'il hésite, Albert a versé du champagne dans une coupe et il la présente au jeune homme en lui disant :

— Monsieur, permettez-moi d'avoir l'honneur de trinquer avec vous.

Le ton gravement poli d'Albert achève de décider Benjamin, il prend la coupe, salue les deux amis, et avale le champagne.

Puis Albert lui présente des macarons, et il en prend quelques-uns, en se disant :

— Puisque j'ai accepté du champagne, je puis bien manger des macarons.

Achille se met à causer de l'opéra nouveau, des actrices en vogue, des auteurs en renom, des dames à la mode ; il entremêle tout cela de réflexions si plaisantes, de mots si comiques, que Benjamin éprouve un vrai plaisir de l'écouter et vide encore sa coupe qu'Albert avait de nouveau remplie.

Le vin de champagne a l'heureux privilège de donner à l'esprit ce feu, ce pétillement qu'il montre dans les verres et de chasser les humeurs noires et les vieilles rancunes.

Il y avait déjà dix minutes que Benjamin écoutait Achille Rocheville débiter une foule d'anecdotes piquantes avec une gaieté et un entrain qui n'appartenait qu'à lui, lorsque, profitant d'un moment où son ami se tait pour boire, Albert prend à son tour la parole, en disant d'un air sérieux :

— Maintenant, messieurs, voulez-vous me faire le plaisir de m'écouter un moment... Achille que voilà est un fort brave garçon; je ne cherche point à excuser son humeur moqueuse, je n'entends parler que de sa bravoure dont il a déjà malheureusement donné trop de preuves. Quant à vous, monsieur, que je n'ai point l'honneur de connaître, la démarche que vous faites aujourd'hui, prouve également en faveur de votre courage. Ceci étant une chose entendue, voudriez-vous bien me dire à présent pourquoi vous voulez vous battre ? car lorsqu'un duel n'est pas indispensable, il me semble que c'est plus qu'une faute de le permettre ; si l'on est excusable de répandre le sang pour laver une attaque à notre honneur, on est parfaitement niais de jouer sa vie pour un malentendu ou une mauvaise plaisanterie. Voyons, monsieur, franchement, il n'est pas possible que vous veuliez tirer le pistolet pour l'histoire du perroquet : il y a donc un autre motif?

— Ma foi! je n'en connais pas d'autres! dit Achille.

Benjamin balbutie avec embarras :

— Quand j'ai dit que j'allais chez madame Saint-Lambert, monsieur s'est mis à rire encore plus fort.

— Ah! c'est vrai! c'est vrai! je ne m'en cache pas.

— Pourquoi cela?

— Parce que madame Saint-Lambert n'a jamais existé, que la personne qui a pris pour vous ce nom-là n'est qu'une certaine madame Houssepignole, lorette éméritée, qui a rempli chaque quartier du bruit de ses aventures, qui dans cette maison a souvent eu des scènes fort désagréables avec un sieur Sandarac, homme de probité équivoque qui l'entretenait pour le moment, parce qu'elle fait passer pour sa femme de chambre une petite fille de treize ans qui n'est autre que sa sœur, enfin parce que j'ai deviné que vous étiez un nouveau pigeon, passez-moi le terme, que cette dame voulait plumer.

Benjamin, qui est resté tout abasourdi par ce qu'il vient d'entendre, répond enfin :

— Monsieur, vous traitez bien mal cette dame... Ne pourrais-je pas croire...

— Que je suis un amant qu'elle a dédaigné. Oh! non pas, vous vous tromperiez bien... Tenez, monsieur Benjamin, je commence à ouvrir que mon ami Albert a raison, ce serait une sottise de nous attirer pour cette dame, elle n'en vaut vraiment pas la peine; elle vous plaît en ce moment, très-bien, soyez son amant tout cela vous amusera, et quand vous désirerez rompre avec elle, je m'engage vous prouver la vérité de tout ce que je vous ai dit sur son compte. ela vous va-t-il? voulez-vous avoir confiance en moi, ou tenez-vous notre duel, je ferai ce que vous voudrez.

— Ma foi, monsieur, j'ai confiance en vous... j'aime mieux cela.

— Touchez là, monsieur.

— Et moi, messieurs, dit Albert, comme je désire cimenter cette réconciliation dont je revendique l'honneur, permettez-moi de vous offrir, après-demain dimanche, à dîner ; j'espère que vous ne me refuserez pas ?

— J'accepte de grand cœur, dit Achille.

— Moi de même, répond Benjamin. Où sera le rendez-vous ?

— Boulevard Montmartre, passage Jouffroy, à cinq heures et demie; cela vous va-t-il ?

— Parfaitement.

— A dimanche donc.

— A dimanche, messieurs.

Et Benjamin Godichon sort de chez Achille, tout surpris d'avoir trouvé deux nouveaux amis, quand c'était un duel qu'il allait chercher.

IX.

La chambre d'Augusta

La rue de Latour-d'Auvergne, située tout au haut d'un faubourg et fort près d'une barrière, semble tenir le milieu entre la ville et la campagne. Quoique bien habitée, on y rencontre peu de monde, et les voitures y sont fort rares; sans doute la courbure de ce chemin engage les cochers à ne le prendre que lorsqu'ils y sont forcés. Dans cette rue, placée sur un hauteur, on respire un air vif et pur, et l'on trouve, dans quelques maisons, ce qui est devenu si rare dans Paris, des jardins.

La maison où demeurait la jolie Augusta jouissait de cet avantage, elle possédait un jardin assez grand, embelli par de vieux arbres et de jeunes fleurs. A la vérité, ce jardin appartenait exclusivement au locataire qui occupait tout le premier étage. Mais les autres en avaient la vue ; c'est quelque chose dans Paris, où la vue d'un peu de verdure devient si rare.

Deux modestes chambres composaient tout le logement de mademoiselle Augusta, et encore la première ne pouvait-elle compter que pour une espèce d'entrée, n'ayant pas de cheminée, et pour croisée qu'un œil de bœuf, triste jour de souffrance qui en donnait fort peu dans cette pièce. Mais la seconde chambre, véritable logement de la jeune fille, était grande, commode, et gentiment meublée; il n'y avait rien d'élégant, de coquet, aucune de ces jolies fantaisies que l'on trouve chez les lorettes ou dans le boudoir de l'artiste, mais tout était propre, convenable, bien tenu ; elle ne sentait ni la gêne, ni le désordre, ces deux plaies que l'on reconnaît trop souvent dans le ménage d'une femme.

Cette chambre, située au troisième étage, et dont la croisée donnait sur le jardin qui s'étendait derrière la maison, était tendue avec un joli papier rose; le meuble était couvert de housses en perse, dont le dessin était de la même couleur que le papier. Sur la cheminée, dans deux vases de porcelaine, il y avait toujours des roses, tant que la saison permettait d'en avoir à bon marché. Tout était donc rose dans ce charmant réduit, tout jusqu'à celle qui l'habitait, et sans lui adresser de fades compliments, on pouvait dire qu'elle se croire dans un frais parterre, où le voisinage du jardin entretenait constamment de l'air et de la fraîcheur, tandis que, placés sur le devant des branches qui touchaient presque la fenêtre de la chambre, des milliers d'oiseaux semblaient par leurs chants vouloir encore embellir le séjour de jeune fille.

Il est quatre heures de l'après-midi, et Augusta est assise devant la fenêtre où elle travaille, regardant alternativement le jardin et son ouvrage, souvent aussi jetant les yeux sur un portrait de femme, en buste, de grandeur naturelle, qui est placé en face de son lit, et au dessus duquel on a fait tenir plusieurs branches de buis bénit. Ce portrait est celui d'une femme jeune encore, et l'on y voit la figure est pleine de charmes; en l'examinant quelque temps, il est facile de remarquer la ressemblance qui existe entre l'original de ce portrait et les traits d'Augusta.

— Pauvre maman ! se dit la jeune fille qui vient de porter de nouveau ses regards sur le portrait... tu as l'air de me regarder... comme si tu voulais me parler... Ah ! tu me gronderais peut-être, tu n'es pas contente de moi... Tu me dis que j'ai tort de penser à ce monsieur qui me suit, qui m'attend, qui me guette, en me jurant qu'il m'aime, qu'il m'adore et qu'il veut faire mon bonheur!... Oh! non, ce n'est pas comme cela que l'on s'y prend quand on veut faire le bonheur d'une jeune fille honnête... Mais rassure-toi, ma pauvre maman, je ne l'écouterai pas ce M. Achille Rocheville, qui fait aussi la cour à Coralie, et peut-être encore à bien d'autres... c'est un trompeur que cet homme-là... c'est un inconstant qui met tout son bonheur à séduire les femmes assez simples pour croire... ou bien... comme Coralie, par exemple, assez coquettes pour avoir l'espérance de se faire aimer... mais non, je ne l'écouterai pas... Car je ne veux pas faire comme Coralie ; sois tranquille, maman, je serai sage, oui, je me rappellerai tes conseils, tes leçons et tes exemples... Tu fus toujours bonne... vertueuse... tu ne fus pas heureuse, pourtant! ce n'est pas juste, cela ; mais je me souviens que tu m'as répété souvent que tu te serais trouvée beaucoup plus à plaindre si tu n'avais pas eu ta conscience en repos... et que cela donnait un grand courage dans la peine lorsqu'on pouvait se dire qu'on ne l'avait pas méritée.

Après cette invocation mentale à sa mère, Augusta se lève, elle va prendre une petite image de sainte, sa patronne, modestement encadrée en bois jaune, et qui est attachée dans la ruelle de son lit. Cette image à la main, elle s'agenouille devant le portrait de sa mère, puis elle fait une prière dans laquelle elle intercède sans doute sa personne pour que ses vœux arrivent plus vite à sa mère.

La jeune fille est depuis longtemps revenue à son travail, elle semble plus gaie, plus heureuse depuis qu'elle a adressé sa prière à sa mère, elle regarde avec calme dans le jardin, elle écoute en souriant le chant des oiseaux qui, rassemblés sur des branches tout près de sa croisée, ont l'air de former pour elle leurs deux concerts, et de lui dire : C'est pour toi que nous venons chanter ici...

Deux petits coups frappés à la porte de la première chambre tirent Augusta de son occupation. Elle crie :
— Entrez... la clef est sur la porte.

Bientôt Cotonnet pénètre à petits pas, et de l'air craintif qui lui est habituel, jusque dans la jolie chambre rose.
— Ah! c'est vous, monsieur Cotonnet!...
— Oui, mademoiselle... c'est moi qui ai osé me permettre; ça ne us contrarie pas que je sois venu chez vous?...
— Non, monsieur Cotonnet... quand on ne reçoit que des personnes nnêtes, il me semble qu'il n'y a aucun mal...
— Vous êtes bien bonne, mademoiselle... c'ari si ça vous contrariait... il faudrait me le dire... ne vous gênez pas... je m'en irais tout de suite...
— Encore une fois, je vous répète que cela ne me contrarie en rien... Eh, mon Dieu!... si je voulais mal faire... je suis bien ma maîtresse... personne ne m'en empêcherait...
— C'est vrai... vous êtes majeure, vous, mam'zelle Augusta!.. vous avez le droit de faire vos volontés.
— Oui, j'ai vingt-deux ans; ce n'est pas pour cela que je me crois ma maîtresse... Si j'avais encore ma mère!... ah! je ne me regarderais jamais comme ayant le droit de faire mes volontés!...
— Mais vous l'avez perdue... ainsi que votre père?
— Ne parlons pas de cela, monsieur Cotonnet. Mais prenez donc une chaise... vous n'allez pas rester ainsi debout au milieu de la chambre...
— Oh! ne faites pas attention... mademoiselle... elle est bien jolie, votre chambre, elle est très-bien meublée...
— Tout cela me vient de ma pauvre maman... elle adorait les roses... moi, je les aime beaucoup aussi... et, autant que je le puis, je me pare de ces fleurs... si j'avais la place sur mes fenêtres, j'y mettrais des rosiers... mais il n'y a pas moyen... Voyons, monsieur Cotonnet, vous ne voulez donc pas prendre une chaise? il faut alors que ce soit moi qui vous en donne une...
— Oh non, mademoiselle... je vais m'asseoir.

Et Cotonnet se décide enfin à prendre un siége qu'il place au milieu de la chambre, et sur lequel il s'assoit en poussant un profond soupir.
— Vous avez du chagrin, monsieur Cotonnet, je vois bien cela... c'est sans doute pour me le conter que vous êtes venu... eh b en, parlez, je vous écoute.
— Hélas! oui, mademoiselle... j'ai du chagrin... Oh! tenez... je suis désespéré... je suis désolé...
— Et c'est encore Coralie qui cause votre peine?
— Sans doute!... et qui donc?... c'est fini, mademoiselle... st fini pour toujours... Oh! cette fois, je n'ai plus d'espoir.
— Bah! entre amants, on dit qu'on se brouille et qu'on se raccommode si souvent !...
— Oui, quand on s'aime encore des deux côtés; mais quand il n'y a plus qu'un côté qui aime, on se raccommode mal... alors ça casse de nouveau, et on finit par ne plus se raccommoder du tout voilà où j'en suis maintenant avec Coralie!
— Vos huîtres d'hier n'ont donc pas produit leur effet... c'est bien étonnant, je les ai vu partir, et ils ont si souvent qu'elle ferait... je ne sais quoi pour des huîtres!...
— Ah! mademoiselle, c'est qu'il m'est arrivé une foule d'aventures... j'ai tant de guignon... figurez-vous que, hier au soir, en vous quittant, je suis allé avec mes huîtres frapper chez Coralie, elle n'a pas voulu m'ouvrir... j'ai eu beau la supplier et lui dire que je lui apportais des huîtres, elle m'a crié à travers la porte : Gardez-les, je n'en veux pas! laissez-moi tranquille !... Alors, moi, qu'ai-je fait? Je me suis couché devant sa porte, et j'y ai passé la nuit... en travers, sur le carré; j'avais placé ma bourriche à mes pieds... quelquefois même, je mettais ma tête dessus... je n'aime pas cette odeur... E en dormant, et je retournais la bourriche à mes pieds...
— Eh bien? ce matin?
— Oh! nous n'y sommes pas, mademoiselle !... figurez-vous d'abord qu'il est arrivé tout plein d'événements dans la nuit; c'est une bien drôle de maison que celle où loge Coralie, il y a de bien singuliers locataires!... je ne sais pas ce qu'ils font la nuit, ils se promènent dans l'escalier apparemment; ce qu'il y a de certain, c'est que, pendant que je m'étais endormi, l'un d'eux est venu me donner des coups de pied qui m'ont éveillé, j'ai crié, il a crié au voleur! toute la maison est accourue... Ce monsieur avait reçu de la colle plein la figure, j'ai bien idée que c'est Coralie qui lui aura fait le cadeau... C'est un grand, long, maigre, laid...
— M Barigoule, le voisin du cinquième, qui a voiture.

— Je ne sais pas s'il a voiture, mais il a une bien vilaine robe de chambre .. il me prenait pour un voleur, heureusement, une petite fille du quatrième, qui m'avait vu monter, m'a reconnu; on a fini par aller se coucher, et moi, je me suis rendormi.
— Toujours sur le carré?
— Oui, mademoiselle, toujours sur le carré.
— Pauvre garçon!
— Quand j'ai du chagrin, moi, il paraît que je dors très-profondément, car je ne me suis éveillé que lorsque Coralie a ouvert sa porte ce matin. En me voyant, elle a commencé par m'appeler imbécile, moi, je lui dis : Acceptez au moins mes huîtres pour votre déjeuner. Probablement elle avait faim, car je la vois sourire, et elle me répond. Où sont-elles donc, ces fameuses huîtres? Ah! mademoiselle juge de ma surprise : je regarde à mes pieds, à ma tête, partout, sur le carré, plus de bourriche! elle avait disparu.
— Ah! mon Dieu! on vous l'avait donc volée?
— Il faut bien qu'on me l'ait volée : je suis descendu chez le portier j'ai été frapper aux portes chez chaque locataire, j'ai demandé partout si on n'aurait pas vu ma bourriche... personne ne l'avait vue... vous pensez que celui qui l'a prise n'avait pas l'intention de la rendre! mais le pis de tout cela, c'est que Coralie m'a traité de menteur, elle prétend que j'ai voulu me moquer d'elle avec des huîtres que je n'avais pas; et après m'avoir dit une foule de vilains mots, elle a refermé sa porte en me déclarant encore qu'elle me défendait de revenir fra per chez elle... et que si je couchais sur son carré, elle me ferait donner la schlague par son voisin l'Allemand... je m'en suis allé désolé... vous voyez que c'est bien fini... Ah! je suis bien malheureux !

Cotonnet termine son récit en se mettant à pleurer.
— Voyons, monsieur Cotonnet, ne pleurez pas ainsi... d'abord cela ne vous avance à rien...
— Ah! je le sais bien, mam'zelle, ça me rougit le nez, voilà tout... mais je ne peux pas m'en empêcher.
— Je comprends que l'on n'est pas maître de cela, il est facile de dire : Ne pleurez plus... il est difficile de tarir les larmes.. Mais qui a pu vous voler vos huîtres?
— Je crois que c'est Coralie.
— Ah! comment donc cela...
— En arrivant, ce matin, le carré et la maison de votre amie, j'étais désolé et furieux tout à la fois, car enfin, si j'avais eu ma bourriche, Coralie m'aurait peut-être r'aimé!... l'amour des huîtres tient à peu de chose! je suis donc allé m'établir sur une borne presque en face de sa maison; les bornes sont à tout le monde, on ne peut pas me chasser de là, et je me disais : Ceux qui ont mangé les huîtres ne garderont certainement pas les coquilles; il n'est pas huit heures du matin, on a encore le droit de venir déposer ses ordures dans la rue, attendons, je verrai qui c'est qui déposera des coquilles d'huîtres.
— C'était fort bien imaginé, cela!
— Je reste donc en faction sur ma borne; une bonne demi-heure s'écoule; enfin j'aperçois quelqu'un qui sort de la porte cochère, tenant un vieux panier, et qui vient lestement le contenu de son panier dans la rue, puis le dépose dans un coin et court acheter du lait à une laitière qui stationnait à vingt pas, là. J'avais sur-le-champ reconnu la petite fille du quatrième, qui m'avait parlé la veille quand j'étais monté, et qui alors m'avait même demandé si je voulais lui donner des huîtres...
— C'est la sœur de madame Houssepignole.
— Je crois que oui, mais jugez de ce que j'éprouvai en reconnaissant que c'étaient des coquilles d'huîtres que la petite fille était venue jeter au coin de la rue; et il y en avait un gros tas... j'en avais six douzaines dans ma bourriche... c'était bien ça. Furieux, je me plante devant la porte, j'y attends la petite fille; elle revient bientôt avec une boîte de fer-blanc pleine de lait. — Mademoiselle, lui dis-je en l'arrêtant, c'est donc chez vous que l'on a mangé mes huîtres !... Savez-vous que je trouve ce procédé un peu trop peu sans gêne! Croiriez-vous, mademoiselle Augusta, que cette petite me répond avec un air impertinent :
— De quoi? vos huîtres! qu'est-ce que vous nous chantez? je ne sais pas que vous voulez dire, monsieur !... on n'a pas mangé d'huîtres chez vous.
— Comment, mademoiselle, on n'a pas mangé d'huîtres chez vous et d'où viennent donc ces écailles que vous venez de jeter dans la rue.
— Moi! ce n'est pas vrai... je n'ai pas jeté d'écailles... c'est quelqu'un d'autre qui a mis ça là!
— Je vous avouerai, mademoiselle, que je suis resté confondu de l'effronterie de cette petite fille; elle mentait avec tant d'assurance, que, si je ne l'avais pas vue... de mes propres yeux vue, j'aurais douté du fait. Cependant, comme je voulais la retenir encore, en lui prenant le bras je fis tomber quelques gouttes de lait hors de la boîte qu'elle tenait. Aussitôt elle se met à pousser des cris perçants, en appelant à son secours comme si je la battais; quelques voisins accourent; puis un grand monsieur, qui a l'air très-méchant, sort de la maison, écarte brutalement le monde et s'approche de la petite en s'écriant :
— Qu'est-ce qu'il y a, Marinette? que t'a-t-on fait?
— C'est monsieur qui m'ennuie avec ses huîtres qu'il dit que

nous avons mangées... parce qu'il y a des coquilles dans la rue... est-ce que ça me regarde... il m'empêche de passer... il est cause que je renverse mon lait... faites-le donc finir, monsieur Sandarac...

Le grand monsieur renfonce son chapeau sur une de ses oreilles, et s'approche de moi en criant :

— De quel droit arrêtez-vous cette enfant... pourquoi vous permettez-vous de l'interpeller sur ce qu'elle a mangé... est-ce que cela vous regarde ce que nous mangeons... Vous êtes bigrement curieux, mon petit monsieur !... Et quand même nous aurions mangé des huîtres, pourquoi s'ensuivrait-il de là que ce sont les vôtres ?... Est-ce qu'on ne trouve pas des huîtres partout ?... Paris en fourmille !... celles qui se mangent d'abord, dont je fais grand cas, puis celles qui ne se mangent pas... genre auquel vous appartenez... Tâchez donc de laisser cette petite tranquille et prenez garde à vos propos, sinon, c'est à moi que vous aurez affaire, jeune homme.

J'étais resté tout étourdi de ce flux de paroles, je ne répondis rien... car enfin, j'étais bien persuadé que c'étaient mes huîtres que l'on avait mangées chez la petite, mais je ne pouvais pas le prouver. Alors la petite rentra dans la maison, le monsieur s'éloigna, la foule se dispersa, et moi je me rendis à mon magasin de nouveautés, en tâchant de renfermer mes larmes ; puis, quand j'ai pu m'échapper, j'ai eu l'idée de venir vous conter mes chagrins... vous êtes si bonne, mam'zelle Augusta !... vous ne vous moquez pas de moi, vous !

— Par exemple, se moquer de quelqu'un qui souffre !... il faudrait avoir un bien mauvais cœur...

— Oh ! il y a des gens qui se moquent de tout !... Ensuite j'ai pensé aussi que... si vous vouliez... car enfin, hier au soir vous avez vu ma bourriche, n'est-ce pas mam'zelle ? et vous savez que mes huîtres ne sont pas des inventions pour attraper Coralie !

— Sans doute ; je vous comprends, monsieur Cotonnet, vous désirez que j'aille affirmer à Coralie que vous ne mentiez pas en lui disant que vous aviez des huîtres pour elle...

— C'est cela, mademoiselle, ça me ferait bien plaisir, non que je pense que cela fera revenir Coralie sur sa résolution de ne plus me voir... Oh ! elle ne m'aime plus, je l'ai bien remarqué depuis quelque temps... et on ne peut pas forcer l'amour à revenir sur ses pas quand il a une fois pris sa canne et son chapeau !... Mais, c'est égal, je serais bien aise de ne point passer à ses yeux pour un menteur... pour un faiseur d'histoires... d'abord je ne sais pas en faire, moi, des histoires... ensuite je ne m'en suis jamais dit un mensonge à Coralie, et je ne veux pas qu'elle puisse avoir ce reproche à m'adresser.

— Soyez tranquille, monsieur Cotonnet, je verrai Coralie, j'irai exprès pour vous dès ce soir. Je lui dirai ce qui est, il ne me sera pas difficile de lui prouver que vous ne lui avez pas menti.

— Merci, mademoiselle... je vous suis bien obligé... et me permettrez-vous de revenir... pour savoir seulement ce qu'elle vous aura répondu ?

— Mais certainement, je n'y vois aucun inconvénient.

— En ce cas, je reviendrai demain... si vous y êtes... si vous n'y êtes pas, ça ne fait rien, je reviendrai une autre fois...

— J'y suis toujours, moi, je ne sors que pour reporter mon ouvrage tous les samedis dans l'après-dînée... excepté cela, il est bien rare que je m'absente.

— Au revoir, mademoiselle Augusta... en vous remerciant mille fois de votre bonté...

— Mais cela ne vaut pas la peine...

— Elle est bien jolie votre chambre rose... ah ! Coralie n'a jamais eu l'idée d'arranger sa chambre comme ça...

Cotonnet va s'éloigner ; mais au moment de sortir de la chambre, il s'arrête en s'écriant :

— Ah ! mon Dieu ! à propos... suis-je bête... où diable ai-je donc l'esprit... c'est le chagrin qui m'abrutit...

— Qu'est-ce donc, monsieur Cotonnet ?

— Mam'zelle, c'est que je ne sachant que je montais chez vous, votre portier m'a dit : Monsieur, voulez-vous vous charger d'une lettre pour mademoiselle Augusta ? Comme de raison j'ai accepté, et je n'y pensais plus... j'allais m'en aller avec la lettre sans vous la remettre...

— Une lettre pour moi... c'est singulier, je n'en reçois jamais... à moins que ce ne soit... oh ! mais non, ce n'est pas probable !...

Augusta a poussé un profond soupir, une pensée triste vient d'assombrir son âme, et c'est presqu'en tremblant qu'elle reçoit la lettre que Cotonnet lui présente ; elle jette aussitôt les yeux sur la suscription, et murmure presque imperceptiblement :

— Oh non !... ce n'est pas de lui...

Cotonnet ayant remis la lettre dont il s'était chargé, dit de nouveau adieu à la jeune fille et se hâte de s'en aller pour laisser Augusta libre de lire ce qu'on lui écrit.

— Que j'étais folle ! se dit Augusta, tout en considérant l'écriture de l'adresse, espérer que cette lettre était de... mon père !... est-ce que mon père s'occupe de moi... est-ce qu'il se rappelle seulement que j'existe !... mais qui donc peut m'écrire... voyons !

Elle brise le cachet, regarde la signature ; aussitôt une vive rougeur colore son visage, et elle cesse de lire en se disant :

— M. Achille Rocheville... comment ! il ose m'écrire... c'est bien hardi cela, car enfin je ne le connais pas, moi, ce monsieur !... je ne devrais peut-être pas lire sa lettre... mais je l'ai décachetée... et maintenant, je lui dirais que je ne l'ai pas lue qu'il ne le croirait pas... Voyons donc ce qu'il m'écrit... mon Dieu !... c'est singulier... je me sens tout ému... oh ! c'est de colère de ce qu'il ose m'écrire.

Tout en cherchant à se persuader qu'elle est en colère, Augusta lit avidement ce billet :

« Charmante Augusta,

« Vous allez me trouver bien hardi, bien audacieux, bien impertinent peut-être, et pourtant, quand on brûle d'envie de faire la connaissance d'une personne, et qu'elle ne veut jamais nous écouter, « qu'y a-t-il de mieux à faire que de lui écrire ! Je n'ai pas besoin de « vous dire que vous êtes fort jolie, vous le savez ; de vous répéter que « je suis fou de vos beaux yeux, vous le savez aussi. Mais vous me « fuyez, et c'est fort mal. Quelque chose me dit que nous devons finir « par nous rapprocher... pourquoi donc reculer ce moment qui doit « infailliblement arriver ? rapprochons-nous tout de suite. Si vous refusez de m'écouter, vous serez cause d'un grand malheur : l'eau, le « fer ou le poison seront mes ressources ; mais franchement j'aimerais « mieux mourir dans vos bras. Je vous attends ce soir, à neuf heures, « dans le passage noir de l'Opéra, et si vous ne venez pas, je vous le « répète, mon désespoir est capable de me porter à quelque fâcheuse « extrémité ; mais vous ne voudriez pas ma mort, et vous viendrez, ne « fût-ce que pour me dire que vous me détestez. J'aimerais mieux cela « que de vous attendre en vain.

« Celui qui jure de vous adorer toute sa vie.

« Achille Rocheville. »

Après avoir lu ce billet, Augusta reste quelques moments pensive. D'abord elle a éprouvé du dépit, parce que le style de la lettre lui a semblé très-libre, et presque familier, puis la colère a fait place à l'envie de rire, et elle a fini par jeter la missive sur une table en se disant :

— Il me croit donc bien niaise, ce monsieur !... menacer de se tuer si je ne vais pas à ce rendez-vous... Oh ! je ne crains pas cela !... on ne se tue pas pour quelqu'un qui veut toujours rester honnête... Me donner un rendez-vous... et croire que j'irai, il a donc une bien mauvaise opinion de moi, ce monsieur... Ah ! c'est qu'ils en trouvent tant qui leur cèdent si facilement... J'irai ce soir chez Coralie, d'abord pour faire plaisir à ce pauvre Cotonnet, et ensuite... je tâcherai de savoir si M. Achille lui fait encore la cour... ce ne sera pas difficile, elle aime tant à parler de ses conquêtes... c'est dommage pourtant que ce jeune homme soit un coureur... car il est très-bien !

X.

Le peintre Tambourean.

Avant de suivre la jeune Augusta chez son amie Coralie, sachons où en étaient les amours de Benjamin Godichon avec madame Saint-Lambert, née Villa della Toruns de Villaréal, que son voisin Achille appelle tout simplement madame Bousequignolo.

Nous avons vu le naïf amoureux revenir de Passy de fort mauvaise humeur, quoique son compagnon de route, le jeune Boncaros, fit tous ses efforts pour l'égayer. Benjamin était rentré chez lui vexé, s'était couché, c'est le chagrin qui m'abrutit... qui avait dû lui faire faire de vilains rêves, car on a beau se moquer des songes, il est plus certain qu'ils empruntent toujours quelque chose à notre vie réelle.

A huit heures du matin, Benjamin était encore dans son lit, où il ne dormait plus, et repassait dans sa mémoire ce qui lui était arrivé la veille. Il se rappelait les tendres discours que la séduisante Berthe lui avait tenus, ses œillades enflammées, ses soupirs au moins aussi brûlants que ses œillades, ses regrets lorsque la voiture qui les avait emmenés à la campagne se fut trouvée dépourvue de stores, enfin ce qu'elle lui avait promis après le dîner ;

Et il se disait :

— Certainement, cette femme-là m'aime... ce n'est point une coquette qui veut se moquer de moi... Ce n'est pas sa faute si je vais bêtement prendre une voiture qui n'est pas pourvue de tous ses agréments.

Ensuite Benjamin se mettait à récapituler ce qu'il avait dépensé la veille en ombrelle, flacons, odeurs, parfums, dîners, glaces, punch et voitures. La somme était assez ronde pour une première journée, elle lui eut semblé minime s'il avait été heureux.

Ces réflexions avaient mené le pauvre amoureux jusqu'à neuf heures passées, il regardait tristement sa montre et se disait :

— Viendra-t-elle me voir... il me semble qu'elle me l'a promis nier... en me quittant pour rejoindre son oncle... oui, elle m'a dit : J'irai chez toi demain... mais à quelle heure... s'il faut que je reste toute la journée sans sortir pour l'attendre, ce ne sera pas divertissant. Je vais toujours me lever.

Et Benjamin sortait de son lit, quand la sonnette retentit avec violence. En trois secondes le jeune homme est à la porte, il a pris à la hâte sa robe de chambre, qu'il n'a pas eu le temps de passer et qu'il a jetée sur lui comme les hussards de Chamberand portent leur veste. Il a ouvert : c'est madame Saint-Lambert qui est entrée. Le jeune homme saute de joie, et en sautant il laisse tomber sa robe de chambre, ce qui lui donne plus de facilité pour sauter. Mais, bientôt honteux d'être vu si peu couvert, il va s'excuser, lorsqu'il s'aperçoit que sa séduisante visiteuse se dispose à se mettre dans un costume analogue au sien ; Benjamin comprend alors que ses excuses seraient pour le moins intempestives ; il ne songe plus qu'à profiter le ce bonheur qu'il tient enfin, car Berthe a été fidèle à sa promesse, et cette fois, il n'y a plus d'oncle, de rencontres, de contre-temps, d'obstacles ! et le plaisir est bien plus vif, quand on a en tant de peine à le saisir.

Aussi, la conversation qui eut lieu entre Benjamin et sa belle se prolongea-t-elle jusqu'à onze heures. Alors seulement, madame Saint-Lambert avait remis son châle, son chapeau et encore quelques autres objets faisant partie de sa toilette.

— Est-ce que vous allez déjà me quitter ? avait dit le jeune amoureux.

— Il le faut, j'ai affaire chez moi... j'attends une réunion de famille.

— Vous ne déjeunez pas avec moi ?

— Impossible... d'ailleurs, je n'ai pas faim... j'ai mangé hier au soir des huitres que j'ai encore sur l'estomac.

— Des huitres... comment ? vous avez soupé hier à Passy ?

— Oui, une fantaisie de mon oncle ; vous comprenez bien que je n'avais pas faim, mais je n'ai pas osé refuser.

— Quand donc vous reverrai-je ?...

— Demain... sur le midi, je viendrai, cher amant... est-ce que je pourrais exister un jour sans te voir... Ah ! si tu m'aimais comme je t'aime... joli petit monstre !

— Mais je vous aime beaucoup aussi !

— C'est bien... la suite me le prouvera... A propos, cher ami, j'espère que tu ne penses plus à la petite altercation avec mon voisin... ce mauvais sujet d'Achille Rocheville !...

Benjamin avait tout à fait oublié cette aventure, que Berthe venait maladroitement de lui rappeler.

— Tu sens bien, ô mon Benjamin, que je ne veux pas que tu aies une affaire... exposer tes jours !... ô Dieu ! d'ailleurs, ils ne t'appartiennent plus tes jours, ils sont à moi, tu me les as consacrés, ils sont ma propriété... je te défends de l'aliéner... ensuite, je dois te prévenir que je ne veux pas... de quelque temps, tu sentiras, que tu reviennes dans la maison que j'habite. Mon oncle a des soupçons... je ne sais pas s'il nous a vus hier ensemble... je le crains, et s'il te revoyait maintenant dans la maison, tu aurais beau aller ailleurs, il serait poursuivre que tu viens chez moi... je serais perdue !... c'est un tigre !... mais je viendrai te voir, moi ; je viendrai tous les jours deux fois, trois fois par jour si tu le désires... jamais assez au gré de mes vœux. Ainsi tu promets de m'obéir... être chéri... Ah ! saprisi, que je suis bête... je m'aperçois à présent que je suis sortie sans argent... et j'ai une foule d'emplettes à faire... mon ami, donne-moi un billet de cinq cents francs, cela m'obligera... je te rendrai ta monnaie.

Benjamin avait donné le billet de cinq cents, il avait promis tout ce qu'on avait voulu, et la voluptueuse Berthe l'avait quitté, en emportant le foulard de la nuit avait couvert la tête de son amant ; elle avait fourré ce foulard dans son sein, après l'avoir couvert de baisers en s'écriant :

— Toujours !... toujours là !...

Du reste, le foulard, qui était fort beau, pouvait parfaitement tenir à l'endroit où on l'avait mis, la place n'était pas occupée.

Mais, après le départ de sa nouvelle connaissance, Benjamin, qui ne manquait pas de cœur, s'était dit :

— Cependant, c'est moi qui ai provoqué ce monsieur, c'est moi qui lui ai annoncé ma visite... si je ne vais pas le trouver, j'aurai l'air d'un fanfaron ou d'un poltron... les promesses faites à une maîtresse ne doivent pas tenir devant ces considérations-là.

C'est pourquoi Benjamin s'était rendu chez Achille Rocheville, et nous savons quel avait été le résultat de cette visite.

On s'étonnera bien d'avoir vu ce jeune homme se rendre assez facilement aux avances d'amitié qu'on lui avait faites, et ne plus s'emporter en entendant assez mal traiter madame Saint-Lambert, maintenant que l'on sait que son amour n'en est plus aux désirs. Il y a une vérité triste à dire... comme presque toutes les vérités, c'est qu'un homme s'irrite bien moins du mal qu'on lui dit d'une femme quand il la possède, que lorsqu'il n'en est encore qu'à lui faire la cour.

Preuve que nous sommes des ingrats, dira-t-on. Ce n'est peut-être pas encore ça.

Est-ce parce que nous n'avons pas trouvé tout ce que nous espérions ?

Il y a peut-être un peu de ça.

Ne serait-ce pas enfin parce que la possession calme les sens, tandis que des désirs, des espérances, des soupirs superflus nous agacent les nerfs et rendent alors notre humeur plus irascible ?

Je croirais que c'est plutôt cela.

En sortant de chez Achille Rocheville, le jeune Benjamin est retourné chez lui ; mais, au moment de monter son escalier, il s'arrête en se disant :

— Berthe m'a demandé mon portrait... elle désire m'avoir en pied... en petite nature... qu'elle s'appelle Saint-Lambert ou bien Houssepignole, puisque je le lui ai promis mon portrait, je dois le lui donner... car enfin, je n'ai pas été sa dupe, elle m'a accordé tout ce qu'elle m'avait promis... et je ne suis pas encore bien persuadé que ce M. Rocheville ne la calomnie pas un peu... il a dit qu'il prouverait ce qu'il avance, c'est là où je l'attends. Mais, puisqu'il y a un peintre dans cette maison, je n'ai pas besoin d'aller plus loin pour mon portrait. On dit que M. Tamboureau fait très-ressemblant... montons à son atelier.

L'atelier du jeune Tamboureau est naturellement tout au haut de la maison. Situé au fond de la cour, on monte cinq étages, puis on trouve une petite porte qui ferme le carré. Mais, en ouvrant cette porte, on aperçoit un autre petit escalier fort étroit, mais bien ciré, au sommet duquel est la porte de l'atelier de Tamboureau. D'ailleurs, pour vous guider, vous avez les sons d'un piano, qui partent presque constamment de chez le peintre, qui n'a pas moins d'amour pour la musique que pour l'histoire grecque.

L'atelier est grand, quoique dans le fond et au moyen d'une cloison qui s'avance, se recule et se tire à volonté, on ait pris dessus une chambre à coucher.

Vous trouvez là, comme dans tous les ateliers de peinture, des chevalets chargés de toiles commencées, puis, accrochés dans tous les coins, des esquisses, des dessins, des têtes, des études, des académies, des ébauches, des portraits achevés et qui ne sont pas chez l'original, soit parce que celui-ci ne s'est pas trouvé assez beau pour accepter son image, soit parce qu'il n'a pas de quoi le payer le prix.

A terre, gisent des bustes, des plâtres, des cartons, des boîtes à couleurs, de vieux pinceaux, de vieilles palettes, de vieux vêtements, des bouteilles d'essence, d'huile, quelque mannequin débraillé, sur la tête duquel on a posé un casque romain ou une toque renaissance et sur tout cela une énorme couche de poussière qui prouve que ce beau désordre méprise entièrement les balais et les plumeaux.

Mais dans l'atelier de Tamboureau, vous trouvez en outre un piano qui n'est pas beau, mais qui en revanche est rarement d'accord, ce qui n'empêche pas que l'on s'en serve depuis le matin jusqu'au soir pour accompagner le chant ; quand ce n'est pas le maître du logis qui, lui-même, s'accompagne, ou du moins tâche de trouver quelques accords pour les sons qu'il module ; car comme exécutant, n'ayant jamais reçu de leçons de piano, ce n'est qu'à force de patience et de passion pour la musique qu'il est parvenu à connaître où sont ses notes, et à faire aller ses doigts sur quelques-unes ;

Quand ce n'est pas Tamboureau qui tient l'instrument, ce sont ses amis, des amateurs, des artistes, quelquefois même de vrais chanteurs, qui viennent s'installer devant son piano.

L'atelier du jeune peintre est le rendez-vous de tous ceux qui aiment la musique et n'ont pas le moyen ou l'occasion d'en faire ailleurs.

Tamboureau pratique l'hospitalité aussi largement que les montagnards écossais.

Sa demeure est toujours ouverte à ses amis, même lorsqu'il est absent, car alors on prend la clef chez la concierge et on monte s'installer chez lui comme si l'on rentrait chez soi ; on peut y rester tant que l'on veut, y coucher si cela convient.

On couche sur n'importe quoi, quand le lit est occupé par le peintre, ce qui lui arrive presque toujours ; Tamboureau pratiquant lui-même ce qu'il permet aux autres, couche aussi très-volontiers où il se trouve, souvent même il accepte aussi l'hospitalité pour plusieurs jours ; pendant ce temps quelques-uns de ses amis sont ordinairement établis dans son atelier.

Tout cela peut paraître du désordre à ceux qui ne connaissent point les artistes et surtout les peintres ; cela n'est pourtant chez la plupart de ceux-ci que l'excès de leur amour pour les arts, qui leur fait négliger tout autre soin, tout autre détail de la vie privée. Ces détails les ennuient et leur semblent au-dessous d'eux, parce qu'il n'y a rien d'artistique dans les ordres qu'il faut donner à un domestique ou à une femme de ménage ; du reste, ces deux êtres, qui semblent de première nécessité à d'autres, sont superflus chez le peintre, qui se sert assez ordinairement de son jeune rapin pour faire toutes ses commissions, et quelquefois même lui fait balayer l'atelier ; mais ceci était extrêmement rare chez Tamboureau, qui ne jugeait pas non plus nécessaire de jamais faire brosser ses habits.

Ce jeune peintre poussait peut-être un peu à l'excès l'amour de cette vie excentrique et artistique qui ne veut point descendre à s'occuper de tous ces détails vulgaires, si importants aux yeux d'un bourgeois, et qui font quelquefois pendant une semaine le sujet des méditations d'un commis de bureau.

Exemple : Tambourcau ne savait pas ce que c'était que de donner son linge à raccommoder ; ainsi, mettant habituellement des chaussettes, il en achetait six paires, douze paires à la fois, suivant qu'il se trouvait en fonds. Quand une paire de chaussettes était trouée, ce qui arrivait très-vite, il la jetait dans le fond d'un placard et ne s'en occupait plus ; quand une autre paire était percée, elle allait rejoindre celles jetées dans le placard ; lorsqu'il n'avait plus de chaussettes, il en achetait de nouveau, et après avoir servi elles étaient lancées comme les autres dans le placard ; il ne lui venait pas à l'idée d'utiliser celles qui étaient là, si bien qu'un jour en le déménageant, et heureusement il déménageait souvent, on trouva quatre-vingt-dix-sept paires de chaussettes entassées dans le fond d'une armoire.

A ces détails ajoutons que Tambourcau, paresseux et dormeur comme il *lazzarone*, ne se levait souvent que dans le milieu de la journée ; en revanche, il est vrai qu'il aimait assez à se coucher tard et à se promener la nuit. Tout ce qui pouvait donner un cachet d'originalité était avidement exploité par Tambourcau, qui pourtant n'avait pas besoin de cela pour se faire un nom, puisqu'il possédait un véritable talent, original, spirituel, de ces talents qui sont plutôt un don de la nature que le résultat d'un travail assidu.

» Mais les hommes sont ainsi faits, ils dédaignent ou négligent parfois ce qu'ils possèdent, ce qui pourrait les conduire rapidement à la fortune, pour s'attacher à des futilités qui leur sont plus nuisibles qu'utiles dans leur profession.

Ainsi, Tambourcau était bien plus content lorsqu'il était parvenu à accompagner à peu près juste sur un morceau d'opéra, que lorsqu'il avait terminé un tableau qui pouvait ajouter à sa réputation.

Ce jeune peintre était, du reste, un excellent garçon dans toute la rigueur du mot. Faisant tout ce qu'on voulait, d'un caractère égal, ne se fâchant point des plaisanteries que ses amis faisaient sur son originalité, il eût été plus recherché en société sans son insupportable manie de vous parler sans cesse des Grecs ; mais pour ses amis intimes, c'était encore un motif pour le plaisanter.

Quant aux femmes, elles tenaient très-peu de place dans la vie de Tambourcau ; faire sa cour l'eût ennuyé, être amoureux l'eût fatigué ; il se contentait de ces connaissances faciles qui ne vous tiennent pas, que l'on prend et que l'on quitte à volonté ; en général, ce n'était point ce qu'on appelle un homme à femmes.

XI.

L'atelier.

Au moment où Benjamin Godichon pénètre dans l'atelier de Tambourcau, quatre personnes y sont réunies.

C'est d'abord Boucaros, qui a couché. Boucaros nous a dit qu'il y couchait souvent. Aussi est-il chez lui ; un vieux canapé dont le coussin sert de matelas, et le dossier d'oreiller, est le lit de Boucaros, lorsque Tambourcau occupe le sien. En s'éveillant, Boucaros endosse quelque veste, quelque vieux paletot de son ami ; il met sur sa tête la première chose venue, mais il y a toujours là quelque toque qui traîne dans un coin. Ensuite Boucaros, qui a aussi ses toiles chez son ami, dont l'atelier est le sien, quand par hasard il travaille, prend une palette, des pinceaux, des couleurs à Tambourcau et se place devant un chevalet en attendant qu'il puisse se placer devant une table servie, ce qu'il préfère à toute chose, la fourchette étant, suivant lui, bien supérieure à la plume et au pinceau.

Devant le piano est un grand jeune homme, fort beau garçon, bien bâti et capable déjà de représenter convenablement un prince ou un seigneur suzerain, quoiqu'il ait à peine vingt-six ans.

C'est aussi un artiste, non pas un peintre, un chanteur, un virtuose élève du Conservatoire ; il espère arriver à l'Opéra, il y serait déjà peut-être si, dans son genre, il n'égalait Tambourcau dans son amour du *far niente*. Il a de plus dans sa nature cette incertitude de résolution qui empêche souvent de prendre un parti ; cette manie de faire des projets, qui presque toujours cause que l'on n'en réalise aucun ; enfin cette maladie dans l'humeur qui vous empêche d'être jamais content là où vous êtes et vous fait sans cesse désirer d'être là où vous n'êtes pas.

Triste maladie, trop commune chez les artistes, auxquels elle porte souvent préjudice.

Ce jeune homme s'appelle Dandinier.

Un peu plus loin, sur le vieux canapé, est assis, ou pour parler plus juste, étendu un petit jeune homme tout mince, tout pâle, tout grêle, mais dont la figure un peu allongée ne manque pas d'une certaine finesse et tient à la fois du chat et de la fouine.

Ce jeune homme est un acteur de vaudeville sans emploi pour le moment, quoiqu'il ne soit pas sans talent ; mais il a l'habitude d'ajouter toujours quelque chose à ses rôles, ce qui souvent ne les gâte pas, bien au contraire ; cependant comme il y a des auteurs qui ne veulent pas que l'on ait plus d'esprit qu'eux, comme il y a aussi une censure qui n'entend pas que l'acteur dise en scène ce qu'elle a jugé convenable de couper, le jeune Périnet a été remercié par son directeur, et, en attendant qu'il ait trouvé un autre engagement, il joue à Paris au cachet lorsque l'on a besoin de lui dans une pièce, où va jouer dans la banlieue lorsqu'on y monte une représentation un peu soignée, et dans laquelle on annonce, avec des lettres d'un demi-mètre de haut, que l'on aura des artistes de la capitale.

M. Périnet a la réputation d'être un *loustic*, ce qui en style dramatique veut dire farceur, inventeur de charges pour faire poser les jobards.

La quatrième personne qui se trouve alors dans l'atelier, est le rapin.

C'est un jeune gars de quatorze à quinze ans, qui, se destinant à la peinture, croit devoir se mettre comme les mignons de Henri III.

Il porte ses cheveux longs, bien plats, bien peignés, bien lissés et légèrement roulés par le bout ; sa veste très-étroite, et qu'il boutonne hermétiquement depuis le menton jusqu'à la ceinture, peut passer pour un justaucorps.

Son pantalon qui lui bride le derrière et dont on ne distingue plus la nuance, a le droit de s'appeler un haut-de-chausses. Ce ne sont pas les crevés qui lui manquent.

Monsieur, voudriez-vous me dire l'heure qu'il est ?...

Ses souliers ne sont pas à la poulaine, mais ils sont fendus sur le devant et tellement éculés par derrière, qu'ils ont un faux air de sandales. Enfin sur sa tête le petit rapin porte une casquette à la Buridan, qu'il place fort coquettement sur le sommet de ses cheveux, et sur laquelle, à défaut de plume, il a attaché les débris d'un plumeau.

Avec ce costume, cette coiffure, le rapin, qui a une fort jolie tête, mutine, espiègle et tout à fait distinguée, fait déjà la conquête de toutes les vieilles bonnes du quartier.

Mais le petit Antoine Moineau (ce sont les noms du rapin, qui, ne les trouvant pas assez artistes, se fait appeler Buridan, comme sa toque) ;

Le petit Buridan, voulant en tout singer son maître Tambourcau, affecte déjà de dédaigner les femmes, et ce monsieur de quatorze ans prétend qu'il ne fera jamais de folies pour elles.

Au moment où Benjamin ouvre la porte de l'atelier, Dandinier s'étudiait en s'accompagnant l'air de basse de *Mazaniello* : *Le monde ... a patrie*.

Habitué à ne point se déranger pour les personnes qui viennent chez Tambourcau, le beau virtuose continue son air, s'exerçant à donner de la voix comme s'il était sur un théâtre.

Le petit Périnet s'exerce pendant ce temps-là à battre la mesure à contre-temps de la tête, des pieds et des mains. Boucaros, assis devant un chevalet, met depuis une heure de la couleur sur une palette, sans pouvoir se décider à en mettre sur la toile qui est devant lui ; le rapin, tout en copiant une étude sur une feuille placée sur un carton qu'il tient sur ses genoux, prend de temps à autre dans sa poche quelque chose qu'il met dans sa bouche et avale en tapinois.

— Tiens ! c'est monsieur... monsieur chose d'hier ! s'écrie Boucaros en tendant la main à Benjamin. Pardon, j'ai déjà oublié votre nom...

— Benjamin...
— Ah! c'est vrai, c'est ce cher monsieur Benjamin, c'est gentil à vous de venir nous voir...
— Est-ce que M. Tamboureau est sorti?
— Lui, sorti!... oh! il ne sort pas de si grand matin... il est encore couché.
— Serait-il indisposé?
— Malade? non, pas du tout! il n'est pas levé... puisqu'il dort encore, voilà tout...
— Et il dort, parce qu'il ne se lève pas, dit M. Périnet en faisant une moue entre le triste et le gai.
— Tamboureau n'a pas l'habitude de se lever de bonne heure...
— Mais savez-vous qu'il est près de deux heures...
— Eh ben... ça nous est bien égal l'heure qu'il est... ah! que cet air-là m'embête!... dis donc, Dandinier, est-il encore long?
Le virtuose, habitué aux apostrophes de ces messieurs, ne fronce même pas le sourcil, et continue son air comme si ce n'était pas à lui qu'on eût parlé.
— Est-ce que vous vouliez parler à Tamboureau, monsieur Benjamin?
— Oui, mais puisqu'il dort...

Coralie jette tout le contenu de son poêlon dans la figure..

— Oh! il ne peut tarder à s'éveiller, il faut même qu'il y mette bien de l'entêtement à dormir pour continuer pendant que Dandinier hurle à ses oreilles!... Asseyez-vous donc, monsieur Benjamin... Buridan!... Buridan!... trouvez donc un siège propre pour monsieur, petit drôle!...
Le rapin se lève d'un air assez revêche en achevant d'avaler ce qu'il avait dans la bouche, il débarrasse un vieux fauteuil d'une foule d'objets qui avaient élu domicile dessus, et présente le siège à Benjamin en disant à Boucaros:
— Je donne ma chaise à monsieur, parce que ça me fait plaisir d'être poli avec lui, mais ce n'est pas pour vous obéir, car ce n'est pas vous qui avez le droit de me commander ici, je ne suis pas votre élève, à vous!
— Oh! joli! très-joli... voilà Buridan qui se rebelle!... ah! vous faites le méchant, monsieur *Moigneau!...* c'est bien triste.
Le rapin ne pouvait pas souffrir qu'on l'appelât par son nom de famille; il devient rouge de colère et se remet à sa place en murmurant:
— D'abord je ne m'appelle pas *Moigneau!* monsieur *Boucarosse.*
— Et moi, je ne m'appelle pas *Boucarosse*, monsieur Moigneau, ou Moineau, ou Loiseau!... Tu n'en es pas moins dans les friquets, va!...
Savez-vous, messieurs, pourquoi ce Raphaël en bourrelet est furieux contre moi ce matin...

— Nous ne le savons pas, dit Périnet, mais nous ne tenons pas à en être informés.
— C'est pour cela que je vais vous le dire: eh bien, messieurs, ce petit échappé de la *Tour de Nesle* m'en veut horriblement, parce que ce matin je me suis payé une bavaroise au lait et que je ne lui en ai pas laissé une petite goutte, ainsi que Tamboureau, qui est trop bon, a toujours la faiblesse de le faire quand il prend ici n'importe quoi... ne fût-ce qu'un lavement!... il en laisse une petite goutte pour son fidèle rapin qui s'empresse de l'ingurgiter. Mais c'est une faiblesse! il ne faut pas gâter ainsi les enfants!... Voilà comme on en fait des tyrans... Ah! sapristi! voilà un air que j'ai dans le nez!...
— Laisse donc Dandinier tranquille, dit Périnet, tu ne vois donc pas qu'il s'exerce pour savoir combien de temps il pourra tenir une note sans reprendre sa respiration... S'il pouvait la tenir dans sa main, j'aimerais mieux cela.
— Tenez! monsieur *Boucarosse!* s'écrie le rapin en sortant une prune de sa poche. Voyez-vous que je me fiche pas mal de votre bavaroise... et que je n'ai pas besoin de vous pour me régaler.
— Qu'est-ce à dire? tu manges quelque chose, je crois... Tu te permets de manger quelque chose sans payer la dîme à tes seigneurs, vilain que tu es!
— Ah! ouiche! il n'y a plus de dîmes!! il n'y a plus de seigneuries!...
— Mais il y a toujours des vilains!... On ne pourra pas les supprimer, ceux-là!... En voilà-t-il une roulade!... en fait-il des roulades, ce Dandinier... il se gargarise avec cet air-là!... Périnet, regarde un peu à ta montre pour savoir combien de temps le virtuose va tenir cette note-là... je parie pour dix minutes.
— Ma montre! il ose me parler de montre! Voilà une plaisanterie que je trouve de mauvais goût... si j'avais une montre, je ne serais pas ici!...
— C'est juste, et elle serait encore plus loin, la malheureuse!...
Benjamin, peu accoutumé à ces conversations d'atelier, ouvrait de grands yeux en regardant chaque interlocuteur.
Le beau chanteur qui vient enfin de terminer son point d'orgue quitte le piano et se met à se promener dans les chevalets en s'écriant:
— Savez-vous, mes petits amours, que vous êtes bien embêtants!... Quand on chante, vous faites un bruit... Je ne m'entends plus moi-même!...
— Tu es bien heureux, alors!
— Si je pensais que M. Tamboureau fût encore longtemps avant de se lever, je reviendrais, dit Benjamin.
— Mais non, il ne peut pas tarder... il a déjà appelé Buridan, il y a une demi-heure, pour lui demander, comme en Angleterre, les *watchmen*: quel temps fait-il? quelle heure est-il?
— Les *watchmen* ne demandent pas cela, ils le disent, murmure Dandinier. Quand tu voudras faire des citations, tâche donc de citer juste.
— Pardon, grand voyageur... je n'ai pas encore été en Angleterre, et pourtant je le voudrais, ne fût-ce que pour manger du véritable *plumb-puding!...* Je dis véritable, car ici je ne sais auquel croire, j'en ai mangé dans dix endroits, et toujours il était fait différemment; ce qui me fait présumer qu'ils sont tous apocryphes! ... Ohé, rapin!... tu n'as pas répondu à monsieur tout à l'heure!
— De quoi?
— Tamboureau a-t-il dit qu'il allait se lever?
— Oui, mais il dit toujours cela trois ou quatre fois avant de se décider à se lever et il se rendort.
— Diable! dit Benjamin, cela peut nous mener loin.
— Qu'est-ce que cela fait, si vous n'êtes pas pressé?
— Oh! pas du tout, mais je crains d'être indiscret...
— Indiscret!... ici!... dis donc, Périnet, monsieur qui craint d'être indiscret dans l'atelier de Tamboureau!...
— C'est un mot qui n'a pas cours en ce local... Tiens, Buridan mange des prunes, je ne vois pas un noyau à terre.
— Je mange tout, reprend fièrement le rapin en taillant son crayon.
— Peste! quel estomac! voilà un petit bonhomme qui promet!
— Monsieur Périnet qui m'appelle petit bonhomme!... et je suis déjà plus grand que lui... c'est vous qui ferez toujours un petit bonhomme, cabotin!
— Ah ça! mais c'est mauvais comme un âne, ce matin, le rapin, il y a donc longtemps qu'il n'a été flagellé, j'ai envie de lui appliquer ce calmant!...
— Avisez-vous de me toucher, vous, grand bonhomme, et vous verrez comme je vous recevrai!...
Périnet s'est levé avec un grand sérieux, il va prendre une pincette dans un coin et se dirige vers le petit Buridan en disant:
— Voici une occasion de te redresser le nez, que tu as de travers... je vais t'arranger cela.
Le rapin pousse les hauts cris en voyant la pincette approcher de son nez; en ce moment, une voix qui part de derrière la cloison se fait entendre:
— Pourquoi diable criez-vous comme ça!... c'est insupportable! on ne peut pas dormir ici!...

— Ah! voilà Tamboureau qui s'éveille! dit Boucaros en jetant sa toque en l'air. Voilà le soleil qui va paraître! viens, Tamboureau!..
— Tamboureau, dit Périnet, ne te lève donc pas de si bonne heure, ça te fera du mal... il n'est que deux heures... tu peux encore *casser* plusieurs *cannes*.
— Tamboureau, dit à son tour le virtuose, Jollibeau a chanté mer dans la *Dame blanche*, rôle de George, croirais-tu qu'il a fait baisser d'un ton son air : *Viens, gentille dame?*
— Pas possible! répond la voix en y joignant un long bâillement. Ah çà... il faut donc se lever... c'est dommage... j'aurais bien encore fait deux ou trois petits sommes!
— Monsieur! crie le rapin, il y a là un monsieur qui vous attend...
— Si c'est un créancier, renvoyez-le, je n'y suis pas..
— C'est moi, monsieur Tamboureau, votre voisin Benjamin... mais ne vous levez pas pour moi... je ne voudrais pas vous déranger...
— Tiens!... c'est monsieur Godichon   Ah! me voilà... me voilà, je passe un vêtement décent.
Au nom de *Godichon*, le virtuose s'est retourné, puis il a regardé Boucaros, qui a regardé Périnet, qui a regardé Buridan, qui a regardé une prune.

XII.

Une séance à donner.

Au bout d'un moment, un grand jeune homme, ayant une véritable tête d'artiste, cheveux mal peignés, ou plutôt pas peignés du tout, barbe peu fournie, le teint pâle, les yeux à demi fermés, arrive en chemise, en pantalon, et s'écrie les bras en croix en disant :
— Ma foi, messieurs, j'avais bien besoin de ce moment de sommeil... c'était nécessaire à ma santé.
— Ce moment! à quelle heure t'es-tu donc couché hier?
— Il était bien deux heures du matin!
— Alors, comme il est à présent deux heures de l'après-midi, ce léger *moment* de sommeil a duré douze heures... cela me semble honnête...
— Où diable est ma veste... où ai-je donc fourré ma veste... Buridan, cherche-moi ma veste...
— C'est monsieur Boucaros qui l'a.
— Ah! c'est vrai! hé, dis donc, Boucaros, tu as mis ma veste...
— Tu le vois bien.
— C'est que je la voulais.
— Mets autre chose.
— Que je mette autre chose... c'est bien risqué, ce que tu dis là... Ah! si, je crois que j'ai encore dans un vieux paletot dans un coin... oui, voilà mon affaire... et ma toque... où est ma toque... Buridan, où as-tu caché ma toque...
— Vous ne voyez donc pas qu'elle est sur la tête de M. Boucaros?
— Le maroufle a perdu raison!... Ah çà, tu ne te gênes pas, Boucaros, tu me prends aussi ma toque...
— Mets autre chose...
— Il est charmant!... que je mette autre chose... au fait, c'est vrai; puisqu'il l'a, il faut bien que je mette autre chose... c'est que je ne suis pas très-monté en toques...
— Prends le buridan de Buridan.
— Il n'irait pas à monsieur, crie le rapin, j'ai la tête trop petite... il me semble que vous feriez bien mieux de lui rendre sa toque, *monsieur Boucarosse*!...
— Bon, bon! j'ai mon affaire, c'est Tamboureau qui vient de trouver dans un coin son atelier une petite touric en forme de turban. Ceci me coiffe à ravir... Voyons, messieurs, je parie que pas un de vous n'est capable de me dire sous quelle olympiade mourut *Epaminondas*?
Le beau Dandinier court prendre son chapeau, et il met sur sa tête en disant :
— Merci!... voilà que ça commence... j'aime mieux m'en aller...
— Qu'il est malhonnête, ce Dandinier... A propos, quand débutes-tu à l'Opéra?
— Ah! je ne sais pas... ils m'ont fait d'étudier le rôle de Charles VI... est-ce que je veux me fourrer tout cela dans la tête... j'ai envie de retourner en Italie...
— Bon! il en arrive... il veut y retourner. Quand il y était, il voulait revenir à Paris...
— Ah! c'est que je vois tous les ennuis, toutes les contrariétés qu'il faut subir avant de parvenir à débuter.
— Est-ce qu'il n'y en a pas partout?... demande à Périnet!
Le petit homme grêle se lève et répond, en gesticulant et contrefaisant la voix d'un acteur bien connu :
— Ils m'ont expulsé, les lâches!... parce que, au moment où la vieille coquette disait en scène, en ramenant son fichu sur son sein :

Cachez-vous, petits fripons! j'ai ajouté, en m'adressant au public :
Ce sont parbleu bien de grands pendards!
— Ah, ah, ah!... c'est la vieille coquette qui devait être furieuse!
— J'ai eu beau lui dire : Ma chère amie, je ne m'est pas de moi, je le place, et voilà tout; elle a été sur-le-champ rapporter cela au directeur, qui protège peut-être les *petits fripons* de cette dame!..
— Au revoir, messieurs!
— Tu t'en vas décidément, Dandinier?
— Oui, il faut que j'aille au Conservatoire.
— Reviendras-tu dîner avec moi?
— Est-ce que tu m'invites?
— Pour qui me prends-tu?... J'irai dîner au *Petit-Ramponneau*, barrière des Martyrs...
— C'est un cabaret, une gargotte...
— Cabaret, tant que tu voudras! mais demande à Boucaros si le veau rôti y est bon... je défie qu'on en trouve ailleurs de meilleur veau rôti... et on en a pour dix sous une portion superbe... ça et des haricots, c'est excellent! par exemple, il ne faut pas y demander autre chose... — Et le vin? — du petit bleu pas mauvais; pour vingt sous, on dîne là très-copieusement. Ecoutez donc, messieurs, c'est à considérer... les artistes ne sont pas toujours en fonds.
— Ils y sont même rarement!
— J'en connais qui n'y sont jamais!
— D'ailleurs, autrefois, les grands hommes allaient au cabaret, et ils s'y amusaient bien plus que nous ne nous amusons aujourd'hui dans nos magnifiques restaurants dorés!
— Tu as vu cela dans *Béranger*... et tu te rappelles *Madame Grégoire* :

Ah! comme on entrait
Boire à son cabaret.

— Ah Dieu! murmure Périnet, je voudrais bien avoir pour maîtresse une Madame Grégoire, mais je n'ai pas de chance, mes petites connaissances sont toujours panées... et comme je le suis aussi, ça ne biche pas!...
— Voyons, reprend Dandinier, je m'en rapporte à Boucaros, qui est un friand fieffé... peut-on dîner au *Petit-Ramponneau?*
— On le peut, parce qu'on en a le droit; mais moi, messieurs, je viens de découvrir quelque chose de bien précieux pour les bourses légères!... c'est une table d'hôte chez une fruitière...
— Une table d'hôte chez une fruitière!... Ah! ce doit être curieux!...
— Ne riez pas, messieurs; je vous certifie qu'on y est très-bien : cuisine bourgeoise, des mets nourrissants, du vin agréable, et très-bonne société. Il vient là des employés, des artistes, des dames...
— Quel genre de dames?
— De tous les genres!
— Et on vous sert?
— Un potage, bœuf, un rôti, plat de légumes... au choix de la fruitière, et un dessert, suivant la saison; et demi-bouteille de vin, qu'on peut remplacer par une bouteille de cidre.
— Et combien tout cela?
— C'est à ne pas le croire... Dix-huit sous par cachet; aussi j'ai pris vingt-quatre cachets d'avance.
— Que tu as payés?
— Non, je fais le portrait de la fruitière!...
— En vérité, je crois bientôt à Paris on dînera pour rien! et il y a des gens qui osent dire que la vie y est chère!... mais je ne connais pas de ville, de bourgade, de village où elle soit à meilleur marché; c'est-à-dire que si, dans un village, vous vouliez manger un potage, un bœuf, un rôti, des légumes, du dessert et boire du vin, il vous faudrait dépenser trois ou quatre francs, et encore il n'est pas certain que ce ne serait pas plus cher. O Paris! l'on te calomnie en disant que tu es un gouffre!... Tu es le paradis des gourmands... Au revoir, messieurs; je tâcherai d'aller vous rejoindre tantôt.
Le virtuose s'est parti, Tamboureau avance vers Benjamin, et lui tend une main, tout en retenant de l'autre son pantalon qui s'obstine à vouloir descendre sur ses talons.
— C'est bien aimable à vous d'être venu me voir un moment, monsieur Benjamin.
— C'est un plaisir pour moi, monsieur Tamboureau, mais aujourd'hui ma visite a un motif particulier... j'ai quelque chose à vous demander...
— Si c'est un mystère, nous allons passer derrière ma cloison...
— Oh! mon Dieu, ce n'est pas la peine, il n'y a aucun secret là dedans, c'est mon portrait que je voudrais faire faire...
— Votre portrait... tant mieux, cela me botte!... Petite nature et en pied, n'est-ce pas?
— Oui, c'est beaucoup plus gentil.
— Une toile de dix-huit pouces de hauteur.
— C'est cela même; mais dans un *paysage*...
— C'est très-facile...
— Avec un moulin au fond...
— Ah! vous tenez à un moulin au fond?
— Ce n'est pas précisément moi qui y tiens... c'est la *personne* pour qui je le fais faire.

— Fort bien ; on vous mettra un moulin.
— Et puis un chien à mes pieds.
— Encore un chien !
— Un cheval sur le côté... des oiseaux sur une branche... et des canards barbottant dans un étang.
— Ah çà, mais c'est votre portrait dans l'arche de Noé, que vous voulez !...
— La personne aime beaucoup les animaux. Est-ce qu'il n'y a pas moyen d'avoir tout cela...
— Il y a toujours moyen ; seulement, je crains que l'on ne trouve que je vous ai mis dans une ménagerie.
— Pourquoi donc cela ! dit Boucaros, c'est un portrait à la Julienne, voilà tout. Hom !... je gage que je devine à qui il est destiné !
Benjamin sourit d'un air presque fat au regard que lui lance Boucaros, en murmurant :
— C'est vrai... vous la connaissez. A propos, monsieur Boucaros, et comment se porte madame votre épouse ?
Boucaros dissimule mal une envie de rire, tandis que Périnet s'écrie :
— Comment, Boucaros, tu es marié ! et je n'ai pas été à la noce !... Ah ! mon ami, ce n'est pas bien ! Souvenez-vous-en ! Souvenez-vous-en !
— Taisez-vous, Frontin !... M. Benjamin n'est pas sans avoir deviné que je ne suis marié qu'au treizième arrondissement. Du reste, Lucie est une bonne fille... mais je voudrais bien qu'elle trouvât un bureau de tabac... Elle ne fait rien, elle flâne, et je préférerais qu'une femme doit être occupée, ne vendrait-elle que des cure-dents... Décidément, je ne veux plus avoir pour maîtresses que des femmes en boutique...
— Une pâtissière, cela te chausserait, hein ?
— Une marchande d'habits m'irait bien davantage ! Mais c'est dans la rue Rochechouart que j'ai aperçu quelque chose de ravissant... une lingère !... Ah ! higre, c'est du nanan... beau torse ! de belles hanches marquées, une taille svelte sans être trop mince, car je ne trouve rien de laid comme une femme trop mince !... on croit tenir un e poupée !
— Est-ce une brune, une blonde ? C'est une châtaigne... Ah ! pardon ! je crois qu'on dit châtaine... mais je préfère dire châtaigne... cette délicieuse châtaigne a des yeux bruns fendus en amandes et dont l'expression est tout à fait circassienne !... Ah ! messieurs :

Quoiqu'en dise Aristote et sa docte cabale !
Une femme est divine et n'a rien qui l'égale !...

— Je suis de cet avis, dit M. Périnet, c'est quelque chose de fort appétissant qu'une femme, mais il ne faut pas qu'elle soit trop grande, pourtant !
— Ah ! on devine pourquoi tu dis cela, cher ami, c'est parce que tu n'as pas la taille militaire.
— Non, du tout, ce n'est pas pour cela... quoique petit, j'ai eu pour maîtresses de très-grandes femmes... La première surtout, oh ! la première était un vrai tambour-major !... Eh bien ! au lieu de me ménager, moi qui suis mignon... elle me faisait faire des choses... je ne veux pas vous dire ce qu'elle me faisait faire !...
— Et tu as pris les grandes femmes en grippe depuis ce temps !
Moi, je ne les crains pas, j'en fais l'aveu !.. Ma fruitière a bien cinq pieds cinq pouces...
— Ah ! voyez-vous, il s'est trahi ! il est l'amant de la fruitière, c'est pour cela qu'il nous vantait sa table d'hôte...
— Non, messieurs, non... je n'ai aucune conversation criminelle avec cette honnête industrielle... Eh ! mon Dieu ! si cela était, je n'en rougirais pas ! Est-ce qu'une fruitière n'est pas une femme comme une autre ?... Je ne connais point les rangs ! les distances ! quand il s'agit de faire l'amour ! il est aussi doux sur des pommes cuites que sur le duvet !...
— Je n'ai pas encore essayé de faire l'amour sur des pommes cuites... mais c'est une idée que tu me donnes et que je veux mettre en pratique... Et vous, monsieur Benjamin, je crois que vous êtes aussi assez amateur du sexe.
— Oh ! oui, monsieur Boucaros, la vue d'une jolie femme !... cela m'enflamme... cela me retourne... cela me...
— Du moment que cela vous retourne, il me semble que cela dit tout ! il n'est pas nécessaire de chercher un superlatif. Tenez, voilà un homme qui n'est pas comme nous !... il est froid comme de l'orgeat auprès de la beauté...
— Moi, répond Tambourreau auquel s'adressait cette phrase, mais non !... j'aime aussi les jolies femmes... de belles épaules, de beaux bras, de belles mains... Ah ! c'est ravissant !
— L'entendez-vous ? il les aime pour les peindre, et pas autre chose...
— Oui ! oui ! confie-moi donc ta maîtresse si elle est belle, et tu verras...
— Ma maîtresse !... je la laisserais ici en costume d'Adam et Eve, et je serais bien tranquille !... Ah ! si elle était Grecque, je ne dis pas, parce que l'amour de la Grèce pourrait l'entraîner, la faire faillir !...

Et ce petit mioche ! ce rapin ! croiriez-vous, monsieur Benjamin, qu'il ose déjà dire qu'il ne fera jamais de folies pour les femmes !...
— C'est de bouillie qu'il aura voulu dire ! murmure Périnet.
— Eh bien ! oui, j'ai dit cela ! s'écrie le petit Buridan en relevant la tête. Après, où est le mal ? j'admire une belle femme comme un beau modèle !.. je ne connais que mon art, moi ! c'est l'art seul que j'aime...
— Lard... chez le charcutier... c'est possible !
— J'ai toujours entendu dire que les artistes qui s'abandonnaient aux voluptés ne faisaient jamais rien de beau ! rien de grand !...
— Bravo, petit ! c'est pas mauvais ce qu'il dit là ! s'écrie Tambourreau en souriant.
— Tais-toi donc, petit serin ! je ne lui donne pas deux ans pour courir après tous les cotillons sous lesquels il apercevra un mollet !
— Buridan ! dit Tambourreau en allant se poser sur la hanche devant son rapin, de qui Alcibiade était-il fils ?
— D'un pauvre Athénien d'une classe obscure mais il devint, grâce à son esprit et à ses talents, l'ami de Socrate... et fut... et fut...
— Et fut élevé dans la maison de Périclès, allons donc !...
— Ah ! c'est comme ça ! s'écrie Périnet, et le petit acteur court se poser en arlequin devant Boucaros et lui crie, en parlant comme ce personnage :
— Boucaroze... mon bon ami... fais-moi le plaisir de me répondre, Sangodemis !... les quatre fils Aymon, de qui étaient-ils fils ?...
— Ma foi, mon maître... cette question me semble bien hardie... et j'ai si peu étudié l'histoire... de qui ils étaient fils !... j'ai beau chercher dans ma tête !... higre... je ne suis pas assez fort pour répondre !
— Paillasse, mon ami, tu n'es qu'une buse... tu n'es pas digne d'être l'émule de l'illustrissime peintre Tambourino ! tu gardes les Grecs, comme le jeu d'oie.
— Monsieur, dit Benjamin, qui ouvre ses oreilles autant qu'il lui est possible, commencerez-vous bientôt mon portrait... cette dame est pressée de le posséder... et quant au prix, je vous prie de croire que je ne marchande pas avec le talent.
— Oh ! mon cher voisin, de ce côté-là nous serons bien vite d'accord... je vous commencerai quand vous voudrez..
— Tout de suite, alors...
Tambourreau se gratte la tête et bâille en disant :
— Hum ! aujourd'hui... il est bien tard... je ne suis pas en train... il y a des jours, voyez-vous... quand on ne se sent pas en train, impossible de travailler ! pas moyen de rien faire !...
— Il n'a pas assez dormi, murmure Périnet.
— D'ailleurs je n'ai pas de toile.. non, je n'ai pas ici la toile qu'il nous faut...
— Eh bien, demain, si vous pouvez...
— Ah ! oui, demain, je suis tout à vous...
— A quelle heure viendrai-je ?
— Quand vous voudrez... vers les trois heures.
— C'est convenu.
En ce moment la porte de l'atelier s'ouvre ; une jeune femme mise avec élégance, et d'une tournure agaçante et leste, entre en sautillant dans le sanctuaire du peintre Tambourino et court se jeter sur le canapé, en jetant son chapeau d'un côté et son mouchoir d'un autre.
— Tiens ! c'est Cascarinette ! s'écrient les jeunes gens. Salut à Cascarinette, bonjour, Cascarinette !...
— Bonjour, messieurs... ah ! qu'il fait chaud ! quelle chaleur... et puis c'est haut ici... cinq étages et demi au moins !... Quand on a monté cela, on est poussive !...
— Que voulez-vous, belle nymphe, les arts aiment à se loger le plus près possible d'Apollon !...
— Eh bien ! où donc demeure-t-il Apollon ? Est-ce qu'il perche dans un grenier...
— Comment, Cascarinette, vous ne savez pas où se trouve le blond Phœbus ?
— Ah ! bon, ils vont me parler latin à présent, il ne s'agit pas de tout cela. Mon portrait est-il fini, Tambourreau ? Je le veux, il me le faut... Je donne demain une petite soirée à mes camarades, il me faut mon portrait pour qu'on me dise si je suis ressemblante.
— Je vous le dis ! j'avais encore un peu à y toucher... qu'il faudrait poser une petite fois.
— Eh bien, je vais poser tout de suite, retouchez-moi et que ça finisse.
— Tambourreau se promène d'un air contrarié dans son atelier passant sa main dans ses cheveux et remuant à chaque minute son pantalon en murmurant :
— Travailler... quand on n'est pas en train... on fait de mauvaise besogne.
— Laissez-moi donc tranquille, monsieur Tambourreau, vous me dites toujours la même chose... pour trois ou quatre méchants coups de pinceau !... est-ce qu'il faut le préparer huit jours d'avance...
— Et puis le jour est bas aujourd'hui !...
— Peut-on dire cela... un soleil magnifique... vous n'êtes donc pas bien éveillé ?
— C'est peut-être ça... allons, puisque vous le voulez... mais, tenez,

voilà monsieur qui désire avoir son portrait et qui a la bonté de ne point poser aujourd'hui parce que je ne suis pas en train...

— Monsieur n'attend sans doute pas depuis quinze jours ! répond mademoiselle Cascarinette en faisant un gracieux salut à Benjamin.

— Lors même que j'attendrais depuis longtemps, mademoiselle, répond Benjamin en s'inclinant, je serais trop heureux de vous céder la place.

— Ah ! monsieur, vous êtes bien honnête...

Et mademoiselle Cascarinette fait une belle révérence au jeune homme, puis elle va s'asseoir devant un chevalet en disant :

— M'y voilà ! j'y suis, moi.

— Oh ! mais moi, je n'y suis pas ! s'écrie Tamboureau en remontant son pantalon.

— Tamboureau ! mon ami, dit le jeune Périnet, est-ce que tu n'aurais pas moins de travail en mettant tes bretelles, qu'en étant à chaque minute obligé de remonter ton vêtement indispensable... voilà une question que je soumets à ta sagacité...

— Mes bretelles !... mes bretelles... parbleu, je sais bien qu'il me les faut, mes bretelles, mais la difficulté est de les trouver... je les cherche en vain depuis que je suis levé...

— Quant à cela, tu ne diras pas que c'est moi qui m'en suis emparé ! dit Boucaros en ouvrant sa veste. Voyez, messieurs, mesdames, celles que j'ai ont été brodées par la main de Lucie... elle me les a données pour mes étrennes il y a trois ans...

— Des bretelles de trois ans ! dit mademoiselle Cascarinette en hochant la tête, par exemple... vous êtes soigneux, vous ; depuis que je suis avec Alexandre, il lui en faut une paire de neuves tous les deux mois !

— C'est que vous les lui faites ôter trop souvent probablement.

Tamboureau parcourt son atelier en cherchant ses bretelles ; le rapin en fait autant que son maître. Mais de temps à autre le peintre s'arrête et chantant avec une belle voix de basse l'air de *la Reine de Chypre* :

Tout n'est dans ce bas monde
Qu'un jeu ! qu'un jeu !
Je trouve mes bretelles...
Fort peu... fort peu...
Mais le fou s'en amuse
Bien fort, bien fort.
Il faut que je m'en passe
Quel sort ! quel sort !...

— Voyons, monsieur Tamboureau, si vous passez le temps à chercher vos bretelles, vous ne me retoucherez pas... et je n'aurai pas encore mon portrait...

— Voilà, mademoiselle... voilà... Buridan ! tu n'as rien découvert ?

— Pardonnez-moi, monsieur, j'ai découvert sous ce casque un vieux morceau de fromage de gruyère, qui pourrait servir pour battre le briquet...

— Belle trouvaille !

— Donne-moi cet échantillon de gruyère, rapin ! dit Boucaros, j'en ferai présent à ma fruitière, elle le mettra dans du macaroni, où il aura du succès, car plus le gruyère est vieux, plus il se rapproche du parmesan.

— Alors celui-ci doit avoir subi une complète transformation.

— Dites donc, belle Cascarinette, dit Périnet, quand débute Alexandre ?

— La semaine prochaine.

— A quel théâtre ?

— Aux Français ! rien que cela. M. *Samson*, qui est son professeur, est très-content de lui.

— Hom ! s'écrie le grêle Périnet en jetant avec colère son chapeau à terre. Si j'avais eu un professeur comme M. *Samson*... je jouerais *Mascarille* aujourd'hui !... Voilà un artiste qui réunit la théorie à la pratique ;... quel beau talent ! est très plaisant et spirituel !... il est vrai que ces deux qualités ne s'acquièrent pas ! il faut les avoir reçues en naissant !...

— Dis donc, Périnet, quand tu joues de *Molière*, ajoutes-tu quelque chose à tes rôles ?

— Je n'ai encore joué *Molière* que dans la banlieue, ou dans de petits trous de province, où j'aurais bien pu allonger mes rôles sans que le public s'en aperçût ! mais on respecte les grands hommes ! entends-tu, barbouilleur !

— Sapristi !... décidément je ne peux pas parvenir à retrouver mes bretelles !...

— Eh bien, qu'est-ce que cela me fait à moi, monsieur Tamboureau, il me semble qu'elles ne vous sont pas indispensables pour peindre ?

— Ce n'est pas à moi qu'elles sont indispensables, mademoiselle, c'est à mon pantalon.

— Tout cela est une mauvaise charge... c'est un prétexte pour ne pas travailler... mais je vous préviens que je ne m'en vais pas que vous ne m'ayez retouchée...

— Vous le voulez, ô Cascarinette, vous l'exigez... je vais donc peindre sans bretelles, mais je ne vous réponds pas des accidents qui pourront arriver pendant la séance !

— Ça m'est bien égal, je m'en moque pas mal de vos accidents.

— Du moment que cela vous est égal et que vous êtes préparée à tout... je prends ma palette !...

Benjamin, qui craint d'être importun en assistant à la séance, salue la société et sort de l'atelier au moment où Tamboureau cherche sur sa palette non pas une couleur, mais un prétexte pour ne point travailler.

XIII.

Le ménage Barigoule.

Vous savez que M. Barigoule est un grand homme, long, maigre, efflanqué, aussi peu avantagé par les traits que par la taille, et par l'esprit que par les traits ; qui a de quarante-six à cinquante ans, possède une voiture, un cheval, une écurie, loge au cinquième étage, et porte presque toujours une grande redingote à la propriétaire qui lui descend jusqu'aux chevilles.

Madame Barigoule a une dizaine d'années de moins que son mari, elle a été assez jolie, elle croit l'être encore, elle espère même l'être toujours.

Elle se met comme une actrice de province, se couvre de plumes et de rubans comme un cheval de l'Hippodrome, a fort mauvaise tournure, voudrait se donner un maintien à la fois fier et gracieux, ne dit jamais trois phrases de suite sans y parler de sa voiture ; prend du tabac comme un Suisse, est très jalouse de son mari, en répétant partout qu'elle ne l'a jamais aimé et qu'elle regrette de ne pas l'avoir fait cornette parce qu'il n'aurait eu que ce qu'il méritait.

En effet, M. Barigoule n'était point un modèle de fidélité conjugale ; on l'accusait surtout d'en conter à ses bonnes, et c'était pour cela, disait-on, que les domestiques faisaient un si court séjour chez lui ; les unes ne se souciant pas d'écouter les propos séducteurs de leur maître, les autres étant mises à la porte par madame Barigoule, lorsque celle-ci apercevait quelques signes d'intelligence entre sa bonne et son mari.

Voilà ce que disaient les mauvaises langues du quartier ; mais les gens sensés tiennent peu compte de tels propos. Du moment qu'un ménage change souvent de domestiques, il doit s'attendre à être vilipendé dans toutes les boutiques de son quartier ; les bonnes ont pour habitude de dire pis que pendre des maîtres qui les renvoient, tout en leur demandant un certificat de bonne conduite.

Le lendemain de cette nuit mémorable qui avait valu à M. Barigoule une panade en plein visage, ce monsieur était encore dans son lit à onze heures, autant pour se délasser des fatigues de la nuit que pour chercher, tout en feignant de sommeiller, quelle histoire vraisemblable il pourrait conter à son épouse, qui, la veille, avant de se rendormir, lui avait répété plusieurs fois : — Demain, monsieur Barigoule, il faudra que vous me donniez l'explication de vos courses nocturnes.

Hermelinde, qui se levait toujours de bonne heure pour surveiller ses bonnes et faire elle-même son café, avait déjeuné depuis longtemps et humé déjà une douzaine de prises dans sa tabatière. Souvent elle venait rôder dans la chambre à coucher et regardait dans le lit où était son époux, et murmurait :

— Non ! non ! je ne suis pas si dupe qu'on veut bien le croire... on me monte pas ici-dessus... lorsqu'on a tout ce que l'on peut désirer sur son carré... et cette bolle sur la figure... ce n'est pas clair... il y a du louche là-dessous... mais je saurai le mot de cette charade.

Alors M. Barigoule faisait semblant de ronfler.

— Madame, dit tout à coup la bonne en entrant d'un air d'humeur dans la salle où est sa maîtresse, est-ce que monsieur ne va pas bientôt se lever... savez-vous que son café est contre le feu depuis une heure, je l'ai déjà fait réchauffer trois froids... bientôt il n'y aura plus rien dans la casserole.

— Qu'est-ce que cela me fait, à moi ? tant pis pour monsieur, il y aura ce qu'il y aura ; pourquoi se lève-t-il si tard ?

— Mais ça m'ennuie moi de toujours faire réchauffer ce café... après ça, vous me direz que vous ne savez pas de quoi le charbon... que j'en use trop, que je n'ai pas de soin, d'économie...

— Je vous dis ce qu'il me convient de vous dire, mademoiselle Lolotte ! je n'ai pas besoin de toutes vos raisons...

— Des raisons ! des raisons... on ne peut donc pas répondre à présent ?

— Non, mademoiselle, on ne doit pas répondre comme vous le faites, vous le prenez sur un ton... parce que mon mari vous soutient toujours, vous croyez peut-être que je ne serai pas la maîtresse de vous renvoyer quand cela me plaira...

— Votre ma[...] ne soutient!... qu'est-ce que vous entendez par là, madame?
— Suffit, je comprends!... et vous comprenez fort bien aussi!..
— Je ne sais pas ce que madame veut dire!...
— C'est bien; allez étriller le cheval alors, bouchonnez-le... nous sortirons en voiture ce matin... Je veux qu'il n'y ait plus qu'à atteler.
— Ah! bon! voilà le restant de nos écus!... que j'aille étriller le cheval! que je fasse le service d'un palefrenier, d'un piqueur! ma foi, madame, j'en ai assez de cette besogne-là et je ne veux plus la faire. Quand on veut avoir voiture, madame, on a un nègre, on a un domestique mâle pour soigner son cheval... et on ne se niche pas à un cinquième étage pour faire descendre à chaque instant sa bonne à l'écurie!
— Que signifient toutes ces impertinences, mademoiselle Lolotte? voulez-vous bien aller tout de suite étriller le cheval...
— Non, madame, non, je n'irai pas; que monsieur l'étrille lui-même, ça l'amusera, il aime tant les bêtes; mais moi je suis bien décidée à ne plus faire le service de l'écurie...
— Alors, mademoiselle, vous sortirez de chez moi.
— Eh bien oui, j'en sortirai... Ah! vous croyez me vexer! mais je ne demande pas mieux que de m'en aller... Restez donc dans une baraque pareille! des gens qui veulent faire de l'embarras! qui ont voiture, qui perchent au cinquième, qui enferment le sucre, le beurre, le vin et les confitures, et qui veulent qu'une pauvre bonne fasse tout dans la maison... mais je suis enchantée de m'en aller... il y a longtemps que c'était mon idée... je n'attendais qu'une occasion; et la preuve c'est que je m'en vais tout de suite!...
En disant cela, mademoiselle Lolotte ôte son tablier et le jette au milieu de la chambre.
— Mademoiselle, vous ne partirez que dans huit jours, comme cela se fait partout.
— Je partirai tout de suite, parce que je ne suis pas obligée à vous donner huit jours! vous devez bien savoir cela, madame, vous qui avez consulté le commissaire et qui changez si souvent de domestique, qui avez eu trente-six bonnes en trois mois. Je vais faire ma malle... Ah! quel plaisir... ah! quelle chance... je quitte la maison Barigoule!... je ne dirai pas que j'y suis restée six semaines, ce ne serait pas une recommandation!
Et mademoiselle Lolotte retourne dans sa cuisine en sautant, en dansant et en fredonnant :

Il y a d' l'ognon... il y a d' l'ognon, d' l'ognette,
Il y a d' l'ognon.

Madame Barigoule, courroucée, exaspérée par les impertinences de sa bonne, rentre dans la chambre à coucher. Elle suffoque, elle est violette, elle n'a plus la force de parler, mais elle conserve celle de crier et, décidée à réveiller son époux, elle s'approche du lit en beuglant :
— Encore une scène! encore des avanies qu'il me faut supporter d'une bonne! et tout cela, monsieur, par suite de vos turpitudes!... c'est affreux, c'est épouvantable... j'en ferai une jaunisse.
M. Barigoule avait parfaitement entendu la scène qui venait d'avoir lieu entre sa femme et sa bonne, il n'avait parlé assez haut pour qu'il n'en perdit pas un mot; il fait cependant semblant de s'éveiller et se frotte les yeux en balbutiant :
— Bonjour, ma poule... ah! je dormais bien... j'ai rêvé de boudin blanc... qu'est-ce que cela peut vouloir signifier? toi qui sais expliquer les songes...
— Il s'agit bien de vos rêves et de boudin blanc! monsieur, nous voilà encore sans bonne, mademoiselle Lolotte nous quitte après m'avoir dit un tas d'impertinences... elle nous plante là sur-le-champ, sans vouloir nous donner huit jours...
— Ma bonne, tu sais bien que le commissaire t'a dit que, par la même raison que tu avais, toi, le droit de mettre sur-le-champ une domestique dehors, de son côté la domestique pouvait aussi te quitter sans te donner huit jours.
— Oui, monsieur, je sais qu'on a ce droit, c'est possible, mais on n'en use pas de ce droit-là, c'est l'usage qui prévaut.
— Comment! on n'en use pas... et la grande Claudine que tu as mise à la porte si vite... elle cuisinait parfaitement, cependant!
— Oui, elle cuisinait bien, mais vous étiez trop souvent dans la cuisine auprès d'elle... et le jour où je vous y ai surpris et que la marmite était renversée .. et mademoiselle Claudine à peu près comme la marmite!...
— Elle épongeait le bouillon qui était répandu à terre, mais tu mets ju mal dans tout!...
— Suffit, monsieur; j'avais le droit de chasser cette fille, je ne vous conseille pas d'en reparler...
— Et cette grosse qui n'est restée que deux jours chez nous...
— Une effrontée qui découche la première nuit qu'elle est ici...
— C'était un mardi gras... elle avait été au bal.
— Je ne veux pas d'une bonne qui se déguise en Alsacienne et qui passe la nuit dans des bouisins!

— Mon Dieu, je ne dis pas que tu as mal fait de la renvoyer... mais cette petite qui avait l'air si timide... si naïve... elle n'est restée qu'un jour celle-là...
— Elle était restée assez de temps pour dévorer un pot de confitures et emplir ses poches de sucre, cela commençait bien !...
— Je te répète que tu as eu raison de les renvoyer, mais tu sais bien que tu ne leur as pas donné huit jours.
— Cela n'empêche pas que votre Lolotte est une impertinente... et si vous n'aviez pas eu des familiarités avec elle... et plus que des familiarités peut-être...
— Allons, bon... encore un cancan!...
— Est-ce que je ne vous connais pas? est-ce que je ne sais pas ce dont vous êtes capable?... et cette nuit, qu'est-ce que vous faisiez sur le carré là-haut?
— J'étais peut-être avec une bonne...
— Cela ne m'étonnerait guère, en tout cas!... vous êtes bien heureux que je n'aie pas le temps de m'occuper de cela en ce moment...
— Je voudrais bien déjeuner...
— C'est le cheval qui a servi de prétexte à mademoiselle Lolotte... elle n'a pas voulu aller étriller Zéphyr...
— J'irai l'étriller quand j'aurai déjeuné...
— Avec tout cela, nous voilà sans bonne... c'est amusant... c'est toujours votre cheval qui sert de prétexte à ces péronnelles; le fait est, monsieur, que nous aurons beaucoup de peine à conserver une domestique femelle ayant un cheval à soigner, une voiture à laver... et je vous ai déjà dit cent fois que nous ferions beaucoup mieux de prendre un homme à notre service; il monterait derrière notre voiture et ce serait bien meilleur genre et plus commode. Vous ne seriez pas toujours obligé, quand nous ferons une visite en calèche, de la faire garder par un commissionnaire, sans compter que quelque jour on nous la volera.
— Laisse-moi donc tranquille, Hermelinde, un domestique mâle !... mais tu ne vois donc pas que c'est inadmissible... ceux qui soignent les chevaux ne sont jamais cuisiniers.. ensuite, est-ce qu'il serait convenable qu'il fût ton ménage.. qu'il le vit en camisole, ou mettre ton corset .. vous déclare, Hermelinde, que cela ne me semblerait pas décent...
— Et vous trouvez plus décent, sous prétexte d'aller fureter dans les casseroles... d'être sans cesse sur les talons de votre bonne... D'ailleurs, monsieur, on peut avoir un domestique et ne point s'habiller devant lui; c'est très-facile...
— Je voudrais bien déjeuner...
— A moins que vous ne renonciez à votre voiture, je vous certifie qu'il faudra bien que nous en venions là!...
— Bah!... nous nous en sommes bien passés depuis quatre ans que j'ai ma calèche. D'ailleurs il y a encore une raison, la plus importante, que nous n'avons pas abordée : un domestique mâle coûte fort cher ; ces messieurs veulent gagner quatre ou cinq francs... ils boivent du vin comme des trous, ils vous trichent sur le fourrage... le cheval meurt de faim, ils vendent son avoine, sa paille... c'est du gentil... Si je pouvais déjeuner...
— Alors, monsieur, il n'y a qu'à prendre un nègre...
— Ah! voilà une autre idée, à présent, et tu crois que ce serait une économie!
— Sans doute ; notre voisin du troisième, M. Achille Rocheville, me contait l'autre jour qu'un de ses amis, M. Fouillasse, un joli petit bel homme que j'ai vu souvent avec lui... qui m'a même offert des billets pour un théâtre, dont il sera le directeur quand il aura une masse d'actionnaires suffisante...
— Quel théâtre?
— C'est sur le boulevard... je ne me rappelle plus au juste lequel ; c'est un théâtre qui ferme quand il est ouvert, et qui s'ouvre quand il est fermé, toujours comme ça!
— Enfin que te disait M. Achille?
— Que son ami Fouillasse avait maintenant un nègre qui ne lui avait coûté que trente-trois sous.
— En vérité, Hermelinde, je ne comprends pas que tu donnes dans ces godents-là, je sais ça par cœur. M. Rocheville est un blagueur, il s'est moqué de toi.
— Mais j'ai vu le nègre... je l'ai vu, il suivait M. Fouillasse qui montait chez votre voisin, il lui emboîtait le pas... Il est d'un très-beau noir, et il a un paletot blanc... Il paraît qu'il suit son maître absolument comme un caniche; et celui-ci ne lui donne pas de gage... Il le nourrit et l'habille, voilà tout, et on lui fait chanter des airs nègres, au dessert, et il danse aussi quand on veut, en s'accompagnant avec des cocos.
— En voilà des blagues ! en voilà !... et tu me rapportes cela comme si c'étaient des faits avérés. Je vais déjeuner.
— Ah! oui, tâchez, mademoiselle Lolotte n'a pas voulu faire réchauffer votre café...
— Je vais aller voir cela...
— Non, je ne veux pas que vous mettiez le pied à la cuisine jusqu'à faire de suite fille soit partie... Je vais chercher votre café et lui faire ce que cette... Ce [...]

Au bout d'une demi heure M. Barigoule était enfin assis devant sa tasse de café qui n'était pas au quart pleine, et Hermelinde se promenait d'un air triomphant dans la chambre, parce que la bonne était partie avec ses effets.

— Avec tout cela, nous voilà sans bonne ! dit M. Barigoule en essayant, mais inutilement, de faire tremper un gros morceau de pain dans son café.

— Je vous certifie que je ne regrette pas celle-ci.

— Je ne t'en ai jamais vu regretter... Ah ! si... une, qui était bossue et borgne...

— C'est vrai, mais elle ne vous allait pas celle-là, à vous !

— Je n'ai jamais eu de goût pour les monstres...

— Quand ce monstre vous sert bien, que m'importe, à moi, la figure de ma domestique !

— Ma chère amie, comme, dans un petit ménage où l'on n'a qu'une servante, on la voit dès qu'on se lève, à tous ses repas et une grande partie de la journée, il me semble qu'il est plus agréable de rencontrer sous ses yeux une figure qui n'a rien de déplaisant, que de voir sans cesse un objet repoussant.

— On ne voit pas cela quand on ne regarde pas ces objets-là...

— C'est-à-dire que, dès que le bonhomme vient me demander quelque chose, il me faudrait fermer les yeux, ou me mettre un bandeau sur la vue comme Cupidon... Ah ! on a bien raison de dire : La jalousie ne raisonne pas... Enfin, tu vas demander des bonnes, j'espère.

— Soyez tranquille, j'ai déjà été demander chez le boulanger, le boucher et l'épicier, ce dernier en connaît une dont P..... a dit le plus grand bien.

— Comme à l'ordinaire, on nous avait toujours dit du bien de celles que nous avons eues... ou plutôt que tu as renvoyées...

— Ah ! c'est égal... c'est bien distingué un nègre... et quand on peut en avoir un pour trente-trois sous...

— Il paraît que tu y tiens... Quand ce monsieur voudra s'en défaire, dis-lui que je lui offre cent pour cent à gagner dessus.

— C'est bon, monsieur, je dirai cela à notre voisin, M. Rocheville.

— Ah çà! mais il me semble que tu parles bien souvent à M. Rocheville. Prends garde, Hermelinde, on tiens aussi des cancans là-dessus, car on le dit fort mauvais sujet ce monsieur...

— Oh! n'allez-vous pas faire semblant d'être jaloux... cela vous sied bien ! c'est sans doute pour causer avec ces petites fleuristes des mansardes que vous courez la nuit comme les chats.

— Ah ! tu vas recommencer... tu deviens assommante, ma chère amie, je vais atteler Zéphyr.

— Vous allez donc sortir?

— Oui, j'ai affaire à la bourse.

— A la bourse!... vous!... ce n'est pas vrai... c'est ailleurs que vous allez... mais moi aussi j'ai besoin de la calèche.

— Pourquoi faire? Pour aller au marché? Tu veux aller chercher des choux-fleurs en calèche... il ne manquerait plus que cela !

— Et vous, monsieur, est-ce que vous allez me demander des bonnes à la bourse?...

— Ce ne serait pas impossible, on y négocie tant de choses; tiens, au fait, les bonnes devraient y être cotées...

— Cotées ?... qu'est-ce que vous entendez par là... quelque indécence, j'en suis sûre !...

M. Barigoule ne juge pas nécessaire de répondre à sa femme.

Il va atteler Zéphyr ; mais en descendant son escalier, il relève fort souvent la tête dans l'espoir d'apercevoir mademoiselle Coralie; et il n'aperçoit qu'une écaille d'huître que la petite Marie avait oubliée dans sa cuisine et qu'elle jette de son carré sur la nuque de son voisin.

XIV.

L'une par l'autre.

Augusta s'est rendue sur les huit heures et demie du soir chez son amie Coralie; elle veut d'abord tenir la promesse qu'elle a faite à Colombet, ensuite elle est fort curieuse de savoir si son amie lui fera de nouvelles confidences.

La jeune fille a fait rapidement le court trajet qui la sépare de chez Coralie ; quoique marchant fort vite, elle a bien remarqué que personne ne la suivait et elle s'est dit :

— On croit sans doute que l'on me trouvera au passage de l'Opéra.

Au moment où Augusta arrive au cinquième étage dans l'escalier de Coralie, elle entend une porte qui se ferme vivement à l'étage supérieur, puis un homme dégringole si rapidement les marches, qu'il manque de tomber en arrivant sur le palier du cinquième.

La jeune fille reconnaît parfaitement M. Barigoule, quoique ce monsieur tienne son mouchoir sur sa figure comme s'il avait une fluxion; il passe devant elle en s'inclinant, et, sans s'arrêter à sa porte, descend très-lestement l'escalier.

— Est-ce qu'il viendrait de chez Coralie ? se dit Augusta en continuant de monter. Oh ! non... je ne puis croire qu'elle veuille écouter ce monsieur qui est marié? ce serait mal... très-mal... Et puis il n'a rien de séduisant, ce monsieur-là ! Cependant... cette porte qu'on a fermée... cette précipitation à descendre... c'est bien drôle!

Augusta a frappé, et, au bout d'un certain temps, mademoiselle Coralie est venue lui ouvrir. Elle affecte de bâiller, d'étendre les bras et de se frotter les yeux comme une personne qui vient de s'éveiller.

— Tiens! c'est toi, Augusta?

— Oui... Est-ce que tu étais déjà endormie?

— Mon Dieu, oui, je ne sais pas comment cela s'est fait, mais en faisant mes fleurs je m'étais assoupie...

— Ah ! c'est étonnant, toi qui aimes tant à veiller tard... Mais si tu as envie de te coucher, je ne veux pas te gêner, je m'en vais.

— Non, non, entre donc... par exemple! me coucher à huit heures et demie... Je ne suis pas encore si poule que ça... au contraire, j'avais envie d'aller me promener ; il fait si beau...

— Eh bien ! alors je ne veux pas t'en empêcher.

— Mais je ne peux pas sortir, puisque j'ai une commande pressée... il faut bien que je travaille, quoique ça ne m'amuse pas du tout.

Augusta est entrée; d'un coup d'œil elle voit sur la table les fleurs en train, les outils pour travailler, puis un volume de roman, et sur la cheminée une assiette contenant le restant d'un pâté, puis du pain, une bouteille et un verre, et des prunes dans une corbeille à ouvrage. Tout cela semble étalé avec trop de soin pour être naturel.

Augusta s'assoit et prend son ouvrage, Coralie va et vient dans la chambre, elle prend une fleur, puis une autre, elle fouille dans sa commode, ouvre et referme tous les tiroirs, prend une chaise dont elle ne se sert pas, fait tomber ses outils, se met à quatre pattes pour les chercher, va s'asseoir comme si elle voulait travailler, puis se lève et recommence ses manœuvres dans sa chambre.

Augusta voit tout ce manège sans avoir l'air d'y faire attention. Enfin Coralie se lasse de se trémousser, s'arrête devant son amie, en lui disant :

— Veux-tu goûter un peu de mon pâté? je t'assure qu'il est bien bon.

— Je te remercie, je n'ai pas faim... il n'y a pas très-longtemps que j'ai dîné.

— Moi, je dîne souvent avec du pâté, parce que c'est commode, c'est tout fait et on n'a pas de feu à allumer.

— C'est vrai, mais moi je préfère allumer du feu et manger quelque chose de chaud.

— Oh! on été, je n'y tiens pas... allons... il faut pourtant me mettre à travailler.

— Il est certain que si tu as de la commande pressée tu feras bien de t'y mettre.

— Oh ! mon... c'est... c'est bien ennuyant de toujours faire la même chose, toujours des fleurs... Quelle triste existence...

— Si tu ravaudais des bas, je le comprendrais ton ennui ; mais des fleurs... Ce n'est pas, il me semble, un ouvrage désagréable... C'est joli... c'est coquet... et puis tu ne fais pas toujours la même...

— On voit bien que tu n'en fais pas, toi ! Ah ! à propos, Augusta, je savais bien que je voulais te demander quelque chose... Est-ce que tu as été dernièrement au bal d'Auteuil ?

— Moi? répond Augusta en laissant les yeux sur son ouvrage pour cacher la rougeur qui vient de lui monter au visage.

— Mais non... pourquoi me fais-tu cette question?

— Parce que quelqu'un m'a assuré... positivement, t'avoir rencontrée près de la mare d'Auteuil. Or, comme on ne va pas ordinairement par là rien que pour contempler la mare, j'ai pensé que tu étais allée au bal qui est à côté.

— La personne qui t'a dit cela s'est trompée.

— C'est possible ! après tout, tu es b en ta maîtresse

Augusta étouffa un soupir et ne dit plus rien.

Mademoiselle Coralie se décide pourtant à se rasseoir et à se mettre véritablement à travailler. Mais elle regarde Augusta en dessous comme si elle voulait interroger sa physionomie.

Pendant quelques moments les deux jeunes filles échangent quelques phrases sans intérêt ; puis enfin Coralie, qui semble retenir avec peine une envie de rire, s'écrie :

— Augusta, est-ce que tu n'as rencontré personne dans l'escalier en montant?

— Si fait, j'ai rencontré un monsieur qui se cachait le nez avec son mouchoir et dégringolait si vite les marches qu'il a failli tomber sur le carré au-dessous.

Mademoiselle Coralie n'y tient plus, elle se met à rire aux éclats tout en disant :

— Ah! que j'aurais voulu qu'il s'étalât devant sa porte et que sa femme l'ouvrît dans ce moment-là... Figure-toi que c'est ce grand serinard de Barigoule... qui était encore venu m'ennuyer... me demander si je lui avais jeté de la panade cette fois... Oh ! c'est que tu ne sais pas que nous avons eu une nuit très-orageuse... une foule d'aventures plus grotesques les unes que les autres... Il y a eu un train sur mon carré... Je crois que toute la maison s'y était donné rendez-vous

— Je sais cela..
— Bah !... et par qui donc ?
— Par Cotonnet, qui est venu me conter ses peines... ce pauvre garçon ! il t'en aurait fait si tu avais pu le voir tantôt pleurer chez moi.. oui, pleurer en parlant de toi... qui t'as si cruellement mis encore à la porte ; et pourtant je puis l'affirmer, moi, qu'il ne t'a pas menti en te disant qu'il t'avait apporté des huîtres ; hier au soir, en sortant de chez toi, je l'ai rencontré dans la rue... il était assis sur une borne devant la maison, il n'osait plus monter, car le portier lui avait dit que tu étais sortie, et cependant il ne pouvait se résoudre à rentrer se coucher sans t'offrir ces huîtres qu'il avait achetées pour toi, et il tenait la bourriche sous son bras ; quant à cela, je l'ai vue... bien vite de mes yeux... et j'ai promis à ce pauvre garçon de te le dire, car il est assez chagrin d'avoir perdu ton amour, il ne veut pas encore que tu croies qu'il t'a offert quelque chose qu'il n'avait pas. Voilà la vérité, Coralie, tu la sais maintenant. Ah ! je voudrais que cela pût te réconcilier avec Cotonnet, car je suis bien persuadée que jamais, non jamais, tu ne rencontreras un homme qui t'aime aussi sincèrement que lui.

La figure espiègle de la fleuriste n'a exprimé qu'un calme parfait pendant qu'Augusta parlait ; lorque celle-ci se tait, quelques instants s'écoulent sans que Coralie rompe le silence ; enfin elle se décide à répondre :

— Vois-tu, Augusta, eh bien ! si tu me dis cela pour que je me raccommode avec Cotonnet, je te certifie que tu prends une peine inutile... mon parti est pris... je ne veux plus de liaisons qui ne mènent à rien...

— Comment l'entends-tu ? Cotonnet, j'en suis certaine, t'aurait épousée si tu l'avais voulu.

— Oh ! ce n'est pas comme cela que je l'entends ; beau mariage, vraiment ! un garçon qui n'a qu'un emploi de rien du tout, avec moi qui gagne très-peu de chose... et puis on a des enfants... on est dans la misère... il faut se priver de tout pour élever ces mioches. Bel avenir ! oh ! c'est que je raisonne, moi, vois-tu... Je ne suis pas si étourdie qu'on le croit !... je pense à la suite !...

— Cela te regarde... fais-toi un sort heureux pour l'avenir... Tu feras bien... c'est dommage pourtant que ce soit aux dépens du bonheur de quelqu'un.

— Oh ! du bonheur... parce que Cotonnet a pleurniché devant toi, tu te figures qu'il sera malheureux... Il m'aimait.... c'est possible... je ne dis pas non... eh bien ! il en aimera une autre, voilà tout !

— Tu juges les autres cœurs par le tien !...

— Oh ! ma chère amie ! si tu te figures que les hommes sont des modèles de fidélité, tu seras bien souvent trompée !

— Souvent ! non, je ne le serai pas souvent, car je ne m'y exposerai pas...

— Ah ! proût !... on dit cela ! est-ce qu'on peut répondre de rien ?... le plus triste de tout cela, c'est que ce nigaud de Cotonnet avait des huîtres pour moi et qu'il se les ait laissé chiper.

Augusta ne dit plus rien, la dernière réflexion de mademoiselle Coralie lui a semblé si égoïste qu'elle ne juge plus nécessaire de ne rien ajouter en faveur du pauvre Cotonnet. On travaille, en échangeant quelques phrases indifférentes. Neuf heures ont sonné depuis longtemps à une horloge voisine. Coralie fait des plaisanteries sur M. Barigoule, se moque beaucoup de son amour, cependant elle semble préoccupée, distraite ; de son côté, Augusta ne peut s'empêcher de songer qu'un beau jeune homme lui a donné rendez-vous dans le passage de l'Opéra qui donne rue Grange-Batelière, et elle n'est pas beaucoup plus à la conversation. Quelqu'un qui eût écouté les deux jeunes filles eût été surpris du peu de suite de leurs discours et de les entendre se répondre quelquefois tout de travers ; mais elles ne s'en apercevaient ni l'une ni l'autre, parce qu'elles se parlaient en pensant à tout autre chose qu'à ce qu'elles se disaient.

Il y avait pourtant un sujet de conversation qu'Augusta grillait d'entamer, mais il ne voulait pas commencer, et toutes les fois que le nom d'Achille Rocheville venait sur le bout de ses lèvres, elle les pinçait bien fort pour ne pas le laisser sortir.

À dix heures, Augusta murmure :
— Je vais m'en aller.
— Déjà ! répond froidement Coralie ; puis dix minutes s'écoulent encore.
— Il faut pourtant que je rentre, dit Augusta, sans cependant plier son ouvrage.

Cinq minutes s'écoulent et Augusta continue de travailler lorsqu'on frappe fortement à la porte.

Coralie semble troublée. Augusta sent son cœur battre plus vite.
— Tiens, on a frappé chez moi, je crois, dit la fleuriste.
— Oui... est-ce que tu n'ouvres pas ?...
— Pourquoi donc ?... je me flatte d'ailleurs que ce n'est pas M. Cotonnet.
— Oh ! sois tranquille, le pauvre garçon ne viendra plus.
— Si c'est M. Barigoule, je vais le prier de me laisser tranquille, sans quoi je lui ferai peur de sa femme ou de sa bonne...

Tout en parlant, Coralie est allée ouvrir. Elle pousse un petit cri de surprise qui n'annonce pas de la colère. Augusta entend ensuite quelques chuchotements, puis une voix qui répond très-haut :

— Eh bien ! que m'importe que vous ayez du monde, est-ce que votre amie vous a défendu de me recevoir ?

Quelques minutes après, Achille Rocheville entre avec Coralie dans la chambre où est Augusta. L'élégant jeune homme salue la jeune fille avec un air de respect si exagéré, et s'incline devant elle si profondément, que celle-ci a quelque peine à conserver son sérieux, tandis que mademoiselle Coralie s'écrie :

— Mon Dieu ! monsieur ! vous saluez Augusta comme si c'était l'empereur du Maroc !... que de cérémonies ! il me semble pourtant que ce n'est pas la première fois que vous la rencontrez ici.

— En effet, j'ai déjà eu l'avantage de me trouver avec mademoiselle, mais c'est une raison de plus pour que je m'incline devant une personne si respectable...

— On dirait que vous parlez de votre grand'mère ou d'une vieille douairière !...

— Je ne doute pas que mademoiselle n'ait droit par ses vertus aux égards que l'on rendrait à Andromaque si elle vivait encore...

— Andromaque !... ah ! qu'est-ce que c'est que ça ?...

— Une femme illustre de l'antiquité... illustre par ses vertus.

— Moi, je n'aime que l'huile antique... et toi, Augusta, tu ne réponds pas aux beaux compliments que t'adresse mon voisin ?... est-ce que tu les prendrais de travers ?

Augusta, qui a fort bien remarqué le ton railleur du jeune homme, mais qui devine que toutes ces plaisanteries ne sont qu'un moyen de cacher son dépit, répond d'un air presque riant :

— Mon Dieu, que veux-tu que je réponde à tout cela, compliments, hommages, prières... On sait bien que monsieur ne dit jamais que des plaisanteries, on aurait aussi tort de s'en formaliser que de les prendre au sérieux.

Achille s'incline de nouveau en murmurant :
— Aurais-je eu le malheur d'offenser mademoiselle... alors ce serait bien sans le vouloir !

— Mais non, monsieur, pas du tout ! en vérité je ne sais pas pourquoi Coralie me mêle ainsi dans la conversation... quand ce n'est pas pour moi... je veux dire... quand vous avez à causer de choses plus intéressantes.

Le jeune homme qui est debout devant Augusta, tâche de rencontrer son regard qu'il voudrait fasciner par le sien, mais c'est en pure perte qu'il amasse de l'électricité dans ses prunelles, celle qu'il voudrait magnétiser ne le regarde pas et continue de fixer son ouvrage.

Cependant Coralie est allée chercher une chaise qu'elle présente à son voisin, en lui disant :

— Monsieur, prenez donc la peine de vous asseoir... C'est bien aimable à vous d'être monté me dire un petit bonsoir... par quel événement rentrez-vous de si bonne heure... vous, qui avez l'habitude de ne jamais revenir avant minuit... Est-ce que par hasard une de vos belles conquêtes du grand monde vous aurait manqué de parole ce soir... Je suis bien curieuse, n'est-ce pas... mais j'aime beaucoup les intrigues d'amour... c'est intéressant ! et quand on connaît les personnages, c'est encore bien plus drôle !...

Achille s'est étalé sur la modeste chaise de paille que la fleuriste vient de lui offrir, il se penche en arrière et se balance comme s'il était sur le boulevard des Italiens, lançant des œillades à Coralie et regardant toujours à la dérobée si Augusta lèvera les yeux.

— Mademoiselle... si je suis venu vous dire bonsoir, veuillez bien croire que ce n'est pas par désœuvrement... Un jeune homme qui est reçu dans le monde, a toujours bien beaucoup toit hospitalier sous lequel il pourrait s'abriter... Ce soir j'étais attendu chez le duc de Lagrangelière... chez le vicomte de Monthabor... chez madame la princesse de Kranousky...

— Vous venez ici quand on vous attend chez des princesses... ah ! par exemple, monsieur, voilà de ces choses que je ne comprends pas... si vous m'en attendait, il me semble que je quitterais tout pour aller le retrouver...

— Vous croyez cela... et si le prince ne vous plaisait pas...

— Oh ! un prince... ça me plairait toujours...

— Vous êtes d'une franchise ravissante... D'après cela, mademoiselle Coralie, je vois que la bourgeoisie a peu de chances près de vous...

— Ah ! voyons, monsieur Rocheville, ne vous moquez donc pas ainsi d'une pauvre fleuriste... qui habite au sixième...

— Eh mon Dieu ! l'étage n'y fait rien... notre voi du cinquième a bien voiture !...

— Ah ! tiens donc, à propos des Barigoule, ils sont encore sans bonne... ils ont renvoyé Lolotte aujourd'hui... ah ! si vous saviez tout ce qu'elle a dit en nous quittant...

— Voyons, contez-nous cela... les cancans... c'est si amusant... à moins cependant que cela ne déplaise à votre sévère amie !...

Achille espère qu'Augusta va répondre, mais elle ne souffle mot mais Coralie s'écrie :

— Comment savez-vous si mon amie est sévère ou non ?

— C'est d'après la physionomie de mademoiselle que je me permets de dire cela.

— Entends-tu, Augusta? monsieur trouve que tu as l'air sévère.
— Monsieur doit se connaître en physionomie, répond Augusta sans lever la tête.

Achille, dépité de ce que ses efforts sont vains, se décide à changer de batteries ; il rapproche sa chaise de Coralie et se tourne vers la fleuriste, dont tout en causant il prend de temps à autre ou la main ou le genou.

— Eh bien ! ces cancans sur les Barigoule?
— Monsieur prend tous les matins un bain de pied et madame un lavement.
— Voilà des gens qui seraient dignes d'être mahométans !
— Est-ce que les mahométans prennent beaucoup de lavements ?

J'aperçois quelqu'un qui sort de la porte cochère, tenant un vieux panier à la main.

— Du moins pratiquent-ils de fréquentes ablutions. Poursuivez, le début promet.
— Monsieur a fait la cour à Lolotte et a voulu obtenir ses faveurs.
— C'est mademoiselle Lolotte qui dit cela ! il est permis de douter du fait. Quand un homme a eu le malheur d'avoir quelques accointances avec une de ses bonnes, il ne peut plus en entrer une seule chez lui sans qu'on suppose entre eux les mêmes relations. J'ai connu un particulier qui avait une épouse assez jolie et l'on accusait de la même infirmité que M. Barigoule. Pour tâcher de faire taire la médisance, il prit une bonne bossue et borgne; on continua de tenir le même propos; il prit une négresse à son service, on ne l'épargna pas davantage. Oh! alors il se moqua des mauvaises langues et choisit pour domestique une fille jeune, bien faite et fort jolie...
— Ah! comme on dut cancaner!
— Au contraire; on prétendit alors que la bonne était trop bien et devait avoir trop d'amoureux pour vouloir écouter son maître. Vous le voyez, c'est toujours la fable du *Meunier, son Fils et l'Ane*. Le sage est celui qui fait ce qui lui plaît sans s'occuper de qu'en dira-t-on. Est-ce que l'odeur du cigare vous serait désagréable, mesdemoiselles ?
— Non, monsieur, pas du tout; au contraire, j'aime beaucoup cette odeur-là...
— Alors je vais en fumer un... si mademoiselle Augusta ne s'y oppose pas.
— Moi, monsieur ; d'abord, je n'ai ici aucune volonté, ensuite, je ne déteste pas l'odeur du cigare.

Le jeune homme sort de sa poche un charmant porte-cigares, dans lequel il choisit un havane qu'il allume et fume tout en continuant la conversation.

— Ah! nos voisins sont encore sans bonne... Diable! voilà M. Barigoule obligé d'être lui-même son palefrenier... Vous avez une main bien douce, mademoiselle Coralie...
— Laissez-la donc tranquille, ma main... vous m'empêchez de travailler. Lolotte a dit encore que chez les Barigoule on vivait fort mal, que l'on n'achetait que de la basse viande, que l'on ne mangeait que du pain dur comme du biscuit de mer et que l'on buvait de la *lavasse*; tout cela afin d'économiser pour avoir une voiture.
— Cela prouverait que ces gens-là font plus de cas de leurs jambes que de leur estomac... Vous avez une coiffure qui vous sied à ravir, mademoiselle Coralie...
— Vous trouvez, monsieur... mais je suis coiffée comme tous les jours... les cheveux ondés... j'adore cela...
— C'est que je ne l'avais pas encore remarqué aussi bien que ce soir...
— Ah! par exemple, quelqu'un qui a de bien beaux cheveux c'est madame Houssepignole... vous savez, notre voisine du quatrième... ils sont d'un si beau noir qu'ils ont un reflet bleu... mais vous devez avoir remarqué cela, vous, monsieur Achille, qui examinez si bien les dames !
— Vous croyez que j'examine les dames?...
— Vous avez cette réputation, du moins... est-ce qu'elle n'est pas méritée?
— Je ne me défends pas de rendre hommage aux jolies femmes... mais aux jolies seulement, et elles ne sont pas aussi communes que vous semblez le croire. Quant à madame Houssepignole, qui se fait maintenant appeler Saint-Lambert, elle est encore assez bien pour un commençant, mais je vous prie de croire qu'elle ne m'a jamais séduit.
— Ah ! c'est singulier... on a dit pourtant dans la maison que vous aviez été chez elle pendant une semaine...
— Il me paraît qu'on dit beaucoup de choses dans la maison... et ne peut-on aller chez une dame sans être son amant... Vous voyez, mademoiselle, que je viens chez vous fort innocemment...
— Oh! certainement, monsieur... je sais bien que le monde voit du mal souvent où l'on ne pense pas en faire!
— Vous avez un pied charmant, mademoiselle Coralie.
— Ah! monsieur Achille, avez-vous fini de vous moquer de moi !
— Je ne me moque pas, et vous savez fort bien que vous avez un joli pied que l'on a dû suivre souvent...

Augusta vient de casser sa laine, elle la rattache pour la recasser encore ; cependant elle fait ce qu'elle peut pour écouter avec indifférence les galanteries que M. Achille débite à mademoiselle Coralie, mais il y a chez les femmes un orgueil qui provient du désir de plaire, et cet orgueil-là n'est jamais attaqué impunément. Seules, elles veulent bien qu'on ne leur dise pas qu'on les aime; mais devant elles, elles trouvent fort mauvais que l'on fasse cet aveu à une autre. Déjà plusieurs fois Augusta a rassemblé son ouvrage pour partir, et pourtant elle n'a pas eu le courage de se lever.

— A propos de notre illustre voisine du quatrième ! elle vient de prendre dans ses filets un homme fort gentil, ma foi ! et qui est, dit-on, de fortune... c'est un nouveau débarqué... qui se croit adoré... et s'imagine avoir fait une conquête superbe... pauvre garçon... mais je le désillusionnerai.
— Et pourquoi donc, monsieur ? s'il est content, ce jeune homme... vous allez lui faire du chagrin... on a toujours tort de dire aux personnes qu'elles sont trompées; c'est un triste service qu'on leur rend... n'est-ce pas, Augusta?... Mais pourquoi donc ne dis-tu rien, Augusta? tu restes là comme si tu étais en cire.
— Moi... mais je vous écoute et cela m'amuse beaucoup.
— Mademoiselle pense peut-être à ses amours ! dit Achille d'un air railleur.
— Non, monsieur, car je n'en ai pas, et je m'en félicite encore en ce moment.
— Tiens! comme tu dis cela !...
— Je le dis comme je le pense.
— Ne le connaissez donc ce jeune homme qui est amoureux de la voisine du quatrième ?
— Certainement, j'ai manqué de me battre avec lui ce matin.
— Vous battre !... et pourquoi donc cela...
— Pour la célèbre Houssepigole... mais comme véritablement le

au et n'en valait pas la peine, l'affaire s'est arrangée... ce jeune pigeon ne sera pas aussi plumé que les autres par sa Andalouse...
— Vous lui en voulez donc beaucoup à cette dame... Ah! monsieur Achille! cela semblerait prouver que vous avez eu beaucoup à vous plaindre d'elle.
— Non, mademoiselle, je vous certifie que vos conjectures sont fausses. S'il ne s'agissait que de moi, ce serait une bagatelle! mais plusieurs de mes amis ont eu à se plaindre de la façon d'agir un peu trop excentrique de cette dame... elle a plumé quelques pauvres garçons d'une manière trop brutale. Qu'une femme ruine un homme qui l'adore... mon Dieu, ce n'est pas défendu... cela se voit encore tous les jours! puisqu'il y a des hommes assez bêtes pour ne croire qu'à force de sacrifices, ils s'attacheront une femme et l'empêcheront de changer!...
— Et il y en aura toujours, monsieur!
— C'est aussi mon opinion, mademoiselle. Mais lorsque le pauvre diable a tout donné, qu'on ne veuille plus le recevoir, lui accorder de temps en temps un petit souvenir... ah! fi! voilà qui est vilain, voilà qui annonce un mauvais cœur. Une femme galante doit rester l'amie de tous ses amants; alors, ceux-là même qu'elle a ruinés, disent encore en parlant d'elle : C'est égal! c'est une bonne fille!
— Vous ne vous ruinerez jamais pour une femme, vous, monsieur Achille!
— Eh! mademoiselle!... que sait-on... on se moque des autres... on fait quelquefois on fait pis qu'eux!... d'ailleurs, il y a des sacrifices qui sont au-dessus de la fortune!... quand on sacrifie son bonheur, son repos, sa vie...
— Ah! ah! ah!... est-ce que vous êtes capable de faire de ces choses-là?...
— Moi, mademoiselle.... je suis capable de tout... on voit bien que vous ne me connaissez pas!... Tenez, une fois, une dame que j'aimais me dit : Achille, si vous voulez que je croie à votre amour, il faut m'en donner une preuve. Je souffre beaucoup de douleurs névralgiques; quelqu'un qui a beaucoup voyagé, m'a assuré que du sommet du Rigi, il y avait une source dont l'eau était efficace pour guérir les névralgies; une petite suffit : on imbibe plusieurs fois un bandeau que l'on pose sur son front et on est guéri. Allez me chercher cette eau et je croirai à votre amour.
— Et où est-ce cela, le *Rigi*, monsieur?
— Oh! mademoiselle! c'est un mont du canton de Schwytz, en Suisse, qui s'élève entre les lacs de Zug, de Lucerne et de Lowertz; il est d'une hauteur prodigieuse. L'endroit sur lequel on a bâti une auberge, le *Rigi-Kulm*, est à cinq mille six cent soixante et seize pieds au-dessus du niveau de la mer.
— Oh! mon Dieu! c'est plus haut que les tours Notre-Dame, alors!...
— Mais oui, un peu.
— Et vous avez été la chercher de l'eau?
— Oui, j'en ai rapporté une fiole à la dame de mes pensées; mais quand je revins, je ne possédais plus les siennes; elle en aimait un autre, j'en fus pour mon ascension sur le glacier. Cela ne m'empêcha pas une autre fois, me trouvant dans la Forêt-Noire avec une autre dame.
— De grimper encore sur le sommet d'un mont?
— Non... La personne que je courtisais et qui voyageait pour s'amuser, sous le prétexte de rétablir sa santé, me dit un jour qu'elle avait très-mal à l'estomac, et que pour se guérir, on lui avait assuré qu'il fallait manger du beefteck d'ours.
— Ah! par exemple... voilà une idée... elle était donc enceinte, cette dame-là?...

— Non, vraiment! mais enfin elle était persuadée que le filet d'ours était fort bon pour l'estomac. En chevalier galant, me voilà tout de suite à la chasse aux ours; j'en tue un magnifique et j'en apporte un morceau énorme que je dépose aux pieds de ma belle... qui prétend que cela sent très-mauvais, que j'empoisonne l'ours, et qui part sans vouloir que je l'approche... me laissant là avec mon filet...
— Que vous avez mangé?
— Oui, mademoiselle, c'est délicieux, cela sent le pré-salé. Enfin, une autre fois, une jeune personne fort jolie, mais fort coquette, et encore plus exigeante, ne s'avisa-t-elle pas de me demander un colibri vivant, un véritable colibri?
— N'est-ce pas un oiseau cela?
— Oui, mademoiselle, c'est un oiseau extrêmement petit, c'est presque un oiseau-mouche, mais qui est très-remarquable par l'éclat quelquefois métallique de ses couleurs, qui imitent l'or, le rubis, la topaze, le saphir. On ne trouve guère de ces sortes d'oiseaux qu'au Brésil, à la Guyane et aux Antilles.

... Arrive en chemise en pantalon, et s'étire les bras en disant...

— Et vous avez été en chercher un pour cette demoiselle?
— Certainement; j'ai fait exprès le voyage du Brésil; je suis parvenu à rapporter un charmant colibri vivant; mais quand j'arrivai avec mon oiseau, cette demoiselle s'était fait enlever par un jeune Persan qui voyageait en France pour son instruction... J'en fus pour mon voyage au Brésil!
— Et votre colibri?
— J'en ai fait présent au cabinet d'histoire naturelle, où l'on s'est empressé de l'empailler afin d'être plus certain de le conserver.

Augusta a écouté sans dire un mot les récits merveilleux de M. Achille Rocheville; cependant de temps à autre les deux coins de sa bouche, en se relevant, ont exprimé quelque chose qui n'annonçait pas une foi bien vive dans les hauts faits de ce monsieur.

Mécontent sans doute de l'effet qu'il produit sur Augusta, Rocheville rapproche encore sa chaise de Coralie, jette à terre son bout de cigare et semble disposé à attaquer plus vigoureusement la personne de la fleuriste, qui fait une foule de petites mines coquettes en voyant les yeux de son voisin se fixer amoureusement sur les siens, tout en murmurant :
— Comment, monsieur Achille, vous faites de ces choses-là... pour les femmes que vous aimez... mais c'est superbe!...
— Et cela vous surprend?...
— Oui, j'avoue que cela m'étonne... Et toi, Augusta, est-ce que cela ne te semble pas bien fort?
— Moi! rien ne me paraît surprenant de la part de monsieur et il nous dirait qu'il s'est déjà tué deux ou trois fois par amour que je le croirais tout autant.
— Ah! entendez-vous, monsieur Achille?... Augusta se moque de vous... eh!... voulez-vous finir... laissez mon genou tranquille, monsieur. Cette fois Augusta se lève brusquement, roule son ouvrage, recule sa chaise et se trouve en moins d'une minute contre la porte.
— Ah! tu t'en vas, dit Coralie; au fait, il y a déjà longtemps que tu voulais partir.
— Oui... j'avais oublié l'heure... mais je vais courir... Bonsoir, monsieur; bonsoir, Coralie.

La jeune fille s'est élancée et a gagné la porte et l'escalier sans jeter un regard sur le beau jeune homme qui vient de se lever et sans écouter son amie qui lui crie :
— Attends donc que je t'éclaire

XV.

Monsieur Valdener

Le dimanche est venu ; c'est le jour de l'invitation faite par Albert Montbreilly au jeune Benjamin Godichon. Celui-ci voit arriver avec plaisir ce moment qui doit le faire se trouver de nouveau avec Achille Rocheville ; il a plusieurs raisons pour le revoir et causer avec lui.

D'abord, il a revu Berthe le samedi matin ; il a encore reçu sa visite dans la matinée du dimanche : madame Saint-Lambert est toujours aussi tendre, aussi passionnée ; l'amour qu'elle témoigne à Benjamin ne fait que croître, mais il n'embellit pas, parce qu'il menace à tourner au tragique. Si son amant lui était infidèle, Berthe ne lui cache pas qu'elle le tuerait ainsi que sa rivale, soit par le fer, le feu ou le poison : il doit se tenir pour bien averti qu'il paierait de sa vie la plus légère trahison.

Ceci une fois bien posé, Berthe n'en est que plus voluptueuse, plus caressante, mais avant de sortir de chez son amant elle se souvient toujours qu'elle a des emplettes à faire, et elle est trop étourdie pour avoir songé à prendre de l'argent chez elle. Il est donc tout simple qu'elle s'adresse à son bon ami pour réparer cet oubli ! C'est un billet de cinq cents francs qu'elle demande en annonçant toujours à Benjamin qu'elle lui rapportera sa monnaie. Il n'est pas nécessaire de dire que cette monnaie est comme le mirage du désert; que l'on a sans cesse en perspective, mais que l'on ne touche jamais.

Quoique novice et amoureux, Benjamin, arrivé au dimanche, trouvait déjà que sa nouvelle connaissance lui coûtait fort cher, et, en calculant à cinq cents francs chaque visite que lui ferait sa tendre amie, il se disait : Pour peu qu'elle continue pendant quelque temps de venir tous les jours, cela me coûtera trois mille cinq cents francs par semaine ou quinze mille francs par mois ; il trouvait que c'était fort cher, même pour une femme qui lui promettait de le poignarder s'il lui était infidèle.

D'autant plus que son amour n'allait pas crescendo comme celui que lui témoignait sa maîtresse ; il devenait au contraire beaucoup plus calme, par la raison que la passionnée Saint-Lambert avait voulu être aussi libérale en faveurs que son amant l'était en billets de banque.

Les femmes ont souvent le défaut d'être trop généreuses dans leurs passions et de ne point vouloir y mettre de gourmettes. Un amant trop bourré d'amour est comme un enfant auquel on a fait avaler plus de bouillie qu'il n'en désirait : cela lui ôte pour quelque temps l'appétit.

Benjamin désire donc se retrouver avec Achille de Rocheville, pour lui demander des conseils, dans le cas où son amour pour Berthe venant à s'éteindre, il voudrait cesser de voir cette dame sans s'exposer à être poignardé.

A cinq heures et demie Benjamin se promenait sur le boulevard Montmartre, devant le passage Jouffroy ; il est abordé par Albert Montbreilly, qui donne le bras à un jeune homme d'une taille gigantesque, mais porteur d'une figure assez agréable.

— Vous êtes bien aimable, monsieur, de ne point avoir oublié mon invitation, dit Albert en allant tendre la main à Benjamin.

— Quand c'est une fête que l'on se promet, monsieur, je crois qu'il est rare qu'on l'oublie.

— Je tâcherai que votre attente ne soit pas trompée. Permettez-moi de vous présenter un de nos convives, M. Sinagria, jeune Grec qui est venu en France pour étudier la médecine, et qui trouve qu'à Paris il y a tant de choses curieuses et qu'il ne reste guère de temps pour la médecine.

Le gigantesque jeune homme répond avec une légère difficulté de prononciation habituelle aux étrangers, et qui ne l'empêche point de s'exprimer en fort bon français.

— Oh ! oui... Paris... c'est une ville bien agréable... il y a tant de choses pour s'amuser... même sans dépenser d'argent, rien qu'en se promenant sur vos boulevards on a tant à voir... à examiner... sans compter les dames qui mériteraient bien une mention particulière ; elles ont quelque chose... je ne puis pas bien dire... mais cela vous charme tout de suite... Quand je retournerai à Constantinople, mon seul regret sera de ne pouvoir revenir vite à Paris.

— Mais si vous ne retourniez pas à Constantinople, ce serait bien plus simple.

— Il n'y a pas moyen... ma famille m'attend là-bas... mais je ne partirai qu'au printemps prochain, j'ai le temps d'amasser des souvenirs... Oh ! tenez... voilà votre grande dame bien jolie... et c'est si agréable... à moins elles laissent voir leur figure ! à Constantinople, toutes les femmes sont voilées ; ce n'est que dans le peuple, dans le tout petit monde qu'elles se laissent voir.

— Ici, mon cher Sinagria, nos dames sont plus humaines, et, en général, quand elles se voilent, c'est qu'elles n'ont rien de bien séduisant à nous montrer. Ah çà ! j'espère que Rocheville ne va pas se faire attendre, comme c'est son habitude.

— Si c'est son habitude, il est bien probable qu'il n'en changera pas pour nous.

— C'est un fort bon garçon, mais qui n'a jamais su ce que c'était que d'être exact à un rendez-vous.

— Oh ! tant pis. Est-ce avec les femmes qu'il a pris cette habitude-là ?...

— Oh ! voilà vos questions qui commencent. Monsieur Benjamin, je vous donne ce grand Grec pour le garçon le plus curieux que l'Orient nous ait jamais envoyé.

— Puisque je suis venu en France pour m'instruire, il faut bien que je questionne.

Un monsieur qui annonce une quarantaine d'années et dont la toilette est celle d'un dandy, vient alors de traverser la chaussée, et se trouve devant Albert Montbreilly, auquel il adresse un gracieux salut, en lui disant :

— Eh ! bonjour, monsieur Montbreilly ; je ne vous croyais plus à Paris, il y a si longtemps que l'on ne vous a aperçu dans le monde ; vous avez donc abandonné la société ? c'est mal, à votre âge ! Tout le monde s'en plaint, je vous assure.

— Vous êtes trop bon, monsieur, et le monde me fait beaucoup d'honneur de s'occuper de moi. Mais, je n'ai jamais été grand amateur de ce qu'on appelle, dans le monde, des plaisirs... les réunions, les bals, le jeu, tout cela m'offre peu d'attraits... peut-être changerais-je le goût plus tard ; on ne peut jamais répondre de l'avenir.

— Tenez, dernièrement encore on parlait de vous chez madame de Servigny... elle a donné une fête charmante à sa campagne le mois dernier.

— Je le sais ; j'ai reçu une invitation.

— Mais vous n'y êtes pas venu... vous avez eu tort, je vous certifie que c'était charmant ; les plus jolies femmes de Paris étaient là, et puis des artistes en renom, des hommes de lettres... de ceux qui méritent ce titre parce qu'ils l'ont véritablement gagné à la pointe de leur plume... enfin, des célébrités en tous genres remplissaient les salons et les jardins... on a joué la comédie : vous savez que Servigny a fait faire un théâtre dans son parc ?

— Non, je l'ignorais.

— Oh ! c'est extrêmement amusant ; vous n'ignorez pas qu'en société on aime beaucoup à jouer la comédie bourgeoise, mais habituellement, on joue dans un salon que l'on transforme en théâtre, en abîmant, en arrangeant, en bouleversant tout ce qui fait obstacle. Servigny a pensé que l'on serait plus à l'aise, pour se livrer à ce genre d'amusement, dans un véritable théâtre, au milieu de son bois, et il en a fait construire un, bien ne manque... et oui n'avant-scène, coulisses, loges... il a des décorations qui ont été peintes par Devoir, c'est vous dire qu'elles sont ravissantes. Aussi... c'est une fureur, chacun lui demande à jouer sur son petit théâtre, où les représentations ne sont jamais assez nombreuses ou assez des amusantes.

— Et le public où se place-t-il ? est-ce qu'il y a aussi une salle pour lui ?

— Non, le public est en plein air, au milieu des bois, à l'ombrage des arbres dans un espace préparé pour lui. Tout cela y donne plus d'agreste, de pittoresque on en double le charme. Le théâtre, n'étant pas clos du ciel, lorsque dans la pièce la scène doit représenter une forêt, on ne met point de rideau de fond et on a alors un bois naturel, c'est fort joli, et on obtient des effets de lumière très piquants.

— Vous jouez sans doute sur ce théâtre-là, monsieur Valdener ?

— Je ne me suis pas encore risqué, mais on m'a sollicité de prendre un rôle... il est probable que je ferai mes débuts cette saison. Mais pardon de vous avoir retenu si longtemps, monsieur Montbreilly, je vous présente mes salutations.

A peine ce monsieur était-il éloigné, que le grand Grec dit à Albert :

— Qu'est-ce que c'est que ce monsieur ?

Albert sourit en répondant :

— Si vous ne m'aviez pas adressé cette question, je vous aurais cru indifférent. Mon cher ami, M. Valdener, c'est ce que l'on appelle un homme de plaisir dans toute la force du terme, c'est-à-dire de toutes les fêtes, de toutes les parties ; dans la même soirée on le voit dans plusieurs réunions, car il se multiplie pour se montrer partout. C'est un homme habitué à plaire, à être recherché, désiré, fêté ; il craint de perdre sa renommée, et, après avoir été porté par elle, je crois que c'est lui qui la porte et qu'elle doit lui peser un peu !

— Comment ? je ne comprends pas bien.

— Je vais tâcher de vous faire comprendre. Lorsqu'on est jeune et que l'on aime le plaisir, on s'y livre avec ardeur, on lui sacrifie son temps, sa santé, sa fortune. Mais on est jeune et le temps semble immense devant soi ! La santé est capable de résister aux excès, ou bien, si elle chancelle parfois, elle reprend bien vite son allure fière ; enfin la fortune que l'on dissipe reviendra, on en fera une autre peut-être ; d'ailleurs ! l'argent est fait pour rouler. Voilà les raisonnements que se font les jeunes viveurs, lorsque toutefois ils veulent bien prendre la peine de raisonner. Mais quand on a atteint quarante ans, le temps semble marcher à pas de géant ; on entrevoit avec effroi que l'on est susceptible de vieillir ; la santé, usée par les excès, n'est plus aussi robuste ; enfin la fortune peut toujours se dépenser aussi facilement, mais on a appris par l'expérience qu'il n'est pas toujours aussi facile de la refaire. Cependant, habitué aux plaisirs, à une existence où l'on ne s'appartient guère, habitué surtout aux conquêtes, aux succès près des femmes, et à être convié, recherché dans le monde, on ne veut pas changer de manière de vivre. Croyez-vous que ce soit par amour pour ces jouissances dont on abuse depuis longtemps? Non vraiment, on commence à en être rassasié, saturé ; on donnerait souvent les plus belles fêtes pour une journée de repos. les bals les plus brillants pour une bonne nuit passée dans son lit! Mais si on faisait cela, le monde dirait : Monsieur un tel n'est plus des nôtres... on le voit bien moins cet hiver..... Ah! on s'aperçoit bien qu'il vieillit!... il n'est plus ce qu'il était autrefois!... *Il vieillit?* comprenez-vous, mon cher ami, la force, la puissance de ce mot redoutable... surtout dans notre belle France, où la vieillesse ne reçoit pas tous les égards qu'elle mérite, et qu'en revanche elle trouve chez les nations moins *civilisées?* Notre homme du monde ne veut pas absolument vieillir, il est parfaitement décidé à rester toujours jeune, ou du moins à faire tout ce qu'il faudra pour le paraître. Par conséquent il continue à courir les réunions, les fêtes, les bals ; il est de toutes les parties que montent les jeunes gens ; souvent c'est lui qui est leur boute-en-train, et il n'est pas rare de voir un homme entre deux âges faire plus d'excès, plus de folies qu'un jeune homme, toujours pour faire croire qu'il l'est encore; inutile de vous dire que dans sa toilette il a la plus de recherche, plus de soins, plus de coquetterie qu'il n'en avait à vingt ans; qu'il est plus galant, plus empressé que jamais près des femmes!... et lorsqu'arrive la cinquantaine, croyez-vous que cette existence... qui semble semée de roses, ne soit pas horriblement fatigante et que pour soutenir sa renommée il ne faille plus souvent sacrifier son repos, sa santé, son avenir... Eh bien voilà, si je ne me trompe, telle a été et telle est encore l'existence de ce monsieur avec qui je causais tout à l'heure. M. Valdener a passé la cinquantaine...

— Pas possible!... il ne paraît guère que quarante ans.

— Je vous certifie qu'il en a plus de cinquante, mais c'est un petit maître achevé, c'est un homme de plaisir et il sacrifie tout à cette réputation qu'il veut conserver quand même!...

— Eh bien, trouvez-vous donc que ce soit si désagréable de paraître toujours jeune?

— Cela ne serait nullement désagréable si cela arrivait tout naturellement, si c'était un don de la nature. Mais quand cela coûte tant de peines, c'est bien dangereux, et les révolutions sont terribles! Lorsque M. Valdener se mettra à vieillir, ce sera effrayant!...

— Ma foi, dit à son tour Benjamin, ce qu'il y a de certain, c'est que ce monsieur est fort bien, il a une mine, il a la tournure toute dégagée; ses traits sont beaux, réguliers.

— Oui, mais sa physionomie a peu d'expression, ou plutôt elle annonce l'homme qui n'est occupé que de lui, qui, parce qu'il était blond et possédait de grands yeux bleus, persuadé qu'aucune femme ne pouvait lui résister, et vit toujours avec cette croyance.

— Décidément vous n'aimez pas beaucoup ce monsieur.

— Je n'aime pas les gens qui s'aiment tant.

— Et qu'est-ce qu'il dit de M. Valdener, reprend le grand Sinagria avec son parler mielleux.

— Mais il me semble que je viens de vous le dire, à moins que vous ne vouliez que je recommence...

— Alors il a de la fortune, car pour mener cette existence de plaisirs, il faut avoir beaucoup d'argent...

— Il en a, sans doute; il a fait des affaires à la bourse. Je ne sais pas s'il en fait toujours; comme je ne suis pas à Paris pour mon instruction, je vous avoue que cela m'inquiète peu... Ah! voilà Rocheville enfin!... et Durbinot est avec lui... C'est heureux.

Achille Rocheville s'avance accompagné d'un jeune homme de vingt-six à vingt-huit ans, dont les traits sont assez bien, mais qui a le visage pâle, l'air fatigué, les yeux bordés de rouge, enfin l'extérieur d'un homme qui a passé la nuit; deux grands yeux à fleur de tête, dont l'expression est toujours vague et inquiète, ajoutent encore à l'originalité de cette physionomie.

— Me voici, messieurs, me voici! ne me grondez pas! s'écrie Achille en abordant la société. Ce n'est pas moi qui suis en retard, mais j'attendais Arthur qui devait me prendre chez moi et qui n'arrivait pas...

— Parce qu'il m'est arrivé un événement, reprend le jeune homme pâle.

— Eh mon Dieu, je le devine, est-ce qu'il ne t'arrive pas toujours des choses extraordinaires? Tu es l'homme aux événements! Tu devrais t'associer à un auteur dramatique, tu lui fournirais les péripéties. Garde-nous ton événement pour le dîner, il ne peut que gagner à être encadré de champertin et de champagne. Monsieur Benjamin enchanté de vous revoir... J'espère qu'aujourd'hui nous ferons plus ample connaissance..... Salut au plus grand homme de la Grèce moderne... il y a beaucoup de coquetterie de la part de votre pays à nous avoir envoyé un gaillard de votre taille, Sinagria!

— Comment l'entendez-vous, monsieur le... monsieur de la... bi je ne sais pas si je dois risquer le mot...

— Risquez donc, mon cher, je vous passe tous les mots que vous voulez! D'ailleurs n'êtes-vous pas étranger!

— Oui, mais avant de dire, je m'assure toujours si mon expression est... parlementaire.. et je n'osais pas trop vous appeler monsieur le *blagueur*... parce qu'on m'a dit que c'était un peu risqué... mais que cependant cela était admis maintenant dans la plus haute conversation...

— Oh! certainement, blagueur est reçu, adopté . Eh! mon Dieu, la langue française n'est pas si riche ; pourquoi ne pas lui faire de temps à autre de petits cadeaux? Blagueur est moins offensant que menteur, ce dernier terme indique l'homme qui ne dit jamais la vérité et dont on doit toujours suspecter la bonne foi. Blagueur, au contraire, ne s'adresse qu'à celui qui, pour vous faire rire, invente quelquefois des faits plus ou moins excentriques; mais maintenant, Sinagria, je vous demanderai seulement pourquoi vous me donnez cette épithète.

— Parce qu'on m'a dit que vous disiez souvent des... blagues!... alors je me suis informé et je sais que celui qui dit des blagues peut être appelé blagueur.

— Décidément, ce Grec deviendra trop savant à Paris. On ne voulait en faire qu'un médecin, et nous le renverrons académicien. Albert, attendez-vous encore du monde?

— Non, nous sommes complets.

— Alors nous pouvons faire comme les *omnibus* : en route, c'est à vous de nous indiquer le chemin.

— Ma foi, messieurs, si vous le trouvez bon, nous irons chez Vachette; c'est à deux pas et on y est bien ; c'est pourquoi j'y ai fait retenir un petit salon pour nous.

— Très-bien, j'ouvre la marche avec Arthur.

XVI.

Chez le traiteur.

Benjamin, qui marchait à côté d'Albert Montreuilly, entend presque aussitôt le grand Sinagria dire à leur amphitryon :

— Qu'est-ce que c'est que ce M. Arthur qui est venu avec M. Rocheville?

— Ah! c'est juste, vous ne diriez pas bien si vous n'étiez pas renseigné sur chaque convive.

— Mais je vous pars l'habitude, ici comme en Angleterre, de se dire avec qui l'on se trouve.

— Non, pas particulier, en Angleterre ; mais si vous habitiez longtemps Paris, je suis persuadé que vous y amèneriez cette mode-là. Arthur Durbinot est le fils d'un médecin...

— D'un bon médecin?

— Je ne puis pas vous dire au juste, il y en a tant à Paris ; cependant je crois que son père ne manque pas de clientèle. il est riche, et le fils pourrait à présent s'est borné à manger un assez gros héritage que lui avait laissé une tante, et à vivre aux crochets de son père; mais il doit toujours faire quelque chose; il y a bien longtemps que c'est son intention ; voilà ce que je puis vous dire sur ce jeune homme.

— Mais pourquoi est-il si pâle... est-ce qu'il est malade ou s'il est habituellement comme nous le voyons aujourd'hui?

— Il est presque toujours comme vous le voyez aujourd'hui. Cela tient probablement aux aventures extraordinaires dont il est si souvent le héros.

— Quel genre d'aventures?

— Dans tous les genres. Mais nous sommes arrivés.

Au bout de quelques minutes les cinq jeunes gens, réunis dans un cabinet où une table élégamment servie, préludaient au repas avec de l'absinthe, du vermouth ou d'autres liqueurs auxquelles on accorde parfois à tort le privilège d'ouvrir l'appétit.

— Eh bien, dit Achille en prenant Benjamin dans un coin, êtes-vous toujours aussi amoureux de madame Houssepignole de Saint-Lambert, et voulez-vous encore que nous nous percions le flanc pour ses beaux yeux ?

— Je crois que ce serait une folie! répond Benjamin en souriant. Cette dame est très-agréable assurément... et..... elle est très-forte sur l'amour... Je suis loin de regretter d'avoir fait sa connaissance. Cependant, je crois que vous me rendriez service en m'apprenant comment on peut la quitter.

— Ah! bah! vous en êtes déjà las!

— Oh! je ne dis pas... c'est seulement pour plus tard... D'après ce qu'elle dit, il n'y aurait pas moyen de se délier de ses chaînes... elle m'a positivement annoncé qu'elle ne mourait qu'à jamais je changeais... en laissant toutefois le genre de mort à mon choix.

— Ah! ah!... si ce n'est que cela que vous inquiète! elle en a dit autant à tous ses amants... C'est une habitude de langage. Au reste, je vous apprendrai le moyen le plus simple pour rompre, sans avoir de scènes désagréables.

— Messieurs, nous sommes servis, dit Albert.
— A table alors.
— Vivent l'appétit et la bonne humeur!
— C'est singulier, dit Arthur Durbinot en se tâtant l'estomac, j'avais bien plus faim avant d'avoir pris de l'absinthe.
— Pourquoi en avez-vous pris alors?
— Puisqu'on dit que ça donne de l'appétit.
— A ceux qui n'en ont pas, peut-être; à ceux qui en ont c'est tout le contraire.
— Messieurs, dit Achille, j'ai connu un monsieur qui buvait un verre d'absinthe avant chaque plat qu'on lui servait, et de cette façon il pouvait toujours manger, il avait toujours faim; on lui servait trente, quarante plats… il mangeait le dernier avec le même appétit que le premier; si sa fortune avait pu y suffire, il aurait chaque jour demandé tout ce qui est sur la carte d'un restaurateur en faisant précéder chaque mets d'un verre d'absinthe.
— Oh! ceci doit être une….. une blague! dit le grand Grec en secouant la tête.
— Pourquoi donc cela, monsieur le Turc!
— Non pas Turc! Grec!
— Ça ne fait rien! vous vivez les uns chez les autres… Si vous voulez payer à dîner à ce monsieur, je vous ferai faire sa connaissance.
— Oh non! ce n'est pas la peine… je n'aime pas les Gargantua.
— Eh bien, monsieur Arthur, est-ce que cela ne va pas?
— Si, si, cela va venir, je vais me mettre en train.
— Est-ce votre aventure qui vous a ôté l'appétit?
— Ah! à propos… vous devez nous la conter votre aventure, nous vous écoutons maintenant.
— Mon Dieu, messieurs, voilà ce que c'est. D'abord, il faut vous dire que je rentre généralement fort tard chez moi… je travaille beaucoup maintenant…
— Et vous ne travaillez pas chez vous?
— Non… j'apprends la tenue des livres… pour entrer chez un banquier… où j'aurai tout de suite une place très-belle. Enfin je rentre donc tard, et il faut que vous sachiez aussi que je demeure aux Batignolles… c'est hors barrière. Hier au soir je rentrais tranquillement chez moi… Ah! il faut encore que je vous dise que j'ai toujours des pistolets sur moi, en cas d'événement… C'est une bonne précaution. Je n'en avais qu'un hier, mais avec un pistolet on peut toujours se défendre. Je remontais donc aux Batignolles… lorsqu'un peu en dehors de la barrière, j'entends chanter… chanter!… plusieurs voix en chœur : je me dis : Ce sont des ivrognes, ou des gens qui viennent de s'amuser. Ce n'est pas rare, en été, de rencontrer des gens qui viennent de !s'amuser à la campagne. C'était une noce qui rentrait à Paris… Du moins cela ressemblait à une noce… malgré cela comme 'es gens de la noce paraissaient fort en goguette, je veux me ranger pour ne point me trouver au milieu d'eux; alors je traverse brusquement la chaussée; j'entends une voix d'homme qui crie : Qu'est-ce qu'il a donc celui-là à nous regarder sous le nez. Et je vous jure que je n'avais regardé personne sous le nez. C'est égal, on me suit en me disant des injures… en me donnant une foule de vilains noms. Cela m'ennuie; je m'arrête, et je dis à l'homme qui m'a suivi : Je vous prie de me laisser tranquille. Il veut se jeter sur moi; je le repousse, il tombe par terre; je le laisse et je m'en vais; mais j'entends bientôt qu'on crie : Il a battu le cousin… arrêtons-le… rossons-le… il a jeté le cousin par terre. Et puis j'entends qu'on court après moi. Alors je me dis : Je ne peux pas me défendre contre tous ces gaillards-là…, je ne serais pas de force… sauvons-nous. Et je me mets à courir. Mais les autres me poursuivaient en criant : Arrêtez-le. Ma foi j'aperçois un café ouvert, je me jette dedans. Puis je songe que si on m'arrête et qu'on trouve un pistolet sur moi, ça peut me compromettre. Sans avoir l'air de rien, je cache mon pistolet dans une blouse du billard. Ceux qui me poursuivaient entrent dans le café, se jettent sur moi. Nous nous battons… le maître du café va chercher la garde; on m'arrête, et on m'emmène au poste, où j'ai passé la nuit et où je ne crois que je serais ressorti si un de mes amis de mon quartier n'avait passer, et ne m'eût réclamé ce matin… et je suis rentré avec un habit tout déchiré, et je n'ai pas retrouvé mon pistolet dans le billard… Voilà mon aventure… C'est amusant, hein?
— Dans tout cela c'est vous qui avez été attaqué, battu et ensuite arrêté et mis au violon.
— C'est cela même, et mon habit déchiré!…
— Et vous avez perdu votre pistolet. Je vous conseille de ne plus porter d'armes sur vous, ça ne sert qu'à vous embarrasser.
— Oh! à ça fait… j'ai toujours un pistolet dans ma poche, tenez…
Et Arthur Durbinot sort de son habit un petit pistolet qu'il montre à la société.
— Comment vous le prenez même pour aller dîner en ville!
— Ce n'est pas pour le dîner, mais pour rentrer le soir… on ne sait pas ce qui peut arriver…
— Si M. Rocheville avait conté cette histoire, dit tout bas Sinagria à Benjamin, je croirais encore que c'est une blague! mais il nous a si bien défini, tout à l'heure, la différence qui existe entre le menteur et le blagueur, que je pense maintenant que nous sommes à même de distinguer l'un de l'autre.

Avec le dessert la conversation est devenue plus animée, plus gaie, plus expansive ; Bacchus pousse toujours aux confidences, et comme c'est assez l'usage entre hommes, chacun conte ses bonnes fortunes, ses aventures galantes, excepté Albert qui déclare avec humilité qu'il n'a pas la plus petite conquête sur son agenda.

Benjamin ne parle pas de la sienne, on la connaît assez, peut-être trop ; il juge convenable de ne point remettre Berthe sur le tapis.

Le grand Sinagria prend à son tour la parole.
— Messieurs, dernièrement… c'est-à-dire il y a près d'un mois, je rencontrai le soir dans la rue une fort jolie femme…
— Oh! dans la rue!… le soir… Assez! assez!…
— Autre chose!…
— Messieurs, je vous en prie, attendez; ce n'est pas du tout ce que… vous pensez… je vis bien que cette dame n'était point une coureuse de rues ; elle marchait très-vite et était suivie d'assez près par un monsieur qui lui adressait peut-être de fort jolies choses, mais il paraissait que ces jolies choses n'étaient point du goût de cette dame, car elle doublait le pas, puis traversait la rue et retraversait encore ; mais chaque fois son poursuivant en faisait autant, et reprenait place à son côté. J'examinais tout cela de loin ; ma foi, le manège de ce monsieur finit par m'ennuyer et je résolus de débarrasser cette dame de ses obsessions. En quelques enjambées je fus près d'eux, et m'adressant au monsieur, je lui dis : Vous tournementez beaucoup madame, il y a longtemps que je m'en aperçois, je vous prie de vouloir bien la laisser, sinon c'est à moi que vous aurez affaire…
— Bravo!… s'écrie Benjamin, je me reconnais là!…
— Moi, j'aurais sur-le-champ bousculé ce monsieur sur une borne! dit Arthur en roulant des yeux effarés sur tous les convives.
— Oh! mais vous, monsieur Durbinot, dit Albert en souriant, vous êtes pour les grands moyens, aussi vous arrive-t-il toujours de terribles aventures.
— Voyons, jeune Grec, la suite.
— Le monsieur auquel je m'adressais parut surpris… il me demanda de quoi je me mêlais et si j'étais le cavalier de cette dame. — Je le serais si madame le voulait bien, lui dis-je ; alors la dame, qui m'avait examiné pendant ce colloque, me prit aussitôt le bras, en s'écriant : Oui, monsieur, je le veux bien, soyez mon cavalier, je me mets sous votre protection, car je vois bien que vous êtes un homme comme il faut.

Vous comprenez que me voilà très-content, et quant au monsieur, il tourna aussitôt les talons et on ne le revit plus… Je fis donc route avec cette dame ; elle s'exprimait très-bien ; je lui demandai ce qu'elle faisait… cela vous fait rire, messieurs, il me semble cependant que pour faire connaissance il faut bien commencer ainsi.
— Allez! continuez… seulement si vous aviez eu réellement affaire à une femme comme il faut, elle vous aurait demandé pour qui vous la preniez.
— Eh bien, cette dame ne se formalisa point ; elle me dit qu'elle était veuve.
— D'un général, sans doute?
— Non, d'un banquier du Brésil… Qu'elle ne pouvait pas me recevoir, parce qu'elle recevait fort peu de monde et ne me connaissait pas. Je lui dis : Nommez-moi les personnes qui vont chez vous, il y en a peut-être que je connais et qui pourront alors vous donner des renseignements sur moi…
— Ah! ah! Bravo… la demande était bien dans vos habitudes… comment fut-elle accueillie?
— Cette dame ne jugea pas convenable d'y acquiescer. Comme nous étions arrivés devant la porte et que j'insistais pour avoir le plaisir de la revoir, elle me répondit enfin : Eh bien, trouvez-vous demain chez la somnambule dont voici l'adresse. Je m'y rendrai de mon côté… Vous vous mettrez en rapport avec lui et on l'interrogera, alors je saurai si je puis me fier à vous…
— Oh! les somnambules… c'est très à la mode en ce moment… Ceci promet de devenir piquant… Garçon, des cigares!…
— Oh! oui, des cigares… quel bonheur de fumer!
— C'est moi qui ai vu des choses miraculeuses par le somnambulisme! s'écrie Arthur Durbinot en ayant déjà l'air effrayé de ce qu'il va dire.
— Parbleu! nous avons eu tous des aventures de somnambules!… dit Achille ; moi je vous promets sur ce sujet une anecdote très-véridique! mais avant de dire nos histoires ; laissons Sinagria finir la sienne.
— Et avant qu'il reprenne la parole, dit Albert, portons un toast à la galanterie française, qui menace de s'en aller en fumée, en piper et en cigares… ce que je dis là, messieurs, n'est nullement pour vous blâmer de fumer maintenant ; entre hommes tout est permis, mais s'il y avait des dames avec vous, je gage que vous les quitteriez pour aller fumer…
— Ma foi, c'est bien possible!…
— Fi! messieurs, préférer des habitudes d'estaminet, de tabagie, à la conversation des dames… Quand on fait de ces choses-là, un

mérite bien que de leur côté ces dames se laissent faire la cour par les hommes qui ne sentent pas le tabac.

Le toast étant porté, même par les fumeurs, Sinagria reprend le récit de sa bonne fortune.

XVII.

Aventures de Somnambules.

— Messieurs, reprend Sinagria après avoir replacé son verre sur la table, je dois d'abord vous avouer que je n'avais jamais été chez des somnambules. Mais pour voir cette dame et faire sa connaissance, je serais allé jusqu'aux enfers, comme ce brave Orphée, le modèle des maris. Je répondis à mon inconnue que je serais exact le lendemain à huit heures du soir. Nous étions arrivés rue de Rivoli, cette dame s'arrêta devant une porte cochère, sonna et me dit adieu. Avant de la quitter, je lui demandai son nom, elle hésita et me répondit enfin en me disant son nom, puis, ajouta : Mais je vous défends de vous présenter chez moi avant d'avoir été chez le somnambule.

Demeuré seul, après avoir examiné la maison pour la reconnaître au besoin, je m'approchai d'un réverbère pour déchiffrer la carte que cette dame venait de me donner... Tenez, messieurs, je l'ai encore dans ma poche, permettez-moi de vous la faire lire, pour que vous soyez persuadés que je ne vous conte pas des... des blagues !...

Le grand Grec tire de sa poche une carte imprimée qu'il passe à Achille Rocheville; celui-ci la prend en riant et lit tout haut :

« Monsieur Sanximort, après six mois de résidence auprès du bey de Tunis, et autant de temps dans une illustre famille princière, qu'il lui est défendu de nommer, est enfin de retour dans la capitale, où l'on peut le consulter tous les jours, de midi à minuit, rue de Clichy, 60. »

— Tiens! Sanximort! c'est le mien, c'est mon somnambule! s'écria Arthur. Ah! non... le mien c'était une femme... et elle se nomme mademoiselle Montmort... cela se ressemble un peu... Il y a du rapport.

— Il y en a toujours entre les somnambules...
— Mais mon histoire est effrayante...
— Ce Barbinot est terrible! il est tellement pressé de nous effrayer qu'il ne veut pas laisser le grand jambon achever son histoire.
— Messieurs, reprend Sinagria, je n'ai pas besoin de vous dire que le lendemain soir je fus exact au rendez-vous que l'on m'avait donné. Je me rendis rue de Clichy chez le somnambule... il demeurait au quatrième, mais l'appartement est fort beau. On m'introduisit devant M. Sanximort; il était seul, entre dans une pièce et, quand il me demanda ce que je désirais savoir, je lui dis le but de ma visite et lui avouai qu'en l'absence de cette dame, je serais bien satisfait s'il pouvait me donner sur elle quelques renseignements.

M. Sanximort, qui est un jeune homme charmant, rempli de bonnes manières et mis avec une extrême élégance, me répondit en souriant :

— Je voudrais bien vous satisfaire, mais il me faudrait quelque chose qui eût appartenu à cette dame ou qu'elle eût porté quelque temps... n'importe quel objet. J'étais désolé, car je ne possédais pas un seul cheveu de ma belle, lorsque tout à coup je me rappelai la carte qu'elle m'avait donnée et qu'elle avait tirée d'un porte-monnaie qu'elle portait sur elle. Je la présentai au somnambule qui s'écria : Cela pourrait peut-être me suffire. Aussitôt il appela une grande fille fort bien faite, ma foi ! mais qui avait des moustaches... Moi, je n'aime pas les femmes qui ont des moustaches... et lui dit : Julie, endors-moi ; monsieur t'indiquera les questions que tu dois me faire. Aussitôt M. Sanximort se plaça fort à son aise dans un fauteuil, et la grande fille se mit à faire devant lui de la pantomime... vous savez, ce que l'on appelle des passes... elle y allait! elle y allait d'un train... enfin, comme quelqu'un qui en fait son état. En fort peu de temps elle endormit le somnambule qui tenait la carte appuyée sur sa poitrine ; alors elle me dit : Que voulez-vous savoir ? Je répondis : Demandez-lui ce que je dois savoir sur cette dame qui m'a remis sa carte.

Le somnambule interrogé répondit après avoir poussé un léger gémissement : Je ne vois pas bien cette dame... ah! attendez... je commence à la voir un peu... oui, à présent je la vois... c'est une jolie blonde... de beaux cheveux ondés... elle a une grande bouche... de belles dents... elle a beaucoup voyagé... mais elle est française... elle est veuve... elle a été fort riche... elle désire l'être encore... monsieur, elle est courtisée par plusieurs individus... mais elle n'en aime aucun...

Tout cela me satisfaisait médiocrement, je transmis cette question à la grande fille : Que fait-elle en ce moment et pourquoi ne vient-elle pas au rendez-vous qu'elle m'a donné ?

M. Sanximort consulté, se mit à sourire et balbutia : Oh! je ne sais si je dois répondre à cette question... ce que je vois, me semble... serait indiscret à divulguer. J'insistai, car cela piquait ma curiosité. Le somnambule se décida alors à répondre : En ce moment, cette dame est dans son cabinet de toilette... elle s'occupe de sa toilette la plus intime... elle est assise sur un petit meuble de propreté qui est fait comme une guitare et monté sur quatre pieds...

— Oh! la superbe chose que le somnambulisme !... s'écria Achille en riant aux larmes ; voyez-vous, messieurs, quel parti on peut tirer de la seconde vue !... Décidément, je voudrais être doué de cette faculté, je déclare que j'en userais et même que j'en abuserais en certaines occasions. Pardon de vous avoir interrompu, jeune grec, vous étiez resté à un endroit bien intéressant.

— Ma foi, messieurs, je vous avouerai que je m'attendais si peu à ce que le somnambule venait de me révéler que je restai quelque temps tout interdit et sans oser poser de nouvelles questions. La grande fille à moustaches, présumant que j'étais satisfait de ce que l'on m'avait appris, concernant cette dame et que j'en savais assez, réveilla son maître, qui me rendit la carte en s'écriant : Eh bien! ai-je répondu à vos désirs, êtes vous instruit de ce que vous désiriez savoir ?

— Il me semble que vous êtes réveillé trop tôt... je vous demande un peu à quoi pourrait me servir la confidence que vous venez de me faire et quel usage vous voulez que j'en fasse pour m'insinuer dans les bonnes grâces de cette dame.

— Mais est-ce que par hasard vous croyez que je sais à présent ce que vous dit être là à l'heure en dormant ? s'écria M. Sanximort. Je l'ignore complètement, une fois éveillé, nous ne conservons pas le moindre souvenir de ce que nous faisons ou disons en état de somnambulisme. Je voulais que ce monsieur se rendormit pour le questionner encore, mais il prétendit qu'il était fatigué et qu'avec le secours d'une carte il ne pourrait jamais m'en dire davantage.

Cependant le temps s'écoulait et cette dame ne venait pas; il me semblait singulier qu'elle persistât aussi longtemps dans l'occupation où le somnambule prétendait l'avoir vue. Je ne suis pas très-patient, et au bout de trois quarts d'heure ne voyant arriver personne, je sortis de chez M. Sanximort et me dirigeai du côté de la demeure de ma belle. Je reconnus parfaitement la maison; je demandai madame une telle : elle vient de sortir, me répondit le concierge ; il n'y a pas deux minutes qu'elle vient de monter en voiture. Je pensai qu'elle était allée chez le somnambule, et je vis que je n'avais pas eu assez de patience; me voilà donc reparti.

Je me remets en route pour la rue de Clichy... Comme j'ai de grandes jambes, je me dis : J'arriverai presque aussitôt que cette dame, ce n'est pas la peine de dépenser de l'argent en voiture... et puis je n'aime pas les voitures, j'y suis mal trop gêné. J'arrive chez M. Sanximort, je me fais introduire... Cette dame vient de repartir. Pardieu, me dis-je, je joue de malheur ; retournons chez elle ; et me voilà qui redescends vers la rue de Rivoli... De reste, j'aime beaucoup à me promener. J'arrive chez ma belle, cette fois elle venait de rentrer. Je monte, une femme de chambre vient m'ouvrir et me dit d'un ton sec :

— Madame n'y est pas.
— Pardonnez-moi, je sais que madame y est, le concierge vient de me dire qu'elle venait de rentrer.
— Alors, monsieur, c'est que madame ne peut pas recevoir... elle est occupée.
— Occupée! lui dis-je, il n'est pas possible que ce soit comme avant de sortir. J'insistai près de la femme de chambre et la suppliai de dire à sa maîtresse que le monsieur qui demandait à la voir était celui qui venait de chez le somnambule. La camériste consentit à faire ma commission. J'attendis assez longtemps; enfin, cette fille revint, elle tenait un petit billet plié et cacheté qu'elle me remit en me disant : Madame ne peut pas recevoir monsieur, mais voilà ce qu'elle vient d'écrire pour lui.

Je pris la lettre et sortis ; comme vous pensez bien, j'étais fort curieux de savoir ce qu'on m'écrivait ; c'est pourquoi je m'arrêtai encore près d'un réverbère, où je lus le billet que voici... je puis aussi vous le montrer, messieurs, il n'y a pas d'indiscrétion, il n'est pas signé.

— Et si nous reconnaissons l'écriture ? dit Achille.
— Ah! c'est juste, il vaut donc mieux que je lise. Voici ce qu'on m'écrivait :

« Monsieur, quand un homme se sert du ministère d'un somnambule pour lui faire des questions aussi indiscrètes que les vôtres, il ne doit plus se présenter devant la personne dont il a trahi la confiance. J'espère donc que vous ne prendrez pas la peine de revenir chez moi. »

— Voilà le billet, messieurs, jugez de ma surprise. Cette dame était furieuse parce qu'on m'avait dit à quoi elle était occupée pendant que je l'attendais, mais était-ce de ma faute... pouvais-je deviner, moi, ce que le somnambule me répondrait? et pourquoi me donne-t-elle rendez-vous chez un somnambule, si elle craint que je ne lui fasse des questions indiscrètes?

— Mais comment cette dame avait elle su cela? dit Benjamin, puisque le somnambule prétend qu'éveillé il ne se souvient plus du tout de ce qu'il a dit en rêve.

— C'est aussi ce que je me demandai d'abord, mais ensuite je me rappelai que la grande fille à moustaches avait aussi entendu les paroles du somnambule et celle-là les retient très-probablement. Cette dame lui avait sans doute demandé ce que j'avais fait en l'attendant chez M. Sanximort. Cependant je ne me tins pas pour battu. Le lendemain, j'écrivis un billet en vers à cette dame... En voici la copie...
— Il paraît que vous ne marchez pas sans vos pièces, grand docteur.
— C'est toujours pour vous prouver que ceci est de l'histoire... Voici ma missive à cette dame, elle devait, il me semble apaiser sa colère... et en lui adressant des vers, je pensais que cela me ferait plus aisément obtenir mon pardon ; car 'n général les femmes aiment assez qu'on leur fasse des vers. Voici les miens :

    Pourquoi donc vous fâcher, vous, pour qui mon cœur brûle ?
    Si le hasard quelquefois indiscret
    M'a, par le fait d'un somnambule,
    Mis de moitié dans un petit secret ;
    Ce que je sais n'a rien qu'on blâme dans le monde !
    Pourquoi donc en rougir et qui s'en défendra ?
    Vénus, quand elle habita l'onde,
    Doit passer son temps à cela.

— Bravo !... dit Benjamin, c'est ravissant !
— C'est digne d'être de *Voisenon*, s'il vivait encore, dit Albert.
— Eh bien ! messieurs, on ne daigna pas me répondre. Je me présentai encore une fois ; on me dit que madame n'était pas visible. Cette fois je me tins pour battu. Et voilà ma dernière aventure, dans laquelle le somnambulisme m'a joué un si mauvais tour.
— Ce pauvre Sinagria ! vous devez peu aimer les somnambules depuis ce temps ?
— Je les crains... cependant souvent je voudrais bien en avoir un près de moi pour le consulter, c'est si agréable de savoir des choses... qu'on ne nous dirait pas.
— Vous y croyez alors ?
— Vous voyez bien que ce M. Sanximort m'avait dit vrai, puisque cela a vexé cette dame.
— Messieurs, ce que je vais vous raconter, moi, est bien autrement extraordinaire.
— Laissons parler Arthur Durbinot, il y a assez longtemps qu'il en meurt d'envie.
— Avez-vous, comme monsieur, les pièces à l'appui ?
— J'ai mieux que cela... j'ai encore les cicatrices... que je vous montrerai si vous le désirez.
— Diable ! mais cela promet de fortes émotions ! nous écoutons.
— Messieurs, il faut pour commencer que vous sachiez que je demeure aux Batignolles...
— Vous nous l'avez déjà dit tout à l'heure.
— Ça ne fait rien... Je vous ai pas dit que c'était dans une rue fort déserte... et avant d'arriver à ma porte, il y a un coin à passer... un endroit où il n'y a pas de maison... c'est très-dangereux... on y assassine presque tous les soirs...
— Et vous restez dans ce voisinage-là ? dit le grand Grec.
— Ah !... l'habitude... on se fait à tout.
— Et puis vous oubliez que monsieur porte toujours un pistolet sur lui.
— Je dois aussi vous dire que j'ai une maîtresse qui, pour le moment, demeure avec moi. Elle tient ma maison... nous mangeons chez le traiteur, mais ça ne fait rien, elle tient ma maison... C'est une belle brune... je parle de ma maîtresse comme de raison... c'est une jolie femme... un peu forte... mais moi, j'aime les femmes fortes... J'ai deux fenêtres sur la rue et deux sur le derrière... Je parle de ma maison... au premier... un premier très-bas, presque un entre-sol... elle a des cheveux noirs magnifiques qui lui descendent jusqu'aux mollets... Je parle de ma maîtresse... C'est petit, mais c'est très-logeable...
— Ah ! sapristi ! Arthur, décidez-vous ; est-ce de votre maîtresse ou de votre logement que vous voulez nous parler ? si vous continuez longtemps comme cela nous ne nous y retrouverons jamais, ni vous non plus !
— C'est de ma maîtresse que je is d'abord vous parler... mais j'étais bien aise de vous dire auparavant comment j'étais logé... Alors Nonore... c'est le petit nom de ma maîtresse... Je peux bien vous dire son petit nom ! elle s'appelle Eléonore, mais moi je la nomme tout simplement Nonore... ou Lénore... ça ne fait rien... Je vous disais donc que Nonore est très-belle femme... elle m'aime beaucoup, c'est une femme passionnée ! vous savez... de ces femmes nerveuses... qui vous grifferaient dans un accès de jalousie et qui en seraient fâchées l'instant d'après... quand je rentre tard et qu'elle ne sait pas où je suis, ce sont des crises... des scènes... elle veut se jeter par la fenêtre... Mais je l'embrasse et ça se passe tout de suite.
Cependant, depuis quelque temps, je rentrais plus tôt que de coutume, j'avais remarqué que l'on était longtemps à m'ouvrir... Ensuite j'entendais comme si l'on ouvrait et fermait des fenêtres... puis comme si quelque chose de lourd tombait dans la rue... c'est-à-dire par derrière où ce sont des marais... des terrains qui ne sont pas clos. Mais quand je questionnais Nonore à ce sujet, elle avait l'air de ne pas

comprendre ce que je voulais dire. Ou bien elle me disait que nos voisins étaient bien libres d'ouvrir leur fenêtre et de jeter par là ce qu'ils voulaient... rien ne défendant sur le derrière de se livrer à cette coutume marseillaise. Je me disais : Nonore peut avoir raison... à quoi vais-je penser ? Pourtant, étant revenu plusieurs fois dans la journée sans trouver ma maîtresse au logis, je ne pus me défendre de soupçons jaloux. Nonore eut beau me dire qu'elle était allée à son cours de danse... Elle adore la danse, elle fait les pas les plus nouveaux et les exécute avec succès à la salle Bréda en attendant que je me livre avec elle que vous aviez fait la veille et ce que vous aviez dans votre poche... dans votre portefeuille... enfin des choses extraordinaires. Je résolus d'aller la consulter, mais auparavant je dis à Nonore : Donne-moi donc une belle mèche de tes cheveux. — Pourquoi faire ? me demanda ma maîtresse. — Pour me faire faire un bracelet que je porterai sous ma flanelle. Cette idée plut à Nonore, car le lendemain elle me remit une superbe mèche de ses cheveux... il y aurait eu de quoi faire une ceinture. Ayant mis cela dans ma poche, je me rendis chez la somnambule.
Je monte à un troisième étage, dans une assez vilaine maison, où il y a une vilaine portière. Je sonne, une petite naine vient m'ouvrir. L'aspect de cette femme de chambre me cause une sensation peu agréable ; figurez-vous une vieille femme pas si haute que ce tabouret et se tortillant en marchant comme une cane incommodée, je me rappelai tout de suite les contes de fées que j'avais lus, et je me dis : Si on croyait encore à ces merveilles-là on se dirait : Voilà une fée... la fée *Urgèle* peut-être !... elle va me prier de l'embrasser et elle se changera en jeune sylphide !...
Mais la vieille naine ne me pria pas de l'embrasser, elle se contenta de pousser un grognement sourd, puis elle me donna un petit carton sur lequel il y avait un numéro, comme ceux que nous remettent les cochers quand nous montons dans leur voiture. Je dis à la naine : Qu'est-ce que ça ?... des billets de loterie, je n'en veux pas, je n'y gagne jamais ; mais sans me répondre la vieille ouvrit une porte, et me poussa en avant, puis referma la porte sur moi.
Je me trouvai alors dans une pièce où il y avait beaucoup de monde. La compagnie n'était pas élégante, mais en revanche elle était très-mêlée. Il y avait beaucoup plus de femmes que d'hommes, et toutes ces personnes tenaient comme moi un petit numéro à leur main. Je compris alors qu'on était là pour attendre son tour.
J'avais le numéro onze, il me fallait de la patience. Mais quand on est jaloux, on ne se sent capable de tout pour arriver à son but. J'eus donc le courage d'entendre les radotages de toutes ces femmes rassemblées là. L'une avait amené son petit garçon et venait consulter la somnambule pour savoir s'il avait des vers ; une autre avait avec elle sa petite fille et voulait qu'on lui expliquât pourquoi sa petite tirait la langue à son père toutes les fois que celui-ci voulait l'embrasser. Celle-ci venait consulter pour des coliques ; celle-là pour des faiblesses d'estomac ; l'une voulait savoir si elle deviendrait riche ; l'autre si elle était susceptible d'avoir des enfants et pour quel motif son mari ne lui en faisait pas. Enfin tout le monde parlait en même temps, chacun ne s'occupant que de ce qu'il disait, sans écouter les autres, mais d'accord pour faire l'éloge du talent extraordinaire de la somnambule qui ne se trompait jamais ni dans ses prédictions, ni dans ses visions.
On appelait les numéros. Je vis avec ie que cela allait plus vite que je ne l'espérais ; quand on appela le numéro neuf, il était tellement occupé à bavarder avec le numéro dix, que je pris le numéro et fus introduit dans le sanctuaire de la somnambule.
Je vis une femme fort laide, peu jeune et ayant un air revêche qui me demanda ce que je désirais savoir. Je lui expliquai le but et lui remis la superbe mèche de cheveux que Nonore m'avait donnée.
Mademoiselle Montmort prit la mèche et se plaça dans une 'ergère sonna.
Aussitôt parut une jeune femme mulâtre, coiffée d'un mad rouge, dont les cornes menaçaient le ciel, et donnaient à cette fig cuivrée quelque chose de satanique.
— Azaïa ! endors maîtresse, dit la somnambule à la mulâtre. celle-ci se mit à sauter, à gambader, à faire une foule de contorsions dans le genre nègre, qui me rappelèrent les ballets que j'avais vus dans les pièces à sauvages.
Cependant, tout en se livrant à ses exercices de Caraïbe, la mulâtre faisait aussi des passes pour endormir sa maîtresse ; seulement il me sembla qu'elle en faisait autant avec ses pieds qu'avec ses mains. Mais qu'importe par quel moyen on opère ! le principal est d'endormir, et ces gens-là y arrivent toujours.

Mademoiselle Montmort étant endormie en tenant les cheveux que je lui avais donnés contre son nombril, la mulâtre me pria de lui dicter les questions que je voulais adresser à sa maîtresse. Comme de raison, je demandai si ma maîtresse m'était fidèle, et je sentis mes cheveux se dresser sur ma tête en entendant cette réponse :

— Je vois la personne à qui appartenaient les cheveux que j'ai sur mon sein... (Je trouvais qu'elle plaçait son sein un peu bas, mais ceci ne faisait rien à la réponse.) Je la vois... en ce moment elle est avec un grand monsieur de cinquante ans, mal conservé... mais qui a un coupé... je crois même qu'il a deux coupés... il les a mis à la disposition de cette dame... avec ses chevaux et son cocher. Prends garde à toi! rien ne séduit les femmes comme les coupés... c'est étonnant comme elles font du chemin dans ces voitures-là... ta maîtresse se laisse embrasser par ce monsieur... il la mène au bois de Boulogne... chez un traiteur où il y a des cabinets... tout ce qu'il y a de plus confortable... on renvoie le garçon... je ne vois pas bien... il y a quelque chose qui me gêne...

Quant à moi, comme j'y voyais assez, je m'écriai : Passons à autre chose.

— Que fait ma maîtresse le soir, quand je n'y suis pas?
— Elle reçoit un monsieur...
— Celui aux coupés?
— Non, un autre, qui a une berline et une américaine.
— Ah! mon Dieu! toujours des hommes à voitures... mais qu'elle se mette tout de suite avec un carrossier, elle aura encore plus de choix.
— Les carrossiers n'ont pas de chevaux à leurs voitures; d'ailleurs, ils les vendent et ne les offrent pas à ces dames.
— Enfin... achevez de m'instruire... est-ce que le monsieur à la berline est aussi l'amant de Nonore?
— Il l'est aussi...
— J'espère que c'est tout...
— Attends... je vois encore un jeune homme qui a un cab... il vient aussi courtiser ta maîtresse.
— Sapristi... mais il doit y avoir une file de voitures à la porte de Nonore... cette femme-là aura un petit Longchamps devant sa demeure..... comment ferai-je pour la surprendre avec un de ces messieurs...
— C'est bien facile... elle donne rendez-vous pour ce soir au monsieur qui a le coupé... celui à la berline viendra après... le jeune homme lui cab... arrivera ensuite.
— Elle les reçoit donc tous les trois à la fois?
— Quand l'un arrive, elle fait cacher l'autre!
— Mais c'est pis que la Tour de Nesle cette femme-là!
— Va faire le guet ce soir à onze heures derrière ta maison, tu verras sortir les galants par la fenêtre qui donne sur les marais. C'est ordinairement par cette route qu'ils déguerpissent quand tu arrives.

Je vous laisse à penser, messieurs, tout ce que j'éprouvais après avoir reçu les confidences de la somnambule. Cependant je dissimulai mes tourments aux yeux de Nonore, qui, ce jour-là, me sembla encore plus calme qu'à l'ordinaire. Je sortis le soir comme de coutume, en annonçant que je rentrerais tard; mais à onze heures je revins et je fus me poster dans les marais, derrière ma maison. J'avais aperçu une voiture qui stationnait près de la porte, mais je n'avais pu distinguer si c'était un coupé, une berline, ou un cab...

J'attendis une demi-heure, puis une autre... le temps commençait à me sembler long, mais personne ne sautait par la fenêtre... Enfin, je vois de la lumière qui va et vient, je me rapproche... on ouvre une croisée... je lève le nez... et je reçois en plein visage le contenu d'un vase nocturne... Ah! fichtre... j'étais inondé... dans ma colère je pousse des jurons très-énergiques; alors j'entends une voix crier : Au voleur! puis des chiens aboient et viennent de mon côté. Je me sauve, mais en marchant sans voir clair, je me trouve bientôt dans des couches de melons... je tombe, je glisse sur une cloche, elle se brise sous moi et je me sens blessé à cette partie de mon individu sur laquelle j'ai l'habitude de m'asseoir. Je pousse des cris horribles, un maraîcher arrive avec des chiens, c'est le propriétaire des melons; il me prend pour un voleur et veut m'arrêter. Ce n'est pas sans peine que je lui fais comprendre que je suis seulement un jaloux. Enfin, il ne l'est plus qu'après que j'ai payé la cloche que j'ai brisée. Je rentre chez moi, en boitant et exhalant une odeur peu agréable. Ma maîtresse se met à rire en me voyant dans un si piteux état. Moi je lui fais une scène, je lui déclare que je sais tout, et qu'elle peut s'en aller dans la lumière qu'elle préférera sans que j'y mette obstacle. Nonore me demande l'explication de mes paroles. Ma foi, je lui raconte ma visite à la somnambule, et tout ce que celle-ci m'a appris. Vous croyez que Nonore est confondue .. pas du tout! elle se met à rire plus fort... je lui donne les noms les plus odieux... elle rit toujours... quand je ne trouve plus d'épithètes à lui appliquer, elle se calme enfin et me dit :

— Arthur, tu n'es qu'un imbécile; quand tu m'as demandé de mes cheveux, je ne me souciais pas de m'en couper une mèche, mais je suis allée dans la journée chez une de mes amies qui, justement, se faisait coiffer... elle est à peu près de ma couleur, et elle m'a très-volontiers fait cadeau d'une mèche qui gênait ses bandeaux. C'est donc les secrets de mon amie que tu sais. Si tu veux aller faire le guet devant sa porte, tu pourras t'assurer si ta somnambule a dit vrai.

Jugez de ma joie en apprenant que Nonore ne m'avait pas donné de ses cheveux. Je tombai à ses pieds... j'allai me débarbouiller, elle m'appliqua des compresses sur mes parties blessées, et depuis ce jour, je ne suis plus si bête que d'être jaloux.

— Et la voiture qui attendait à la porte?
— Nonore m'a expliqué que c'était pour une autre dame de la maison qui va très-souvent au bal.
— Et voilà cette histoire que vous nous annonciez comme si effrayante...
— Mais je vous assure que j'ai eu très peur!... et que j'ai encore des cicatrices de mes blessures...
— Tout cela ne prouve rien, ni pour, ni contre les somnambules; messieurs, je crois que M. Durbinot a voulu rire à nos dépens...
— Ah! messieurs... par exemple...
— Enfin, mon cher, vous nous annoncez de l'extraordinaire, du miraculeux, et tout cela se borne à un pot de chambre qu'on vide sur votre tête et une cloche à melon que vous brisez sous vous.
— Mais tout ce que la somnambule m'avait conté était vrai. Nonore a su que son amie avait trois amants à voiture sans compter ceux en cabriolet...
— A votre tour Achille, dit Albert, vous nous aviez promis une anecdote sur le somnambulisme.
— Oh! moi, messieurs, je ne vous entretiendrai pas des faits merveilleux exécutés par ces personnes qui en font leur état... du moment que c'est un métier, cela n'a plus de mérite pour moi; je me demande seulement comment des gens qui ont le don de voir où ils ne sont pas, et dont la double vue perce les murailles les plus épaisses, n'ont pas encore et le talent de découvrir un trésor n'appartenant à personne, et certainement..... la terre en recèle..... plus d'un! et dont la possession les mettrait à même de vivre sans le secours du public.
— C'est vrai! dit le grand Grec, je me suis fort souvent adressé cette question; mais de quoi nous parlerez-vous alors?
— D'un jeune homme qui était somnambule sans le savoir.
— Avez-vous connu le jeune homme?
— Beaucoup.
— C'est une blague! dit Sinagria à l'oreille d'Arthur Durbinot; celui-ci roule ses gros yeux en répondant :
— Puisqu'il l'a connu.
— Du reste, cela ne fait rien. Je préfère un conte qui m'amuse à une histoire qui m'ennuie.
— A vous de narrer, Achille.
— Dans un moment je suis à vous, messieurs.

Rocheville quitte la table et sort du salon.
— Où va-t-il? demande Sinagria.
— Je l'ignore; peut-être nous chercher le héros de son histoire.
— Peut-être nous ménage-t-il quelque surprise! dit Benjamin.
— Il va, je crois, nous amener des dames, dit Arthur.
— Le plus piquant serait qu'il ne revint pas du tout, dit Sinagria.
— Mon Dieu! messieurs, il peut être sorti pour un motif fort simple, dit Albert. Voyez ce que c'est que la réputation : les gens qui en ont ne peuvent faire un pas sans qu'on y attache de l'importance.

Mais au bout de quelques minutes Achille revient seul, et ayant repris sa place à table, dit à la société :
— Messieurs, je vais vous conter ce qui est arrivé à M. Anastase Trottin.

XVIII.

Le cavalier somnambule.

Anastase Trottin avait eu, dès sa plus tendre enfance, un penchant tout à fait prononcé pour les chevaux. A six ans il ne voulait pour joujou que des chevaux de bois; lorsqu'on lui en donnait d'assez grands pour qu'il pût monter et se tenir dessus il ne faisait plus autre chose, jusqu'à ce que le cheval fût cassé.

Un peu plus tard, si on le conduisait à quelque fête, à quelque jardin public, le jeune Anastase ne connaissait pas d'autres divertissements que le jeu de bague, et ce n'était jamais sur les cygnes qu'il se plaçait. Quand on voulait le mener au spectacle, il fallait que ce fût chez Franconi... si l'hippodrome eût existé alors, il est probable que le petit Trottin n'en serait pas sorti; bref, cet enfant semblait né pour devenir un parfait écuyer : on avait-il pris ce penchant hippique? c'est ce que je ne saurais vous dire; son père était un honnête employé qui n'avait pas monté à cheval de sa vie; sa mère n'avait jamais revêtu un costume d'amazone, elle avait même peur sur un âne; et la vertu de madame Trottin ne permettait pas de former d'autres conjectures... nous devons ajouter que cette dame était fort laide.

Mais pourquoi vouloir toujours chercher des causes aux choses que nous ne comprenons pas; la nature, bizarre dans ses caprices, ne nous permet pas de découvrir tous ses secrets. J'ai connu un monsieur qui voulait absolument savoir pourquoi les écrevisses, vertes quand elles sont vivantes, deviennent rouges en cuisant, et il est mort sans avoir percé ce mystère; on assure que le chagrin qu'il en ressentait avait avancé le terme de sa carrière. Malheureusement pour le jeune Trottin, ses parents, dont le revenu était borné, n'encouragèrent point les goûts cavaliers de leur fils: on l'envoya à l'école et non point au manége. On en fit un modeste employé, et non un écuyer, sous le prétexte que pour aller à son bureau un commis n'a pas besoin de connaître les principes de l'équitation, vu qu'ordinairement ces messieurs y vont à pied.

Mais ce que nous ne vous avons pas encore dit, c'est que, outre son goût bien décidé pour l'équitation, Anastase Trottin était aussi somnambule; l'un n'empêche pas l'autre, le somnambulisme a souvent aidé dans beaucoup de circonstances. Tout ce qui semble extraordinaire a de l'empire sur le vulgaire.

Dès l'âge le plus tendre, le petit Trottin avait parlé en rêvant, ce qui du reste est une chose si commune qu'il est plus rare de trouver des dormeurs parfaitement taciturnes, que des personnes qui rêvent tout haut; ceci pourrait faire croire que le somnambulisme est presque un état normal, et si l'on voulait se donner la peine de rechercher tous ceux qui dans leur sommeil sont susceptibles de posséder ce que les Écossais appellent *la seconde vue*, on aurait la preuve que les *voyants* sont très-communs dans la société.

Mais comme cela ferait peur à beaucoup de gens de savoir qu'ils sont entourés de *voyants*, il est probable qu'on ne s'occupera pas d'éclaircir cette question.

Revenons au petit Trottin: à six ans il parlait en rêvant, et quelquefois alors il parlait si haut que monsieur son père qui couchait près de lui, et dont cela troublait le sommeil, se levait, dans un fort simple appareil, et, allant trouver son rejeton, lui administrait une correction cinglante, sur certaine partie de son individu, que je ne crois pas avoir besoin de vous nommer.

Était-ce juste de fouetter un enfant parce qu'il parlait en rêvant, parce que, doué d'une nature forte et nerveuse, les sensations qu'il éprouvait dans ses songes se faisaient jour par l'organe de la parole? il me semble à moi que cela était au contraire très-injuste; c'est vouloir punir quelqu'un du rêve qu'il a fait et je n'ai point entendu dire, même dans le traité des songes, qu'il y ait jamais eu de tribunal établi pour juger les rêveurs.

Vous allez peut-être me répondre qu'en administrant le fouet à monsieur son fils parce qu'il rêvait tout haut, son père espérait le guérir de cette habitude, et lui procurer un sommeil plus calme. D'abord je doute que le fouet procure un sommeil plus calme, ensuite je crois fort peu qu'il guérisse du somnambulisme; pour me prouver qu'il a fait de belles cures, je crois qu'on serait aussi embarrassé que ce monsieur relativement au changement de couleur des écrevisses.

Le petit Trottin reçut donc des claques sur une partie bien précieuse de son individu parce qu'il avait un sommeil trop bavard; le résultat de cette correction fut que plus tard, non content de parler, le petit garçon se levait sur son lit; puis, plus tard encore, il quittait son lit et se promenait dans la chambre, ensuite il ouvrit les portes et se promena dans l'appartement.

Et de temps à autre le papa Trottin courait après monsieur son fils, et lui administrait toujours le même remède, pénétré sans doute de cette maxime:

Qui benè amat, benè castigat.

Mais comme le remède semblait faire un effet contraire à celui qu'on en attendait, M. Trottin finit par y renoncer; d'ailleurs son fils devenait grand et pour lui ce genre de correction aurait eu quelque chose de trop humiliant. Il faut laisser le *knout* et la *schlague* aux Cosaques et aux Allemands.

Plus tard, en prenant de l'âge, en se livrant aux travaux si calmants de la bureaucratie, Anastase Trottin avait beaucoup moins pratiqué le somnambulisme; le temps, ce grand médecin qui fait des cures si merveilleuses, le temps avait refroidi les sens du jeune homme... le temps refroidit tant de choses... C'est le premier de tous les réfrigérants.

Maintenant nous devons vous dire cette particularité de la jeunesse de M. Anastase Trottin, il faut que vous sachiez qu'en devenant employé dans un ministère, le jeune homme était allé se loger aux Champs-Élysées, tout près de la barrière de l'Étoile; c'était un peu loin pour un homme qui devait se rendre tous les jours au faubourg Saint-Germain; mais les commis de bureau aiment assez à se loger loin de leur ministère, ils sont si longtemps assis, qu'ils ont besoin de prendre de l'exercice avant de se mettre en faction à leur poste.

Ensuite, une autre raison avait décidé ce jeune homme à se loger sur cette belle entrée de Paris, c'est que là, chaque jour et presque à toute heure, on voit passer des chevaux montés par des cavaliers plus ou moins élégants; et cet amour des chevaux ne s'était pas éteint dans le cœur d'Anastase Trottin, d'autant plus qu'il ne l'avait jamais satisfait, et on assure que ce sont ces amours-là qui durent le plus.

Vous vous étonnerez de ce que, devenu son maître, ce monsieur ne se soit point passé quelquefois la fantaisie d'une promenade à cheval; qu'il n'ait point été au moins jusqu'à la porte Maillot où l'on peut, pendant une heure seulement (si on n'en a pas deux à dépenser) se donner le plaisir de galoper dans les allées du bois de Boulogne.

Mais, fi donc! ce n'était point sur de telles montures qu'Anastase Trottin ambitionnait de galoper; il aimait les chevaux, mais il n'aimait pas les rosses, ce qu'il admirait, c'était un bel alezan ou un Andaloux pur sang, ou un cheval arabe à l'allure fière, à la jambe fine, à la crinière flottante; il n'enviait pas le bonheur d'un commis marchand, monté sur un coursier à six francs la demi-journée, mais lorsqu'il apercevait quelques-uns de ces hommes privilégiés qui ont dans leur écurie des chevaux de prix; lorsqu'il voyait le cavalier se lancer dans l'espace, en faisant voler au loin la poussière, que les pieds de son cheval semblaient à peine effleurer, alors il suivait des yeux le cavalier, autant que ses regards pouvaient l'apercevoir, et il poussait un profond soupir en disant:

— A la bonne heure! voilà un cheval!... Ah! si j'étais là-dessus, je crois que je ne m'arrêterais plus!

Et Anastase Trottin s'était logé à côté d'une maison élégante, dont le propriétaire avait de délicieux chevaux de selle.

Lolotte ôte son tablier et le jette au milieu de la chambre

Cette maison appartenait à un certain comte dont vous me permettrez de vous taire le nom; ce comte n'était plus de la première jeunesse, il commençait même à être assez avancé dans sa seconde, mais c'était encore un homme à la mode, renommé pour son élégance, ses équipages et ses chevaux; quelque temps auparavant on le citait aussi pour ses conquêtes, ce grand chapitre des aventures galantes; mais plus ce chapitre diminuait, et plus le comte voulait, au moins d'un autre côté, conserver sa renommée.

Comme il montait fort bien à cheval et s'y tenait toujours avec grâce, avantage que l'âge n'ôte jamais à un bon cavalier, le comte avait dans ses écuries des chevaux de prix, des chevaux de race, avec lesquels il manquait rarement d'aller aux courses et d'y faire courir, excepté lorsqu'il s'agissait d'une course au clocher, alors il montait encore lui-même, son Andaloux favori qu'il avait nommé *Cerf-Volant*, et avec lequel il avait souvent gagné des paris considérables. Car le comte était aussi un grand parieur, un joueur déterminé; il avait toutes les qualités de rigueur chez un homme du grand monde.

C'était tout à côté de ce *lion* que notre ami Anastase Trottin s'était logé; il occupait, dans la maison voisine, un petit appartement fort modeste dans les mansardes; mais il avait vue superbe; une de ses fenêtres donnait sur l'avenue des Champs-Élysées; il pouvait voir tout à son aise galoper et caracoler les cavaliers, ce qui lui causait

LA MARE D'AUTEUIL.

tout à la fois du plaisir et de la peine; mais on assure que l'un ne va guère sans l'autre, le jeune Anastase trouvait plus simple de prendre les deux ensemble.

Une autre croisée de son logement donnait sur la cour de l'hôtel du comte. Cette cour était fermée par une grille; puis, sur la droite, était l'écurie. Le matin le palefrenier ouvrait la porte de l'écurie qui était fort grande, et Anastase Trottin voyait parfaitement quelle place occupait chaque cheval. Il voyait aussi le domestique seller, desseller les chevaux, nettoyer les harnais, les mors, les gourmettes, en un tout ce qui concernait la toilette d'un cheval. Il se donnait presque chaque jour le plaisir de ce spectacle; il en avait tellement l'habitude, qu'il aurait pu faire l'office du palefrenier, car il voyait où chaque chose était placée et où il fallait chercher ce dont on avait besoin.

Mais parmi les beaux chevaux de l'écurie du comte, c'était aussi *Cerf-Volant* qui avait particulièrement séduit le jeune voisin; l'encolure fière et superbe de l'Andaloux, le feu qui sortait de ses naseaux lorsque son maître le montait, enfin son trot noble, égal, son galop fringant, coquet, tout cela enchantait Anastase Trottin; quand il voyait seller *Cerf-Volant*, il manquait l'heure de son bureau pour avoir le plaisir de regarder le cavalier partir sur son fier coursier. Puis, quand il ne pouvait plus l'apercevoir, il s'en allait tristement à son ministère en regrettant de n'être point un Centaure.

Oui, le pauvre Trottin aurait voulu être un de ces monstres de Thessalie, nés comme vous savez d'*Ixion* et d'une nue que monsieur *Jupiter* avait substituée à sa femme *Junon*, et cela dans un moment où il était fort urgent que madame *Junon* fût ailleurs. Ah! si les maris savaient faire des tours de passe-passe comme Jupiter, ce sont les séducteurs qui seraient bien attrapés. Ô prodiges de la mythologie, pourquoi n'êtes-vous pas des réalités? qu'il serait doux de rencontrer dans les bois des Nymphes et des Dryades, dût-on aussi quelquefois y trouver des Faunes et des Satyres; l'une ferait passer l'autre; et quel avantage pour séduire une belle, de pouvoir se métamorphoser en fleur ou en bête, en cygne ou en pluie d'or! De tout cela la pluie d'or est la seule merveille dont il nous soit permis de faire usage; de la mythologie c'est le seul talisman qui nous ait été transmis. Mais pardonnez-moi cette digression!...

Nous voici bien loin d'Anastase Trottin, qui ne pouvait pas se changer en pluie d'or pour satisfaire ses goûts équestres, mais qui, une après-midi, en revenant de son bureau, rencontra son voisin, le comte de ***, monté sur *Cerf-Volant*, et revenant du bois avec quelques autres cavaliers.

Jamais le bel Andaloux n'avait eu une allure plus fière, plus martiale. Les cavaliers semblaient jouter à qui arriverait le plus tôt à l'hôtel. Tout à coup une petite charrette traînée par un âne et qui traversait la chaussée se trouve devant le comte et lui fait obstacle, car à droite et à gauche ses compagnons tenaient le chemin; mais le comte montrait *Cerf-Volant* et avec lui il ne connaissait ni pont ni barrière infranchissable; piquant son fier coursier en lui enlevant légèrement la bride, il le lance en avant et la charrette est franchie, aux grands applaudissements des promeneurs et même des cavaliers qui accompagnaient le comte.

Quant à Trottin, témoin de cette audacieuse voltige, il est demeuré ébahi, enchanté, ébloui; il a voulu crier : bravo! il est resté la bouche ouverte; il a voulu applaudir, il est demeuré les bras en l'air; enfin il n'y a plus depuis longtemps devant lui ni chevaux ni cavaliers et il est encore en admiration à la même place.

Trottin va dîner à son restaurant habituel, mais il n'a pas d'appétit; il a été tellement frappé de ce qu'il a vu qu'il ne cesse point d'y penser; aussi, au lieu d'un beefteck, il demande un cheval au cresson; pour potage, un Andaloux purée, et pour dessert une selle anglaise. Heureusement le garçon le connaissait et prenait tout cela pour des plaisanteries du Cirque.

Trottin rentre chez lui. Il veut lire, il veut travailler, impossible; le cheval franchissant la charrette était sans cesse devant ses yeux; pour tâcher de retrouver un peu de calme, le jeune homme se décide à se coucher et à chercher dans le sommeil l'oubli de l'événement de la journée.

Anastase Trottin s'endort; mais son sommeil, après avoir été quelque temps lourd et profond, devient agité et fatigant; enfin, que ce soit l'effet de son rêve, ou le résultat de la profonde impression qu'il a éprouvée dans la journée, le somnambulisme, dont depuis fort longtemps il n'avait point éprouvé les accès, lui revient alors avec une force surprenante.

Le jeune homme se lève tout endormi, il passe un pantalon, un gilet, met ses bottes, puis, sans endosser ni habit ni redingote, il sort de sa chambre, descend son escalier, arrive devant la porte de sa maison qui s'ouvrait en dedans par un secret connu des locataires. Il pousse le ressort, la porte s'ouvre, le voilà dehors; il se dirige vers la maison voisine et va sonner à la grille de l'hôtel du comte.

Le suisse de cet hôtel avait l'habitude d'ouvrir toute la nuit sans se déranger de son lit, sans demander qui c'était, parce que les habitants de l'hôtel, étant fort peu rangés, rentraient à toute heure de la nuit.

On tire le cordon : notre somnambule pousse la grille, la laisse toute grande ouverte, et se dirigeant vers la cour du fond, marche droit à l'écurie. Il n'hésite pas un moment pour prendre la clef qui est pendue à un clou dans une encoignure. Il ouvre l'écurie et, sans se tromper, va prendre la selle, le mors, la bride de *Cerf-Volant*; puis s'approchant du superbe cheval, il le prend par la longe, lui fait quitter sa litière et se met à le seller.

En peu de temps tout est terminé; Anastase Trottin ne s'est trompé en rien, quoiqu'il fasse très-noir dans l'écurie, mais on sait que les somnambules sont nyctalopes, qu'ils voient clair la nuit, avantage qu'ils partagent avec les chats.

Quand le cheval est parfaitement sellé, bridé, Anastase s'élance dessus avec l'agilité et l'aplomb d'un écuyer du Cirque, puis, le pressant des genoux, il sort de l'hôtel monté sur *Cerf-Volant*.

Une fois dans l'avenue des Champs-Élysées, le cavalier endormi fait tourner son cheval du côté de l'Arc de triomphe, puis, stimulant sa monture des genoux, du talon, de toute sa personne enfin, et avec ce tact, avec cet art qui dénotent sur-le-champ un parfait écuyer, qui sait dompter l'animal le plus fougueux, notre somnambule part avec la vivacité de l'éclair; il ne trotte pas, il ne galope point; il vole, il dévore l'espace; il dépasserait les wagons s'il y en avait sur la route; à peine a-t-on le temps de l'apercevoir : on l'entend venir, et il est déjà tout près; on veut le regarder, il est déjà trop loin : c'est un farfadet qui se joue dans l'espace; c'est une sorcière qui se rend au sabbat; c'est le roi des Aulnes enlevant le pauvre enfant; c'est le spectre de l'amant de Lénore, répétant à sa belle :

Les morts vont vite!

Le cavalier somnambule a passé la barrière, galopé sur la route de Neuilly. Puis, laissant son cheval suivre ses habitudes, il est entré dans le bois de Boulogne; *Cerf-Volant* prend l'avenue de Madrid, stimulé par son cavalier, en quelques minutes il est au bout. Mais il ne s'arrête pas, il galope, galope, ou plutôt il vole toujours.

Eh! bonjour, monsieur Monbreilly, je ne vous croyais plus à Paris.

Après deux heures employées à parcourir le bois de Boulogne dans tous les sens, il en est ressorti par la porte Maillot, il reprend le chemin de l'hôtel du comte; il franchit la barrière sans s'arrêter, les commis ont vu passer quelque chose comme un cavalier, mais ils n'ont pas eu même le temps d'en approcher, il était déjà loin.

Anastase Trottin, toujours dans son état de somnambulisme, est rentré dans l'hôtel, dont la grille est restée ouverte.

Il ramène le cheval à l'écurie après l'avoir débarrassé de la selle et de la bride; enfin il remet chaque chose à sa place, referme l'écurie, sort de l'hôtel, rentre chez lui, retourne à sa mansarde, se redéshabille, se recouche, continue son sommeil et se réveille le lendemain matin sans avoir la moindre souvenance de ce qu'il avait fait pendant la nuit.

Ce lendemain-là, le comte avait une partie arrangée avec quelques amis ; on devait visiter à cheval les bois de Fleury, de Meudon, gagner Versailles et revenir par Saint-Cloud.

Le comte a dit à son valet de pied de seller *Cerf-Volant* avec lequel il comptait bien laisser souvent en arrière une partie de ses compagnons.

Mais cette fois, ce qui ne s'était jamais vu encore, c'est *Cerf-Volant* qui est dépassé par les autres chevaux.

En vain son maître l'excite, le pousse et lui fait même sentir l'éperon, ce qui jusqu'alors avait toujours été inutile avec le bel Andaloux ; le fier coursier prend pour un moment un beau galop, mais il se lasse bien vite, il n'a plus ni feu, ni vigueur.

— Voilà qui est bien extraordinaire, dit le comte ; certainement *Cerf-Volant* a quelque chose... il n'est pas dans son état naturel... il faut qu'il soit malade, je vais le laisser reposer quelques jours, après quoi, messieurs, j'espère bien prendre avec vous une revanche éclatante.

Et le comte fait ce qu'il a dit ; pendant trois jours il ne monte pas son cheval favori, le recommandant aux soins du palefrenier, et ne doutant pas que ce temps ne suffise pour remettre le beau coursier dans son état normal.

Mais si M. le comte ne montait plus *Cerf-Volant*, il y avait quelqu'un qui se chargeait de le monter pour lui.

Depuis sa première course nocturne, Anastase Trottin se levait toutes les nuits à deux heures du matin en état de somnambulisme ; il s'habillait à peu près comme la première fois, c'est-à-dire qu'il restait en manches de chemise ; puis, comme la première fois, il sortait de chez lui, se rendait à l'hôtel, faisait sortir *Cerf-Volant* de l'écurie, le sellait, le bridait, le montait, et allait galoper pendant deux heures dans le bois de Boulogne ; ensuite il ramenait le cheval, remettait chaque chose à sa place et remontait à sa chambre continuer son sommeil jusqu'au jour.

Ces deux heures de course nocturne fatiguaient le bel Andaloux beaucoup plus que n'aurait pu le faire une promenade d'une journée, car, ainsi que nous avons eu déjà l'honneur de vous le dire, monté par le cavalier somnambule qui le conduisait avec l'adresse et la vigueur du premier écuyer de l'Europe, le cheval ne galopait pas, il volait dans l'espace ; sa course avait quelque chose de magique, de surnaturel ; il semblait vraiment que *Cerf-Volant* sentît qu'il n'était point monté par un cavalier ordinaire, et qu'une force supérieure à sa propre volonté le fît aller toujours et quand même !

Les trois jours de repos accordés à l'Andaloux étant expirés, M. le comte, qui a eu le soin d'organiser une course, et engagé un pari de cent napoléons, a fait seller *Cerf-Volant* et le monte avec cette confiance d'un maître qui croit son serviteur incapable de le trahir.

Le pari consistait à arriver à Courbevoie dans un temps donné.

Lorsqu'on est sorti de la barrière, le signal est donné, les cavaliers partent, mais, loin d'être vainqueur, *Cerf-Volant* arrive le dernier au but, et encore y arrive-t-il tout haletant et n'en pouvant plus.

Le comte est très-vexé, d'abord de voir son cheval vaincu par les autres et ensuite de perdre son pari.

De retour à son hôtel, le comte gronde son palefrenier, son piqueur, ses valets, il gronde tout le monde ; il veut que l'on prenne plus de soins de ses chevaux ; il prétend que c'est par la faute de ses gens que son cheval n'est plus bon à rien ; enfin il fait venir des vétérinaires, des amateurs, des écuyers ; il consulte, il fait voir, examiner *Cerf-Volant* ; si l'on croyait encore aux sorciers et aux sortilèges, le comte ne mettrait plus en doute que son cheval favori a le *mauvais œil*.

Cependant on commençait à parler dans le bois de Boulogne et aux environs de ce cavalier nocturne qui, toutes les nuits, passait avec une rapidité effrayante et sans se reposer jamais en chemin.

A la barrière, les commis avaient plus d'une fois tenté de l'arrêter, mais impossible ; une nuit le cavalier avait, avec son cheval, passé par-dessus la tête de deux gabelous qui voulaient lui barrer le passage ; depuis ce temps, messieurs de l'octroi avaient pris toute leur dès qu'ils entendaient le galopeur nocturne.

Le costume du cavalier prêtait encore au merveilleux, les bonnes gens disaient: C'est un fantôme qui s'amuse à faire la course toutes les nuits, les commis de l'octroi appuyaient cette opinion, pour s'excuser de ne point arrêter à son entrée Paris le cavalier nocturne.

Les gens raisonnables disaient: C'est un fraudeur ou un amoureux; dans l'un ou l'autre cas, il ne veut pas être surpris et reconnu ; mais quel qu'il soit, le plus certain de l'affaire, c'est qu'il monte à cheval de manière à défier les premiers écuyers des quatre parties du monde... en supposant que le monde n'ait que quatre parties, ce qui n'est pas mon opinion.

Ces bruits arrivèrent aux oreilles du comte, qui était toujours d'une triste humeur depuis la dernière défaite de son Andaloux, et qui se creusait la tête pour deviner ce qui pouvait avoir privé *Cerf-Volant* de ses moyens.

D'abord le comte fit peu attention à cette histoire de fantôme, de coursier magique galopant toutes les nuits dans le bois de Boulogne.

Puis une idée le frappa et, s'étant informé de l'heure où passait ce cavalier, que personne ne pouvait atteindre, il dit à son palefrenier :

— Ne te couche pas, fais le guet cette nuit près de l'écurie, et si tu vois quelque chose, ne dis rien, mais viens me prévenir.

Le palefrenier exécuta les ordres de son maître ; à deux heures et quelques minutes, par une nuit assez noire, il vit arriver Anastase Trottin en manches de chemise, il ne doutait point qu'il n'eût affaire à un fantôme ; il vit le soi-disant spectre seller *Cerf-Volant*, le monter et partir avec lui.

Alors le palefrenier se rendit près du comte et d'une voix que la frayeur faisait trembler lui dit :

— Vous aviez bien raison, monsieur, c'est votre cheval favori, c'est ce pauvre *Cerf-Volant* que le fantôme du bois de Boulogne vient enfourcher à deux heures du matin... je viens de le voir... Il l'a sellé aussi bien que je l'aurais fait moi-même... Oh ! il ne s'est pas trompé, il sait où chaque chose est placée... le mors, la bride... la selle... ce qui prouve bien que c'est un revenant, car dans l'écurie, il ne fait pas clair du tout. Il est parti dessus... parti... comme le vent... comme l'éclair... Ce n'est pas étonnant si votre beau cheval n'a plus de force dans la journée, après le métier qu'on lui fait faire les nuits ! car il paraît qu'il y a déjà près de trois semaines que le diable vient le monter. Ah ! monsieur, c'est fini, vous pouvez dire adieu à votre cheval... il est endiablé !... Quant à moi, je ne veux plus être palefrenier pour tout l'or du monde, car je suis bien persuadée qu'il m'arriverait malheur dessus.

Le comte, qui ne croyait pas aux revenants, mais qui voyait dans tout ceci quelque chose dont il voulait avoir la clef, se leva, et se rendit à son écurie en se disant:

— Ce qu'il y a de certain, c'est que le cavalier n'est pas un voleur, puisque tous les jours on retrouve *Cerf-Volant* dans son écurie. Par conséquent je le verrai revenir.

Le comte dit à son palefrenier d'aller se coucher, et il eut la patience d'attendre seul le retour de son Andaloux.

A quatre heures du matin, un galop lointain se fit entendre, le comte écoutait en tressaillant, le bruit se rapprochait si rapidement que le comte eut presque un moment d'effroi ; car il lui paraissait difficile qu'un homme pût se tenir à cheval en allant de cette vitesse-là.

Mais il avait déjà honte de ce mouvement de superstition lorsque le cavalier s'arrêtait à la grille de l'hôtel.

Le comte se tint à l'écart pour ne point être aperçu, il ignorait que celui qui lui ramenait son cheval ne l'aurait pas vu, lors même qu'il se serait placé positivement en face de lui.

Après que Trottin eut ramené le cheval à son écurie et tout remis à sa place, il le vit sortir par la grille, il le suivit et ne fut pas médiocrement surpris de le voir entrer dans la maison voisine de la sienne.

D'abord le comte avait eu l'envie d'entrer après ce monsieur, pour lui demander de quel droit il se servait toutes les nuits de son cheval favori ; mais avant d'en venir là, ce qui maintenant était chose facile, puisqu'il avait découvert le cavalier mystérieux, le comte, grand amateur d'équitation, ne put résister au désir de juger par lui-même du talent extraordinaire de ce monsieur qui ne permettait même pas aux gabelous de l'arrêter. Il ne dit rien cette nuit-là, et rentra chez lui. Le jour venu, il recommanda à son palefrenier d'avoir les plus grands soins de *Cerf-Volant* et de lui donner double ration, car il comprenait que son Andaloux n'avait d'autre maladie que la fatigue.

Le soir, le comte dit à son piqueur : Qu'on me tienne un de mes meilleurs chevaux... pas *Cerf-Volant*, mais un autre, tout prêt, tout sellé, un peu avant deux heures du matin.

Tout cela se fit comme le comte l'avait ordonné. A deux heures moins cinq minutes il montait à cheval, laissant son palefrenier ébahi de sa hardiesse et qui devinait que son maître avait l'intention de faire une petite course avec le diable.

En effet, le comte était allé se poster à quelques pas de la maison du voisin. Bientôt il vit Trottin en sortir et entrer à l'hôtel. Ce qui surprenait le comte, c'était le costume léger adopté par son voisin pour aller à cheval. Mais on était en été et il se dit:

— Cela lui est sans doute plus commode pour galoper.

Le comte n'attendit pas longtemps sans voir le jeune homme en manches de chemise passer avec *Cerf-Volant*. Aussitôt le propri...

ta re de l'Andaloux piqua des deux pour tâcher de suivre le cavalier nocturne, vains efforts ! pendant quelques secondes il vit bien au loin galoper Cerf-Volant, mais quoiqu'il allât lui-même ventre à terre, il lui fut impossible de suivre plus d'une minute l'homme qui montait son bel Andaloux.

— C'est merveilleux..., c'est vraiment admirable ! disait le comte, tout en laissant son cheval reprendre haleine. Ma foi, voilà un gaillard qui va joliment à cheval ! C'est plus fort que tout ce que j'ai vu dans ma vie... et pourtant j'ai assisté à toutes les courses intéressantes qui ont eu lieu. Ce garçon-là éreinte mon pauvre cheval, et pourtant je ne puis m'empêcher de l'admirer... Parbleu ! il faudra qu'il me fasse regagner tout ce qu'il m'a fait perdre... maintenant que je connais son talent, je suis bien sûr de mon affaire... Allons jusqu'au bois de Boulogne, j'aurai du moins le plaisir de le voir repasser.

Le comte met son cheval au petit trot et va du côté de la porte Maillot. Il n'est pas là longtemps sans apercevoir le cavalier en chemise qui revient de Courbevoie et entre dans le bois de Boulogne. Mais tout cela s'est fait si vite que le comte n'a pu ni le voir venir, ni le suivre des yeux... il lui semble qu'il vient d'avoir une vision et il revient tout doucement à son hôtel en répétant :

— C'est superbe !... c'est au-dessus de tout ce que l'on peut croire. Il n'y a pas moyen de se fâcher contre un homme qui monte si bien à cheval, mais il ne pourra refuser à son tour de m'être agréable, ce sera bien le moins pour s'être ainsi servi de mon bel Andaloux.

Le comte est rentré à son hôtel et il dit à son valet de chambre :

— Quand ce monsieur qui monte Cerf-Volant sera revenu, vous le suivrez dans la maison voisine où il demeure. Vous vous informerez de son nom, vous saurez à quel étage il loge, et demain vous me direz tout cela.

Le valet de chambre paraît fort effrayé de la commission qu'on lui donne, parce qu'il partageait la terreur du palefrenier, relativement au cavalier nocturne ; cependant, comme avec le comte il fallait obéir sans répliquer, il se met en devoir de faire ce que son maître lui a ordonné.

Anastase Trottin est revenu suivant sa coutume ; il a reconduit Cerf-Volant à son écurie, a remis tout en place et retourne à sa demeure. C'est alors que le valet de chambre, qui le guettait, court après lui, et s'écriant :

— Monsieur... pardon ! mais votre nom, s'il vous plaît... car mon maître désire vous parler demain... il prétend que vous n'êtes pas un revenant... ni un diable... est-ce vrai, monsieur, êtes-vous bien vivant ? Ces paroles n'obtiennent aucune réponse, le jeune homme ne s'est même pas retourné et il continue son chemin.

— Voilà un monsieur qui n'est guère poli, se dit le domestique, comment, il ne daigne pas même me répondre... c'est qu'il est sans doute tout confus d'avoir été surpris... n'importe, il faut que j'exécute les ordres de mon maître.

Et le valet de chambre suit toujours Trottin, il entre après lui dans la maison voisine ; il grimpe après lui les étages. Mais lorsque le jeune employé est entré chez lui et a refermé sa porte, le domestique ne pouvant aller plus loin, se décide à s'en retourner en se disant :

— Si je ne sais pas le nom de ce monsieur, je sais du moins où est sa porte.

Le lendemain, au moment où il se disposait à partir pour son bureau, Anastase Trottin est tout surpris de voir entrer chez lui le comte son voisin, qu'il reconnaît parfaitement. Celui-ci salue le jeune commis, en lui disant d'un ton légèrement ironique :

— Permettez-moi, monsieur, de venir vous faire mes compliments pour la manière dont vous faites galoper mon cheval andaloux ; en honneur, monsieur, vous n'avez pas de rivaux, et moi-même, qui me croyais assez bon écuyer, j'avoue que je ne serais pas de force à lutter avec vous.

Anastase a écouté le comte d'un air tant soit peu hébété ; lorsque celui-ci a fini, il lui répond :

— Monsieur, je vous demande bien pardon, mais je crois que vous faites erreur en ce moment, et me prenez pour un autre... je n'ai de ma vie monté à cheval... ce n'est pas l'envie qui m'a manqué pourtant... mais je n'étais pas en position de la satisfaire... car je n'aime pas les chevaux médiocres, mais je voudrais en avoir comme les vôtres, monsieur, voilà ce qui me charmerait.

Le comte sourit et reprend :

— Vous avouez au moins que vous connaissez mes chevaux... C'est déjà quelque chose... Vous aviez sans doute remarqué Cerf-Volant... mon superbe Andaloux...

— Oh ! oui, monsieur, celui que vous montez si bien...

— Pas si bien que vous !...

— Ah ! monsieur, c'est une plaisanterie alors...

— Tenez, monsieur Trottin, il est inutile de nier davantage... tôt ou tard d'ailleurs cela devait se découvrir ; mais puisque vous voyez que je ne me fâche pas, ne persistez pas à vous défendre. J'aurais préféré cependant que vous vinssiez tout franchement chez moi me dire : Je fais à cheval des choses surprenantes... permettez-moi de monter quelquefois votre Andaloux, et vous en serez témoin. A la vérité, je ne vous aurais pas prêté Cerf-Volant, si j'avais su que vous la mettez sur les dents, cette pauvre bête. Je ne pourrai plus m'en servir à présent... il n'y a plus moyen.

— Moi, monsieur !... je me sers de votre cheval !...

— Eh ! pardieu, oui !... toutes les nuits, depuis deux heures du matin jusqu'à quatre !... Mais vous employez bien ces deux heures-là !... Oh ! personne ne ferait ce que vous faites en si peu de temps...

— Encore une fois, monsieur le comte, vous plaisantez ou vous vous trompez... Je suis tous les soirs rentré à onze heures, et je ne sors plus que pour aller à mon bureau, comme à présent.

— Encore une fois, monsieur, je ne plaisante pas, et je ne me trompe pas. D'ailleurs de nombreux témoins peuvent affirmer le fait. On vous a vu et suivi, monsieur. Vous sortez de cette maison à deux heures du matin...

— Moi ?

— Vous-même... Vous ne prenez même pas le temps de passer un paletot. Vous sonnez chez moi, on ouvre la grille, vous allez droit à l'écurie... Oh ! vous connaissez parfaitement les êtres ; vous sellez Cerf-Volant...

— Moi ?

— Eh oui ! vous ! vous-même, vous le montez et galopez avec lui sur la route de Neuilly, puis dans le bois de Boulogne.

— Mais encore une fois, c'est impossible, monsieur !

— Mais je vous répète qu'on vous a vu... suivi... moi, mon palefrenier... mon piqueur... et puisque le fait est avéré, je ne comprends pas que vous vous obstiniez à le nier.

Le pauvre Trottin se donnait au diable pour deviner le mot de cette énigme ; il se tâte, se regarde dans sa glace, se pince pour être sûr que c'est à lui que l'on s'adresse. Au bout d'un moment, frappé d'une idée subite, il s'écrie :

— Monsieur, si véritablement j'ai fait tout ce que vous dites là, il faut que ce soit en dormant, car je me rappelle que j'étais somnambule étant tout jeune, monsieur, et cela m'a peut-être repris sans que je le sache.

Le comte se met à rire en répondant :

— L'excuse est fort drôle. Ah ! vous dormiez en galopant sur mon cheval de manière à dépasser un convoi de chemin de fer, voilà un rude sommeil !... Je me crois peu à de tels prodiges. Quoi qu'il en soit, j'ai compté sur vous, monsieur, pour me faire gagner un pari que je vais engager dès aujourd'hui... Il sera considérable, mais je suis tranquille, vous laisserez vos compagnons bien loin derrière vous !... Ce sera pour d'aujourd'hui en huit. D'ici là, vous voudrez bien laisser reposer mon cheval... d'ailleurs je vous avertis qu'on ne vous ouvrira plus. Au revoir, monsieur, je vous ferai savoir au juste l'heure et l'endroit où la lutte aura lieu.

Le comte a quitté Trottin ; celui-ci se rend à son bureau en rêvant à cette singulière aventure ; il est toujours persuadé que l'on se trompe ou que son voisin veut lui faire quelque mystification. Ce qu'il y a de plus bizarre dans tout cela, c'est que cette nuit-là notre somnambule demeure fort paisiblement couché et ne sclève pas comme il le faisait depuis une quinzaine de nuits, et il reste également dans son lit le lendemain et les jours suivants. Pourquoi ? Nous ne nous chargerons pas de l'expliquer ; la nature a des secrets devant lesquels notre science doit baisser pavillon.

Six jours s'étaient écoulés ; Anastase Trottin n'avait plus entendu parler de son voisin ; il commençait à croire que la plaisanterie était terminée et n'aurait pas d'autres suites, lorsque le septième jour le comte vint de grand matin chez lui, et le saluant d'un air fort aimable :

— C'est pour demain, monsieur Trottin, c'est fixé ; j'ai choisi ce jour parce que c'est un dimanche, et que vous, employé, n'êtes libre que ces jours-là... Demain à deux heures... J'espère que je puis compter sur vous ?

— Sur moi, monsieur, et pourquoi faire ?

— Pour courir à cheval sur Cerf-Volant, mon bel Andaloux, que vous aimez tant et que vous montez si bien.

— Moi, monsieur le comte, vous voulez que je monte votre beau cheval ?

— Et que vous fassiez dessus deux fois le tour du Champ-de-Mars en trois minutes. C'est un tour de force, cela semble impossible, cela ne s'est jamais fait même en quatre minutes ! aussi je n'ai pas manqué de parieurs quand j'ai proposé cela ! Mais je gagnerai, car je vous ai vu dans le bois de Boulogne, et vous alliez plus vite que le vent. Ah ! cette fois cela en vaut la peine ; il y a mille napoléons d'engagés contre moi, je vous en offre le tiers... Vous voyez que ce sera aussi pour vous une bonne affaire.

— Ainsi, monsieur le comte, vous croyez que je ferai deux fois le tour du Champ-de-Mars en trois minutes ?

— J'en suis sûr.

— Moi, je vous déclare que je ne demande pas mieux, mais j'en doute beaucoup, vu que je n'ai jamais monté à cheval !

— Ah ! monsieur Trottin, est-ce que nous allons recommencer ?

— C'est vous qui recommencez votre plaisanterie.

— Vous nierez encore que c'était vous qui, toutes les nuits, veniez chercher Cerf-Volant à son écurie et le laissiez courir deux heures dans le bois de Boulogne? Mais alors, monsieur, pourquoi donc, depuis que je suis allé vous prier de laisser mon cheval tranquille, personne n'est-il venu le chercher? pourquoi depuis ce temps n'a-t-on pas revu passer le cavalier nocturne qui effrayait les bonnes femmes et même les employés de l'octroi? Car je me suis informé, monsieur, j'avais envoyé du monde partout et je n'avance pas un fait sans en être certain.

Trottin est confondu, il répond d'un air contrit :
— Alors, c'est moi... Je le veux bien, mais c'est que je dormais en faisant tout cela.

Le comte part de nouveau d'un éclat de rire et lui dit :
— Comme vous voudrez; dormez en galopant, si cela vous est agréable, mais gagnez notre pari, voilà l'important. C'est donc bien convenu : trouvez-vous demain un peu avant deux heures au Champ-de-Mars. Allez tout doucement en vous promenant, ne vous fatiguez pas d'avance, et habillez-vous légèrement; au reste, mes recommandations sont inutiles, car vous entendez tout cela mieux que personne. Je ferai conduire Cerf-Volant en main par mon piqueur... il est superbe, plein de feu, bien reposé! Vous pouvez hardiment le lancer. A demain donc, monsieur Trottin, et je vous certifie que vous allez acquérir une grande renommée, car ce qu'il y a de mieux à Paris, tout le Jockey-Club, tous les amateurs de courses seront là.

Le comte est parti.
Trottin se dit :
— Abandonnons-nous à la Providence!... J'ai toujours adoré les chevaux, apparemment que le talent de l'équitation m'est venu en naissant, peut-être naît-on écuyer comme on naît rôtisseur.

Le lendemain, dimanche, le Champ-de-Mars était de bonne heure envahi par une foule immense, car on avait entendu parler d'un pari considérable engagé entre des membres du Jockey-Club; d'un écuyer extraordinaire qui surpassait tout ce qu'on avait vu jusqu'alors.

Il y avait quelques personnes qui parlaient tout bas, mystérieusement, d'un cavalier nocturne que les employés de l'octroi n'avaient jamais pu arrêter, parce qu'il passait comme un éclair, et qui répandait l'effroi sur son passage, par la rapidité fabuleuse de sa course, si bien qu'on assurait qu'un habitant de l'autre monde pouvait seul galoper ainsi.

Enfin, parmi tous les causeurs, c'était à qui amplifierait sur ce que son voisin avait dit du cavalier nocturne, si bien qu'on en vint à assurer qu'il avait une queue comme les singes, des jambes velues comme un bouc, des cornes comme beaucoup de personnes en ont dans la société.

Le comte était dans l'enceinte réservée, entouré de ses amis et de ses adversaires.

Cerf-Volant, tenu par un piqueur, hennissait d'impatience à quelques pas de son maître; le fier animal, entièrement remis de ses fatigues, frappait la terre de son pied, et semblait appeler son cavalier.

Tout le monde se demandait où était l'étonnant cavalier, chacun voulait le voir, le comte lui-même commençait à craindre qu'il ne fût arrivé quelque chose à son jeune voisin, lorsqu'enfin Trottin parut.
— Le voilà! dit le comte en allant au-devant de jeune homme, et tous les gentlemen riders de s'écrier :
— Comment!... c'est ce petit monsieur; qui diable se douterait que c'est là un écuyer extraordinaire! il a l'air de ne point oser avancer... et c'est là le cavalier qui fera deux fois le Champ-de-Mars en trois minutes!

En effet, Trottin, tout confus en se voyant le point de mire de la foule, était très-rouge, très-gauche, très-embarrassé.

Le comte va à lui, le rassure, lui secoue la main et lui montre Cerf-Volant en lui disant :
— Il vous attend... allons, quand vous voudrez!

Trottin regarde le beau cheval et tourne autour, car il ne sait pas de quel côté il doit le monter; heureusement le piqueur lui présente l'étrier, sur lequel il met d'abord son pied droit, ce qui fait surgir un murmure dans l'assemblée.
— Mais il ne sait pas seulement monter à cheval, ce monsieur, dit-on de tous côtés.

Le comte rit en s'écriant :
— Il se moque de vous! vous allez le voir tout à l'heure!

Trottin est enfin parvenu à se mettre en selle, et il secoue la bride de son coursier en se disant :
— Le sort en est jeté.

Cerf-Volant ne demandait qu'à partir ; à peine se sentit-il monté qu'il s'élance rapidement dans l'arène; mais le pauvre Trottin a bientôt perdu l'équilibre; éperdu, effrayé, il abandonne les rênes, se penche sur le cou de son cheval, et se retient à sa crinière.
— Cet homme ne sait pas monter à cheval! s'écrie-t-on de toutes parts, il va tomber, il est impossible qu'il coure.

Et le comte, toujours entêté, ne voulait pas en croire ses yeux, et disait :
— Il fait semblant, tout ceci est un jeu... Je l'ai vu, moi, dans le bois de Boulogne.

Mais le pauvre Trottin, qui ne faisait pas semblant, est bientôt jeté à terre, où il se donne une entorse... Cerf-Volant s'amuse à cabrioler

dans le milieu du Champ-de-Mars, et au lieu de gagner mille napoléons, le comte perd honteusement son pari, car c'est à qui se moquera du pauvre Trottin, qui, tout en boitant, va se réfugier dans un fiacre en murmurant :
— Il paraît que les facultés que nous donne le somnambulisme s'évanouissent avec le réveil!... Ce monsieur n'a pas voulu me croire quand je lui ai dit que je dormais, et pourtant c'était la vérité, à moins que ce ne soit lui qui ait rêvé tout cela.

XIX.

Achille fait des siennes.

— L'histoire est fort amusante, dit Monbrailly, lorsque Rocheville a terminé son récit.
— Fort originale, dit Sinagria; que ce soit un conte, une blague ou une aventure arrivée, j'ai eu beaucoup de plaisir à l'entendre.
— Et pourquoi ne voulez-vous pas que ce soit arrivé? s'écrie le jeune Durbinot, pour un somnambule, cela n'a rien d'extraordinaire!... ils font quelquefois des choses bien plus fortes!... il y en a qui restent endormis huit jours, et quand ils se réveillent, ils n'ont pas plus d'appétit que s'ils avaient dormi deux heures!

Benjamin, seul, ne disait rien, car il n'avait point encore fréquenté de somnambule.

En ce moment, le garçon entre dans le salon de ces messieurs; il tient un billet fermé à la main.
— Pardon, messieurs, quel est celui de vous qui est M. Sinagria?
— C'est moi, répond le grand Grec.
— Voici un billet qu'une dame vient de me prier de vous remettre.
— Une dame! murmure le long jeune homme en rougissant de plaisir.
— Si c'est une jolie dame, faites-la donc monter, s'écrie Rocheville.
— La personne qui m'a remis cela est repartie tout de suite, dit le garçon.
— Ah! voyez-vous, ce Sinagria qui prétendait n'avoir pas de maîtresse en ce moment et qu'on vient réclamer jusqu'ici !
— Messieurs... je vous assure que j'ignore... mais, permettez-moi de voir d'abord ce qu'il y a dans ce billet.

Le Grec ouvre la missive, en la lisant sa figure s'anime, le plaisir brille dans ses yeux.

A peine a-t-il achevé qu'il se lève en disant :
— En effet, messieurs, c'est une dame qui m'écrit... Je ne devine pas trop qui ce peut être; mais, comme je suis fort curieux de m'en assurer, vous permettez que je vous quitte? je reviendrai... Oh! je pense que je reviendrai...
— Allez! allez! mon cher, liberté entière et beaucoup de bonheur!

Le grand jeune homme est déjà sorti, lorsque le garçon s'approchant d'Arthur Durbinot lui dit :
— Je crois que monsieur se nomme Arthur Durbinot?
— Oui! Pourquoi? Est-ce que cette dame vous a remis aussi une lettre pour moi?... Ce serait drôle!... mais cela ne me surprendrait pas! j'ai vu des choses si étranges.
— Non, monsieur, ce n'est pas cette dame, c'est une espèce de commissionnaire qui m'a donné cette carte pour vous, en me disant que c'était très-pressé.
— Donnez donc, alors.

Arthur prend la carte et lit tout haut :
« Pendant que vous dînez en ville, votre Éléonore est allée au Château-Rouge, avec un monsieur qui est venu la prendre en coupé. »
— Comment? voilà les coupés qui reviennent rôder devant moi! s'écrie le pâle jeune homme en quittant vivement la table! messieurs, vous le voyez, ce n'est pas ma faute... mais il faut que je tire cette affaire au clair, et cette fois, si Éléonore est fautive, qu'elle tremble!... Je lui donnerai une terrible leçon.
— J'espère que vous ne vous servirez pas de votre pistolet, monsieur Durbinot?
— Messieurs, je ne réponds de rien, quand je suis exaspéré, je me fais peur à moi-même. Au revoir, messieurs, il va se passer des choses dont on parlera.

Arthur est sorti de la table en roulant ses yeux comme s'il avait le mal de mer.
— Vous ne craignez pas qu'il ne fasse quelque coup de tête? dit Benjamin en regardant Achille. Si nous allions avec lui?
— Non, rassurez-vous, c'est inutile, nous connaissons ce jeune homme, il est beaucoup moins redoutable en actions qu'en paroles.
— Quant à moi, je voudrais que l'on vînt me dire que l'on a enlevé Berthe en coupé ou même en berline, qu'elle est partie pour le Brésil ou la Californie... Je vous certifie que je ne courrais pas après elle.
— Vous dites cela, mais, si vous la saviez avec un autre...
— Je l'y laisserais, puisque je voulais vous demander ce moyen

que vous m'avez promis de m'indiquer, pour recevoir moins souvent de ses visites.

— Il est bien simple... ne lui donnez plus d'argent quand elle vous en demandera.

— Bah! vous croyez que cela suffira pour diminuer son envie de me voir.

— Je suis même persuadé que cela la fera passer tout à fait.

— Si je le croyais!

— Essayez-en! que risquez-vous?

— Ce n'est pas agréable à dire que l'on n'a pas d'argent.

— Que vous êtes jeune! les gens les plus haut placés disent cela tous les jours, et souvent ils ne mentent pas, tandis que vous, vous avez la consolation de savoir que vous mentirez.

En ce moment, le garçon rentre dans le salon et présente à Benjamin un petit papier, sur lequel quelques mots sont écrits au crayon, en lui disant :

— Un petit gamin m'a remis cela pour monsieur.

Le jeune homme prend le papier et lit :

« Mon cher Benjamin, ta Berthe est en gage chez Mabille, allée des « Veuves, aux Champs-Elysées, où elle a, en courant, brisé une « glace, qu'on a la petitesse de vouloir lui faire payer.

« Viens me délivrer, je t'attends.

— Allons, bon, comme c'est agréable!... madame brise des glaces à présent... et il faut que ce soit moi qui paye...

— Ah! ceci est un accident, vous ne pouvez pas laisser votre maîtresse en gage pour une glace.

— Mais comment a-t-elle su que je dînais ici?

— Elle aura fait courir chez tous les bons restaurants; on finit toujours par trouver...

— Allons... je vais délivrer cette dame... Mabille, allée des Veuves... Oh! j'y suis allé déjà... Au revoir, messieurs, excusez-moi de vous quitter ainsi; j'irai vous voir, monsieur Rocheville.

— Je l'espère bien.

— Ainsi que monsieur Montbreilly, qui a bien voulu me donner son adresse.

— Vous me ferez plaisir, monsieur Benjamin.

— Je vais prendre un cabriolet... Cette Berthe ne me laissera pas tranquille un seul jour.

Benjamin Godichon est éloigné.

Achille est resté seul avec Albert, il se dandine sur sa chaise en riant il en pleurer, lorsque le garçon rentre dans le salon, tenant une autre lettre à la main, et s'approche d'Albert en balbutiant

— Monsieur, ceci vient d'une dame qui...

Montbreilly ne laisse pas le garçon achever, il prend le papier, le roule dans ses mains, et en fait une boulette qu'il lui jette au nez en lui disant :

— Comment, drôle! et à moi aussi; je ne pense pas assez que monsieur que voilà, se soit moqué de ces trois innocents qui étaient là tout à l'heure; il vaut aussi jouer un tour de sa façon à un amphitryon! mais je ne tomberai pas dans le piège, moi, c'est dommage... il doit pourtant être satisfait de sa soirée.

Le garçon s'est sauvé sans demander son reste.

Achille rit de plus belle.

Albert, qui a bien envie d'en faire autant, se tourne vers lui en lui disant :

— Vous serez donc toujours le même!

— Eh! mon cher, il faut bien rire un peu!... D'abord, je ne suis pas fâché de m'amuser aux dépens du Grec, qui est très-prétentieux, et cache sous la curiosité certain penchant au persiflage. Je l'ai envoyé au bal d'Asnières; il prendra le chemin de fer, ça le promènera.

Quant à ce malheureux Arthur, il est bien probable que, sans le savoir, j'aurai dit la vérité! son Eléonore lui en fait voir de toutes les couleurs, et si elle n'est pas au Château-Rouge, elle doit être dans quelque autre endroit plus ou moins champêtre, avec ou sans coupé.

Reste donc le jeune Benjamin, il disait qu'il n'aimait plus son Andalouse, j'ai voulu éprouver sa flamme; qu'il coure après elle! si elle ne lui fait pas payer une glace, elle trouvera bien moyen de lui faire payer autre chose.

— Et moi, où comptiez-vous m'envoyer?

— Oh! avec vous, je m'attendais bien à ce que cela ne prendrait pas, et pourtant, ingrat, ce n'était pas une farce que je vous jouais, à vous, c'était bien près d'une jeune fille fort gentille, que je vous envoyais!...

— Vraiment, et quelle est cette jeune fille?

— Ne vous ai-je pas dit que je courtisais une grisette qui loge dans la maison, sous mes mansardes?

— En effet, une fleuriste, n'est-ce pas?

— Oui... Eh bien! mon ami, cette affaire-là est terminée.

— Quoi! déjà?...

— Déjà! il est charmant! c'est vendredi matin que je vous contais cela, et nous sommes au dimanche! Je vous ai dit que je menais les amours en chemin de fer!... grande vitesse.

— Enfin, qu'ai-je à faire dans tout cela?

— Voilà : mademoiselle Coralie, c'est ma fleuriste, m'a fait promettre d'aller ce soir la rejoindre au Château des Fleurs. D'abord, mon cher, le dimanche, ce jardin est un endroit très-bourgeois, très-honnête, on n'y danse pas le cancan, et une mère pourrait sans crainte y mener sa fille.

— Et c'est pour cela que vous y envoyez votre Coralie?

— Je ne l'y envoie pas, mais elle y va en compagnie d'une de ses amies... Augusta... une autre belle jeune fille. Ah! mon cher ami, c'est de celle-là maintenant que je veux faire la conquête... et j'y parviendrai, car elle sera jalouse du triomphe de son amie et elle voudra lui enlever son amant.

— Mais, vous êtes un monstre, un infâme, je n'oserai plus sortir avec vous.

— Je vous ai dit, mon cher, que je ne triomphais jamais que par le sentiment.

— Est-ce mieux de chercher à en inspirer que l'on ne partage pas?

— Je les partage... pas longtemps! mais je les partage un peu.

— Encore une fois, qu'ai-je à faire dans toutes vos séductions?

— D'abord, je ne puis pas aller tout de suite au Château des Fleurs... il faut que j'aille à une soirée dans le monde... cela ne m'amusera pas beaucoup, mais je veux faire ma cour à une certaine blonde, ravissante et très-sentimentale, que je courtise.

— Une dame mariée?

— Positivement.

— Ah! Achille, n'avez-vous pas assez d'occupation avec vos deux grisettes?

— Mais non! mais non! eh! d'ailleurs, me croyez-vous assez niais pour compter sur leur tendresse... mademoiselle Coralie, par exemple, qui marchera sur les traces de Berthe, mais qui n'a pas son esprit et ses moyens... et quant à l'autre, je n'en ai point encore triomphé. D'ailleurs, ma blonde est une femme distinguée, très-recherchée, très-courtisée dans le monde... faire sa conquête, ce sera flatteur; pour lui plaire, je fais le romantique, je parle du murmure des ruisseaux, du gazouillement des oiseaux, de mon cœur d'homme, je lève les yeux au ciel, en murmurant : déception!... dérision!... damnation!... Ah! ah! ah! C'est à pouffer de rire.

— Mais, si on vous croit, malheureux!...

— Eh! pourquoi une femme est-elle assez sotte pour croire un homme qui dit de ces bêtises-là?

— Ah! vous avez raison, Achille; mais vous qui connaissez si bien les femmes, vous devez savoir que ce qui les charme, ce n'est jamais la vérité.

— C'est justement pour cela que je ne leur dis pas.

— Voyons, Albert, soyez gentil, allez au Château des Fleurs, je vous jure que cela ne vous compromettra pas.

— Et que ferai-je là?

— Vous y trouverez Coralie et Augusta. Vous reconnaîtrez facilement Coralie, taille moyenne, un peu boulotte, mais bien prise, brune, un nez un peu retroussé, bouche ricuse, des yeux qui ne se baissent pas facilement; mais ce n'est pas tout, voilà le signalement : robe blanche, chapeau de paille, rubans bleu tendre, et un petit châle de soie de la même nuance que les rubans du chapeau. Vous ne pouvez pas vous y tromper; de plus, le rendez-vous est sur des chaises, à la gauche de l'orchestre.

Albert balance, ses goûts et ses habitudes ne l'entraînent pas vers les grisettes; mais, à la suite d'un bon repas dans lequel les toasts ont été souvent répétés, on est d'une humeur plus facile, plus conciliante, et on se laisse aller à faire des choses dont, en toute autre circonstance, on n'aurait pas voulu entendre parler.

C'est pourquoi Albert se lève en disant :

— Ma foi, puisque cela vous fait tant de plaisir, je vais aller au Château des Fleurs!

— Vous êtes un ami!... c'est bien cela, je vous en tiendrai compte.

— Mais ne croyez pas que ce soit dans le but de servir vos amours mais au contraire, j'y vais pour dire beaucoup de mal de vous l'autre... pour la prévenir contre vos séductions!

— Tout ce que vous voudrez, mon cher; plus vous direz que je suis mauvais sujet, plus j'aurai de chance pour réussir.

— Plaisanterie à part... que dirai-je à ces demoiselles que je ne connais pas?

— D'abord, Coralie vous connaît pour vous avoir vu venir plusieurs fois chez moi; je ne sais pas comment elle fait son compte, mais elle voit, elle connaît tout ce qui entre ou sort dans la maison. Vous venez de ma part... vous me devancez... cela suffira pour vous faire bien venir... il n'est pas encore neuf heures, avec un cabriolet, vous y serez dans vingt minutes; moi, dans une heure, je vous rejoins... Ah! quel dommage! si j'y avais songé, j'aurais envoyé nos trois innocents au Château des Fleurs, et Coralie se serait chargée de les faire poser tous les trois! ce sera pour une autre fois, eh bien! partons vite, et n'oubliez pas la robe blanche, chapeau de paille, rubans bleus, châle bleu...

— Et l'autre grisette...

— Oh! pour celle-là, je ne puis vous faire son portrait, mais je vous parie d'avance que ce sera la plus jolie du jardin... celle-là... ce

LA MARE D'AUTEUIL.

n'est point une grisette... c'est une femme ravissante... distinguée... gracieuse... c'est... mais vous verrez Augusta, et je gage bien que vous serez de mon avis.

Albert solde le garçon, et les deux jeunes gens sortent de chez le traiteur.

XX.
Le Château des Fleurs.

Les jardins publics manquent à Paris. Tous ces beaux établissements où se donnaient de somptueuses fêtes, où se tiraient de superbes feux d'artifice, ont été détruits, vendus par portions et des maisons se sont élevées là où de beaux arbres prêtaient leur ombrage à des couples joyeux, à de nouvelles amours.

Heureusement le Château des Fleurs et le Jardin d'Hiver ont ouvert aux Parisiens leurs belles allées, leurs charmants bosquets, leurs sentiers sinueux et odorants, leur serre magique, où les fêtes ont l'éclat et le merveilleux qui nous ont séduits dans les contes des *Mille et une Nuits*.

Ces établissements sont loin du centre de Paris et presque *extra-muros*; mais pour chercher le plaisir on ne calcule pas la distance, et la foule se porte dans ces beaux jardins, trop heureuse de retrouver à Paris du gazon, du feuillage et des fleurs indigènes et exotiques.

Albert ne connaissait pas le Château des Fleurs; en entrant dans ce jardin il éprouve la douce influence des fleurs et de la musique, deux des plus doux présents que nous aient faits la nature et les hommes; il y a beaucoup de monde, la foule se porte de préférence vers la danse, et dans les autres parties du jardin il est facile de circuler, de se promener à l'aise; il y a même encore quelques bosquets sombres, quelques allées peu fréquentées que les couples amoureux connaissent bien, et où ils iront échanger de doux propos d'amour... car vous savez que l'amour se glisse partout, qu'il est de toutes les réunions, de tous les bals, de toutes les fêtes, mais que c'est surtout sous le feuillage qu'il marche plus rapidement à son but.

Après avoir pris connaissance du jardin, Albert se dirige vers la danse, il se rappelle que c'est à la gauche de l'orchestre que doivent être les deux jeunes filles près desquelles Achille l'envoie et quoique persuadé qu'il ne les trouvera pas, ses yeux parcourent en revue ces minois plus ou moins agaçants que le désir d'être invités pour la danse fait stationner en cet endroit.

Bientôt ses regards se fixent sur une jeune personne qui est mise simplement, mais dont la figure a un charme qui attire, une expression qui séduit. Cette jeune fille est seule, mais une chaise vacante est près d'elle; on est en ce moment en train de polker, la jolie personne semble peu occupée de tous ces danseurs, quoique ceux-ci méritent bien qu'on les remarque; la plupart ne se doutant pas de ce que c'est que de polker, mais bravement lancés dans l'arène, vont à tort et à travers, presque jamais en mesure, poussent les uns, poussés par les autres, et arrivent ainsi à la fin de la polka sans avoir pu une seule fois réussir à en faire le pas.

Depuis que dans les bals publics la schotich, la redowa, la mazurka, la polka, la valse en deux ou trois temps, sont venues faire diversion à l'ancienne quadrille, on ne se figure pas quel tohubohu a lieu dans l'enceinte réservée aux danseurs; à peine l'orchestre a-t-il donné le signal que tout le monde s'élance, chaque cavalier va prendre sa dame, ils ne savent pas ce que l'on va danser, peu leur importe, ils iront toujours. Ceux-ci une schotich que l'on joue, les uns croient que c'est une valse, les autres une polka, ceux-ci un galop, et chacun se met à sauter suivant sa croyance, vous voyez d'ici le tableau que cela doit offrir; lorsque parmi deux cents couples qui passent sous vos yeux, vous en avez vu quatre qui savent vraiment danser ce que l'orchestre exécute, vous avez été très-heureux.

Mais lorsque la polka est finie, un cavalier tout en sueur, les cheveux trempés comme s'il sortait de l'eau, ramène une danseuse qui est passablement rouge aussi, et dans cette jeune fille, qui vient se placer à côté de celle qui le regardait Albert ne doute pas qu'il ne voie mademoiselle Coralie, c'est bien le costume et le signalement qu'on lui a donnés.

Augusta avait consenti à accompagner la petite fleuriste, qui était venue lui proposer d'aller au Château des Fleurs, en lui annonçant que M. Achille viendrait la y retrouver. Car mademoiselle Coralie, tout en donnant à entendre à son amie que le beau jeune homme était fort amoureux d'elle, ne lui avait pas avoué que ce monsieur n'avait déjà plus rien à lui demander, un reste de pudeur avait retenu sur ses lèvres cette confidence; en effet, cet amant avait été heureux si vite, qu'il était permis de douter qu'il eût eu le temps de parler d'amour; et puis Coralie savait que son amie plaignait Cotonnet, que par conséquent elle blâmerait sa conduite, et elle voulait laisser s'écouler quelque temps avant de lui avouer que ce pauvre Cotonnet était entièrement remplacé.

Augusta, tout en blâmant la conduite de Coralie, ne la croyait pas capable de tant de légèreté; elle s'était éloignée toute chagrine la veille, en la laissant avec ce jeune homme, qui lui avait aussi fait la cour à elle, et lui avait écrit pour lui demander un rendez-vous. Une femme ne renonce pas facilement au plaisir d'être aimée, de l'emporter sur une rivale; nous en voyons qui, pour se donner cette satisfaction, accorderaient leurs faveurs à un singe qu'elles détesteraient, jugez donc s'il est facile d'y renoncer quand il s'agit d'un joli garçon qu'on ne déteste pas!

C'est pourquoi, après avoir hésité quelque temps, Augusta s'était laissé entraîner au Château des Fleurs où elle ne dansait pas, mais où elle savait que M. Achille viendrait; et pendant que sa compagne se livrait avec ardeur à toutes les danses en vogue, un petit jeune homme s'était approché d'un air craintif de la chaise occupée par Augusta et, se glissant derrière elle, lui avait dit à l'oreille :

— Mam'selle!... si je l'invitais à danser... croyez-vous qu'elle me refuserait?...

Augusta avait tourné la tête en reconnaissant la voix de Cotonnet et lui avait répondu :

— Comment! vous êtes ici, monsieur Cotonnet!..

— Sans doute, mam'selle... puisque elle y est... vous concevez,... je vous ai suivies de loin... je ne peux pas m'en empêcher... et comme j'ai vu que vous n'aviez pas d'hommes avec vous... ça m'a redonné de l'espoir... me conseillez-vous de l'inviter à danser...

— Comme vous voudrez, monsieur Cotonnet, mais... tenez... je doute qu'elle vous accueille bien, et... à votre place...

— Je ne l'inviterais pas... au fait, vous avez raison, il faut avoir du cœur... je vais me contenter de la regarder... sans qu'elle me voie... car je l'aime toujours autant, moi... j'ai beau faire, ça ne peut pas se passer... merci, mam'selle, au plaisir.

— Au revoir, monsieur Cotonnet.

Quelques instants après, Coralie, ainsi que nous l'avons dit, revenait s'asseoir à sa place.

— Ouf!... je n'en puis plus!... ce n'était pas un fameux polkeur celui-là... il se cognait toujours dans les autres... mais c'est égal, nous ne nous sommes pas arrêtés, et c'est le principal! il ne faut jamais s'arrêter!

— Comme tu as chaud!

— Ah! si tu crois que c'est facile de gigotter au milieu de tout ce monde-là... on vous marche sur les pieds, on reçoit à tout instant des coups de coude.

— Et tu trouves cela amusant?

— C'est un travail, mais c'est ce qui en fait le charme... tu n'as pas aperçu M. Rocheville...

— Non, il ne viendra pas, va!

— Par exemple! je voudrais bien voir cela, il me l'a promis, et s'il ne venait pas...

— Eh bien, que ferais-tu?

— Je lui défendrais de se représenter chez moi.

— Cela lui serait peut-être bien égal...

— Tu crois... Je suis pourtant pas ce qu'il me disait hier au soir...

— Que te disait-il?

— Que j'étais à croquer et qu'il était très-amoureux de moi.

— Il en dit autant à toutes les femmes.

— Qu'en sais-tu?

— Toi-même tu en convenais il y a quelques jours.

— Oh!... on dit tant de choses... je ne le connaissais pas encore ce monsieur si à fond; Dieu, qu'il est aimable! Ah! ma chère, il a bien de l'esprit, va!

— Tu t'en aperçois?...

— Ah çà ! mais elle est étonnante... est-ce que tu me prends pour une imbécile... tu crois qu'il n'y a que toi qui sache causer...

— Je n'ai jamais en cette idée-là, mais plusieurs fois je t'ai entendue dire : Les gens d'esprit sont prétentieux, bavards, j'aime mieux une bête, on en fait ce qu'on veut.

— Fichtre, il me paraît que tu fais attention à ce qu'on dit, toi, et que tu retiens tout cela... Si j'ai dit cela, je ne pense plus de même depuis que M. Achille me fait la cour.

— Tu crois donc que c'est pour de bon?

— Oh! qu'elle est drôle cette Augusta! C'est peut-être pour ma dame Barigoule qu'il vient chez moi... Ah! mais, attends... tiens, ce monsieur, oui, c'est son ami... celui qui leur donnait à dîner aujourd'hui, il s'appelle M. Montbreilly celui-là.

Albert venait de s'approcher des deux jeunes filles.

Coralie lui laisse à peine le temps de saluer, puis s'écrie :

— Bonsoir, monsieur, est-ce que votre ami, M. Rocheville, n'est pas avec vous?

— Non, mademoiselle, Achille avait une visite à rendre, mais il va venir et m'a chargé de l'excuser près de vous de ce qu'il était en retard.

— Ah! vous êtes honnête, monsieur, mais comment nous avez-vous trouvées, vous ne nous connaissiez pas?

— Achille m'avait fait un portrait trop exact, pour que je puisse me tromper.

En ce moment l'orchestre joue le début d'une schotisch.
— Dansez-vous, monsieur? dit Coralie à Albert.
— Rarement, mademoiselle, d'ailleurs je ne sais pas cette danse-là.
— Oh! ça ne fait rien, on n'a pas besoin de savoir, on va toujours, on finit quelque fois par attraper le pas.
— Je crois cela va mieux quand on le sait tout de suite.

Un jeune homme s'avance et invite Augusta qui refuse, alors il s'adresse à Coralie qui accepte et se lance avec lui dans le tourbillon.
— Vous n'aimez pas la danse, mademoiselle! dit Albert en s'asseyant près d'Augusta.
— Pardonnez-moi, monsieur, mais je ne sais pas cette danse-là, et je trouve, comme vous, que cela va mieux quand on la sait; ensuite, je ne suis pas folle de la danse comme Coralie, qui est infatigable... et puis c'est bien plus agréable de danser avec quelqu'un que l'on connaît qu'avec le premier venu...
— C'est vrai, mais quand on vient sans cavalier...
— M. Rocheville avait dit à Coralie qu'il serait le sien ici, mais il ne viendra peut-être pas.
— Pardonnez-moi, mademoiselle, il viendra, j'en suis certain.
— Il aime beaucoup à se moquer, ce monsieur-là, et il a peut-être voulu s'amuser aux dépens de... c'est-à-dire, vous envoyer ici, sans avoir l'intention de nous y rejoindre.
— Ce jardin est fort joli.
— Vous ne le connaissiez pas, monsieur?
— Non, mademoiselle.
— Je pense que M. Rocheville le connaît bien, lui, il est de toutes les fêtes, il aime les plaisirs..... il est si gai...
— Elle s'occupe plus d'Achille que mademoiselle Coralie, se dit Albert en détournant la tête, est-ce qu'elle l'aimerait... Pauvre fille... il a donc raison, il a trouvé le moyen de se faire aimer en faisant la cour à l'autre. Décidément, les mauvais sujets connaissent mieux les femmes que nous, c'est triste!

Après la danse, Coralie revient encore rouge, haletante et en nage, et elle se jette sur sa chaise en disant:
— Oh! cette fois, j'avais un bien bon chotichoeur, il m'enlevait et me faisait tourner comme un touton, nous en avons jeté deux par terre, ils ne savaient pas se tenir, c'est leur faute. Ah! monsieur, vous devriez bien choticher! si vous saviez comme c'est gentil.
— Je vous avoue, mademoiselle, que cela ne me tente pas du tout.
— Dis donc, Augusta, il m'a semblé, tout en dansant, reconnaître une figure de connaissance, qui ne me perdait pas de vue.. Tu sais bien qui je veux dire, ce petit Coton...
— Oui, il est ici, il vient de me dire bonsoir, il avait bien envie de t'inviter à danser.
— Qu'il ne s'en avise pas, il verra comme je le recevrai.. Est-ce qu'il compte me poursuivre partout, ce monsieur? je trouve cela fort malhonnête.
— Cet endroit est public, tout le monde a le droit d'y venir.
— Oui, mais je suis bien sûre qu'il n'y serait pas lui, s'il ne nous y avait pas vues entrer... Quel imbécile! Qu'il y a des hommes qui ont peu de cœur.
— Pauvre garçon! c'est qu'il l'a aime trop, au contraire.
— Alors, il devrait bien l'employer ailleurs...
— Ah! Coralie, que tu es méchante pour ce jeune homme.
— C'est que cela m'impatiente de le voir, cela m'agace, il a toujours l'air d'avoir envie de pleurer en me regardant: comme c'est séduisant. Ah! voilà la musique, c'est une valse cette fois... Monsieur! monsieur!

Albert, qui s'était éloigné un moment pour laisser librement causer les deux amies, se rapproche de Coralie.
— Valsez-vous, monsieur?
— Non, mademoiselle.
— Ah! que c'est dommage! mais vous ne faites donc rien?
— Je fais comme votre amie, je regarde.
— Augusta ne se contente pas toujours de regarder, c'est un genre qu'elle se donne aujourd'hui, mais je l'ai vue danser beaucoup; et, tenez, mon danseur vient de me dire, tout en se tenant sur une jambe:
— Je reconnais votre amie, mademoiselle, j'ai eu le plaisir de la rencontrer jeudi dernier à Auteuil, près de la mare.
— Décidément, tu vas donc pêcher des grenouilles par là... si tu ne vas pas au bal?
— Ton danseur me prend pour une autre.
— Comme tu voudras, mais pourquoi donc as tu refusé ce jeune homme qui vient de t'engager, Augusta, toi qui aimes la valse?
— Parce qu'il m'a dit: En deux temps, mademoiselle, et moi, je ne valse pas comme cela, je ne le comprends pas qu'on marque une autre mesure que celle que nous joue l'orchestre.

Un cavalier vient à Coralie et l'invite en lui disant aussi:
— En deux temps, mademoiselle?
Mais la petite fleuriste accepte vivement la main de son cavalier en lui disant:
— Deux, trois, quatre! tous les temps que vous voudrez, monsieur.
Albert ne peut s'empêcher de rire et Augusta en fait autant.
La valse est en train lorsque Rocheville se trouve à côté de son ami.

— Me voici! J'espère qu'on ne se plaindra pas de mon exactitude.
Ah! je savais bien que vous trouveriez ces demoiselles... Je vous avais fait des portraits si ressemblants.
Augusta rougit beaucoup, tout en rendant à Achille le salut qu'il lui fait.
— N'est-ce pas, Albert, que cette jeune personne est ravissante! dit Achille en se penchant vers son ami, mais en ayant soin de parler assez haut pour être entendu d'Augusta, qui pourtant détourne la tête pour ne pas avoir l'air d'écouter.
— Oui, cette demoiselle est très-bien.
— Oh! comme vous dites cela froidement. Trouvez-en donc un autre ce jardin qui puisse lui être comparée...
— Je n'ai pas cherché, son amie est en train de valser.
— Je m'en doute bien.
— Tenez, la voilà qui passe devant nous...
— Ah! sapristi! dans quel état.
En effet, la valse, la chaleur, rendaient Coralie écarlate, de plus, ses cheveux, d'abord bouclés à la neige, étaient devenus des mèches et s'envolaient au gré du vent.
Toute sa toilette se ressentait du mouvement qu'elle se donnait pour aller aussi vite que son partner.
Le résultat de ce travail n'était pas avantageux à la danseuse.
Achille a fait, en voyant tout cela, une légère grimace qui n'a point échappé à Augusta.
— C'est une valseuse intrépide, dit Albert.
— Oui, et bien humide en ce moment.
— Avez-vous vu votre dame blonde, ce soir?
— Oui, elle était à la réunion de madame Duchampion.
— Comment, c'est de chez madame Duchampion que vous venez?
— Sans doute, est-ce que vous connaissez cette maison-là?
— Oui, j'y allais autrefois.
— Si quelque chose ne m'y attirait pas, je me priverais de cette société... Ah! sont-ils ennuyeux, prétentieux, cérémonieux... C'est à pouffer de rire; au reste, vous concevez bien que je ne vais là que pour me moquer de tous ces originaux.
— Je vous en crois bien capable.
— Pourquoi n'y allez-vous plus?
— Pour ne pas rencontrer quelqu'un que je ne veux plus revoir... vous savez bien... cette personne qui s'est mariée.
— Ah! oui, et que vous aviez aimée avant... Elle va donc chez les Duchampion, cette dame?
— Oui, du moins elle y allait autrefois avec son mari.
— Alors, je dois l'y avoir rencontrée... Comment se nomme-t-il, ce mari?
— Vous êtes bien curieux, Achille.
— Vous ne voulez pas me le nommer, et si je devinais... Tenez, mon cher, votre ancienne passion... Ne serait-ce pas madame Clairvillier, par hasard?...
Albert se trouble et murmure:
— Vous connaissez madame Clairvillier?
— Ah! mon pauvre ami! c'est justement ma blonde! Voilà ce que c'est que d'être trop discret avec ses amis... Après tout, vous ne pouvez pas m'en vouloir, au contraire, je vous venge.
Albert ne répond rien, il est demeuré pâle et interdit.
Mais en ce moment Arthur Durbinot vient avec son air effaré et ses yeux vagues saisir le bras d'Achille, en s'écriant:
— Éléonore n'était pas au Château-Rouge, alors je me suis dit: On s'est peut-être trompé de château, allons à celui des Fleurs. Je l'y crois d'autant plus, que j'ai vu des coupes à la porte.
— Ah! vous voilà!... Pardieu, vous avez eu là une heureuse idée, puisque cela nous réunit.
— Est-ce que vous êtes avec des dames?...
— Oui, mais je vous présenterai.
Et Achille se penchant vers Albert, lui dit tout bas:
— Si je pouvais lâcher Durbinot sur Coralie, comme ça m'irait!...
Mais Albert ne répond rien, il conserve son air sérieux et glacé.
La valse est achevée, Coralie revient dans un désordre extrême, ce qui ne l'empêche pas de courir à Achille.
— Ah! vous voilà, monsieur... C'est bien heureux! Vous vous faites bien désirer.
— Heureusement, vous m'avez désiré en valsant, ce qui a dû vous sembler moins long.
— Oh! j'ai bien valsé, je suis toute décoiffée, n'est-ce pas?
— Vous avez un faux air de Vénus sortant de l'onde.
— Que vous êtes méchant! c'est que mes cheveux étaient crêpés, mais tant pis, je vais me faire des bandeaux... Augusta, aide-moi un peu.
Pendant que la sérieuse Augusta tâche de remettre un peu d'ordre dans la coiffure de son amie, Arthur dit à Rocheville:
— Elle est très-jolie cette dame...
— De laquelle parlez-vous?
— De celle qui a si chaud; est-ce une dame ou une demoiselle?
— C'est une demoiselle d'une très-grande famille, qui aura cent

mille francs de rente quand tous ses oncles seront morts... elle en a six... elle vous a sur-le-champ reconnu.
— Moi ?
— Vous ; il paraît que vous polkez très-bien.
— Mais pas mal... avec Nonore.
— Elle vient de me dire à l'oreille: Voilà le premier polkeur de Paris... je donnerais un de mes oncles pour qu'il m'invitât.
Arthur s'épanouit de plaisir, il fait rouler ses prunelles comme des billes, et s'écrie: Oh ! je vais l'inviter... ça ne lui coûtera rien, seulement... j'ai peur en polkant que mon pistolet ne parte...
— Donnez-le-moi, ce sera plus prudent, je vous le rendrai lorsque vous aurez dansé.
Le pistolet passe incognito de la poche d'Arthur dans celle d'Achille.
Celui-ci, en regardant autour de lui, s'aperçoit qu'Albert a disparu.
Mademoiselle Coralie ayant, grâce à son amie, une toilette plus convenable, fait signe à Achille de venir s'asseoir à côté d'elle, ce que celui-ci ne fait pas avec beaucoup d'empressement.
— Venez donc là, monsieur, il me semble que vous pouvez bien causer un peu avec moi...

Sauvons nous ! Et je me mets à courir.

— Nous pouvons même causer beaucoup.
— Avez-vous pensé à moi depuis hier...
— Je n'ai pas fait autre chose !
— Hum ! menteur... vous, vous avez envoyé un ami qui n'est pas très-aimable... il ne dit presque rien... je crois qu'il est parti, tant mieux... et quel est celui-ci qui a les yeux si étonnés ?
— C'est un Danois... millionnaire, mais il fait semblant de n'avoir pas le sou, parce qu'il veut trouver une femme qui l'aime pour lui-même.
— Voilà bien une idée de Danois !
— Il est fou de la polka et m'a demandé si je croyais que vous consentiriez à la danser avec lui.
— Pourquoi pas !... Ah ! il y a un feu d'artifice ce soir, ici ?
— Oui, il se tire là-bas, au bout.
— Il faudra bien nous placer pour le voir.. j'adore les feux d'artifice.
— Et mademoiselle, dit Achille en s'adressant à Augusta, aime-t-elle les feux d'artifice ?
— Moi, monsieur, cela me fa.t très-peur... et loin de m'en approcher... je m'éloignerais plutôt.
— Avancez donc, monsieur Durbinot... pourquoi vous tenez-vous ainsi en arrière... ces demoiselles seront charmées de faire votre connaissance.
Arthur s'incline et s'approche en braquant ses prunelles sur Coralie, qui dit bas à Augusta:
— C'est un Danois millionnaire !
— Qu'est-ce que cela me fait... il n'est pas plus beau pour cela.

— Voyons, mon cher, dit Achille, faites donc votre invitation, vous en grillez d'envie, et vous attendez qu'un autre vous devance.
— C'est juste... Mademoiselle veut-elle bien m'accepter pour la première polka ?
— Avec plaisir, monsieur.
— Parfait, s'écrie Achille, la demande et la réponse ont été irréprochables... mais écoutez... l'orchestre part.
— Oui, mais c'est un quadrille, dit Coralie.
Achille voudrait déjà entendre la polka, parce qu'il espère alors rester seul avec Augusta, qui détourne la tête chaque fois qu'il la regarde, mais qui le regarde dès qu'elle croit qu'il ne la voit pas.
On vient engager Coralie pour la contredanse, mais elle refuse, à la grande surprise d'Augusta qui s'écrie :
— Tu es donc bien fatiguée !
— Non... mais je ne veux pas toujours vous quitter.
Ces derniers mots sont adressés à Achille, qui aimerait tout autant que Coralie eût accepté parce qu'alors il aurait envoyé Arthur à la recherche de Nonore.
— Comment saurons-nous lorsqu'on sera prêt à tirer le feu ?
— Une détonation vous en avertira.
— Il paraît que M. Montbreilly est décidément parti, dit Arthur.
— Oui... c'est un être si singulier, je ne cherchez pas votre Éléonore...
— Je regarde... mais je ne la vois pas... pendant le quadrille je vais faire un tour dans les allées.
— Quelle est cette Éléonore qu'il cherche ? demande Coralie, lorsque Durbinot s'est éloigné.
— C'est une femme qui a voiture, coupé, calèche... et qui s'est déjà deux fois empoisonnée pour lui !
— Ah ! mon Dieu, quelle passion... il ne l'aime donc pas, lui ?
— Non, parce qu'elle prend du tabac.
— Elle prise... ah ! fi, l'horreur... et avec quoi s'est-elle empoisonnée ?
— Avec des champignons... dans un vol-au-vent, à la vérité elle ne savait pas que les champignons étaient mauvais.
— Tenez, monsieur Achille, vous nous contez un tas d'histoires. Je gage que ce sont encore des blagues.
— Ah ! mademoiselle, c'est bien mal de douter de ma bonne foi... du reste vous n'aurez qu'à interroger Durbinot, vous verrez ce qu'il vous répondra.
Arthur revient à la fin du quadrille en disant :
— Je ne l'ai point aperçue... elle est peut-être au château d'Asnières...
— Vous avez envie d'y aller...
— Oh non, il est trop tard.
Enfin l'orchestre donne le signal que Rocheville attendait avec impatience, cette fois c'est une polka. Arthur offre son bras à Coralie tous deux vont se mêler aux danseurs. Achille est resté près d'Augusta, il se hâte de mettre ce temps à profit.
— Je trouve donc un moment pour vous parler, mademoiselle, n'est pas sans peine, car vous n'avez pas daigné l'autre fois vous rendre où je vous attendais.
— Je ne vous avais pas donné de rendez-vous. moi, monsieur pourquoi pensiez-vous que j'accepterais le vôtre ?
— Ah ! sans doute j'ai eu bien tort de l'espérer... Je m'étais flatté que vous auriez quelque pitié de mon amour, de mes tourments.
— Votre amour, vous prenez garde, monsieur, vous vous trompez en ce moment, vous croyez sans doute parler à Coralie.
— Non, mademoiselle, c'est vous seule que j'aime et si j'ai fait à votre amie, c'était par dépit, par colère.
— Comme c'est aimable pour elle !
— Est-ce de ma faute si je n'ai jamais aimé que vous ?
— Ah ! taisez-vous, monsieur, ne me tenez pas un tel langage... Coralie vous aime maintenant, elle croit à votre tendresse et je serais bien désolée de lui causer le moindre chagrin.
— Vous êtes beaucoup trop bonne, à votre place elle n'en ferait pas autant.
— C'est possible... mais ce n'est pas une raison pour que me conduise mal avec elle.
— Permettez-moi d'aller vous voir... elle n'en saura rien.
— Venir chez moi, je ne veux pas, je ne reçois pas de messieurs.
— Pourtant vous avez reçu M. Cotonnet.
— Vous savez cela ?
— Je sais tout ce que vous faites, aucune de vos actions ne m'est indifférente.
— Devez-vous savoir alors que Cotonnet était l'amant de Coralie, celui qu'elle a oublié pour vous, et ce pauvre garçon l'aimait pourtant !
— Permettez-moi alors de lui rendre sa Coralie, et de ne plus m'occuper que de vous.
— C'est à Coralie qu'il faut dire cela ; mais heureusement la paix va bientôt finir, et elle va revenir.
— Vous croyez... diable ! mais ça ne ferait pas mon compte... une idée !

Achille quitte vivement Augusta et la danse, il se dirige vers une allée sombre et solitaire, puis, tirant de sa poche le pistolet d'Arthur, il le décharge en l'air.

Au bruit de cette détonation, on croit que c'est le feu d'artifice qui va se tirer, et tout le monde se précipite du côté où il est dressé; les polkeurs suivent la foule, ils abandonnent la danse, c'est un pêle-mêle, un mouvement général.

Augusta se trouve bientôt seule à la place qu'elle occupait, indécise, inquiète, ne sachant ce qu'elle doit faire. Achille, qui la guettait, caché derrière des arbres, court alors à elle et en affectant un air ému.

— Ah! mademoiselle, je vous cherchais... cette pauvre Coralie...
— Quoi donc, monsieur, lui serait-il arrivé quelque chose?
— Tout à l'heure, dans la foule, en voulant monter sur une chaise, son pied a tourné, elle s'est donné une entorse.
— O mon Dieu!...
— Nous l'avons emportée avec Arthur... Je les ai laissés à la porte dans un fiacre... et je suis accouru vous chercher...
— Me voilà, monsieur... me voilà... je vous suis. Et Augusta accepte le bras que lui présente Achille qui l'emmène en courant et la fait sortir du jardin.

XXI.

Un fiacre à stores.

Augusta, tenant toujours le bras de Rocheville, qui la fait marcher très-vite, est arrivée à la chaussée qui, des Champs-Élysées, monte au jardin des Fleurs. Elle regarde de tous côtés, elle aperçoit beaucoup de voitures, mais ne voit pas Coralie.
— Où donc sont-ils? demande la jeune fille à son conducteur. Celui-ci continue de l'entraîner, en disant :
— Là-bas sur la route, c'est dans les Champs-Élysées... on aura forcé leur voiture à descendre... il ne leur est pas permis de stationner ici.

On arrive dans l'avenue des Champs-Élysées. Il y a une foule de voitures qui attendent qu'on les prenne, et des commissionnaires accourent de tous côtés, en criant :
— Voilà, bourgeois... un fiacre... un milord.
— Par ici, mon bourgeois... holà! hé, cocher !
— Mais où donc est-il la voiture dans laquelle ou a porté Coralie? s'écrie Augusta avec inquiétude.
— Mon Dieu... la cherche... je ne la vois plus... je crains qu'on ne les ait obligés à partir. Du moment qu'une voiture est chargée... les agents de police la font partir... venez par ici, cherchons encore... ils avaient cependant promis de nous attendre.

Achille est fort surpris qu'ils ne trouveront point. Coralie, c'est pourquoi il emmène Augusta tout le long des voitures dans lesquelles elle plonge inutilement ses regards.
— Ils sont partis, dit le jeune homme, nous n'avons plus qu'une chose à faire, c'est de monter aussi en fiacre et de les suivre, nous arriverons en même temps qu'eux.

Augusta hésite, elle ne sait ce qu'elle doit faire; mais déjà Achille a fait signe à un cocher qui a ouvert la portière de la voiture, et la jeune fille est poussée dedans avant de savoir si elle doit y monter. Son cavalier est à côté d'elle, le véhicule part. Tout cela s'est fait si lestement que le mouvement de la voiture rappelle seul Augusta à sa situation.

Alors la jeune fille éprouve une secrète émotion en se voyant seule, la nuit, dans une voiture avec un homme pour lequel elle ne peut se défendre de ressentir un tendre penchant, et pourtant aucun sentiment de frayeur ne vient augmenter les pulsations de son cœur.

Achille se tient d'abord fort respectueusement à sa place.

Il veut tâcher d'inspirer de la confiance à Augusta, d'autant plus qu'il sait avoir beaucoup de temps devant lui.
— Vous avez dit que l'on nous conduise chez Coralie, monsieur? murmure Augusta d'une voix émue.
— Oui, mademoiselle... mais que je suis heureux de ce hasard qui me permet d'être quelque temps seul avec vous...
— Ah! monsieur, pouvez-vous me parler de ces choses-là quand Coralie souffre... quand elle doit se désoler de ne point vous avoir près d'elle...
— Oh! de ce côté je suis très-tranquille... Coralie ne se désole pas du tout !
— Comme vous dites cela... comme vous prenez gaîment cet événement... Mais pourquoi donc y a-t-il des rideaux tirés devant les glaces de cette voiture.
— C'est l'usage... le soir...
— Mais je trouve cela fort vilain, moi... on ne voit pas clair...
— Qu'importe, quand on sait près de qui l'on est...
— Je n'aime pas l'obscurité... d'ailleurs on étouffe dans cette voiture... Tirez donc ces rideaux, monsieur, je vous en prie...

Les bonnes gens disaient : C'est un fantôme qui s'amuse à faire la course toutes les nuits.

— J'essaye... mais je ne peux pas, mademoiselle...
— Oh! pour le coup, c'est trop fort... j'en viendrai bien à bout, moi.

Augusta est quelque temps sans pouvoir faire jouer les stores, car ne sachant pas par où ils sont retenus, elle les tirait en vain; enfin elle a trouvé le bouton, le rideau se relève, elle baisse une glace et jette un regard en dehors.
— Quel chemin prend-t-il donc... il fait bien sombre ici... et je ne vois que des arbres.
— Il suit une allée de traverse, sans doute... Soyez tranquille, les cochers connaissent leur chemin...

Achille s'est insensiblement rapproché de la jeune fille, il passe un bras derrière elle, et donne une expression sentimentale à sa voix.
— Que l'on est bien ainsi... près de vous. Ah! charmante Augusta, si vous étiez sensible à mon amour, que je serais heureux...
— Je vous ai déjà dit, monsieur, que je trouvais cela fort mal à vous de vous occuper de moi quand une personne, qui croit que vous l'aimez, est en ce moment blessée et souffrante... vous me feriez croire que vous avez un mauvais cœur.
— Oh! si ce n'est que cela raison qui vous empêche de m'écouter...
— Eh bien! monsieur... comment, vous riez... qu'est-ce que cela veut dire... vous seriez-vous joué de moi, monsieur ?...
— J'ai voulu me procurer cet entretien, ce tête-à-tête après lequel je soupirais depuis longtemps... Vous ne vouliez pas me l'accorder, vous me défendiez d'aller chez vous, il a bien fallu trouver un autre moyen...
— Ah! s'il était vrai... comment! cet accident arrivé à Coralie...
— Tout cela est de mon invention, même le signal du feu d'artifice, que j'ai donné en tirant le pistolet de Durbinot... ah! ah! ah! Tout le monde a cru que c'était le feu!...
— Mais c'est affreux... mon Dieu! et j'ai cru tout... cela... et je me suis laissé emmener...
— C'est bien ce que j'espérais...
— Mais vous me perdez, monsieur! que pensera-t-on de moi si en sait que je suis allée seule avec vous... Coralie sera furieuse...
— Cela m'est bien égal!
— Mais cela ne m'est pas égal à moi, qui tiens à ne point passer pour ce que je ne suis pas... pour votre maîtresse...

4

— Dans la foule, dans ce mouvement qui a eu lieu, on peut fort bien perdre sa société dans un grand jardin... On ne saura pas si vous sommes partis ensemble.

— O mon Dieu!... mais où sommes-nous!... où vous conduit ce cocher! s'écrie Augusta en passant sa tête à la portière : monsieur Achille! dites-lui donc de s'arrêter... Nous ne sommes plus dans Paris...

— Rassurez-vous, nous sommes dans le bois de Boulogne... mais il fait si beau temps, n'est-ce pas un plaisir de s'y promener... nous sommes nos maîtres tous les deux... N'a-t-on pas toujours le temps d'être dans Paris...

— Monsieur, ce que vous avez fait là est mal... Si c'est ainsi que vous pensez me faire croire à votre amour, vous vous trompez beaucoup... Dites à ce cocher de nous ramener à Paris, monsieur, dites-le-lui sur-le-champ...

— Si vous l'exigez... mais j'étais si heureux d'être avec vous... loin du monde... loin de tous les regards... Augusta, je vous aime, je vous adore... je vous aimerai éternellement!...

En disant ces mots, Achille, qui a passé son bras autour de la taille d'Augusta, la presse fortement contre lui et cherche à approcher sa bouche de la sienne ; mais retrouvant toute son énergie en voyant le danger qui la menace, la jeune fille repousse d'une main ferme son séducteur, et se précipitant sur la banquette en face, baisse une glace et crie au cocher :

— Ramenez-nous sur-le-champ à Paris, et descendez-moi à la barrière !

Puis, se tournant vers Achille, qui est demeuré tout saisi de ce qu'elle vient de faire, Augusta, s'efforçant de maîtriser son émotion, lui dit :

— J'aime à croire, monsieur, que vous ne recommencerez pas à me tourmenter, que vous comprendrez que vous m'avez mal jugée, car je ne veux pas être votre maîtresse, je suis honnête, moi... j'espérais que vous me respecteriez.

— Mademoiselle... l'excès de mon amour devrait me faire trouver grâce à vos yeux...

— Non, monsieur; bien loin de m'y faire croire, votre conduite me prouve que je m'étais trompée en vous jugeant susceptible de ressentir... Je n'ai pour seul bien que ma sagesse, et vous voudriez me faire descendre au rang de ces femmes que vous voulez bien courtiser quinze jours... tant que dure votre caprice, mais que vous n'aimez jamais et que vous méprisez toujours!...

— Augusta, croire que je pourrai vous mépriser... vous...

— Tout comme une autre, si je vous cédais. Ah ! ce n'est pas ainsi que je comprenais l'amour, moi !... je me figurais que l'on était assez heureux de s'aimer, de se le dire... que l'on ne désirait jamais autre chose... tant qu'on n'avait pas le droit de l'obtenir. J'étais une sotte, je le vois bien. Tenez, monsieur, ne me parlez plus d'amour, je vous en prie... cela ne vous avancerait à rien, et cela me rendrait malheureuse... vous ne vous occuperez plus de moi, n'est-ce pas ?...

Achille ne répond rien, il réfléchit, il est tout démoralisé de se voir presque vaincu par une jeune fille qu'il se flattait de vaincre.

Pendant ce temps la voiture est arrivée à la barrière et s'y arrête comme on le lui a ordonné.

Augusta saute du bas du fiacre.

Achille court à elle, en lui disant :

— Vous me permettrez au moins de vous reconduire à pied, puisque vous préférez cela à une voiture.

— Je préfère m'en aller seule, monsieur, et il n'y a aucun danger pour moi. C'est dimanche, vous voyez que le chemin est encore très-fréquenté... Veuillez donc me laisser partir et surtout ne prenez pas la peine de me suivre... cela me contrarierait.

— Comment, vous voulez que je vous laisse seule... si loin de votre mère... Augusta, ne soyez donc pas si sévère avec moi qui meurs d'amour pour vous...

— Bonsoir, monsieur Achille.

Augusta s'est élancée dans la grande avenue et elle marche si vite que bientôt Achille l'a perdue de vue.

Après l'avoir regardée quelques instants s'éloigner, il remonte dans son fiacre, en se disant :

— Ah ! elle fait trop sa tête... décidément elle m'embête... Cocher ! au Café de Paris !

XXII.

Colère de Coralie.

Augusta est arrivée chez elle sans trop savoir comment elle a fait sa route; elle était si préoccupée, et elle marchait si vite que le chemin ne lui a pas paru long.

Cependant, quoiqu'elle eût défendu à Achille de la suivre, elle ne savait pas qu'il aurait tenu compte de cette défense, et lorsqu'elle est devant sa porte, elle tourne la tête et regarde derrière elle... mais elle ne voit personne, absolument personne.

Un profond soupir s'échappe de sa poitrine, ce qui nous prouve que quand une femme vous dit : Je vous défends de me suivre ! cela veut dire : J'aurai très-mauvaise opinion de vous si vous ne me suivez pas.

Le portier arrête Augusta pour lui dire que mademoiselle Coralie est venue s'informer si elle était rentrée, qu'elle paraissait fort en colère, qu'elle avait annoncé qu'elle reviendrait le lendemain matin.

— Voilà Coralie qui croit maintenant que je lui ai enlevé son amoureux... que je me suis fait reconduire par ce monsieur pour qu'il me fasse la cour!... se dit Augusta en montant se coucher. Tout cela n'est pas vrai, cependant!... mais le monde aime tant à penser le mal... Quand je dirai à Coralie ce qui s'est passé, elle ne voudra pas me croire... comment donc faire ?... M. Achille n'est pas, je pense, capable de dire ce qui n'est pas... Mais le croira-t-elle ?... lui ! qu'elle sait si habitué à mentir.

Ah ! j'ai eu tort d'accompagner Coralie, et d'aller au Château des Fleurs... J'ai eu tort doublement, car je savais qu'il y serait, ce M. Achille... Je devais éviter de me retrouver avec ce jeune homme qui m'a déjà donné un rendez-vous... qui m'a parlé d'amour... et bien loin de là c'est parce que je savais qu'il viendrait à ce jardin que j'y suis allée.

Oh ! j'ai mal fait... je mérite ce qui m'arrive... je ne puis m'en prendre qu'à moi.

Et avant de se coucher, Augusta va se mettre à genoux devant le portrait de sa mère, qu'elle regarde avec amour, en lui disant :

— Pardonne-moi, ma chère maman, j'ai eu tort de céder au désir de me retrouver avec M. Achille... qui voulait me séduire... me tromper... Ah ! je resterai sage... comme si tu vivais encore...

Tu aurais rougi de ta fille si elle s'était mal conduite... Je ne veux pas t'affliger, là où tu es maintenant. Mais donne-moi de la force, pour que je chasse de mon âme l'image de ce jeune homme, qui malgré moi y revenait sans cesse... je veux que ton souvenir pour appui, car mon père m'a abandonnée... comme il t'avait abandonnée, toi, si bonne... et qui, jusqu'à ton dernier moment, espérais qu'il reviendrait vers nous. Mon père !... il ne vient plus me voir... cela lui déplaît de me rencontrer... et moi qui l'aime, malgré son indifférence, car une fille doit toujours aimer son père... je suis obligée d'agir de ruse... de me cacher pour tâcher de l'apercevoir, pour guetter son passage!... Oh ! tout cela est bien triste, n'est-ce pas, ma mère ?... Veille donc sur ta fille... si malheureuse de t'avoir perdue !

Le lendemain, il est à peine huit heures, lorsque Augusta entend frapper fortement à sa porte, et s'empresse d'aller ouvrir, et Coralie entre chez elle.

La petite fleuriste a les sourcils froncés, les lèvres pincées, elle s'efforce de paraître calme, mais il est facile de voir que cette tranquillité apparente cache un volcan qui ne demande qu'à faire irruption.

— Ah ! c'est toi, Coralie ?

— Oui, mademoiselle... Est-ce que vous ne m'attendiez pas ? j'avais pourtant dit hier au soir à votre suisse que je viendrais ce matin.

Et, tout en parlant, les yeux noirs de Coralie examinaient tous les coins de la chambre, comme pour s'assurer si quelqu'un n'y était pas caché.

— En effet, mon suisse, comme tu veux bien le nommer, m'avait dit que tu devais venir, mais je ne croyais pas que tu serais si matinale.

— Je vous dérange peut-être...

Et cette fois Coralie se penche pour regarder dans la ruelle du lit.

— Pourquoi me dérangerais-tu ? est-ce que tu m'empêcheras de faire mon déjeuner ? mais qu'est-ce que tu regardes dans mon lit... et jusque dessous ?

— Je regarde si M. Achille n'est pas par là !

— Ah ! Coralie !

— Oh ! ne faites pas vos mines, vos grands airs, vos mensonges, on ne me trompera plus, je vous connais maintenant, mademoiselle Augusta, et je suis venue pour vous dire tout ce que je pense de votre conduite.

— Tu me connais !... eh bien alors...

— D'abord, mademoiselle, je vous défends de me tutoyer; on ne tutoie que ses amies, et je ne suis plus la vôtre, je ne suis pas celle d'une perfide, d'une traîtresse, d'une fausse.

— Ah ! Coralie, que c'est mal de me donner tous ces noms-là, à moi !

— Je vous en donnerai bien d'autres ! est-ce que, par hasard, vous avez cru que vous m'enlèveriez mon amant, à mon nez, et que je ne dirais rien ?... Oh ! c'est trop fort... avec votre air de sainte nitouche, vous ruinez les choses lestement.

— Mais, encore une fois, Coralie, écoutez-moi...

— Je ne veux pas que vous m'appeliez Coralie tout court, vous pouvez bien dire Mademoiselle... Je le suis autant que vous... et peut-

être plus que vous ! Oh ! c'est affreux; si je vous avais trouvée hier au soir avec lui, je crois que je vous aurais arraché les cheveux; vous êtes bien heureuse que je me sois raisonnée, mais, au moins, je vous dirai tout ce que je pense, cela me soulagera, encore; si je vous avais caché ma liaison avec M. Achille..., mais vous saviez qu'il était mon amant.
— Votre amant !
— Oui, sans doute... faites donc un air étonné.
— Vous me disiez qu'il vous faisait la cour, voilà tout.
— Oh ! que c'est joli... et quand vous l'avez laissé chez moi, l'autre soir, vous n'avez pas deviné ce qui allait se passer ?
— Non, mademoiselle, car, si je l'avais deviné, je vous jure bien que je ne serais pas allée avec vous au Château des Fleurs.
— Mais, voyez donc ! je crois que c'est mademoiselle qui va me faire des reproches. Je ne m'étonne plus, si on m'a dit si souvent qu'on vous avait rencontrée près de la mare d'Auteuil, il paraît que ce ne sont pas des mensonges, et que c'est le lieu habituel de vos rendez-vous !
— Coralie ! c'est mal ce que vous me dites là.
— Oh ! ce que vous avez fait hier, c'est bien plus mal, car moi, mademoiselle, j'ai pris quelqu'un qui était libre, je n'ai pas fait comme vous, qui prenez l'amant de votre amie.
— Vous vous trompez, mademoiselle, vous êtes dans l'erreur, je n'ai jamais cherché à vous enlever l'amour de ce monsieur.
— Faut-il être effrontée ! c'est qu'il n'est pas permis de se moquer des gens comme on s'est moqué de moi, hier... D'abord, ce scélérat d'Achille me lâche son Danois millionnaire, pour que je m'en aille polker, très-bien. Voilà ce monsieur, qui a l'air bête comme plusieurs pots, qui, tout en polkant, se met à me parler de mes six ordres, de mon air distingué, de ma famille; j'ouvrais des oreilles, je me disais : Il n'est pas possible, la musique me fait entendre de travers; tout à coup, nous entendons un pétard, une détonation, tout le monde dit :
— C'est le feu !
On court, mon Danois m'entraîne avec la foule. Quand nous sommes juchés sur des chaises, rien ne part; on se met à dire :
— Ce n'était pas le feu.
C'était une fausse alerte. Je m'écrie : Retournons près de notre société. Nous retournons à la place où je vous avais laissée... bonsoir, plus personne. On retire un pétard; cette fois, c'était bien le feu, je dis au Danois :
— Allons le voir, ensuite, nous retrouverons bien Achille, il sait que nous sommes ici, certainement lui mon amie ne s'en iront pas sans nous.
Nous retournons au feu, j'ai beaucoup de peine à avoir une chaise. Le Danois m'avait placée justement derrière une énorme femme, dont le postérieur masquait tout le feu d'artifice. J'avais peu d'agrément, et au bouquet, cette dame, à force de gigoter, défonce sa chaise, et se trouve au milieu, comme ces petits enfants, qui ne savent pas encore se tenir, et que l'on met la dedans pour qu'ils ne tombent pas.
Le Danois voulait absolument la retirer de là, je lui dis :
— Laissez donc cette dame jouer à la petite fille, allons rejoindre notre monde.
Nous allons à la danse, nous ne vous trouvons pas. nous ne tendons personne. Pendant ce temps-là le monde filait; bientôt il ne reste plus que nous et cet imbécile de Cotonnet, que je voyais se glisser derrière les arbres, et me regarder en dessous; n'y tenant plus, je me décide à aborde à lui, je l'aborde en lui disant :
— Savez-vous où est Augusta ?
Il devient rouge comme un lièvre et me répond enfin :
— Il y a longtemps qu'elle est partie.
— Elle est partie !...
— Oui, avant le feu, avec M. Achille Rocheville, ils se sont en allés tous les deux en courant... Je les ai vus passer la grille et descendre vers la route.
Vous concevez qu'il n'y avait plus à en douter.
Je reprends le bras du Danois qui restait là comme un jobard en murmurant :
— Et mon pistolet, il a emporté mon pistolet ! Je n'ai pas mon pistolet...
— Mon Dieu ! monsieur, lui dis-je, je pense que vous n'aviez pas l'intention de vous servir ce soir de votre pistolet, venez, allons-nous-en, il n'y a plus personne ici... Je suis pressée d'être chez moi.
Nous partons, je laisse là Cotonnet qui avait l'air d'un saule pleureur. Ce monsieur, millionnaire, m'emmenait et me faisait trotter sans proposer une voiture.
Je trouvai cela par trop danois, et je lui dis :
— Monsieur, j'ai mal aux pieds, et je ne me soucie pas de faire près d'une lieue à patte, je ne demeure pas dans la même maison que M. Achille, rue des Martyrs, et ce n'est pas ici à côté.
Le Danois se décide alors à me faire monter dans un milord, et il s'y place à côté de moi en murmurant :
— Je n'ai pas mon pistolet !

J'avoue que j'en étais bien aise, car ce jeune homme a l'air si brave qu'il me faisait peur. Nous sommes arrivés ici, mais vous n'étiez pas rentrée, il paraît qu'on vous avait emmenée souper.
— Ah ! mademoiselle !
— Je vous conseille de prendre un air ! il n'était pas rentré non plus, lui, ce monstre. J'ai congédié le Danois qui ne parlait que de son pistolet et m'ennuyait beaucoup, j'ai écouté... guetté... je n'ai pas entendu rentrer M. Achille. C'était bien clair il a couché avec vous !
Augusta fait un mouvement vers le portrait de sa mère comme si elle voulait la supplier d'attester son innocence, mais presque aussitôt elle retombe sur sa chaise en versant un torrent de larmes et sans avoir la force de prononcer un mot.
Coralie s'arrête, à la vue de la douleur qu'elle vient de causer à celle qui fut son amie, semble mettre fin à sa colère.
Elle reste quelques instants sans parler; au bout d'un moment elle reprend d'un ton plus calme :
— Je sais bien que tout ce que je pourrai dire maintenant n'y fera rien, et que les hommes ne valent pas la peine que l'on se tourmente pour eux, mais, je le répète, de votre part cela m'a été sensible, car nous avions été amies... vous m'auriez dit franchement :
— Je l'aime aussi ce M. Achille, il m'a donné dans l'œil, c'est plus fort que moi !
Alors, je ne vous aurais pas engagée à venir avec moi au Château des Fleurs, et s'il m'avait un jour quittée pour vous, j'en aurais été moins surprise, mais, le lendemain de notre liaison... le lendemain même me l'enlever, ne pas me le laisser au moins une semaine ! ah ! voilà ce que je ne puis pas excuser.
Au reste, il est probable que vous ne le captiverez pas longtemps non plus, vous, ce beau monsieur !... Au train dont il y va... c'est comme un chemin de fer avec lui !... Quelle locomotive...
Adieu, mademoiselle Augusta, je vous ai dit tout ce que j'avais à vous dire, à présent, je m'en vais.
Augusta pleurait toujours.
Cependant, lorsqu'elle voit Coralie prête à sortir, elle se lève vivement en s'écriant :
— Coralie, je suis innocente... M. Achille n'est point mon amant, il m'a trompée pour m'emmener, mais je vous assure que je ne l'ai point écouté, et si vous vouliez m'entendre...
— A d'autres, mademoiselle, ce n'est pas à moi qu'il faut dire de ces choses-là...
D'ailleurs, je me rappelle maintenant mille choses qui auraient dû m'ouvrir les yeux et me faire voir que vous étiez amoureuse de ce monsieur, ne vous donnez pas la peine de me faire des histoires! Je puis être votre victime, mais je ne serai pas votre dupe. Adieu.
En disant cela, Coralie sort de l'appartement dont elle referme avec violence la porte après elle.
Augusta retombe sur sa chaise et tourne ses yeux pleins de larmes vers le portrait de sa mère en murmurant:
— Toi, au moins, tu sais que je suis innocente.

XXIII.

La tendresse de Berthe.

Par un hasard singulier, Benjamin avait trouvé madame Saint-Lambert chez Mabille.
Elle n'y avait point cassé de glace, mais elle en mangeait avec Sandarac au moment où son naïf amant la cherchait dans l'immense salle et dans les alentours du café.
En apercevant Berthe qui se délectait sur sa vanille, en face de ce monsieur qu'il sait maintenant n'être pas son oncle, le jeune homme éprouve un vif sentiment de dépit, et presque de colère.
Le dîner qu'il a fait lui a aussi monté la tête, et au lieu de se tenir à l'écart, il va s'asseoir à une table en face de sa belle et se fait servir du punch.
Berthe, qui a reconnu Benjamin, est toute surprise de le voir se placer si près d'elle.
Croyant qu'il ne l'a pas vue, elle se donne beaucoup de mouvement, parle très-haut, appelle le garçon, enfin, fait tout ce qu'elle juge nécessaire pour être remarquée.
Elle joint à cela une pantomime expressive, des roulements d'yeux, des signes de tête, ce qui voulait dire :
— Éloignez-vous, imprudent !.. vous allez me compromettre.
Mais Benjamin regarde tout cela sans s'émouvoir; il boit tranquillement son punch, se dandine sur sa chaise et parfois même se permet de secouer la tête d'un air assez impertinent.
— Il n'est pas possible ! se dit Berthe, il faut qu'il soit gris... pourvu qu'il ne me parle pas.
Mais l'orchestre joue une valse et M. Sandarac, valseur intrépide,

emmène sa dame vers l'enceinte de la danse. Alors Benjamin quitte aussi sa table en se disant :
— Ah! elle valse! eh bien! je valserai aussi, moi; je prouverai à cette dame que je puis bien valser sans elle.

Circulant autour de la danse, le jeune homme passe en revue les femmes qui se promènent sans cavalier; il a bientôt remarqué une blonde, bien corsée, qui n'a pas la mine farouche; il va faire sa demande, la blonde lâche aussitôt l'amie qui se pendait à son bras et accepte celui de Benjamin. Le jeune couple entre dans l'arène et se met à valser. Benjamin allait mieux depuis que Berthe lui avait donné des leçons; la blonde allait très-bien, elle semblait collée après son valseur avec lequel elle ne faisait qu'un, et le jeune homme électrisé par le talent, l'élasticité, le laisser aller de sa partenaire, et peut-être aussi par le punch qu'il venait de boire, n'avait jamais valsé avec tant d'entrain.

Mais pendant un temps d'arrêt, pour reprendre haleine, Berthe voit passer son jeune amant entortillé par une blonde qui réalise l'image du lierre et de l'ormeau.

Madame Houssepignole était déjà cerise, elle devient pourpre, elle est furieuse de ce que Benjamin se permette de valser avec une autre femme, et elle craint que cette blonde grimpante ne veuille plus se détacher de lui; si le couple était à sa portée, elle cracherait sur la valseuse, mais comme il est déjà loin, elle se contente de montrer Benjamin à Sandarac, en lui disant :
— Vois-tu ce jeune blanc-bec là-bas... qui valse avec cette blonde qui a l'air de s'évanouir sur lui?
— Oui, je les vois, eh bien?
— Eh bien, ce jeune homme-là s'est permis un soir au Rantaclagh de m'appeler volaille parce que je refusais de danser avec lui.
— Ah! il s'est permis ça... je vais le rosser...
— Non, non... pas de querelles, d'affaires... on vous ferait sortir du bal, si je serait plus amusant... fais-leur une farce, cela vaudra bien mieux... en valsant... tu sais... toi qui es fort.
— Compris... tu as raison, ce sera plus drôle et nous allons rire. En avant, et tiens-toi ferme après moi.
— Oh! tu sais bien que je ne bronche pas.

Berthe et Sandarac se remettent en valse, mais du coin de l'œil le cavalier de l'Andalouse lorgnait les autres valseurs et attendait le couple qu'il voulait attaquer; bientôt Berthe fait un signe de tête à son cavalier en lui disant :
— Les voilà !...

En effet, Benjamin arrivait en tourbillonnant avec sa blonde, celle-ci avait la tête entièrement posée sur l'épaule du jeune homme, auquel elle servait de cravate, Benjamin respirait cette dame, avalait même de ses cheveux, dont les mèches venaient flotter sur son visage, probablement il trouvait cela bon, car sa figure était radieuse et ses yeux brillaient comme du diamant.

Mais dans le plus beau moment de son abandon le jeune couple est poussé si vigoureusement par d'autres valseurs, que l'équilibre lui manque; Benjamin et la blonde roulent sur le sol, on s'empresse de les tirer de là, sans quoi tous les valseurs leur passeraient sur le corps, car ces gens-là sont pis qu'un régiment de cavalerie ; un cheval se détournera pour ne point fouler aux pieds ceux qu'il voit étendus sur son chemin, mais les valseurs ou les galopeurs iront toujours ! faites-leur place, sinon ils vous écraseront.

Benjamin s'est relevé avec le nez meurtri, sa valseuse avec un œil poché, elle quitte aussitôt son cavalier en lui disant :
— Quand on ne sait pas se tenir mieux que ça, on ne vient pas valser ici.

Et le jeune homme qui le veut plus se promener avec son nez enflé, quitte Mabille et rent chez lui.

Le lendemain, sur les dix heures du matin, Berthe arrive chez son jeune ami, et trouve Benjamin en train de se bassiner le nez.
— Bonjour, petit ami... qu'est-ce que vous faites donc là ?
— Mais vous voyez... je m'imbibe le nez avec de l'eau de sureau...
— Cela vous apprendra à vos folles infidélités, à valser avec des blondes fadasses qui ont l'air de se pâmer sur vous... traître!
— En vérité, madame, si je valsais hier au soir, si vous valsez bien à Mabille, vous, pourquoi donc n'aurais-je pas le droit de vous imiter...
— Mais, petit serpent, vous avez bien vu que je valsais avec mon oncle, moi.
— Oh! votre oncle... de la neige!
— Qu'est-ce que c'est... oh! grand Dieu! où prenez-vous de telles locutions... quel est ce mauvais genre... comme cela sent son Rocheville!
— En effet, c'est lui qui m'a dit que votre oncle... n'était pas votre oncle... mais que c'était un amant ancien.
— Quelle horreur! d'abord je n'aime pas tout ce qui est ancien! mais si vous voyez ce mauvais sujet! si vous l'écoutez, vous êtes perdu, Benjamin... un homme qui n'ouvre la bouche que pour mentir! Dieu, comme votre nez est enflé !
— On s'est jeté sur nous pendant que nous valsions, on nous a fait tomber, il y a des gens si maladroits ; je n'ai pas seulement eu le temps de voir ceux qui m'ont poussé.

Berthe se retourne pour ne point rire, puis elle revient vers Benjamin et lui donne une petite tape sur la joue.
— Je vous pardonne pour cette fois, jeune étourneau, mais à condition que vous n'irez plus à Mabille sans moi, embrassez votre amante... Ah! c'est que je t'aime tant... si je n'avais pas été avec mon oncle, je pulvérisais cette femme qui valsait avec toi, j'aurais tort, je le sens, mais je suis tellement jalouse de mon Benjamin... laisse donc ton nez, il est assez bassiné.
— Il me fait très-mal.
— A propos, bon ami, je me rappelle que j'ai promis à ma modiste d'aller la payer ce matin, donne-moi donc un petit billet de cinq...
— Est-ce que vous devez cinq cents francs à votre modiste ?
— Non, mais pendant que je serai en train, je paierai d'autres fournisseurs, on m'a dit souvent : Qui paye ses dettes s'enrichit! et je t'avoue que je ne serais pas fâchée de m'enrichir, cela me changerait.
— C'est que... je crois... je ne te dérange donc, ton père... mais je présume que tu en attends de l'argent... on ne va pas laisser un joli garçon comme toi dans l'embarras.
— Oui, oui, j'attends des fonds... j'en attends toujours.
— Oh! à la bonne heure, eh bien, petit ami, nous ferons comme toi, nous attendrons, et il faudra bien que les fournisseurs nous imitent ; c'est égal, je vous toujours aller me commander un chapeau, ça ira prendre patience à ma modiste. Benjamin, promets-moi que tu n'écouteras pas les conseils de cet indigne Rocheville qui se fait appeler Achille, mais dont je ne serai jamais l'Iphigénie. Hein! cher ami, vous voyez que l'on connaît son Racine! embrassez-moi, soyez sage, pensez à votre Berthe, qui se jetterait dans le feu pour vous, et dont vous n'appréciez pas assez l'amour.

Madame Saint-Lambert a quitté Benjamin, celui-ci est tout attendri par les paroles que cette dame vient de lui adresser; il se repent presque de lui avoir refusé de l'argent; mais comme il a aussi la plus grande confiance dans Rocheville, et qu'il se sent entraîné vers lui par une secrète sympathie, il se rend au Café Anglais où la veille son nouvel ami lui avait donné rendez-vous.

Achille déjeunait, mais il n'avait pas l'air aussi gai, aussi moqueur que d'habitude; il serrela main de Benjamin, et tout en lui faisant signe de prendre place devant lui, s'écrie :
— Vous avez bien fait d'arriver, jeune homme! je ne sais pas ce que j'ai ce matin, mais cela ne va pas.
— Vous n'avez pas d'appétit?
— Si fait, oh! ce n'est pas cela qui me manque, mais je suis mécontent de moi, j'ai manqué hier une occasion superbe, j'ai agi maladroitement.
— Avec une femme?
— Justement, mon bon, avec une femme, une simple grisette à la vérité, mais bien jolie! bien séduisante! enfin! cela se retrouvera, je l'espère; en ce moment j'ai autre chose qui m'occupe!
— Est-ce encore une femme?
— Toujours! je ne trouve que cela d'amusant au monde, mais cette fois ce n'est plus d'une grisette qu'il s'agit, c'est d'une dame du grand monde.
— Bah! est-ce que dans le grand monde on peut avoir aussi des bonnes fortunes?
— Qu'il est innocent! encore plus là qu'ailleurs ; pardieu, il faut que je vous mène chez les Duchampion !
— C'est une maison où l'on s'amuse?
— On s'y ennuie horriblement au contraire, mais moi je trouve moyen de m'y amuser, et je vous indiquerai ce moyen-là. Vous trouverez là de jolies étonnantes à faire.
— Vraiment! présentez-moi alors le plus tôt possible.
— Oui, j'ai une idée, une idée bouffonne, vous êtes gentil, nous la mettrons à exécution; d'ailleurs il ne faut pas s'étioler dans la société des grisettes et des femmes entretenues ; un jeune homme prend là des manières un peu décolletées, qui dégénèrent quelquefois en mauvais ton, c'est pourquoi il faut de temps à autre se retremper en hauts lieux.
— Dites donc, j'ai trouvé hier Berthe à Mabille.
— Ah! quel hasard!
— Vous ne saviez donc pas qu'elle y était ?
— Non vraiment, je vous l'avais envoyé là au hasard, comme Sinagria à Asnières et Arthur au Château-Rouge.
— Ah! c'était pour vous moquer de nous!
— Non... pour rire seulement... ce pauvre Arthur, il est venu ce matin me demander son pistolet.

— Berthe est venue, elle, me demander de l'argent, je lui en ai refusé, sous prétexte que mon père était en retard ; je vous assure qu'elle n'en a pas été moins aimable avec moi pour cela, elle n'a offert de se jeter dans le feu pour moi.

— Très-bien... continuez cependant de lui refuser des fonds, inventez une histoire, une banqueroute survenue à votre père, et vous verrez... mais je vous quitte, je vais aller chez Montbreilly... c'est un singulier garçon, il s'est fâché hier en apprenant que je faisais la cour à une femme qu'il a aimée autrefois... je vous demande un peu qu'est-ce que cela peut lui faire? et lors même que nous courtiserions cette dame en même temps, serait-ce une raison pour que deux amis se brouillent? est-ce que des gens d'esprit doivent jamais prendre ces choses-là au sérieux ?

— Quelles choses?

— Eh! parbleu, l'amour.

— Ah! alors, suivant vous, l'amour... n'est jamais sérieux.

— Jamais.

— C'est toujours pour rire qu'on le fait.

— Toujours.

— Tiens! tiens! au fait ce serait plus amusant... mais quand on se marie...

— Il ne faut jamais se marier par amour, car alors, quand l'amour passe, vous êtes fâché de vous être marié.

— C'est très-profond ce que vous dites là, mais pourtant...

— Au revoir, Benjamin, je n'ai pas le temps de causer davantage aujourd'hui.

Achille a quitté son nouvel ami, et Benjamin sort du Café Anglais, en se disant :

— Si je refuse de l'argent à Berthe, ce n'est pas une raison pour ne point lui donner mon portrait que je lui ai promis. Allons prendre séance chez M. Tamboureau... il est midi et demi, il fera peut-être jour chez lui.

Par extraordinaire, Tamboureau se levait au moment où Benjamin entrait dans son atelier ; le jeune Buridan crayonnait en mangeant encore des prunes, fruit pour lequel il avait de la prédilection; enfin, Boucaros était étendu sur le canapé, la tête coiffée d'un morceau de toile à matelas, et il dormait profondément.

— Vous arrivez bien à propos, dit le jeune peintre à Benjamin, nous allons travailler ferme... j'ai fait hier tout le fond de votre portrait... j'y ai mis tout ce que vous m'avez demandé, tenez :

Benjamin s'est approché près d'un moulin et entouré de tous les animaux que Berthe lui a demandés.

— C'est charmant... comment, monsieur Tamboureau, vous avez fait tout cela depuis hier... comme vous travaillez vite!

— Il faut bien que je me rattrape sur quelque chose; aujourd'hui je vais vous achever...

— Oh! bravo! tiens... M. Boucaros dort.

— Oui... il a été malade cette nuit, il est rentré gentil... gris comme une grive... encore, si ce n'eût été que ça... mais il a voulu dîner quatre fois et ça lui a fait mal...

— Quatre fois!...

— Oui ; comme il a été plusieurs fois jusqu'à trois sans en être incommodé, il a voulu voir s'il pourrait pousser cela plus loin.

Tant va la cruche à l'eau, qu'à la fin elle pète! murmure le petit Buridan en prononçant prune comme s'il mirait un œuf.

— Tais-toi, rapin, et apprête-moi ma palette... Monsieur Benjamin, j'ai commandé votre cadre ; il sera magnifique!...

— Je m'en rapporte à vous, monsieur Tamboureau.

— On me l'a promis pour samedi prochain.

— Et vous m'aurez fini, moi?

— Vous! parbleu, vous le serez peut-être aujourd'hui... placez-vous!

— Est-ce que monsieur ne déjeune pas ce matin? demande M. Buridan en regardant son professeur d'un air goguenard.

— Hom... je ne sais pas trop si je veux déjeuner... je n'ai pas très-faim... non, décidément je n'ai pas envie de déjeuner...

— Que je ne vous gêne pas, monsieur Tamboureau, dit Benjamin.

— Non... non... et puis je dîne en ville aujourd'hui... ce sera adroit de ne point déjeuner... Buridan, passe-moi quelques-unes de ces prunes que tu as mises dans le bonnet turc...

Le rapin fait la grimace, mais il obéit; il prend le turban placé près de lui et dans lequel il y a un quarteron de fausses Reine-Claude, grosses comme des noisettes, il en sort un maître qui en prend deux poignées et se place devant son chevalet. Benjamin a pris la pose.

— Un peu plus tourné à gauche, monsieur Godichon... le bras plus tendu... c'est cela, très-bien... Elles ne sont pas fameuses tes prunes, Buridan...

— Dame! on est encore bien aise de les trouver! murmure le rapin, en se hâtant d'avaler coup sur coup celles qui lui restent.

— Qu'est-ce que tu as dit, vassal? je crois que le serf a grogné devant son seigneur... as-tu fini ta tête?

— Pas encore, monsieur.

— Buridan, vous devenez paresseux comme un Spartiate, mon ami!... Prenez garde! vous n'habitez point en Grèce et vous n'avez point d'îlotes pour vous servir... A Sparte, on affectait de mépriser les arts, les sciences, la littérature... on n'estimait que la rapine et les combats... et la preuve... c'est que les jeunes Spartiates s'exerçaient à la chasse des bêtes fauves et des îlotes qu'ils pouvaient traquer et tuer, comme nous autres nous tuons un chevreuil... n'est-il pas vrai, monsieur Godichon?

Benjamin répond en hésitant :

— Je ne me souviens pas très-bien de mon histoire grecque.

— Venez me voir souvent, je vous y remettrai.

— Et la preuve... c'est que j'ai voulu connaître à fond leur histoire, afin de pouvoir répondre à ces gens qui prônent souvent ce qu'ils ne connaissent pas... Buridan ! lorsqu'un enfant naissait, qu'en faisait-on à Sparte?

— On le jetait dans un gouffre quand il n'était pas bien conformé...

— Quelles canailles que ces Spartiates! dit Benjamin : ils auraient jeté mon pauvre père dans le gouffre, parce qu'il a une jambe plus courte que l'autre.

— Positivement, et pourtant nous voyons que cela ne l'a pas empêché d'avoir un fils très-bien fait... tournez un peu la tête... c'est cela.

(Il chante :)

Mon père, tu m'as dû maudire!...

Le corps moins en arrière... Très-bien...

Suivez-moi!... suivez-moi !...
D'Altorff ices chemins sont ouverts!...

— Aimez-vous cette musique-là, monsieur Godichon?

— Oui, monsieur, beaucoup... dans quoi donc est-ce ça ?

Tamboureau regarde le plafond, regarde son rapin, puis se tape sur les cuisses en s'écriant :

— Comment! vous ne connaissez pas *Guillaume Tell?*

— Ah! c'est de *Guillaume Tell !* oui, oui... c'est vrai... je l'ai vu jouer.. mais à Elbeuf...

— Oh! alors vous avez le droit de ne pas le reconnaître...

Et Tamboureau beugle de plus belle :

Mon père... tu m'as dû maudire!...

— Oh! oui, sacré nom d'un chat! je te maudis ! s'écrie Boucaros en se retournant sur le canapé; il n'y a donc pas moyen de dormir un petit moment... c'est donc toujours ton tour à toi !...

— Taisez-vous, pochard! et rougissez de votre inconduite.

— Je faisais un si joli rêve! quel malheur... j'étais à table devant un aloyau bien cuit à point...

— Comment, tu es malade d'une indigestion et tu rêves que tu manges.

— Ah ! ouiche!... une indigestion... jamais! une fausse indigestion, à la bonne heure. Tiens ! voilà M. Benjamin... ça va bien?

— Très-bien, merci, monsieur Boucaros.

— Rapin, donne-moi à déjeuner.

— Il n'y a rien ici.

— Comment, il n'y a rien... est-ce que Tamboureau n'a pas déjeuné?

— Ma foi non, je n'avais pas faim... à présent il est trop tard.

— Ah! c'est joli... c'est joli comme on se perd l'estomac ; il ne manquerait plus que de prendre l'habitude de ne plus déjeuner... Tu veux donc avoir tous les vices ?... mais je ne souffrirai pas, moi, que mon ami se rende malade... Buridan, rapin diligent! va me chercher de la nourriture.

— Donnez-moi de l'argent...

— Je t'ai dit tout simplement : Va me chercher à déjeuner.

— J'ai bien entendu, et je vous ai répondu : Donnez-moi de l'argent.

— Mais, petit homme, où serait le mérite d'aller me chercher à déjeuner si je te le donnais de l'argent... Pardieu ! je descendrais au café ou au restaurant... je n'aurais pas besoin de toi. Trouve dans ta cervelle des ressources, que diable, invente!... je ne veux pas en emprunter à mon ami Tamboureau... pour des raisons... que je ne juge pas convenable de développer ici.

— Moi, monsieur, je ne trouve point de crédit nulle part.

— Avez-vous besoin d'argent, monsieur Boucaros ? dit Benjamin.

— Oh! monsieur Godichon, vous êtes trop bon... mais... je ne veux pas me permettre... Dieu ! comme votre portrait est ressemblant... ah ! que c'est ça ! c'est un chef-d'œuvre.

— Tais-toi donc, Boucaros, et laisse-nous travailler.

— Je n'ai que quelques napoléons sur moi... en voulez-vous deux?...

— Ça me ferait assez plaisir de ce moment... mais c'est pour vous rendre que cela m'embarrasserait...

— Rien de plus simple... je vais devoir à M. Tamboureau le prix de mon portrait... je lui donnerai quarante francs de moins et vous les lui rendrez...

— Ah ! comme cela, j'accepte, je veux bien.

Tamboureau fronce le sourcil en regardant Boucaros, il ne paraît nullement satisfait de cet arrangement, mais déjà les deux pièces de vingt francs sont passées dans les mains de Boucaros qui a quitté le canapé, et jette de côté son fichu de toile en s'écriant :

— Décidément, j'aime mieux déjeuner dehors qu'ici... ça salirait l'atelier que ce joli petit Buridan a balayé avant-hier... il ne faut pas éreinter cette femme de ménage en herbe... et en culotte... un coup de pied au café des Variétés et je reviens... oh ! quel beau portrait... Ah ! monsieur Benjamin, la femme qui aura cela pourra se flatter de vous posséder... c'est vous... que c'en est effrayant... Tamboureau, je suis fier de ton talent !...

— Fiche-nous la paix.

Tout en parlant, M. Boucaros avait lestement fait sa toilette, qui était fort simple ; il prend son chapeau et va sortir de l'atelier, lorsqu'on ouvre la porte, et un monsieur conduisant une dame entre chez Tamboureau.

Dans le petit-maître sur le retour qui vient d'arriver, Benjamin a reconnu le monsieur qui, la veille, sur le boulevard, a causé quelque temps avec Albert Montbreilly, et que celui-ci a nommé M. Valdener.

La dame qui accompagne ce monsieur doit avoir vingt-sept à vingt-huit ans ; elle est fort jolie, et ses grands yeux noirs ont une expression que l'on admire d'abord, mais qui ne tarde pas à vous fatiguer, cette dame ayant par habitude de ne jamais baisser les yeux devant qui que ce soit, et paraissant prendre plaisir à fixer les autres jusqu'à ce qu'on s'incline devant son regard.

La toilette de cette dame est extrêmement élégante, aussi fait-elle une légère grimace en mettant le pied dans l'atelier ; mais déjà Tamboureau s'est levé et il a couru au-devant du monde qui lui arrive en s'écriant :

— Ah ! c'est M. Valdener... comme c'est aimable... mon Dieu, je vous demande bien pardon... c'est un peu en désordre ici... je me suis levé un peu tard... asseyez-vous donc, madame, je vous en prie... Buridan, un fauteuil à madame...

Pendant que le peintre et son élève se donnent beaucoup de mal pour trouver un fauteuil présentable, Boucaros gagne la porte en murmurant :

— Encore des pratiques ! bravo ! ça va bien ! surtout si elles se conduisaient toutes comme ce petit Godichon. O amour de modèle ! je te bénis.

Et il s'éclipse en tapant sur son gousset.

XXIV.

Madame Durbalde.

Tamboureau est enfin parvenu à débarrasser un vieux fauteuil gothique qui n'a plus qu'un bras, il le présente à cette dame en lui disant :

— Il n'est plus jeune... il a servi sous Louis XIII.

— Alors il lui est bien permis d'être invalide, répond la jolie femme en s'asseyant avec précaution.

Pendant ce temps Benjamin s'est levé et s'est tenu un peu à l'écart, ce qui ne l'empêche pas de regarder cette dame qui vient d'arriver et se sentir tout bouleversé par l'expression magique de ses yeux.

— Mon cher Tamboureau, dit M. Valdener, je vous amène madame Durbalde : elle a vu mon portrait fait par vous... et elle l'a trouvé si bien qu'elle veut que vous fassiez le sien.

Le jeune peintre s'incline, en répondant :

— C'est beaucoup d'honneur pour moi, je ferai de mon mieux pour satisfaire madame.

— Réussissez-vous aussi bien avec les femmes qu'avec les hommes, monsieur ? dit la dame, dont le parler a quelque chose d'aussi incisif que le regard.

Tamboureau se sent presque intimidé et il bredouille :

— Madame... je réussis... oui... cela dépend... vous comprenez... si vous aviez un costume grec... cela ferait mieux voir...

La dame part d'un éclat de rire.

— Ah ! plaisantez-vous, monsieur ? est-ce que vous croyez que je veux me faire peindre en tragédienne... je veux une toilette comme j'en porte habituellement... nous choisirons... et dans un jardin... un parterre... avec... Oh ! mais pas comme cela ! par exemple... Ah ! ah ! c'est trop drôle... Voyez donc, Valdener, un monsieur qui s'est fait peindre au milieu d'une basse-cour... il est donc marchand de volaille, ce monsieur !...

La dame riait toujours ; celui-ci considérait le portrait de Benjamin. Celui-ci était allé se cacher derrière un chevalet, mais le peintre, dont l'amour-propre est piqué et qui ne veut pas être accusé de mauvais goût, s'écrie tout d'un coup :

— Madame, si j'ai mis plusieurs animaux dans le paysage, c'est que monsieur l'a exigé, j'ai dû me conformer à ses désirs, mais je vous certifie que l'idée n'est pas de moi.

Tout en parlant, Tamboureau avait désigné Benjamin, qui n'était pas tellement caché par les chevalets et les toiles, qu'on ne pût apercevoir une partie de son individu.

La dame s'est retournée pour considérer Benjamin, et M. Valdener s'empresse de dire :

— Mais après tout, ce portrait est fort bien... le paysage en est très-joli... et pour quelqu'un qui vivrait à la campagne, cette réunion de... d'animaux... je veux dire... ces bêtes sur le second plan... c'est très-original...

M. Valdener cherche à adoucir ce que les paroles de madame Durbalde ont eu de mortifiant pour l'original du tableau. De son côté cette dame dit à Benjamin :

— J'espère bien, monsieur, n'a vu dans tout cela qu'une plaisanterie... au premier aspect, ce portrait entouré ainsi m'a étonnée... mais en l'examinant mieux... oui, voilà un canard qui fait très-bien... et monsieur est d'une ressemblance... c'est parfait !... et ce rossignol sur cette branche... c'est un rossignol, n'est-ce pas, monsieur ?

— Oui, madame.

— Tout cela est d'une grande vérité.

— Oui, murmure le petit rapin, toutes les bêtes sont ressemblantes.

Benjamin s'est décidé à sortir du coin où il s'était blotti, il s'avance en saluant cette dame qui, tout en lui faisant des compliments, a toujours l'air de se moquer de lui. Il essaie de dire quelques mots, mais il s'embrouille dans une phrase ; le peintre vient à son secours en disant :

— Quelle grandeur madame veut-elle pour son portrait ?

— Comme celui de M. Valdener.

— Très-bien, madame... Est-ce que madame viendra poser ici...

— Oh ! non... cela me dérangerait trop. Je ne connaissais pas un atelier de peinture, voilà pourquoi je suis venue ce matin avec M. Valdener... j'étais curieuse de voir cela... c'est original... mais ce n'est pas élégant...

— Il y en a qui le sont, madame.

— Qu'importe, monsieur ? le talent a le droit de singulariser... Ne pourrez-vous pas venir chez moi, monsieur... nous réglerons le prix en conséquence...

— Très-bien, madame... pourvu que ce ne soit pas de très-bonne heure... parce que j'ai beaucoup affaire le matin... j'ai des modèles...

— Sur les onze heures, cela vous va-t-il ?

— C'est un peu trop tôt.

— Eh bien ! sur le midi ?

— A midi soit, madame.

— Voici mon adresse, monsieur. Pourrez-vous venir dès demain commencer mon portrait...

— Oui, madame... j'ai justement là une toile de la grandeur que vous désirez.

— Alors c'est une chose arrangée, mon cher Tamboureau, dit M. Valdener tout en lorgnant quelques bustes de femmes accrochés dans l'atelier. Dès demain madame vous attendra... mais que ce ne soit pas en vain, c'est que l'on prétend que l'exactitude n'est guère dans vos habitudes.

— Monsieur aura la bonté de les changer pour moi, dit la dame en se levant ; le jeune peintre jure d'être exact ; et madame Durbalde, prenant la main de M. Valdener, sort de l'atelier après avoir lancé un regard fascinateur sur Benjamin, dont le trouble et l'émotion ne lui ont pas été désagréables, tandis que le petit rapin affecte au contraire de ne s'occuper que de son dessin, sans faire aucune attention à la personne venue avec M. Valdener.

— Voilà une bien jolie femme ! s'écrie le jeune Godichon lorsque cette dame s'est éloignée ; n'est-ce pas, monsieur Tamboureau... et vous aurez du plaisir à faire son portrait.

Mais le peintre regardait l'adresse et murmurait : Rue de Ponthieu... fichtre ! c'est aux Champs-Elysées... quelle course... et être là à midi... il faudra donc se lever du bon jour... ça ne me va guère... mais je lui ferai changer ses heures... Voyons, monsieur Benjamin, remettez-vous, s'il vous plaît, que l'on achève.

— Elle a de fameux yeux cette dame, dit Benjamin en reprenant pose.

— Ils sont trop grands ! dit Buridan, cela s'écarte du beau type la Vénus pudique.

— Je ne croyais pas qu'on pouvait avoir des yeux trop grands.

— Buridan a raison, dit Tamboureau, les yeux de cette dame sont un peu trop ouverts... cela leur donne une expression hardie... ce qui n'empêche pas cette dame d'être très jolie, c'est une femme entretenue...

— Vous croyez ?

— Parbleu, cela se voit ; d'ailleurs, j'ai déjà entendu parler d'elle par des lions... elle est aujourd'hui la maîtresse de ce M. Valdener... ce vieux lion qui l'accompagnait... un ex-beau... qui fait encore des folies pour les femmes...

— Il est donc riche ?

— Apparemment... Tournez-vous... regardez-moi.

— Madame de Saint-Lambert n'aura plus guère de la petite bière auprès de cette madame Durbalde ! se dit Benjamin tout en suivant les désirs de son peintre.

Au bout d'une demi-heure Tambourreau quitte sa palette en disant :
— C'est fini.
— Bah! vraiment! mon portrait est achevé...
— Oui... encore une petite séance pour les détails et je vous le donne...

Benjamin va se regarder; il se trouve très-bien, mais depuis que madame Durbalde s'est moquée de son entourage, il est lui-même mécontent de s'être fait peindre avec cet accompagnement d'animaux, et il murmure :
— Oui, certainement... je suis ressemblant... mais une autre fois... enfin, comme c'est pour Berthe et qu'il ne sortira pas de chez elle... cela m'est égal.

Le jeune homme a quitté l'atelier, tout en rêvant à cette dame qu'on lui a dit être la maîtresse de M. Valdener, et il y pense tout le restant de la journée. Le lendemain il veut aller parler de cette rencontre à son ami Rocheville, mais celui-ci est absent; Benjamin est donc obligé de concentrer ses sentiments.

Deux jours après, Berthe revient le matin voir son jeune ami; après un flux de paroles dans lesquelles sa tendresse, sa passion, son attachement pour Benjamin sont portés au suprême degré, madame Saint-Lambert, par un ricochet fort adroit, est revenue au chapitre de sa marchande de modes et demande des fonds à son doux ami.

Celui-ci répond qu'il est sans nouvelles de son père et par conséquent sans argent.

La figure de l'Andalouse se rembrunit; l'expression amoureuse qui animait ses yeux fait place à un air d'humeur et elle s'écrie :
— Ah çà, mais voilà un père que je trouve fort mal élevé qu'il... blier son fils... le laisser manquer d'argent... la chose la plus nécessaire à la vie... car dès qu'on manque d'argent, on manque de t... il faut lui écrire, petit... il faut tirer à vue sur lui...
— Je lui ai écrit.
— Alors je présume que bientôt tu auras sa réponse... je vais aller me commander un autre chapeau pour que ma modiste prenne patience... tout cela augmente horriblement mon mémoire; mais il le faut bien, car vois-tu, mon petit, avec les fournisseurs, tant qu'on achète ils prennent patience, mais si vous ne payez pas et cessez d'acheter, ils deviennent féroces et veulent de l'argent... c'est pourquoi je vais acheter partout... il faudra que tu me donnes mille francs au lieu de cinq cents... ce sera la faute de ton père qui nous laisse manquer d'argent.

Berthe a quitté Benjamin, qui l'a trouvée beaucoup moins passionnée cette fois.

Au bout de trois jours madame Saint-Lambert arrive de grand matin chez Benjamin Godichon, et cette fois, après l'avoir gratifié d'un baiser assez maigre, elle va droit au but :
— Dis donc, petit, j'espère que tu as quelque chose à me remettre aujourd'hui...
— Oui, répond Benjamin, oui, ma chère amie, j'ai quelque chose pour toi, aussi j'attendais ta visite avec impatience...
— Oh! qu'il est gentil... qu'il est aimable! quel amour d'homme... comme il mérite bien le cœur que je lui ai donné à jamais.

Cependant Benjamin est allé dans une autre pièce de son appartement, et il en revient bientôt tenant à sa main son portrait, qui est dans un cadre magnifique. Il le place vis-à-vis de madame Saint-Lambert, qui s'écrie :
— Qu'est-ce que c'est que ça...
— Comment! tu ne le reconnais pas... on le trouve cependant bien ressemblant...
— Ah! oui... oui... c'est ton portrait... en effet... c'est que je pensais à autre chose. Oui, il est très-ressemblant.
— Tu vois qu'il y a dans le paysage tout ce que tu as demandé...
— C'est vrai... Ah! voilà un canard que j'adore... il est parlant... quel beau canard... il te ressemble... oh! il te ressemble.
— Comment? le canard?
— Non, ton portrait; mais quel cadre magnifique... diable, on voit bien que nous sommes en fonds et que nous ne nous refusons rien.
— Oui, le cadre seul coûte quatre-vingts francs... je trouve que c'est un peu cher... mais Tambourreau l'avait commandé.
— Il n'y a rien de trop beau pour mon Benjamin... tu m'enverras ce portrait dès aujourd'hui...
— Et tu ne crains pas que ton oncle...
— Je lui ferai une histoire, je lui dirai que c'est une de mes amies qui m'a prié de lui garder le portrait de son amant, qu'elle ne peut pas avoir chez elle... et tous les jours, matin et soir, je t'enverrai des baisers... polisson!... Mais il s'agit d'autre chose, pst., tu sais qu'il me faut de l'argent... beaucoup même pour mes fournisseurs.
— J'ai reçu des nouvelles de mon père...
— C'est bien heureux... Enfin! on lui pardonne, mais que cela ne lui arrive plus...
— Il m'annonce qu'il a essuyé plusieurs banqueroutes... et qu'il ne peut rien m'envoyer de longtemps...

Berthe fait un bon sur sa chaise et se lève en s'écriant :
— Ceci passe les bornes de la plaisanterie... vous n'avez pas d'argent et vous achetez un cadre de quatre-vingts francs!

— Je... je ne l'ai pas encore payé.
— Monsieur Benjamin, je crois que décidément vous vous fichez de moi...
— Pourquoi pensez-vous cela, chère amie, je vous aime toujours...
— L'amour d'un homme se dévoile par les bienfaits qu'il répand sur l'objet de sa tendresse... quand il cesse d'en répandre, c'est qu'il n'a plus d'amour...
— Ou plus d'argent!
— C'est la même chose... je veux dire qu'il sait bien trouver de l'argent tant qu'il a de l'amour...
— Et quand il n'en peut plus trouver... vous le plantez là, n'est-ce pas.
— D'abord, quand il sait vivre il s'en va tout seul et sans attendre qu'on l'en prie, et on y serait bien obligé parce qu'on ne peut pas payer sa modiste avec du sentiment. Ah! cela fait rire monsieur...
— Rocheville m'avait annoncé que vous me tiendriez ce langage...
— S'il vous a prédit que je vous enverrais promener, il a très-bien deviné aussi. Adieu, jeune Benjamin Godichon.
— Adieu, belle Berthe, Saint-Lambert, de Houssepignole, descendante des Villa de las Tormas de Bellaréal.
— C'est bien, gamin; je suis encore trop noble pour un marchand de drap... râpé! vous pouvez garder votre portrait... je m'en soucie comme de ça...

Et déjà Berthe a gagné la porte, mais là, elle s'arrête, se retourne et prenant un air sérieux :
— Après tout, monsieur, ce portrait m'appartient, puisque vous l'avez fait faire pour moi et me l'avez donné, vous voudrez bien me l'envoyer dès aujourd'hui.
— Je n'y manquerai pas, madame.
— J'y compte, monsieur.

Madame Saint-Lambert est partie.

Un quart d'heure après, Benjamin remettait son portrait à un commissionnaire et l'envoyait chez son ex-amante en se disant :
— Ce n'est pas le portrait que je regrette... mais je suis bien fâché que Tambourreau lui ait acheté un cadre si beau.

Dans la journée, Benjamin se rend chez Rocheville qu'il n'a pu parvenir à rencontrer depuis qu'ils ont déjeuné ensemble au Café Anglais.

Cette fois, il le trouve en train de gronder son domestique.
— Qu'a donc fait votre groom? demande Benjamin.
— Ce drôle-là laisse entrer quand je lui ai dit de répondre que je n'y étais pas... Et il m'expose à subir des scènes de toutes les façons.
— Mais, monsieur, cette demoiselle demeure dans la maison... Elle prétend qu'elle est très-bien quand vous y êtes...
— Je me moque pas mal qu'elle se fâche ou non... Mademoiselle Coralie m'ennuie beaucoup... J'en ai par-dessus la tête de mademoiselle Coralie... Si cela continue, cette petite m'obligera à déménager... Oh! mon cher Benjamin, souvenez-vous encore de ceci : ne formez jamais de liaison intime avec une de vos voisines, car alors vous ne pourrez plus ni entrer ni sortir sans la trouver dans l'escalier... Le soir, elle se plantera en faction chez le portier... Le matin, elle viendra avant le jour tirer votre sonnette... et si vous recevez des visites de femmes... ce sera bien pis... elle leur jettera de l'eau sur la tête, elle placera des bâtons sur le carré pour les faire tomber... Voilà où j'en suis avec cette petite Coralie... une fleuriste du sixième à qui j'ai fait la sottise de dire quelques mots d'amour; mais je viens de la mettre à la porte un peu vivement; et j'espère que cette fois j'en suis débarrassé. Ah! mon cher ami, si on me montrait peu un peu de caractère, les femmes nous joueraient comme des macarons.
— Mon cher Rocheville, dit Benjamin en se jetant sur un divan à côté de Rocheville, j'ai suivi vos conseils, et de mon côté je viens de me débarrasser de madame Houssepignole.

Et le jeune homme raconte à son ami tout ce qui s'est passé entre lui et Berthe.
— Très-bien, dit Achille, vous voyez que je ne vous avais pas trompé, et que tout s'est passé ainsi que je l'avais annoncé; vous n'avez eu un tort dans tout cela.
— Lequel?
— C'est de donner votre portrait... Je gage bien que Berthe vous jouera quelque tour avec ce portrait-là...
— Vous croyez?
— J'en suis sûr; mais ce n'est pas d'une grande importance; le principal c'est que vous voilà libre et qu'il ne faut plus former de ces sottes liaisons dans lesquelles un homme est toujours le nigaud...

Ces dames disent le pigeon, mais le premier mot vaut mieux.

Dès demain je vous mène avec moi chez M. et madame Duchampion...

J'ai des projets pour vous... Ah! elle sera bonne celle-là, ah! ah! ah!...
— De quoi riez-vous?
— Je vous expliquerai cela... Je veux me venger de ces Duchampion, parce que vous saurez, mon cher ami, que, s'étant aperçus que je faisais la cour à une dame de leur société, ne s'avisent-ils pas de trouver cela mauvais! je vous demande un peu de quoi ils se mêlent... puisque le mari ne le trouve pas mauvais, lui, est-ce que cela les

regarde... mais il me semble que vous ne m'écoutez pas... à quoi rêvez-vous donc ?

— Ah! mon cher maître, à une bien jolie femme qui est venue il y a quelques jours dans l'atelier du peintre qui faisait mon portrait... C'est une petite maîtresse... Tournure ravissante... des airs de princesse qui lui vont parfaitement...

— Voilà encore mon Godichon amoureux... Mon Dieu! comme ce petit bonhomme-là prend feu...

— Ah! si vous avez vu les yeux de cette dame...

— Enfin, savez-vous qui c'est ?

— Elle se nomme madame Durbalde, elle est venue avec un certain M. Valdener... lion du second ban. Tamboureau assure qu'elle est sa maîtresse.

— Valdener, je le connais, je me suis trouvé quelquefois en partie de plaisir avec lui; c'est un homme qui a été fort bien.

— Oui... mais il ne l'est plus.

— Il est encore pas mal aux lumières...

— Mais c'est dans le jour qu'il est venu avec cette femme délicieuse... Ah! depuis ce moment j'ai les yeux de cette dame toujours là... devant moi...

— Madame Durbalde! je ne connais pas cela... mais je m'informerai... Je saurai ce que c'est, ne vous tourmentez pas, mon cher, vous évincerez le Valdener... A votre âge, avec de la fortune !... vous réussirez trop, voilà le malheur...

— Si c'est toujours comme avec madame Saint-Lambert, ce ne sera pas bien glorieux !... A propos, avez-vous revu M. Montbreilly?

— Non, je suis allé deux fois chez lui... il est toujours absent... Mais vous lui devez une visite... allez le voir et demain soir, à neuf heures, je vous attends au passage de l'Opéra... au revoir... Ah! prenez garde de rencontrer Berthe dans l'escalier, car elle vous ferait quelque algarade.

Benjamin a quitté la demeure de Rocheville en descendant quatre à quatre les marches de l'escalier.

Il arrive rue Joubert.

Au moment d'entrer dans la maison où loge Albert Montbreilly, il se trouve face à face avec Arthur Durbinot qui en sortait et s'écrie :

— Tiens !... c'est monsieur avec qui j'ai eu le plaisir de dîner chez Vachette.

— Oui, monsieur, je vous remets aussi, vous êtes M. Arthur Durbinot.

— C'est cela même, et vous M. Godiche...

— Godichon.

— C'est ça... je ne trouvais plus la fin.

— Vous venez de chez M. Montbreilly...

— Oui... mais ne vous donnez pas la peine d'entrer, il est à la campagne, à ce que m'a dit le concierge.

— Alors je remets ma visite à un autre jour.

— Il fait bien beau temps aujourd'hui...

— Oui, monsieur... il fait superbe.

— Comme Éléonore dîne aujourd'hui chez une de ses parentes... Je me disais : Où irai-je me promener ?...

— Ma foi, monsieur, c'est aussi ce que je me demande en ce moment.

— Alors, monsieur, si ma compagnie ne vous est pas désagréable... nous pourrions flâner ensemble.

— Je n'osais vous l'offrir, monsieur, mais ce sera un grand plaisir pour moi...

— Vous êtes bien bon... c'est moi qui l'aurai.

— Franchement, se promener seul, ce n'est pas amusant... moi surtout, qui ne connais pas encore bien Paris...

— Ah! vous ne connaissez pas très-bien Paris... je puis vous piloter, moi... je le connais sur le bout de mon doigt... ses rues, ses places, ses culs-de-sac! j'irai partout les yeux fermés...

— Alors, monsieur, vous serez mon guide, je m'abandonne à vous.

— Très-bien, mais où allons-nous d'abord ?

— Où vous voudrez...

— Connaissez-vous la manufacture de tapis des Gobelins ?

— Non, monsieur, j'en ai beaucoup entendu parler, mais je n'y suis jamais allé, je serais cependant curieux de voir cela.

— Eh bien, si vous voulez, je vais vous y conduire.

— Très-volontiers.

— C'est un peu loin... mais vous n'êtes pas pressé ?

— Je suis entièrement libre.

— Alors, allons aux Gobelins... Ah! diable... est-ce que j'aurais oublié ?...

Arthur tâte ses poches d'un air inquiet.

— Vous avez oublié de prendre un mouchoir ? lui dit Benjamin.

— Non... ce n'est pas cela... ah! je l'ai... il est au fond dans ma poche sous mes gants... c'est mon pistolet...

— Vous avez un pistolet sur vous... est-ce qu'il en faut pour entrer aux Gobelins ?

— Non, ce n'est pas pour cela... mais, le soir on peut rentrer tard et faire de mauvaises rencontres... Alors on est bien content d'avoir une arme pour se défendre.

— C'est une précaution à laquelle je n'ai jamais pensé.

— Je vous assure qu'il n'est pas mauvaise. Quand vous voudrez, monsieur, nous allons gagner les boulevards... ensuite, soyez tranquille, je vous ferai prendre le plus court

Mais le pauvre Trottin, qui ne faisait pas semblant, est bientôt jeté à terre.

XXV.

Le pistolet d'Arthur Durbinot.

Tout en marchant à côté d'Arthur, Benjamin causait avec lui.

Il n'était pas fâché de faire voir à son compagnon que, quoique novice à Paris, il ne manquait pas d'une certaine instruction.

— Monsieur, cette manufacture des *Gobelins*, où vous me conduisez, date déjà de loin, à ce qu'il me semble.

— Mais, oui... c'est très-ancien... Nous allons quitter les boulevards et prendre la rue Saint-Louis... ça abrège.

— Vous savez d'où lui vient le nom de *Gobelin* qu'elle porte...

— Oui... je le sais... c'est-à-dire non, je ne le sais pas... Nous couperons la rue Saint-Antoine.
— Monsieur, ce nom lui vient de *Gilles Gobelin*, fameux ouvrier en teinture de laine sous François Ier.
Ce Gilles Gobelin s'établit dans une maison que lui-même avait fait construire, et qui d'abord fut appelée la *Folie Gobelin*, et plus tard l'*hôtel des Gobelins*. En l'année 1666, le grand Colbert fit l'acquisition de cet hôtel et y établit cette superbe manufacture de tapisseries que vous allez me faire voir.
— Diable ! mais vous êtes savant, vous.
— A Louviers, ce que j'avais de mieux à faire était de lire... Le premier directeur des Gobelins fut le fameux *Lebrun*, premier peintre de Louis XIV.
— Ah ! oui-da... Nous allons prendre par ici... ce sera plus court.
— L'Académie des Inscriptions et Belles-Lettres était chargée de composer les sujets et les inscriptions des tapisseries que l'on exécutait aux Gobelins.
— Tiens ! tiens ! tiens !... Nous ferons mieux de prendre cette rue-là...
— On dit aussi que *Colbert* avait placé dans cet établissement d'habiles ouvriers en horlogerie et en orfévrerie, mais en 1694, le trésor de l'État se trouva tellement obéré par les dépenses de la cour, qu'il fallut congédier ces ouvriers.
— Fichtre... vous êtes très-instruit...
— Il faut bien que chacun ait sa spécialité. Vous avez beaucoup vu, moi, j'ai pas mal lu. Je connais assez bien l'histoire de Paris et de ses monuments ; vous, la ville vous est familière, vous la savez par cœur...
— C'est vrai, oh ! quant à cela... Sapristi, je crois que c'est l'autre rue qu'il fallait prendre... ça ne fait rien... nous arriverons toujours...
— Est-ce que nous ne sommes pas dans le bon chemin ?
— Oh ! si fait !... mais il y en a plusieurs... on peut prendre l'un ou l'autre.
On continue de marcher ; on avait passé l'eau, on se trouvait dans des rues sales, étroites, populeuses, et dont les maisons n'étaient point élégantes. Arthur Durbinot portait de temps à autre ses gros yeux effarés à droite et à gauche, puis il murmurait :
— Nous aurions pu prendre l'autre rue, mais ça ne fait rien... nous arriverons la même chose.
Cependant ces messieurs marchaient toujours et n'arrivaient pas. Benjamin, qui commençait à être las, dit à son guide :
— Si nous demandions le chemin dans quelque boutique.
— Par exemple... est-ce que j'ai besoin de demander... jamais je n'ai demandé ma route, je sais bien le trouver... nous allons y être... Tenez, au bout de cette rue-ci nous allons nous trouver devant la Manufacture.
On avance, et au bout de la rue on se trouve sur le Port au Vin... Arthur fait une singulière figure... Benjamin se met à rire.
— Où sont donc les Gobelins, monsieur Arthur, je ne vois que des tonneaux...
— C'est bien extraordinaire ! je ne comprends pas cela... il faut qu'on ait rebâti d'autres rues par ici.
Un jeune homme s'arrête devant ces messieurs, en s'écriant :
— Tiens, vous voilà par ici, monsieur Benjamin !
— Ah ! c'est M. Tamboureau !...
— Est-ce que vous venez acheter du vin ?
— Non ; je vais avec monsieur à la Manufacture des Gobelins...
— Mais vous lui tournez le dos... au reste, il serait trop tard pour y entrer aujourd'hui... il est cinq heures passées.

— Déjà cinq heures ! dit Durbinot, en ayant l'air de vouloir chercher sa montre, quoiqu'il n'en ait jamais.
— Voilà plus de deux heures que nous marchons, dit Benjamin. Que faites-vous par ici, vous, monsieur Tamboureau ?
— Moi, je suis à la recherche de Boucaros, que je n'ai pas revu depuis le jour où vous lui avez prêté quarante francs !...
— Pas possible !
— Il sera allé se griser quelque part, mais cela dure bien longtemps... quelqu'un m'a dit l'avoir aperçu il y a deux jours de ces côtés, c'est pour cela que j'y suis venu... maintenant je vais voir à Bercy... où dînez-vous ?
— Ma foi, je n'en sais rien ; mais je commence à sentir que je dînerais volontiers... nous avons tant marché !
— J'ai faim aussi, dit Arthur.
— Eh bien ! messieurs, si vous voulez, nous dînerons ensemble à *Bercy*... chacun son écot...
— J'accepte.

Dansez-vous, monsieur ? dit Coralie à Albert.

— C'est accepté, dit Arthur, je vais vous conduire chez un bon traiteur.
— Oh non... j'aime mieux que ce soit M. Tamboureau qui nous guide cette fois ; vous pourriez prendre encore le plus court, et ce serait trop long.
Tamboureau prend le bras de Benjamin, les trois jeunes gens arrivent bientôt à Bercy et s'installent chez un traiteur. L'exercice qu'ils ont fait leur a donné un grand appétit, aussi trouvent-ils excellent tout ce qu'on leur sert. Il n'y a pas de mauvais traiteurs pour les bons estomacs.
Quand on commence à causer, Benjamin s'informe de la dame dont les regards l'ont fasciné.
— Avez-vous fini le portrait de madame Durbalde ?
— Pas encore... elle est fort difficile à faire cette femme là.
— Bah ! pourquoi cela ?
— Parce qu'elle change de physionomie vingt fois en une minute.
— C'est comme moi, dit Durbinot, je suis très-difficile à attraper.
Le jeune peintre considère quelques instants Arthur et sourit en murmurant :
— Vous, monsieur, je réponds bien de vous faire en une séance... et de vous faire ressemblant.
— Alors vous me peindrez, ce sera pour Eléonore... elle ne m'a pas demandé mon portrait, mais elle n'en sera que plus surprise de l'avoir.
— Alors, monsieur Tamboureau, vous allez toujours chez madame Durbalde ?
— Oui... mais je lui ai fait changer ses heures... à midi cela me gênait... j'y vais à trois heures... Tiens, cela me rappelle que je devais y aller aujourd'hui... Oh ! ça ne fait rien, j'irai demain.
— Est-ce bien élégant chez cette dame ?
— Fort élégant, son salon est admirable... et son boudoir... il y a des chinoiseries admirables, des curiosités d'un très-grand prix, un ameublement Pompadour qui est magnifique.
— Alors cette dame doit être très-riche ?
— Cela ne prouve rien. Je connais des actrices qui sont encore mieux meublées que cela, mais qui doivent tout ce qu'elles ont chez elles.
— Eléonore se contenterait d'un coupé. Une voiture ! voilà son rêve. Si je lui en donnais une, je crois qu'elle consentirait à demeurer dedans.
— J'aime mieux le char des Grecs, dit Tamboureau ; savez-vous pourquoi ils le conduisaient eux-mêmes ?
— Parce qu'ils n'avaient pas de cocher, répond Arthur.
— D'abord ; mais ensuite parce que c'était un honneur de bien conduire un char dans la carrière !

— S'ils avaient eu à passer dans la rue Saint-Denis à trois heures de l'après-midi avec leur char, je crois qu'ils auraient eu de la peine à s'en tirer.
— A-t-elle toujours d'aussi beaux yeux?
— La rue Saint-Denis?
— Je parle à M. Tamboureau de la dame dont il fait le portrait.
— Oui, ses yeux sont superbes.
— Reçoit-elle beaucoup de monde, de jeunes gens?
— En fait de jeunes gens je n'ai encore vu chez elle que M. Valdener.
— Ainsi, elle est la maîtresse de ce monsieur?
— Cela me semble peu douteux; et je crois qu'elle le mène à la baguette; il a l'air très-petit garçon devant elle. Messieurs, dans les jeux olympiques, qu'est-ce que vous auriez préféré du ceste ou du javelot?
— Je préférerais du roquefort en ce moment et une bouteille de vieux beaune.
— Moi, je donnerais je ne sais quoi pour un tête-à-tête avec elle!
— J'aurais assez aimé à voir ce siècle de *Périclès*... et cette *Aspasie* si vantée.
— Avec des biscuits de Reims.
Tout en discourant ainsi, les jeunes gens avaient fort bien dîné et assez bu pour être gais sans être gris. La nuit vient les surprendre à table.
— Déjà la nuit! dit Arthur, et nous ne sommes pas à Paris, il faut partir.
— Qui est-ce qui nous presse? dit Tamboureau. Il n'est que neuf heures.
— Oui, mais... avant que nous soyons chez nous... moi je demeure aux Batignolles... et le soir la campagne n'est pas toujours sûre.
— Oui, mais nous sommes trois... et vous avez votre pistolet.
— Et je me félicite de l'avoir pris... ensuite, vous, messieurs, vous ne demeurez pas aux Batignolles.
— Je vous reconduirai jusque chez vous si vous le désirez, dit Tamboureau.
— Et moi aussi, dit Benjamin.
— Vraiment! s'écrie Arthur dont la figure devient radieuse, oh! alors, messieurs, je ne suis plus pressé.
— Prenons le café ici pendant que nous y sommes!
— Avec tout cela je n'ai pas retrouvé Boucaros.
— Vous le trouverez, en rentrant, couché chez vous.
— C'est bien possible.
On prend le café, les liqueurs, on cause encore, enfin on sort de chez le traiteur.
— Messieurs, dit Arthur, laissez-moi vous conduire; au lieu de suivre le bord de l'eau nous allons traverser Bercy... je connais le chemin, cela nous abrégera beaucoup.
— Il va nous perdre, dit Benjamin.
— Qu'importe! dit Tamboureau, il fait beau et nous avons le temps, laissons-le nous conduire.
Arthur Durbinot, fier de la confiance qu'on lui accorde, allume son cigare et ouvre la marche. Au bout de quelque temps la lune se cache et le temps devient noir.
— Sommes-nous bientôt à la barrière? demanda Benjamin.
— Je ne vous fais pas rentrer dans Paris tout de suite, messieurs, nous tournons les barrières, c'est bien plus court, et nous tomberons aux Batignolles.
— Je crois en effet que nous finirons par tomber quelque part, d'autant plus que voilà des gouttes de pluie et le chemin devient glissant.
— Allons un peu plus vite.
Après avoir marché une grande heure, Arthur s'écrie :
— Que vous avais-je dit? voilà les premières maisons des Batignolles, que l'on nomme je ne sais pourquoi ci conduits!
— Ça! les Batignolles! dit Tamboureau. Laissez-moi donc tranquille, nous sommes à Vincennes.
Les jeunes gens étaient en effet à Vincennes. Arthur, obligé d'en convenir, déclare que c'est la faute de la lune. Cependant la pluie tombait plus fort. On avise une charrette couverte qui descendait vers Paris, on offre au charretier un bon pour-boire s'il veut prendre trois voyageurs. Il accepte en déclarant qu'il ne va que jusqu'au coin de la rue Ménilmontant et au canal.
— Une fois là nous trouverons bien des fiacres, dit Tamboureau.
Et les trois jeunes gens grimpent dans la charrette, qui les secoue de façon à activer leur digestion. Pendant tout le chemin Arthur Durbinot ne sort pas sa main de la poche où est son pistolet.
Le voyage se fait sans accident, les jeunes gens descendent de charrette au coin du canal. La pluie a cessé, mais il fait très-sombre.
— Gagnons les boulevards, dit Arthur d'une voix entrecoupée. Il ne fait pas bon côtoyer le canal.
— Cette fois, laissez-moi vous conduire, dit Tamboureau. Je connais ce quartier, j'y ai demeuré... nous allons prendre la rue de la Tour... nous nous trouverons tout de suite derrière les théâtres...

— Mais c'est un coupe-gorge que votre rue de la Tour.
— Quelle plaisanterie! une rue où l'on fabrique le gaz!
Les jeunes gens traversent le pont, tournent à droite en suivant le quai Valmy; au moment où ils approchent de la rue de la Tour, des cris de détresse se font entendre.
— On appelle au secours, dit Benjamin, et c'est une voix de femme...
— C'est dans la rue de la Tour, dit Tamboureau.
— Que... que... que... vous avais-je dit? bégaye Arthur en s'arrêtant. Il y a des voleurs... peut-être des assassins par là... rebroussons vite chemin.
— Par exemple! y pensez-vous... quand une femme appelle au secours.
— Oh! les femmes qui sont le soir dans ces rues-ci... merci... on sait ce que c'est... elles font cela pour vous attirer dans un guet-apens... Eh bien, messieurs... eh bien... où allez-vous donc? cela n'a pas de raison d'aller par là.
Mais Arthur parlait en vain. Déjà Benjamin et Tamboureau avaient pris leur course et étaient entrés dans la rue de la Tour. M. Durbinot se sent alors fort mal à son aise, il ne sait plus s'il doit avancer ou reculer; en ce moment on crie : A la garde! arrêtez-les!
Arthur devient tremblant et, fouillant à sa poche, il en sort son pistolet; il regarde autour de lui : contre le canal il voit un monceau de pierres de meulière placées là pour de prochaines réparations, il se hâte d'y courir, puis fourre son arme sous des pierres, dont il tâche de bien examiner la position; cette opération terminée, il se décide à entrer dans la rue de la Tour avec plusieurs personnes que des cris avaient attirées de ce côté.
Dans le milieu de la rue, il y avait un groupe de monde amassé : au milieu était une jeune femme évanouie que Tamboureau soutenait dans ses bras, tandis que Benjamin disait : Au moment où nous sommes arrivés, cette pauvre jeune fille était déjà évanouie de frayeur et le voleur essayait de lui arracher ses boucles d'oreilles... il s'est sauvé par là.
— Il est pris, dit un des assistants.
— Mais il faut porter cette jeune femme dans une boutique.
— Je vais vous conduire, s'écrie Arthur en se montrant; certainement il faut secourir cette infortunée.
— Ah! vous voilà! vous, dit Tamboureau, où diable étiez-vous donc?...
— Je vous suivais, j'ai même couru après le voleur.
On porte la jeune femme chez un épicier, elle revient à elle, et Arthur s'écrie :
— Tiens... je reconnais mademoiselle... c'est l'amie de la personne avec qui j'ai polké au Château des Fleurs... M. Rocheville connaît bien mademoiselle.
Augusta, car c'était bien elle que les jeunes gens venaient de secourir, adresse de vifs remercîments à ses libérateurs. Elle raconte que sortant d'une maison de la rue du Grand-Prieuré, elle avait aperçu un homme se tenant dans l'ombre à quelques pas d'elle... Ne supposant pas qu'il eût l'intention de l'attaquer, elle avait suivi son chemin vers la rue de la Tour, mais au coin de cette rue cet homme s'était jeté sur elle en lui disant : De l'argent! saisie de terreur, elle avait poussé quelques cris, puis s'était sentie défaillir; elle ignorait ce qui était arrivé depuis. En achevant son récit, Augusta fouille à sa poche et s'écrie :
— Ah! quel bonheur... il ne m'a pas volée, et j'avais justement cent cinquante francs sur moi... les voilà...
— C'est qu'il s'occupait d'abord de vos boucles d'oreilles, mais il serait ensuite arrivé à vos poches, dit Arthur.
En reconnaissant Durbinot, la jeune fille semble plus rassurée. On a fait venir une voiture, et les jeunes gens proposent de l'accompagner jusque chez elle. Mais elle les remercie, elle n'a plus aucune crainte étant en voiture, car l'épicier connaît le cocher et a dit qu'il répondait de lui.
La jeune fille est partie avec le fiacre, les curieux s'en sont allés : les voisins sont rentrés chez eux. Benjamin et Tamboureau se sont déjà remis en marche en disant à Arthur :
— Eh bien! venez-vous?
Mais celui-ci s'arrête en leur disant :
— Pas par là, s'il vous plaît...
— Comment! vous voulez retourner au canal à présent... Pas du tout, nous allons gagner les boulevards.
— Oui, tout à l'heure, mais auparavant, il faut que j'aille reprendre quelque chose que j'ai déposé là-bas... venez donc...
— Que diable pouvez-vous avoir déposé sur les bords du canal que vous puissiez avoir l'intention de reprendre?..
— Parbleu, mon pistolet... vous concevez... j'étais seul là-bas, on criait : Au voleur! arrêtez-le! je ne savais plus où vous étiez, on pouvait par mégarde m'arrêter, et en trouvant un pistolet sur moi, cela m'aurait compromis.
Tamboureau et Benjamin se mettent à rire, et ce dernier s'écrie :
— Mais alors, monsieur Durbinot, expliquez-moi pourquoi vous avez toujours un pistolet sur vous, puisque vous vous empressez

de vous en dessaisir dès que l'on crie au voleur, ou au secours...
— Permettez, cela dépend de la position dans laquelle je me trouve...
Ah!... voilà les pierres... Pourvu que je reconnaisse l'endroit!...
Arthur se met à chercher sous les pierres. Pendant ce temps les deux autres jeunes gens, assis chacun sur une borne, allument de nouveaux cigares.
— Elle m'a semblé fort bien, cette jeune fille que nous venons de secourir.
— Oui, elle est jolie, elle n'a même pas l'air commun... Dites donc, monsieur du pistolet, vous vous êtes donc déjà trouvé avec elle?
— Oui... elle était avec une de ses amies au Château des Fleurs... l'amie doit être millionnaire quand ses oncles seront morts. Je l'ai fait polker et pendant ce temps M. Rocheville s'en est allé avec celle-ci...
— Oh! alors, c'est une maîtresse d'Achille! dit Benjamin.
— C'est probable... ce qu'il y a de certain, c'est que celle avec qui je polkais... la millionnaire, a été furieuse en voyant que son amie était partie avec Rocheville... qui apparemment lui a fait la cour aussi... elle s'est même servie de termes assez peu gracieux... Sapristi... je ne retrouverai donc pas mon pistolet...
— Savez-vous le nom de cette jeune fille?...
— Attendez..... mademoiselle Augusta... c'est cela... Il me semble pourtant que c'était à cette place.
— Que diable cette jeune fille faisait-elle si tard... dans ce quartier... et avec de l'argent dans sa poche?..
— Hom!... c'est un peu louche... après tout, puisqu'elle a été avec Rocheville, ce n'est pas une vertu.
— Oh! non, car on sait comment Achille mène ces intrigues-là.
— Ah çà, monsieur Durbinot, est-ce que vous allez nous faire passer la nuit sur les bords du canal? ce serait peu amusant.
— Mon Dieu, messieurs... je n'y conçois rien... on n'a pourtant pas eu le temps de le trouver et de le prendre...
— Ah! le voilà!... Victoire... il était là à terre... il sera tombé de l'endroit où je l'avais mis... Figurez-vous que depuis longtemps je voyais quelque chose de foncé à terre... mais je me serais bien donné de garde d'y toucher... je me figurais que c'était tout autre chose.
Arthur ayant son arme dans sa poche, les jeunes gens se remettent en route.

XXVI.

Une autre société. — Portraits.

Le lendemain, à neuf heures du soir, Benjamin, qui a fait une toilette irréprochable, est au passage de l'Opéra où Achille ne tarde pas à le rejoindre.
— Fichtre! vous êtes superbe! dit Rocheville en toisant le jeune homme.
— J'ai pensé que pour aller dans une maison où vous me présentez...
— Vous avez très-bien fait; mais cette toilette ne suffit pas... il faut maintenant que je vous donne vos instructions, que je vous apprenne le rôle que vous devez jouer.
— Comment! je vais jouer un rôle, moi?
— Oui, mon cher Benjamin.
— On joue donc la comédie dans cette maison-là?
— Pas ordinairement, mais nous allons leur en jouer une, nous, et je vous réponds qu'elle nous amusera.
— Je n'y suis pas du tout.
— Écoutez-moi, enfant. Je vais vous présenter chez les Duchampion comme un jeune sourd-muet de naissance, très-riche, et venu à Paris pour se choisir une femme.
— Vous allez dire que je suis sourd et muet?
— Oui, mon cher ami.
— Je ne pourrai donc ni parler, ni écouter?
— Vous ne parlerez pas, mais vous pourrez très-bien écouter au contraire, d'autant plus que, vous croyant sourd, on ne se gênera pas pour parler près de vous... Ah! mon cher Benjamin, comprenez-vous tout ce qu'il y aura de plaisant dans votre position, toutes les situations comiques qui en résulteront sans cesse... J'ai déjà fait deux fois le sourd-muet dans ma vie, et je vous assure que je me suis bien diverti.
— C'est possible pour vous qui passez votre vie à faire des charges, mais moi qui n'en ai pas l'habitude, je vous avoue que ce a me séduit peu. Je ne saurai jamais jouer ce rôle-là... ce doit être fort difficile; quand on me parlera, quand on m'appellera, je répondrai tout de suite.
— Mais vous croyant sourd on ne vous parlera pas, et comme vous pourriez vous retourner en entendant prononcer votre nom, nous allons vous en donner un autre.

— Vous voulez me présenter sous un faux nom... mais cela n'est pas bien... nous ne sommes pas en carnaval.
— On n'a pas besoin d'être en carnaval pour se déguiser... on voit bien, mon cher Benjamin, que vous ne connaissez pas encore le monde, où l'on passe sa vie à se tromper réciproquement et à se moquer les uns des autres.
— Comment, dans la bonne société aussi?
— Partout! seulement on y met plus de formes, mais le but est toujours le même.
— Mais je ne comprends rien à cette idée qui vous est venue de me présenter comme un sourd-muet chez des personnes que je ne connais pas.
— Parbleu! si vous les connaissiez, cela ne serait plus possible. Écoutez-moi bien : cette société dans laquelle je veux vous faire jouer ce rôle se compose d'êtres essentiellement prétentieux, ridicules et ennuyeux. Je vous ai dit que j'avais à me venger du maître et de la maîtresse de la maison, qui cherchent à m'empêcher de faire la cour à une jeune femme dont j'ai envie de devenir amoureux; il y a aussi là plusieurs personnages qui se croient très-forts, et, connaissant mon penchant à la plaisanterie, m'ont défié de jamais parvenir à les faire croire à une de mes charges. Comprenez-vous, maintenant, qu'il y va de mon honneur d'attraper tout ce monde-là?
— Je comprends que, pour vous, cela peut être drôle... mais pour moi... ces gens-là seront furieux contre moi, lorsqu'ils sauront que je me suis moqué d'eux.
— D'abord, je prends tout sur mon compte ; ensuite, pourquoi voulez-vous qu'ils devinent la vérité, si vous jouez bien votre rôle? Vous y allez ce soir, vous n'y retournerez plus... ils ne vous reverront jamais.
Benjamin secoue la tête en disant :
— Non, décidément, je ne me soucie pas de faire le sourd-muet... j'aime mieux ne pas aller avec vous.
— Comme il vous plaira! répond Achille avec un sourire railleur. Je croyais faire de vous un homme de ma trempe... riant et se moquant de tout; je me suis trompé, n'en parlons plus. Seulement, j'ajouterai que, pour prix de votre complaisance, je m'engageais à servir vos nouvelles amours. Vous êtes amoureux d'une certaine madame Durbalde que je ne connais pas, n'importe! je vous aurais rendu son vainqueur... avant un mois!...
— Il serait possible!... Madame Durbalde! cette femme si séduisante! D'ici à un mois, grâce à vous, je serai aimé d'elle...
— Oh! distinguons, mon ami, je n'ai pas dit aimé... il ne faut jamais promettre de l'amour!... c'est une chose qu'on obtient si difficilement pour soi-même que ce serait par trop aventureux de le promettre pour d'autres; je vous ai dit que je vous mettrais à même de triompher d'elle, enfin, qu'elle serait à vous, si vous jouez bien votre rôle... l'amour viendra ensuite s'il le veut... ce sera votre affaire, ça ne me regarde plus.
— Elle serait à moi!... mais c'est tout ce que je demande!...
— Pardien! les hommes n'en demandent jamais davantage.
— Ah! mon cher Rocheville, c'est fini, je suis votre esclave, disposez de moi; je ferai le sourd, l'aveugle, le paralytique... tout ce que vous voudrez!...
— A la bonne heure! vous voilà raisonnable! D'ailleurs, je vous répète que nous allons nous amuser... votre rôle n'est pas si difficile que vous croyez... vous n'avez rien à dire ; vous saluerez souvent, vous sourirez, et c'est tout.
— Mais si l'on me parle?
— Encore une fois, on ne vous parlera pas, vous croyant sourd. Et si quelqu'un s'en avisait, vous regarderez d'un air étonné sans répondre. Plus vous aurez l'air gauche et embarrassé, plus vous serez dans l'esprit de votre rôle.
— Alors, ça ira bien.
— Ah! jouez-vous le whist?
— Certainement.
— Vous pourrez jouer, c'est un jeu où l'on ne doit pas parler, où il suffit de voir ; ce doit être le triomphe d'un sourd-muet. Voyons... vous êtes monsieur Boursicoff... jeune Russe...
— Mais je ne sais pas le russe...
— Mais vous êtes muet! malheureux!... Vous ne vous exprimez que par signe... avec ceux qui les comprennent, mais là, vous n'avez pas besoin d'en faire. Allons, en voiture...
— Et avant un mois j'aurai triomphé de madame Durbalde.
— Je vous le promets.
— C'est fini, je suis sourd-muet.
Les Duchampion occupent au faubourg Saint-Honoré un fort bel et fort triste appartement au second, au fond d'une immense cour. Leur salon est vaste, haut, et ne s'échauffe jamais en hiver, même lorsque la cheminée est bourrée de bois. En été, c'est autre chose, comme l'appartement est situé au nord, il règne une fraîcheur humide, qui manque rarement de vous enrhumer, quand vous y arrivez à la suite d'une course qui vous a échauffé.
Tous ces agréments n'empêchent point M. Duchampion de tenir à son logement, parce qu'il est bien distribué, vaste et peu cher pour sa

grandeur. Madame Duchampion n'est pas de l'avis de son mari, elle désirerait déménager et habiter au midi, son rêve est d'avoir un grand salon, et de pouvoir y mettre des fleurs; cette différence d'opinion amène souvent des discussions entre les deux époux; mais M. Duchampion, qui a du caractère, les termine toujours par ces paroles :
— Madame, je ne déménagerai d'ici que mort, ou par la force des baïonnettes.

Or, comme madame Duchampion ne se détermine jamais à aller chercher la garde pour faire déména/ger son mari, ils ne déménagent pas.

Ce monsieur, qui montre tant d'attac...ment pour ses lares, est un ancien avocat qu'on n'a jamais entendu plaider ; il parle cependant beaucoup des causes qu'il a gagnées, des plaidoyers fameux qu'il a fait entendre ; mais tout cela est toujours accompagné du mot : Autrefois, ou quand j'exerçais! Cependant, M. Duchampion n'a guère plus de cinquante ans, et on lui a souvent dit :
— Mais vous avez renoncé à votre profession de bien bonne heure.
A cela, l'ancien avocat ne manque pas de répondre :
— J'avais besoin de repos... ma poitrine était fatiguée ; ayant assez de fortune pour vivre, j'ai dû céder aux sollicitations de mon épouse qui s'alarmait sur ma santé.

Vous saurez maintenant que ce monsieur, si inquiet pour sa santé, est un grand et gros homme taillé en tambour-major et dont les joues sont toujours cerises; le seul inconvénient qu'il paraisse éprouver est de ne posséder qu'une respiration courte que le moindre effort change en soufflet ; de cet énorme individu on est tout surpris d'entendre sortir une petite voix d'enfant mignardée et un peu zézayante, le personnage est du reste en harmonie avec sa voix, il veut se donner de petites manières et en met dans tout ce qu'il fait.

Les gens méchants (et il y en a toujours) prétendent que M. Duchampion n'a jamais trouvé à plaider, parce qu'il était poussif, et que la seule fois que cela lui soit arrivé, il a tellement soufflé au nez des juges que le président a déclaré la cause entendue pour ne point laisser l'avocat continuer.

Madame Duchampion a quarante ans bien sonnés, elle s'en donne trente-deux et s'y tient (comme au vingt-un). Elle n'a jamais eu pour elle qu'une de ces figures que l'on est convenu d'appeler *chiffonnées*, ce qui ordinairement signifie : drôlettes, passables; mais quand les figures chiffonnées sont passées, il n'en reste plus que le chiffonnement, ce qui n'a rien d'agréable. Madame Duchampion qui a été très-coquette, et qui l'est encore, quoique ce soit bien inutilement, a toujours une toilette excessivement recherché, et ne pardonne point aux femmes qui sont jolies de plaire sans se donner de peine; en vieillissant elle devient extrêmement rigide sur les mœurs des dames qu'elle reçoit.

La femme de César ne devait pas même être soupçonnée ; madame Duchampion ne veut avoir dans sa société que des femmes de César. Aussi ne reçoit-elle en général que des femmes laides.

Dans cette maison vous rencontrerez les demoiselles Flocart et leur tante. Si vous étiez dans un salon et que vous entendissiez annoncer deux demoiselles et leur tante, ou une dame flanquée de deux nièces, vous regarderiez bien vite vers la porte, croyant voir entrer deux jeunes personnes plus ou moins intéressantes, et que serait votre désappointement de voir arriver deux énormes masses d'un âge fort respectable, mises toutes les deux absolument de même, comme ces petits pensionnaires qui sont en vacances !

Telles sont cependant les deux demoiselles Flocart qui n'ont jamais été jolies, mais qui ont toujours été très-grasses ; en prenant de l'âge leur embonpoint a fait des progrès, car les demoiselles Flocart ont bien dépassé la quarantaine, et n'ont point encore trouvé de maris; mais les deux sœurs se regardent toujours comme des jeunes filles et, le tour printemps, elles ont conservé l'habitude de se mettre l'une comme l'autre et de s'appeler par leur petit nom.

Ainsi l'aînée, Alexandrine, est appelée Didine par sa sœur; tandis que la cadette, Palmyre, répond au nom de Mimire.

Ces demoiselles se tiennent fort droites, affectent un maintien raide, une extrême réserve dans leurs paroles et font la grimace quand une dame a une robe un peu décolletée.

Didine et Mimire se placent l'une à côté de l'autre, mais quand l'une commence à raconter quelque chose, il est rare que l'autre ne l'interrompe point pour rectifier quelque omission commise par sa sœur, à laquelle celle-ci refuse souvent de croire, ce qui amène alors des discussions intimes, infiniment ennuyeuses pour les auditeurs.

Quant à la tante, elle est si petite, si grêle, que lorsque par hasard elle se trouve derrière ses nièces, on ne la voit plus, et il est fort difficile de la retrouver.

Elle n'entre dans un salon que pour s'asseoir, priser, tousser, cracher, graillonner, se moucher, puis se lever, saluer et s'en aller.

Il y a ensuite un vieux général qui ne joue qu'aux échecs, parce que c'est un jeu qui est l'image de la guerre, et qu'il ne dit rien s'il ne parle point de ses anciennes campagnes ; mais si par hasard vous le mettez sur ce chapitre ou bien si quelqu'un raconte un fait d'armes contemporain, le général s'écrie alors :

— Je sais cela mieux que vous, j'y étais, je vais vous conter comment cela s'est passé.

Alors le vieux général commence un récit à un point du salon, le finit toujours à un point opposé, parce que, dans la chaleur de son discours, pour mieux vous décrire un champ de bataille avec le b. de sa canne, il recule sans cesse sa chaise sans s'inquiéter de ce peut se trouver derrière lui; et il va ainsi jusqu'à ce qu'il soit acc à la muraille, ou que, rencontrant une porte ouverte, il ait dispa dans une autre pièce, d'où vous l'entendez continuer d'imiter le car la mitraille et de faire manœuvrer ses troupes.

Aussi dès que le vieux guerrier entame un de ses récits, chacun dit :

— Méfions-nous ! et on se hâte de lui faire de la place pour ne p se trouver sur le passage de sa division qui bouleverse chaises, r teuils, et jusqu'aux paisibles joueurs de whist.

Puis, M. Grainemont, grand homme, jeune encore, assez beau ç çon ; toujours coiffé, cravaté et ganté avec soin ; prétentieux d paroles comme dans ses manières, parlant lentement afin de m s'écouter ; choisissant ses mots, tournant ses phrases et cherchant le visage de son auditeur l'admiration qu'il se persuade produire.

Ce monsieur se dit homme de lettres, et prétend travailler sou voile de l'anonyme ou du pseudonyme dans beaucoup de journaux Il a tout ce qu'il suffit d'avoir maintenant pour faire un critiq il trouve mauvais tout ce qui paraît soit en livres, poésies ou pi de théâtre ; il dénigre sans pitié les débutants et les ouvrages.

— C'est pitoyable ! c'est détestable !... c'est misérable ! Tel es refrain habituel de ce monsieur.

Si on lui demandait de quel droit, lui, dont on cherche en vain titres à la gloire, s'est fait le juge, l'arbitre souverain du méri des œuvres des autres, il vous répondrait peut-être :

Du droit qu'un esprit vaste et ferme en ses desseins
A sur l'esprit grossier des vulgaires humains.

Car ces gaillards-là, à force de vous dire du mal des autres, f sent par se persuader qu'ils ont seuls du génie ; pauvres sots qu gens polis portent sur leurs épaules, que les imbéciles écoutent les comprendre, et que tout le reste fuit comme on s'éloigne de qu'un qui porte avec lui une odeur nauséabonde et qui soulè cœur !

Un jeune homme de lettres vient encore dans le salon de Duch pion : celui-là du moins est vraiment un poète ; il a mis au jou poésies qui sont imprimées ; on a de lui des vers qui ne sont pas mérite, ainsi que des traductions de plusieurs classiques; mais l faut de M. Leminard, qui aurait bien la soixantaine, était ce m connaître de beau, d'agréable que les vers ; en vieillissant il se cr un *Homère* et s'occupait continuellement de versifier ; sur le m sujet il pensait à faire un madrigal. Du reste, il était naïf dan veu de son mérite ; si on lui demandait à quel moment il faisai vers, il répondait :

— Toujours... quand ça veut venir... mais je ne me force pas laisse venir... je me promène, je rêve, et ça vient... mais ça n force jamais.

Ce qui entretenait M. Leminard dans cet enthousiasme pour propre talent, était un de ses cousins, gros bonhomme, de l'â M. Leminard et qui croyait que la gloire de son cousin rejaill sur lui ; il jouait au naturel le rôle de compère, sans qu'il y eût d'étudié, et préparé entre lui et le vieux poète ; mais dès que ce était dans une réunion, le gros cousin, qui l'accompagnait pa partout, ne manquait pas de dire à quelqu'un de la société :

— Avez-vous lu les derniers vers de Leminard sur cette rose a cueillie dans le jardin de madame Dubu*sson* ?

— Non, je ne les connais pas...

— Oh ! ils sont charmants... je veux qu'il vous les dise.
Et le cousin se mettait à crier :

— Leminard ! Leminard ! viens donc dire à madame de vers que tu as faits sur cette rose... pour madame Dubuisso sans te forcer... et en te promenant.

Le poète s'avançait en souriant et avec une mansuétude complaisance qui ne se fatiguait jamais, il se mettait à réciter ces

Eh quoi ! seule !... Rose accomplie !
Seule on ces lieux ! point d'autres fleurs ?
Par quel hasard, toi, qu'on envia,
As-tu bravé les amants, les voleurs ?
Viens, belle rose, et sur femme jolie
Tu te croiras parmi tes sœurs.

On ne manquait pas d'applaudir comme c'est l'usage parmi les bien élevés. Le gros cousin avait écouté d'un air ravi, enchanté qu'il avait déjà entendu deux ou trois cents fois, puis il s'écr regardant tout le monde :

— Hein !... comme c'est joli... sur une rose... qu'est-ce qui c qu'on trouve tout cela... et sur une rose !... il ne se force pa laisse venir.

Mais quelques personnes prétendaient que le cousin, dans son enthousiasme pour le talent de son parent, ne se donnait même pas la peine d'écouter ses vers; car une fois, une dame ayant prié M. Lemnard de lui réciter quelque chose, le poète, suivant son habitude, s'était hâté de satisfaire à cette demande, et ce soir-là, avait récité une élégie qu'il avait faite sur la mort d'un vieux chat. Ce qui n'avait pas empêché le cousin, après ses applaudissements d'usage, de s'écrier :
— Hein!... Quelle facilité... comme c'est coulant... et toujours sur une rose... et sans se forcer !

Vous verrez ensuite M. Duperson, gros personnage entre deux âges qui a toujours l'air d'être de mauvaise humeur, dont le sourire est contrarié, la parole sèche, le regard presque farouche; de ces gens qui semblent traîner l'ennui avec eux et qui, lorsqu'ils vous voyent gais, joyeux, en train de rire, ont un air étonné et semblent dire :
— Pourquoi donc ces gens-là s'amusent-ils? Je ne m'amuse pas, moi... et pourtant j'ai plus d'argent qu'eux... comment donc cela se fait-il ? ça ne devrait pas être.

En effet, M. Duperson, autrefois petit commerçant plus que modeste, est aujourd'hui propriétaire, capitaliste, et a plus de cent mille francs de rente; après avoir longtemps lutté contre la fortune, il a vu le sort lui devenir favorable, il a su profiter de cette heureuse chance; depuis ce moment toutes ses entreprises ont réussi, il a eu constamment ce qu'on appelle du bonheur.

Il semblerait alors que ce monsieur si fortuné doit être toujours de bonne humeur, nous venons de vous dire le contraire ; il y a des gens qui ne savent pas être heureux, et qui sont affligés de voir que d'autres, sans posséder leur richesse, ont trouvé ce merveilleux secret.

Ces gens-là sont trop ambitieux, ils voudraient tout avoir; laissez donc la gaieté aux pauvres diables, vous qui possédez la fortune, et ne vous en prenez qu'à vous-mêmes si vous ne savez pas bien l'employer; essayez de rendre heureux les autres, peut-être alors le serez-vous davantage; mais le défaut du bonheur enrichis est de ne pas le comprendre et de ne pas en jouir, et ce bonheur-là.

Vous trouverez encore chez les Duchampion de ces jeunes beaux, infatués de leur personne et affectant sans cesse un air impertinent, pour masquer leur nullité et leur sottise ; vous remarquerez que l'impertinence est ordinairement la grande ressource des sots, aussi ces messieurs ne se font-ils pas faute d'en user.

Puis la famille Gourgille; grande famille, si elle n'est point illustre, elle est du moins nombreuse. Il y a d'abord le père, vieil avocat sec, entêté, bavard, qui croit plaider sans cesse et coupe la parole à chacun pour parler de choses étrangères à la conversation; madame son épouse : Anne-Joséphine-Barbette Gourgille, née Bellechoux, qui a la langue aussi déliée que son mari et, pendant que celui-ci conte un fait, ne manque pas de raconter exactement le contraire; les auditeurs ont le droit de choisir, il y en a pour tous les goûts.

Vient ensuite mademoiselle Césarine Gourgille, qui a la tête de plus que son père, qui est longue et mince comme une flûte et toujours habillée dans un étroit fourreau comme si l'étoffe avait manqué, bonne fille du reste, toujours disposée à faire ce qu'on veut, même un quatrième au whist avec les joueurs les plus ennuyeux de la société.

Elle a vingt-six ans et a déclaré qu'elle ne voulait pas se marier avant trente, pour jouer plus longtemps aux jeux innocents.

A trente ans on croit qu'elle demandera un nouveau délai, et ainsi de suite.

Puis le jeune Astianax Gourgille, qui a vingt-quatre ans, et qui aurait eu les plus grandes dispositions pour être avocat s'il avait pu se servir de la parole aussi bien que son père et sa mère, mais on a fini par reconnaître que ce que l'on avait pris chez lui pour de la timidité était tout simplement un vice de nature ; jeunesse le jeune Astianax eut atteint vingt ans, on reconnut avec douleur qu'il était bègue.

C'était un peu tard pour employer le procédé de Démosthène; d'ailleurs M. Astianax avait horreur des cailloux et ne voulait apprendre à prononcer qu'avec des truffes dans la bouche.

Il fallut renoncer à en faire un avocat, mais comme il avait étudié le Code, on en fit un dentiste.

Il y a encore deux autres frères, l'un destiné à la médecine, l'autre à la guerre; puis deux autres sœurs, l'une fort laide, qui a épousé un jeune homme plus riche qu'elle et criblé de dettes; l'autre, assez jolie, mariée à un vieillard qui serait son grand-père, ce qui ne l'empêche pas d'avoir déjà trois rejetons: cela fait le plus grand honneur à la famille Gourgille, avec laquelle, dit-on, il suffit de s'allier pour être certain d'avoir une nombreuse postérité; il y a bien des familles favorisées du ciel !

Vous parlerai-je encore de M. Soubriac, qui se dit homme d'affaires, qui prétend tout savoir parce qu'il a beaucoup voyagé, et qui dit comprendre toutes les langues, sans vouloir les parler?

De ce ci-devant diplomate, chauve et gris, mais qui a conservé la taille svelte d'un jeune homme, et s'est voué avec fureur au culte de la danse; qui ne manque pas d'un bal et à peine arrivé ne manque pas une danse; fier d'être cité comme modèle aux jeunes gens qu'il dépasse dans la carrière?

De ce jeune homme, qui se dandine toujours sur une jambe, rit de tout ce qu'on dit avec la meilleure foi du monde, et dans sa confiance commence quelquefois à rire dès que vous commencez à parler? De ce petit monsieur qui veut toujours avoir un air affairé et mystérieux, qui se faufile dans le salon, comme s'il voulait se dérober à une ovation; qui vous dit bonjour à demi-voix, vous parle à l'oreille pour vous demander si votre femme est là, ou si vous vous portez bien, et s'en va bientôt en marchant sur les pointes, en disant tout bas à ceux qui le retiennent :

— Non... ne m'arrêtez pas... il m'est impossible de rester... Je suis attendu... mettez-vous devant moi... qu'on ne me voie pas partir...

Et il va en faire autant que cela dans deux ou trois autres réunions.

Avant de clore la liste de ces portraits, n'oublions pas M. et madame Clairvillier, personnages avec lesquels nous devons faire plus ample connaissance.

M. Clairvillier est un homme de trente-huit ans, ni bien ni mal, ni séduisant ni désagréable; ce sont de ces hommes dont on ne dit rien, parce qu'il n'y a rien en eux qui mérite d'être remarqué.

Cependant celui-ci avait peut-être un caractère plus original que son physique ne le promettait.

Aimant assez l'argent, mais s'aimant lui d'abord et avant tout, M. Clairvillier ne concevait ces gens qui ont des passions qui les tourmentent, il n'admettait que celles qui donnent du plaisir, et encore lorsque cela n'allait pas jusqu'à altérer la santé. Inutile de dire que M. Clairvillier n'était pas jaloux, il s'aimait trop lui-même pour être bien amoureux de sa femme.

Il s'était marié pour toucher une jolie dot qui devait rendre sa situation plus comfortable, puis pour trouver chez lui non pas positivement... des pantoufles et des égards, mais un dîner tout prêt, un appartement bien chaud et une maison bien tenue.

Que sa femme se fût absentée toute la journée il ne s'en inquiétait pas, si rien ne manquait dans le service de sa maison.

De monsieur faisait des affaires à la Bourse, mais il devait y être très-prudent.

Madame Clairvillier une femme qui a maintenant vingt-six ans. C'est une jolie blonde, aux yeux tendres, au teint légèrement rosé.

Sa taille est svelte et légère, il y a dans toute sa personne quelque chose de vaporeux, d'élégant, qui rappelle les héroïnes de lord Byron ou les délicieuses peintures de Lawrance.

Mais il y a toujours le mauvais côté dans les plus belles choses; ces femmes qui ont l'air de ne tenir à la terre que par complaisance et seulement pour y poser leur orteil, ont bien rarement les vertus domestiques que quelques hommes positifs ont encore la prétention de rechercher dans une épouse.

Ainsi ne demandez pas à Amélie (c'est le nom de madame Clairvillier) de surveiller les dépenses de ses domestiques, de commander son dîner, de connaître l'état de son linge, ô, donc! tous ces détails l'ennuient, elle laisse cela aux soins de sa femme de chambre, qui heureusement pour elle est capable de diriger sa maison.

Amélie ne veut s'occuper que de sa toilette, de ses auteurs favoris, de sa musique, de ses romances et des conquêtes qu'elle a faites au dernier bal où elle a été. Elle n'a pas d'enfants, et bien loin de dire qu'elle en est enchantée, parce qu'elle n'aime pas les enfants.

Quand une femme ose avouer cela, elle est sur-le-champ classée : il faut la mettre au musée entre la statue de Narcisse et celle de l'Hermaphrodite.

Il est probable que cette jeune femme n'a pas encore connu l'amour, quoique avant son mariage elle ait eu avec Albert Montbreilly une liaison platonique dont celui-ci avait prise au sérieux; une jeune fille mal élevée, maîtresse d'elle-même, ne se figure qu'elle doit inspirer et éprouver une vraie passion, elle écoute la première déclaration qu'on lui adresse, parce que c'est un amant qui se présente et qu'elle brûlait du désir d'en avoir un; si ce n'est pas l'homme, c'est la déclaration qui lui plaît.

L'amour que lui avait inspiré Albert Montbreilly n'était pas bien fort, puisqu'il n'avait pu résister à quelques mois d'absence.

Alors Amélie avait pensé à la jolie toilette d'une mariée, à la cérémonie, au bal, à tous les regards qui seraient fixés sur elle, quand elle entrerait à l'église, et s'était mariée pour tout cela.

Maintenant qu'elle est femme, elle ne s'occupe ni de son ménage, ni de son mari, elle n'a pas encore rencontré ce qu'elle désirait, ce qu'elle voyait dans ses rêves, elle ne se sentira pas heureuse tant qu'elle n'aura pas trouvé cela, quoique déjà des scènes désagréables avec son époux, qui s'aperçoit quelquefois que sa femme ne s'occupe pas de sa maison. Amélie cherche l'oubli de ses ennuis en écoutant le discours d'Achille Rocheville, qui, avec elle, fait du romantisme et de la passion échevelée, lui disant tout ce qui lui passe par la tête, en déguisant quelquefois avec peine une envie de rire qu'il se donne lui-même en singeant le Werther.

Maintenant entrons dans le salon des Duchampion, où Achille introduit son jeune adepte Benjamin sous le nom de M. Boursicoff, jeune Russe, sourd-muet de naissance.

XXVII.

Un sourd-muet.

La réunion était nombreuse chez M. Duchampion; son immense salon, qui n'avait jamais l'air bien éclairé, offrait ce coup d'œil bizarre pour un observateur, de gens qui posent et de gens qui se posent; dans un coin, à une table de whist, on avait placé un membre de la famille Gourgille, avec deux vieilles dames et le gros cousin du poëte Leminard.

Celui-ci était appuyé contre un angle de la cheminée, n'ayant pas l'air de prêter la moindre attention à la conversation des deux demoiselles Floquart, et paraissant rêver, en regardant au plafond, à des vers que, probablement, il désirait laisser venir et qui peut-être ne voulaient pas venir.

En vain Mimire et Didine faisaient leur possible pour obtenir l'attention du poète en échangeant un dialogue vif et animé, celui-ci s'obstinait à regarder le plafond.

Un cercle était formé devant la cheminée; madame Duchampion écoutait en souriant les mots méchants du journaliste Grainemont, lit. Soubriac y mêlait ses réflexions; quelques dames causaient entre elles des modes nouvelles. Madame Clairvillier, assise près d'elles, ne les écoutait pas et jetait alternativement ses regards sur la porte et sur une immense pendule, comme quelqu'un qui s'impatiente d'attendre.

Madame Gourgille et deux de ses fils semblaient vouloir cerner le vieux général.

M. Clairvillier causait debout dans un coin du salon avec M. Duchampion et quelques messieurs; enfin la petite tante de Mimire et Didine, à force de priser et d'éternuer, était arrivée à un état mixte, tenant sa bouche entr'ouverte et fermant ses yeux comme une personne qui espère un éternuement, mais qui n'est pas certaine de l'obtenir.

Tout à coup le gros cousin du vieux poëte s'écrie de la table de whist :

— Mon cousin Leminard! il me semble que les demoiselles Floquart ne connaissent point tes vers sur cette rose... cueillie dans le jardin de madame Dubuisson... récite-les leur donc....

Le vieux poëte entendait fort bien sitôt qu'on lui parlait de vers : il cesse de regarder le plafond, et s'adressant aux deux sœurs, qui, ce soir-là, avaient chacune une robe à petits bouquets, de la même étoffe, faites et garnies de même, avec ceintures et coiffures pareilles, ce qui, de très-loin, leur donnait l'air de deux novices :

— Mesdemoiselles! dit Leminard, je vais vous réciter ces vers.

Mais les deux sœurs, qui avaient été vexées du peu d'attention que jusqu'alors le vieux poëte avait prêté à leurs discours, lui répondent presqu'en même temps :

— Nous les connaissons, monsieur, ces vers-là... nous les connaissons!

— Alors, mesdemoiselles, reprend M. Leminard en souriant, je vais vous dire quelque chose que je viens de composer là... tout de suite, à l'instant... en regardant au plafond... c'est venu tout naturellement; vous en aurez les prémices!

— Ah! voyons! dit M. Duchampion en se rapprochant avec quelques personnes, en entoure la poëte, qui, après s'être un peu gratté le front, fait entendre ce quatrain :

Dans le monde, chacun a ses petits travers;
On y revient toujours... sans obtenir de trêve?
Voyez : chacun ici s'amuse et moi je rêve...
Devinez-vous à quoi?.. Je vous faisais ces vers?

— Oh! bravo! charmants! ravissants! s'écrie-t-on de tous côtés.
— Et sans se forcer... et toujours sur une rose! crie le gros cousin à la table de whist.

Cette fois quelques éclats de rire se mêlent aux applaudissements; M. Grainemont ne manque pas de dire à ses voisins :
— Le cousin n'est pas à ses répliques; il devrait assister aux répétitions.

— Il est fort distrait, dit madame Duchampion.
— Il n'en fait jamais d'autres, dit M. Soubriac.

Mais la porte du salon s'ouvre, et le domestique annonce :
— M. Achille Rocheville. M. de Boursicoff.

Un mouvement général a lieu dans le salon; on entend un petit chuchotement de voix bourdonner, tandis que les têtes se lèvent pour voir entrer ce nouveau personnage que personne ne connaît, pas même les maîtres de la maison, qui se regardent aussi d'un air étonné.

Achille pénètre dans le salon avec cette aisance qui ne l'abandonne jamais, et, prenant par la main Benjamin qui est fort rouge et très-gêné dans dans sa démarche, il le présente à madame Duchampion en lui disant :

— Permettez, madame, que je vous présente un jeune Russe, M. de Boursicoff, qui ne pourra pas vous témoigner le plaisir qu'il éprouve à être reçu dans votre salon... car ce pauvre garçon est privé de la parole... il est sourd-muet....

— Un sourd-muet! répète-t-on de tous côtés; et chacun regarde avec intérêt le nouveau venu, et madame Duchampion lui fait les plus gracieux saluts en disant :

— Comment! il serait possible!... ce jeune homme... ah! quel malheur... monsieur, je suis bien charmée... prenez donc la peine de vous asseoir...

— Est-ce de naissance? demande M. Duchampion en venant saluer le jeune homme qui, de son côté, se confond en saluts.

— C'est toujours de naissance, répond Achille; ils naissent sourds c'est pour cela qu'ils sont muets... ils ne seraient pas muets s'ils n'étaient pas nés sourds.

— Oh! ceci n'est pas prouvé, dit le jeune Gourgille, le médecin. On n'est pas d'accord sur ce point, nous avons eu des muets qui n'étaient pas sourds... et des sourds qui n'étaient pas muets... n'est-ce pas, mon père?

Mais le vieux Gourgille, tout à son jeu, se contente de répondre qu'il avait les honneurs, tandis que son partner murmure encore :
— Toujours sur une rose!

— Vous excuserez, madame, reprend Achille, la liberté que j'ai prise en vous amenant ce jeune homme; mais il ne connait personne que moi à Paris, où il est arrivé depuis peu ; il est du reste d'une noble famille immensément riche, et je crois que son intention, en venant en France, est de s'y choisir une épouse, car il est enthousiaste des Françaises... c'est donc un acte d'humanité et d'urbanité que de vouloir bien le recevoir chez vous.

A ce discours, un mouvement s'opère parmi le beau sexe, les demoiselles se tiennent plus droites ; Didine et Mimire se remuent et se tortillent sur leurs chaises ; quelques mamans sourient ; la vieille tante éternue.

Laissant chacun s'occuper du sourd-muet, qu'il a planté au milieu du salon, Achille profite de l'effet que produit Benjamin pour aller s'asseoir près de madame Clairvillier, et entamer avec elle une conversation à demi-voix :

— Je vous aime, je puis me rapprocher de vous, madame... de vous à qui je pense sans cesse... dont l'image ravissante est devant mes yeux, et le jour et la nuit...

— Prenez garde, monsieur Achille, on nous observe... on m'a déjà fait entendre que je causais beaucoup avec vous...

— Est-ce votre mari qui vous a dit cela?

— M. Clairvillier! oh! par exemple!... ce que qu'il s'occupe de ce que je fais?... cela lui est bien indifférent... un homme de glace! qui ne pense qu'à l'argent... Ah! j'avais rêvé un autre sort!...

— Vous êtes si bien faite pour inspirer l'amour... cet amour qui ne voit rien au-dessus de l'objet de son culte... qui lui sacrifierait tout... qui se trouverait heureux dans un désert avec l'objet qu'il idolâtre...

— Oh! oui... oui... un désert... une chaumière... mais il n'y a plus d'amants capables de tels sacrifices...

— Mettez mon amour à l'épreuve, vous verrez s'il n'est pas prêt à tout pour vous mériter...

— Je tremble qu'on ne vous entende.

— Ne craignez donc rien; ils sont tous occupés de mon jeune sourd-muet que je leur ai amené afin qu'ils fassent moins attention à nous.

— Vraiment!... J'aime assez votre idée.

Pendant que Rocheville poursuit cet entretien, Benjamin, regardé par tout le monde comme une bête curieuse, est allé s'asseoir dans un coin, où il se trouve avoir à sa gauche les deux sœurs Floquart, et à sa droite le poëte Leminard qui s'est remis à regarder au plafond pour y chercher de nouvelles inspirations qu'il laisse venir.

Le jeune homme ne s'amuse du tout ; il cherche en vain dans ce salon une figure qui le dédommage de la gêne que lui cause le personnage qu'on lui fait jouer.

Les jolies femmes sont généralement fort rares.

Entrez dans une salle de spectacle, vous examinerez quelquefois chaque rang de loges, de galeries, sans y apercevoir une figure remarquable par sa beauté, ou même par sa gentillesse.

Il en est souvent ainsi dans une nombreuse réunion : il y a des toilettes, de l'élégance, de jolies tournures ; mais vous y cherchez en vain une de ces têtes comme les peintres seuls savent en trouver.

Réduit à écouter, Benjamin entend ce que disent à sa gauche les deux sœurs qui singent les petites pensionnaires :

— C'est bien dommage qu'il soit sourd-muet, ce jeune homme, n'est-ce pas, Mimire?

— Oh! ma foi, cela m'est bien égal! Je lui trouve l'air bête à ce monsieur, on dirait qu'il n'ose regarder personne... les sourds-muets, ce sont comme des sauvages...je ne voudrais pas rester seule avec un homme comme cela, j'en aurais peur.

— Moi, pas... je lui trouve l'air timide... voilà tout...

LA MARE D'AUTEUIL.

— Oh! timide... est-ce que les Russes sont timides... des Cosaques... tu ne te rappelles donc pas ce qui est arrivé à notre tante en mil huit cent quatorze... elle l'a cependant raconté assez souvent... Pauvre chère femme... qui le croirait !... Après cela, elle dit peut-être cela pour se vanter...

— Pourquoi donc, Mimire... elle était jeune alors, notre tante...

— Oui, mais elle a toujours dû avoir l'air d'un petit chien assis !...

Oh ! regarde donc, ma sœur, mademoiselle Gourgille l'aînée regarde le sourd-muet en faisant des yeux blancs...

— Comme on lui a dit que ce jeune Russe venait en France pour se choisir une femme, elle espère peut-être lui donner dans l'œil...

— Est-ce que tu épouserais un sourd-muet, toi, Didine ?

— Mais... je ne sais pas... peut-être... cela ne m'épouvanterait pas...

— Quelle société agréable cela doit faire !... autant épouser une bûche.

— Mais on dit qu'ils entendent et comprennent très-bien par signes...

— Si celui-là comprend quelque chose, cela m'étonnerait bien, car il a l'air d'une oie !

« Si ce sont là les avantages que je dois retirer de ma position !... se dit Benjamin en éloignant un peu sa chaise des deux sœurs, je ne vois pas qu'ils me dédommagent beaucoup de la contrainte qu'elle m'impose !... Fichtre ! je voudrais bien m'en aller ! Est-ce que Rocheville compte me laisser longtemps ici ?... O charmante Durbalde !... pensons-y vous ! cela me donnera du courage... C'est égal, je voudrais être loin d'ici. »

Mais en s'éloignant de Mimire et de Didine, auxquelles il ne pouvait s'empêcher de faire la grimace, Benjamin a frôlé le vieux poète, qui semblait vouloir magnétiser le plafond par ses regards.

M. Leminard, tiré brusquement de sa rêverie, regarde le soi-disant sourd-muet d'un air d'intérêt... on dirait qu'il va verser des larmes en le considérant ; mais tout à coup son visage devient joyeux, il se frappe le front, et s'écrie d'un air radieux :

— Ils sont venus !...

— Ils sont venus ! répète le gros cousin en posant ses cartes sur la table... Ah ! dis-nous-les, Leminard, cela fera bien plaisir à la compagnie...

— Sapristi !... je ne suis pas de cet avis-là, murmure M. Grainemont en regardant son voisin, je trouve que cela devient fatigant.

— Qu'est-ce qui est venu, monsieur Leminard ? dit madame Duchampion en souriant au poète.

— Quelques vers que je viens d'improviser... sur la position intéressante de ce jeune homme.

Et, sans attendre qu'on les lui demande, le poète se met à déclamer :

Jeune étranger, pour toi le sentier de la vie
sera semé de fleurs auprès de ton amie,
Tes serments seront crus, car tu n'en feras pas,
Et, n'entendant jamais, aux autres tu croiras.

Les applaudissements obligés partent de quelques mains, le gros cousin s'enroue à crier :

— Bravo... comme c'est joli !... et, sans se forcer... il les a laissés venir.

M. Grainemont s'étouffe de rire dans son coin avec M. Soubriac, qui murmure :

— Oh ! c'est charmant, les serments qui seront crus !

— Et le sentier de fleurs auprès de son amie... s'il va sans son amie, par exemple, il ne trouvera plus de fleurs...

— Moi, j'aime mieux ceux sur une rose...

— Et, n'entendant jamais, aux autres tu croiras ! Ceci est du pur maître André, ce perruquier qui avait fait cette fameuse tragédie du Tremblement de terre de Lisbonne, dans laquelle on trouve une foule de vers tels que ceux-ci :

Croyez-le bien, seigneur, tous ces rapports vrais sont ;
Les gens de la chaloupe à coup sûr dit me l'ont.

— Savez-vous bien, mon cher Grainemont, que maître André n'a eu contre lui que l'inconvénient d'arriver trop tôt ! mais c'est un gaillard qui avait deviné nos tendances littéraires ; il pressentait qu'un jour on se moquerait du rhythme et de la césure. Son dit me l'ont ferait fortune aujourd'hui.

— Mais, en attendant, M. Leminard devrait bien nous faire le plaisir de ne plus laisser les vers lui venir.

— Voyez donc ce pauvre jeune homme... le sourd-muet... on dirait qu'il a compris que c'était à lui à qui cela s'adressait, car il a fait une drôle de figure.

Benjamin sentait l'impatience le gagner. N'y tenant plus, il regardait constamment Achille, auquel il tâchait de faire comprendre par signes qu'il voulait s'en aller, mais, tout occupé de ce qu'il dit à madame Clairvillier, Rocheville ne fait pas attention aux signes de son ami, ou, s'il les voit, il fait absolument comme s'il ne les voyait pas.

Madame Duchampion, qui a remarqué les gestes de Benjamin, dit enfin à Rocheville :

— Votre jeune ami veut vous dire quelque chose... voyez donc, monsieur Rocheville, vous comprenez sans doute ses signes ?

Achille, impatienté d'être interrompu, répond, sans même se retourner :

— Oui, madame, oui... je vois... je comprends... il voudrait jouer au whist... il est très-fort au whist... voilà ce qu'il me fait comprendre depuis une heure.

— Oh ! mais alors nous allons le faire jouer.

— Justement, dit le gros cousin en quittant la table, voici le rob fini.

— Moi, je cède ma place.

— Moi, dit le vieux Gourgille, j'avoue que je serai fort curieux de faire la partie d'un sourd-muet.

Benjamin est furieux ; bien loin d'avoir envie de jouer au whist, il meurt d'impatience de quitter le salon, mais la maîtresse de la maison vient le prendre par la main, il n'y a pas moyen d'échapper à la partie de whist, on le conduit à la table. M. Gourgille le salue en se frappant la poitrine, pour lui faire comprendre que c'est lui qui est son partner, on lui indique sa place, et le pauvre Benjamin se trouve bientôt à côté de deux vieilles dames et ayant le vieil avocat pour vis-à-vis.

On s'approche pour voir jouer le sourd-muet.

Benjamin n'avait fait la partie de whist que rarement à Louviers ; il jouait parfaitement mal.

— Il est très-fort, disent les deux vieilles dames qui jouent contre lui.

— Il a un jeu que je ne comprends pas ! dit le vieux Gourgille.

— Oh ! il a un jeu très-fin.

— Je ne sais à quel par finesse qu'il me coupe tous mes rois... ça me déroute !... je n'y suis plus... Monsieur, pourquoi me coupez-vous mes rois ?

— Eh mon Dieu ! monsieur Gourgille, vous criez inutilement !...

— Ah ! c'est vrai... je ne ferai plus la partie d'un sourd-muet... nous perdons toutes les levées par sa faute.

— C'est que vous ne comprenez pas son jeu, monsieur Gourgille... je vous assure qu'il a un jeu très-profond.

Benjamin s'inquiète peu de perdre, il est tellement vexé de faire le whist, qu'il joue encore plus mal que de coutume.

Son partner sue sang et eau, crie, saute sur sa chaise et essaie de faire comprendre des signes à son vis-à-vis, mais les deux vieilles dames lui disent :

— Tenez-vous donc tranquille, monsieur Gourgille, vous savez bien qu'au whist il est défendu de parler.

— Mais, mesdames, puisque mon partner est sourd...

— Eh bien raison de plus... vous criez inutilement.

L'arrivée d'un nouveau personnage fait diversion à la partie de whist. Un grand homme sec maigre, portant des besicles et des cheveux longs qui flottent sur ses épaules, est entré dans le salon et forme un angle parfaitement aigu, en saluant madame Duchampion qui s'écrie :

— Ah ! monsieur Sauvinet !... quel plaisir de vous voir !... vous êtes si rare !...

— Madame... vous êtes trop aimable.

— Pourquoi ne vous voit-on que de loin à loin ?

— Madame, le travail me laisse peu de temps à moi...

— Ah ! c'est vrai, vous êtes un savant, vous, monsieur Sauvinet ; mon mari prétend que vous possédez toutes les langues...

— Toutes ! c'est beaucoup dire... cependant je crois qu'il n'est guère de pays où je ne saurais me faire comprendre.

— Sauriez-vous aussi par hasard le langage des sourds-muets ?

— Des sourds-muets... mais ne plaisantez pas, madame, j'ai suivi un cours tenu par un des meilleurs élèves du fameux Sicard !

— Comment ! vous sauriez causer avec un sourd-muet ?

— Je n'en fais moindre doute, madame ; mais pourquoi me demandez-vous cela ?

— C'est que, justement, ce soir, nous en possédons un ici.

— Un sourd-muet !

— Oui... c'est un jeune Russe, M. de Boursicoff. C'est M. Achille Rocheville qui nous l'a présenté... Tenez, il joue au whist... ce jeune homme là-bas.

— Ah ! madame, vous ne m'eussiez pas dit qu'il était sourd-muet, que rien qu'à ses yeux je l'aurais deviné tout de suite.

— En vérité !

— Ils ont tous quelque chose de particulier dans le regard... quelque chose d'abrupt... qui les rapproche de l'homme des bois... regardez vous-même.

— C'est vrai... je n'avais pas encore remarqué ; mais justement la partie est finie...

Le vieux Gourgille perdait dix fiches, il avait quitté la table en jurant de ne plus se mettre jamais à table avec un sourd-muet.

Benjamin se lève pour aller rejoindre Achille, lorsqu'il est arrêté par M. Sauvinet, qui se place devant lui et commence à faire jouer ses mains et ses doigts.

Benjamin ouvre de grands yeux et se demande si ce monsieur a l'intention de lui montrer une figure de cancan.

Le grand homme à besicles ne se dérange pas ; il continue sa pantomime. Benjamin se sent alors pris d'une envie de rire qu'il ne peut contenir, et M. Sauvinet s'écrie :

— Voyez-vous : il m'a compris... ce que je lui ai dit lui paraît drôle... oh! il me comprend parfaitement.
— Demandez-lui donc s'il a l'intention de se choisir une épouse à Paris, dit madame Duchampion en jetant à la dérobée un regard sur les demoiselles Floquart.
— Ceci est assez difficile! répondit Sauvinet, cependant nous y arriverons.

Ce monsieur se redresse, se pose devant Benjamin et fait de nouveau le télégraphe avec ses mains et ses bras; le soi-disant sourd-muet, désirant mettre fin à cette scène qui l'embarrasse, se hasarde à faire quelques gestes dans le genre de ceux que les enfants emploient quand ils se moquent l'un de l'autre; le grand homme jaune pousse un cri de surprise.

Benjamin s'est décidé à placer son pouce sur le bout de son nez en faisant jouer les autres doigts, lorsqu'un grand mouvement a lieu dans le salon.

C'est le vieux général qui raconte une bataille et fait manœuvrer sa chaise sans le moindre égard pour ce qui lui fait obstacle; il a déjà déchiré deux robes, renversé un guéridon, et il menace de se jeter dans les deux sœurs Mimire et Didine, lorsque celles-ci poussent de grands cris en fuyant vers la maîtresse de la maison.

Ce mouvement rompt le cercle qui s'était formé autour de Benjamin, celui-ci en profite, il bouscule les chaises pour arriver jusqu'à Rocheville, et lui frappe sur l'épaule en lui montrant la porte d'un air fort significatif.

— Soit, dit Achille, partons! aussi bien ma victoire est sûre maintenant.

Et ces messieurs sortent du salon, mis en révolution par les manœuvres du vieux général.

XXVIII.

Une enseigne.

Quelques jours après cette soirée, Benjamin était dans l'atelier de Tamboureau; le jeune peintre ayant à peu près terminé le portrait de madame Durbalde, l'avait pris chez lui pour travailler au fond; Benjamin qui avait appris cela, passait presque toutes ses journées chez Tamboureau en contemplation devant le portrait.

Le jeune rapin est à sa place habituelle; il ne mange plus de prunes, parce qu'elles sont devenues rares et chères, mais il mord dans des petites poires de blanquette grosses comme des olives.

Boucaros, coiffé d'un vieux foulard troué, dont les bouts effiloqués retombent sur son œil gauche, et habillé d'une espèce de robe de chambre qui ressemble à un vieux cafetan turc, est devant un chevalet, armé de sa palette; il mélange deux couleurs avec l'enthousiasme d'un peintre qui vient de découvrir un ton heureux et il empâte une figure de femme, comme s'il voulait lui faire des reliefs.

L'atelier est au grand complet.

De temps à autre Tamboureau quitte son pinceau et va se mettre devant son piano sur lequel il tape avec force, tout en vocalisant quelques passages d'un grand air d'opéra.

— Qu'elle est bien! comme cela ressemble!... murmure Benjamin qui est debout devant le portrait de madame Durbalde.

— Encore un peu de lumière à mettre dans le fond et ce sera fini.

— Comment! est-ce que vous irez le rendre alors?

— Tiens! il est bon enfant; dites-donc, farceur, est-ce que vous croyez que je fais des portraits pour les garder... Merci... cela arrive quelquefois, mais ça ne m'amuse guère alors... après cela, si vous voulez, je puis vous en faire une copie...

— Ah! ce n'est pas une copie... ce n'est pas une peinture... c'est l'original que je veux, et Rocheville a promis de me le faire avoir.

— Ah! ah! ah! comment M. Rocheville se charge de ces choses-là...

— Vous connaissez Achille Rocheville?

— Qui est-ce qui ne le connaît pas?

— J'ai fait dix fois son portrait; autrefois il le répandait beaucoup dans le beau sexe, maintenant il n'a plus besoin de cela pour réussir... Sapristi! Boucaros, qu'est-ce que tu flanques donc avec tant d'acharnement sur le portrait de ta fruitière?...

— C'est une rose-abricot qui rend parfaitement le ton de ses joues.

— Tu lui en mets trop.

— Laisse-moi donc tranquille... elle a de grosses joues...

— Ah! c'est là le portrait de votre fruitière que vous faites-là, monsieur Boucaros? dit Benjamin.

— Oui, jeune ami... car vous m'avez permis ce titre qui m'honore... Comment trouvez-vous la susdite?...

— Ma foi, si vous voulez me permettre de vous parler franchement...

— Je l'exige... la louange ne séduit que les petits talents.

— Eh bien... en regardant ce portrait je croyais que vous faisiez un homme habillé en femme.

Tamboureau et le rapin se mettent à rire.

Boucaros s'écrie:

— Ne riez pas, messieurs, ce que vient de dire notre ami Godichon est le plus bel éloge qu'il puisse faire de mon ouvrage, car en effet ma fruitière a parfaitement l'air d'un homme habillé en femme.

Que grignotes-tu là-bas, Buridan?

— C'est rien... c'est de la petite poire de blanquette.

— Offre-m'en.

— Donnez-moi des sous, je vais aller vous en chercher.

— Je te dis de m'en offrir, butor, je verrai si elles sont bonnes et si je dois en acheter... ce petit drôle est pleutre comme un rat.

Augusta saute en bas du fiacre...

— Que vous dit-il donc? demande M. Duchampion.
— Qu'il ne veut épouser qu'une femme de soixante ans...
— Ah! pas possible!
— Si vraiment, je comprends parfaitement... Je ne peux pas m'y tromper.

Toutes les mamans sourient à Benjamin, comme pour lui faire entendre qu'il a très-bon goût.

Tandis que Grainemont murmure :
— Il faut être diablement sourd-muet pour avoir de ces goûts-là.

M. Sauvinet paraît vouloir pousser très-loin la conversation avec Benjamin, et celui-ci s'est déjà mordu les lèvres plusieurs fois pour ne point lui crier :
— Monsieur, vous m'ennuyez! laissez-moi tranquille!

À chaque instant la situation du faux sourd devient plus critique, le grand monsieur insiste longtemps sur un geste probablement fort clair et pour lequel il demande une réponse.

— Je ne sais ce que devient Rocheville! dit Benjamin, depuis huit jours, impossible de le rencontrer chez lui.
— Il prépare quelque nouvelle blague... Ça de la blanquette, jamais... tu as acheté cela à un sou le tas, misérable escroc!
— J'ai dit chez moi qu'on me trouverait ici, si l'on désirait me parler, répond Benjamin, cela ne vous contrarie pas, monsieur Tambourcau?
— Me contrarier, par exemple! ma maison est ouverte à tout le monde.
— Et à tous vents, ajoute Boucaros.
— J'aime à pratiquer l'hospitalité.
— C'est pour cela que je me suis établi chez lui.
— Et votre maîtresse, mademoiselle Lucie, qu'en faites-vous donc?
— Je n'en fais plus rien... je l'ai lâchée.
— Est-ce qu'elle vous a fait quelque infidélité?
— Bien au contraire, elle m'aimait trop, et je n'aime pas les femmes qui m'aiment tant.
— Que les hommes sont ingrats... Ah! si cette belle dame m'aimait... et ce Rocheville qui m'avait promis...
Est-ce qu'il compte m'avoir fait faire le sourd-muet pour rien...
— Ah! elle est bien bonne, votre soirée de sourd-muet; je me la rappellerai, celle-là.
On vient d'ouvrir la porte de l'atelier, c'est Arthur Durbinot qui entre tout pâle et tout défait. Depuis le dîner de Bezcy, le jeune homme au pistolet s'est lié intimement avec Tambourcau, qui, du reste, est l'ami de tout le monde.
Arthur, comme tous ces gens qui passent leur vie sans savoir comment employer leur temps, est fort aise d'avoir trouvé un nouvel endroit où il peut aller passer ses journées; pour donner un prétexte à sa paresse, il est devenu très-épris de la peinture et veut prendre des leçons de dessin.
— Ah! voilà monsieur Arthur! dit Tambourcau.
— Bonjour, messieurs...
Ah! bonjour, monsieur Benjamin... sapristi... ai-je couru... je n'ai pas de respiration.
— Tiens, c'est vrai; vous avez la figure tout à l'envers... est-ce qu'il vous est encore arrivé un événement?

... Et un monsieur conduisant une dame entre chez Tambourcau.

— J'en ai peur... et pourtant je doute encore...
— Si vous n'en êtes pas sûr, il y a de l'espoir.
— Messieurs, il faut vous dire que depuis hier... je suis bien inquiet, bien tourmenté... Éléonore est sortie hier pour aller acheter du saumon... elle l'aime beaucoup... moi aussi... si bien que pour nous régaler à notre dîner, elle dit:
— Je vais tâcher de trouver du saumon... et elle part. Une heure, deux heures, trois heures s'écoulent, et elle ne revient pas...
Je commençais à m'impatienter... il était sept heures... nous dînons à six, je me dis:
Où diable est-elle allée pour avoir du saumon?
Bref, la soirée se passe... je me décide à manger un morceau sur le pouce, puis je sors, je parcours les marchés... je m'informe chez des marchandes de poissons... on me dit que le saumon était fort rare... enfin, je rentre, la nuit se passe, et point d'Éléonore...
— Elle a peut-être pris le chemin de fer pour aller en acheter un au Havre?
— C'est ce que j'ai pensé... mais elle aurait dû me prévenir.
Ce matin, j'ai été à la halle, partout... point de nouvelles d'Éléonore... Je me promenais inquiet et rêveur sur les boulevards... quand, dans le fond d'un coupé qui filait sur la chaussée, il me semble voir une femme qui a la figure et la robe d'Éléonore... je m'élance après la voiture... j'allais comme le vent, je l'atteins... on baisse le store, je crie:
— Éléonore... si tu as du saumon... où vas-tu comme ça?...
Mais bah! le coupé filait toujours; les jambes me manquent... je suis obligé de le laisser s'éloigner...
Ah! monsieur! deux fois j'ai mis la main sur mon pistolet, j'avais envie de tuer le cheval... il n'y en avait qu'un... alors la voiture se serait nécessairement arrêtée... mais je me suis dit : Si ce n'est pas Éléonore qui est là dedans, je me ferai une vilaine affaire... j'aurais un cheval à rembourser... et je n'ai pas tiré.
— Vous avez bien fait, monsieur Arthur, d'ailleurs, ce pauvre cheval était fort innocent de tout cela.
Calmez-vous, votre Éléonore reviendra, et avec du saumon je le gagerais.
— Vous croyez... si je n'ai pas de ses nouvelles aujourd'hui, j'irai faire ma déposition au parquet du Procureur général...
— Il me semble que chez le commissaire de police ce serait suffisant.
— Oh! si elle m'avait trahi... vous ne savez pas de dont je suis capable.
— Nous nous doutons bien.
— Je ferais un mauvais coup!
— Votre pistolet ratera.
— Oh! non, il ne rate pas.
Moi qui voulais faire faire mon portrait pour le lui donner... et comme elle adore les coupés, je me serais fait peindre dans un coupé... c'était une assez jolie idée.
— C'eût été encore plus original de ne faire peindre que le coupé, en la prévenant que vous étiez dedans.
— Tiens... au fait...
— Et ce serait un moyen ingénieux de donner son portrait sans compromettre une femme...
— Ah! victoire! voilà Rocheville enfin.
Achille entre dans l'atelier et court se jeter sur le divan en disant:
— Oui, messieurs, me voilà... bonjour, jeune Apelles... Tiens! voilà M. Durbinot; quant à Benjamin, je savais le trouver ici... Eh bien, quoi de nouveau... Godichon soupire toujours...
— Tenez, homme qui ne croyez pas à l'amour... venez voir ce portrait, et dites si on peut voir cette dame avec indifférence.
Achille va regarder le portrait de madame Durbalde.
— Oui, c'est une jolie femme.
— N'est-ce pas qu'elle est adorable?
— Oh! adorable... quelle folie! il faut dire à toutes les femmes qu'on les adore... mais les adorer... à quoi bon... pour devenir triste et maussade comme Godichon.

— Vous savez ce que vous m'avez promis, Achille.
— Soyez tranquille, j'y pense... mais nous avons du temps... je n'ai pas encore eu l'occasion de me trouver avec Valdener... je veux qu'il vous présente lui-même à sa belle... hein! ce sera assez adroit...
— Je mérite bien cela pour avoir fait le sourd-muet, tandis que monsieur faisait sa cour à une blonde... à propos... vos affaires ont-elles marché?
— De ce côté, je n'ai plus de vœux à former... c'est-à-dire si : maintenant, j'ai à désirer que cette passion n'aille pas trop loin ; ces femmes romantiques prennent à la lettre tout ce qu'on leur dit, et cela devient parfois fort embarrassant... Qu'avez-vous, Arthur... vous avez l'air plus effaré que de coutume?
— Son Éléonore est allée trop loin lui chercher du saumon, elle ne revient plus...
— Ah! la bonne farce... mais depuis quand connaissez-vous donc notre ami Tamboureau?
— Depuis que nous avons dîné à Bercy avec M. Benjamin, et qu'en revenant nous avons sauvé une jeune fille que l'on voulait assassiner...
— Une jeune fille qu'on voulait assassiner... quelle histoire nous fait-il là?...
— C'est la vérité... la grisette que nous avons sauvée est même de votre connaissance..
— Oh! oui... et très-intime, je n'en doute pas... c'est celle qui était au Château des Fleurs avec la millionnaire qui a six oncles... que vous m'avez laissée à reconduire. tandis que vous, vous emmeniez l'autre... qui, du reste, est fort jolie... n'est-ce pas, messieurs?...
— Oui, elle est très-bien.
— Comment, c'est d'Augusta que vous voulez parler?
— Justement, de madame Augusta, le nom ne me revenait pas.
— Et vous l'avez sauvée? quand... où... de quoi... à quel moment?
Arthur fait le récit de l'aventure arrivée sur les bords du canal, mais c'est Tamboureau qui le termine, par la raison que, s'il est occupé de cacher son pistolet, Durlinot n'est pas de ceux qui ont secouru la jeune fille.
Achille a écouté très-attentivement ce récit auquel il semble prendre beaucoup d'intérêt.
— Pourquoi donc ne m'aviez-vous pas parlé de cette aventure, Benjamin? dit-il, quand le peintre a cessé de parler.
— Parce que cela m'était sorti de la tête... cela ne m'intéresse pas beaucoup... je ne pensais pas que cela vous intéressait davantage... je me présumais pas que vous pensiez encore à cette jeune fille...
— Pardonnez-moi... j'y pense...
— Ordinairement, quand une femme a été votre maîtresse, c'est fini, vous cessez de vous en occuper.
— Mais celle-ci n'a pas été ma maîtresse... je vous l'assure.
— Oh! en voilà une bonne de blague! et il l'a emmenée, le soir, promener au bois de Boulogne... il va nous dire à présent que c'est une vertu!
— Une vertu... non, je ne vous dirai pas cela... car ce que vous venez de me conter me prouve qu'elle a fait sa dupe... Ah!... elle sort le soir, sur les onze heures, de la rue du Grand-Prieuré.
— Oui, et elle avait cent cinquante francs dans sa poche...
— Ah! mademoiselle Augusta... comme vous avez dû vous moquer de moi... mais patience, je prendrai ma revanche!...
— Que dites-vous, Rocheville?...
— Rien... je dis que je vais dîner ; qui est-ce qui vient avec moi?
— Moi.
— Moi.
— Moi, j'irai volontiers, dit Boucaros, à condition qu'on dînera chez ma fruitière, j'ai des raisons pour utiliser mes cachets dans ce moment.
— Parbleu, messieurs, voilà un nouveau restaurant que je serais curieux de connaître... faisons-en la partie... allons dîner chez la fruitière ; ça va-t-il?
— Accepté.
— Accepté.
— Eh bien, messieurs, vous serez étonnés... je ne veux pas vous en dire plus, mais parole d'honneur, vous serez surpris.
— Et cela nous coûtera?
— Vingt-deux sous par tête.
— C'est d'autant moins la peine de s'en passer, qu'en sortant de là, on a le droit d'aller dîner ailleurs.
— Messieurs, dans Paris, il y a comme cela une foule de choses curieuses à connaître, à observer, et devant lesquelles on passe trop souvent sans s'arrêter.
— Allons dîner chez la fruitière, mais cinq personnes inattendues... croyez-vous que sa cuisine pourra suffire à ce surcroît d'amateurs?
— Elle suffit à tout, elle a des ressources infinies.
— Et où se trouve ce nouveau Rocher de Cancale?

— Faubourg Saint-Denis... dans le haut.
— Marchons, c'est Boucaros qui nous conduit.
La troupe joyeuse était en marche, et se trouvait faubourg Saint-Denis, presque à la hauteur de la prison de Saint-Lazare, lorsque Boucaros, qui marchait seul en tête, comme le tambour-major, s'arrête tout à coup devant une maison de chétive apparence, et commence à se tortiller, à se tenir le ventre en riant aux larmes.
— Est-ce la vue de son restaurant qui le rend si joyeux? demande Achille.
On rejoint Boucaros, on veut le questionner, pour toute réponse, il désigne du doigt la maison, dans laquelle cependant il n'entre pas, les jeunes gens l'examinent à leur tour et voient au-dessus d'une petite porte bâtarde, un tableau servant d'enseigne... Benjamin demeure pétrifié en reconnaissant son portrait privé du cadre, et sous lequel est écrit :
Au jeune Fermier, Nicolas loue des ânesses, qui ont du lait, toute la journée.
La gaieté de Boucaros a bientôt gagné toute la bande, Benjamin lui-même ne peut s'empêcher de faire comme les autres, il mêle ses éclats de rire à ceux de ses compagnons.
— Eh bien! que vous avais-je dit? s'écrie Achille. Je me doutais bien que Berthe vous ménageait quelque surprise. Allons, *jeune fermier*, il faut prendre votre parti, cela vous apprendra à vous faire peindre avec une ménagerie pour perspective ; tout ceci ne doit pas nous empêcher d'aller dîner ; en marche!
— Saprist! c'est vexant tout de même! dit Tamboureau en regardant son ouvrage.
— C'est qu'il est très-ressemblant! dit Arthur ; mon Dieu! je voudrais pourtant bien savoir si Éléonore est revenue avec du saumon!...

XXIX.

Table d'hôte chez une fruitière.

Dans une salle basse, située derrière une boutique, mais où l'on pouvait entrer par une porte donnant sur la cour de la maison, on a dressé une table et mis dix couverts.
Cette salle qui brille par sa simplicité, n'ayant pour tous meubles que les chaises de paille qui entourent la table, est cependant décorée tout le long de la muraille par des guirlandes de haricots verts enfilés pour sécher, par des bottes d'oseille ou d'épinards de différentes grosseurs, par quelques melons flanqués sur des tablettes et par une grande quantité de bocaux remplis de cornichons et de petits oignons qui nagent dans du vinaigre.
Neuf personnes sont dans cette pièce :
Deux employés, probablement surnuméraires dans leur administration, car leurs paletots semblent leur être déjà retournés plusieurs fois, et ces messieurs ont des chemises de couleur qui leur servent de gilet ; mais on est en été et le gilet peut être supprimé, faculté dont quelques personnes usent même en hiver.
Un vieux monsieur qui porte un paletot de soie noire et par-dessus une grande visière en carton vert, laquelle se marie assez bien avec le bonnet noir pour figurer une casquette d'étudiant allemand.
Un jeune homme qui a un col dont les pointes lui montent jusqu'aux yeux et une jaquette tellement courte qu'elle ne serait pas assez longue pour une veste.
Puis un petit garçon de neuf à dix ans, qui paraît professer un profond mépris pour les mouchoirs et court dans la salle, et tape sur la table avec chaque cornet, en criant :
— Ah! y a des beignets... nous mangerons des beignets... des bébé! des beignets! Je vas me régaler... J'aurai des bé... des gnets... des beignets!
Voilà pour le sexe mâle; passons au féminin :
Une vieille dame qui a bien quatre-vingts ans, peut-être plus ; qui est passablement voûtée et ratatinée, mais qui est encore mise avec coquetterie, et dont la figure fine et spirituelle annonce de ces têtes fortes qui ont traversé les révolutions, les bouleversements, les changements et les revirements faits par les hommes sans que cela ait attaqué en rien leurs facultés.
Une dame longue et maigre amorçant la cinquantaine ; des traits prononcés, un nez long et pointu comme un bec d'oiseau, de larges sourcils, des moustaches très-bien accusées, voilà le physique.
Ajoutez-y un air prétentieux, et presque dédaigneux, voilà pour le reste.
Puis une autre dame flottant entre quarante-quatre et quarante-huit ans, figure commune, couperosée, nez plein de tabac, cheveux à l'anglaise tombant sur la place de sa gorge, faisant des petites mines enfantines et une voix cadencée. Enfin une autre dame plus jeune,

LA MARE D'AUTEUIL.

assez bien faite, assez gentille, mais faite comme quatre sous, et dont la robe sale et fanée semble ne pas tenir sur ses épaules.
Voilà pour le beau sexe.

L'arrivée des cinq jeunes gens cause une émeute dans la salle ; les dames se confondent en révérences, les hommes en saluts, on se remue pour chercher des chaises qu'on ne trouve pas; au milieu de tout ce boulevari, le petit garçon continue de sauter et de courir dans la salle en criant :

— Il y aura des beignets... des bébé, des gnetgnets... je mangerai des beignets !

— Mon Dieu ! Childebrand, tenez-vous donc... soyez donc plus sage ! s'écrie la dame aux anglaises, qui est la mère du petit garçon. Ces messieurs croiront que vous êtes un petit gourmand... qui ne pense qu'à manger.

— Tiens, oui!... que j'y pense, moi... petite mère, tu sais bien que tu m'as amené ici pour les beignets, tu dis qu'il n'y a que ça de bon !...

— Vous êtes un sot! taisez-vous, ou je vous claque.

La réponse du petit garçon fait beaucoup rire les nouveaux venus. Cependant la maîtresse de la table d'hôte arrive: c'est une grande et forte femme, qui a l'air d'une portière de bonne maison; elle salue gracieusement son monde, ajoute un léger clignement d'œil pour Boucaros et lui dit :

— Ah ! que c'est aimable à vous, monsieur Boucaros, de nous amener du monde...

— Vous le voyez, madame Ravageon, je pense à vous, et du reste je m'en occupe toujours... car je vous tiens par les joues en ce moment.

— Ah! mon portrait... l'aurai-je bientôt ?

— Dans... cinq ou six jours.

— Achevez-moi bien vite, monsieur Boucaros, je le mettrai ici, voyez-vous, dans cette salle... comme ça fera bien !

— Oui, entre ces bocaux de cornichons... cela meublera... mais le dîner, madame Ravageon... soignez-nous cela.

— Soyez tranquilles, messieurs... il y aura des suppléments.

— Qu'entend-elle par des suppléments ? demande Arthur à Boucaros, tandis que madame Ravageon va et vient dans la salle avec une grosse jeune fille courte et laide qu'elle vient d'appeler pour ajouter cinq couverts, et décrocher une botte d'oseille et une botte d'épinards.

— Parbleu ! ce sont les bottes que l'on enlève qui serviront de suppléments, dit Achille en riant.

— Est-ce que vous croyez qu'elle n'ajoutera pour cinq hommes que l'oseille et des épinards, ce serait peu restaurant.

— Je crois, mon cher ami, que nous sommes venus ici pour nous amuser, par conséquent il faut prendre tout gaiement... d'ailleurs, vous avez votre pistolet sur vous, n'est-ce pas ?

— Assurément je l'ai, pourquoi cela ?

— Parce que, du moment que vous avez votre pistolet, vous êtes parfaitement tranquille... Ah! bon, voilà Boucaros qui fait le gentil près de la maman du petit Childebrand... Oh! le scélérat ! en voilà un qui est armé de courage !...

— Messieurs, dit Tambourreau en examinant la table... savez-vous pourquoi les Grecs mangeaient couchés.

— Parce qu'ils ne mangeaient pas assis apparemment... Ah! Tambourreau, de grâce, laissez-nous tranquilles avec vos Grecs !... vous devriez esquisser le portrait de cette grande dame à moustaches... Qu'est-ce que c'est que cette femme-là... vous devez la connaître, car vous avez déjà dîné ici, vous, avec votre Pylade Boucaros.

— Oui, j'y viens dîner quand je suis un peu malade... et que j'ai besoin de me rafraîchir.

— Ah diable! voilà qui nous promet un joli festin.

— Plaisanterie à part, messieurs, vous verrez qu'on ne dîne pas trop mal ici.

— Pas trop, mais assez.

— Cette grande femme à moustaches qui pourrait représenter avec succès les chefs de brigands ou les tyrans féroces des barbares, est une dame auteur, ou un homme de lettres, comme vous voudrez.

— J'aime mieux la prendre pour un homme de lettres, elle semble appelée à porter des culottes, elle doit faire des tragédies.

— Non, elle fait des livres pour régénérer le monde et pour le bonheur de l'humanité.

— Ah! fichtre, voilà qui est fort bien de sa part.

— Afin de travailler avec plus de loisir à ses ouvrages pour le bonheur de l'humanité, cette dame laissait son mari sortir avec un pantalon troué, et mettait à la porte ses deux petits enfants en leur administrant des claques quand ils demandaient du pain. Le mari ayant témoigné à son épouse qu'elle travaillait trop pour l'humanité et pas assez pour sa famille, madame Terrenoire a quitté le toit, qui n'était pas digne de la comprendre, et des enfants qui se permettaient de voir clair lorsque leur mère écrivait. Seule maintenant, et maîtresse de son temps...

— Elle s'est vouée entièrement à l'humanité !

— Oui, mais comme ses ouvrages ne la font pas vivre, parce que le public et les libraires s'obstinent à ne pas y mordre... Ah ! le public se montre bien ingrat quelquefois !...

Cette dame épluche des épinards et écosse des pois dans ses moments perdus... comme elle a beaucoup de moments perdus, elle est souvent employée par madame Ravageon... qui la traite du reste avec tous les égards dus à une personne d'un si grand mérite et lui donne à dîner en guise d'appointements.

— Très-bien... et cette dame dont la tenue a un peu trop d'abandon et la robe pas assez de fraîcheur ?

— Cette dame, c'est une demoiselle, c'est mademoiselle Sorpette, grand talent dramatique... en herbe, elle n'est pas encore au Conservatoire, mais depuis six ans elle a la promesse d'y entrer ; en attendant, elle donne des leçons de déclamation quand elle en trouve, elle joue à la banlieue et même à Paris quand on a besoin de quelqu'un pour remplacer au pied levé une actrice malade, et comme tout cela rapporte peu, et souvent même ne rapporte rien, dans ses moments perdus... et elle en a beaucoup aussi, elle épluche de l'oseille et écosse des pois chez madame Ravageon.

— Ah çà, il n'y a donc que des écosseuses de pois ici !... Voilà une table d'hôte d'un genre tout particulier.... mais ce n'en est que plus drôle... Ah ! si j'étais romancier, si j'écrivais des tableaux de mœurs.... mais de mœurs vraies... de ces mœurs qui existent; enfin, comme je m'estimerais heureux lorsque le hasard me ferait découvrir une table d'hôte comme celle-ci, et cette vieille dame là-bas, est-ce qu'elle éplucherait aussi de l'oseille... cela me ferait de la peine, je l'avoue.

— Oh! ne plaisantez pas avec cette dame, car elle ne serait pas en reste pour vous répondre. C'est une personne très comme il faut, elle est veuve de trois maris, elle a eu de la fortune, elle a même eu voiture et laquais à ses ordres ; mais les révolutions, les événements lui ont presque tout enlevé ; cependant, il lui reste de quoi vivre modestement, elle est bonne et philosophe, elle va prendre un moniteur et vient dîner ici quelquefois, parce que cela l'amuse, et qu'elle se moque de presque tous ceux qu'elle y trouve; elle a quatre-vingt-huit ans et un excellent estomac ; elle court et va partout seule ; elle adore le spectacle et y va souvent, elle y fait encore des conquêtes ; elle rentre seule le soir fort tard, pau lui importe, elle n'a peur de rien. Un monsieur lui ayant un jour offert son bras à la sortie d'un spectacle pour la reconduire jusqu'à sa porte, elle lui a dit d'un air goguenard : « Vous voulez me reconduire... est-ce parce que vous êtes amoureux de moi? bien ! allons, laissez-moi tranquille, je n'ai pas besoin d'un bras pour rentrer chez moi. » Enfin, cette dame ne se couche jamais avant minuit ; si elle est dans une soirée qui se prolonge tard, elle passe volontiers la nuit à jouer au whist ou à la bouillotte; s'il y a bal, elle va prendre un monsieur et elle fait plusieurs tours de valse aussi bien que si elle n'avait que vingt ans, voilà ce que j'appelle, moi, une charmante vieillesse, et je n'amplifie rien ; c'est de l'histoire, monsieur.

— Parbleu! je retiens alors une place à table, à côté de cette dame.

A force d'aller et de venir avec sa grosse servante, madame Ravageon est parvenue à faire tenir cinq couverts de plus sur sa table, tout en administrant quelques chiquenaudes au jeune Childebrand, qui s'amuse à ôter de leur place les couteaux et les fourchettes, en chantant son refrain habituel sur les beignets.

— A table ! à table !... mesdames et messieurs! crie la fruitière, qui vient d'entrer armée d'une énorme soupière d'où s'échappe une odeur qui n'a rien de commun avec le bouillon.

Achille présente sa main à la vieille dame qui l'accepte en souriant, et il se trouve la table entre elle et la demoiselle qui a envie d'entrer au Conservatoire. Tout le monde étant placé, madame Ravageon, qui se tient debout devant son potage, une louche en main, comme un sacrificateur devant l'autel, s'écrie tout à coup en appelant sa servante :

— Gotte !... Gotte !... et les cornichons... comment! vous avez oublié les cornichons !... mettez-en un bocal à chaque bout de table. La grosse Gotte exécute les ordres de sa maîtresse.

— Quel luxe de cornichons! dit Achille à sa vieille voisine.

— C'est le seul luxe qu'on se permette ici, monsieur, mais vous devez déjà vous être aperçu que les cornichons n'y manquaient point.

Madame Ravageon sert de son potage, qui est aux herbes, et dans lequel domine un parfum de cerfeuil.

— Voilà qui est pour nous préparer, dit Boucaros en souriant.

— J'aurais préféré du bouillon, dit Arthur.

— En fait de bouillon, vous ne trouverez ici que du bouillon de veau... c'est bien plus rafraîchissant.

Le vieux monsieur à la visière verte trouve le potage trop relevé.

— Oui, il y a trop de cerfeuil, dit la vieille dame.

La demoiselle, qui n'est pas au Conservatoire, en redemande deux fois, ce qui annonce un besoin bien urgent de se rafraîchir, ou la ferme volonté de rester une artiste en herbe.

— Et des cornichons! je veux des cornichons · moi! dit le pet garçon en tambourinant sur son assiette avec sa fourchette et son couteau.

— Tout à l'heure, Childebrand, soyez donc moins bruyant, mon fils.

— Mais on peut le satisfaire, madame, dit Arthur, qui se trouve près des cornichons, et aussitôt, attirant à lui le bocal, Durbinot le débouche et plonge dedans une fourchette; mais les cornichons étaient fort gros, l'ouverture du bocal assez petite, et chaque fois qu'il attirait à lui la fourchette, le cornichon se détachait et retombait dans le vinaigre.

— Diable! mais ce n'est pas aussi facile que je l'aurais cru! dit Arthur découragé.

— Si vous essayiez avec votre pistolet de tirer sur un cornichon, dit Achille, quand vous l'auriez tué, il surnagerait, et vous l'auriez plus facilement.

Tous les habitués de la table d'hôte se regardent d'un air étonné.

— Ce monsieur a un pistolet sur lui? demande l'actrice en herbe à Achille.

— Oui, mademoiselle; mais rassurez-vous, c'est absolument comme s'il n'en avait pas.

— Passez-moi ce bocal, dit Boucaros, cela me connait, ça; je vais vous montrer comment on a des cornichons.

Aussitôt, prenant une espèce de lardoire placée sur la table pour cet usage, Boucaros pique profondément dans le bocal, et retirant sa lardoire bien verticalement, il amène dehors un superbe cornichon; il recommence cette manœuvre jusqu'à ce que madame Ravageon tousse très-fort, ce qui veut dire sans doute qu'il a assez pêché de cornichons, car il jette aussitôt la lardoire de côté en disant :

— Ma foi, messieurs, je ne puis pas en avoir davantage.

— Mais c'est déjà très-joli, dit Achille, et je suis bien aise de connaître votre talent pour ce genre de pêche.

— Eh bien, Benjamin, vous ne dites rien... ce que c'est que d'avoir été sourd-muet, pourtant... il en reste toujours quelque chose.

— Ce monsieur a été sourd-muet? dit madame Terrenoire en fixant Benjamin avec admiration.

— Oui madame, répond Achille, il l'a été pendant quelque temps.

— Et comment a-t-il été guéri?

— En assistant aux exercices du polygone, madame.

La vieille dame pousse le bras d'Achille, en lui disant à demi-voix :

— Comme vous vous moquez d'eux!

— Vous croyez, madame?

— Je ne le crois pas, j'en suis sûre.

Cependant la servante a mis sur la table un morceau de bœuf fort respectable, puis un plat d'épinards surmontés de croûtes, puis un plat de farce surmonté d'œufs durs.

Le petit Childebrand frappe dans ses mains et sur la table, en criant :

— Ah! de la farce!... j'en mange tous les jours à la pension, ça donne la foire...

— Eh bien, Childebrand!... mon fils!... Ah! grand Dieu! est-il possible de dire de ces choses-là devant le monde... si vous continuez, on va vous envoyer dîner dans la cour.

Les cinq jeunes gens riaient aux larmes. La vieille dame en faisait autant. Lorsque Rocheville retrouve la parole, il dit :

— Pourquoi gronder monsieur votre fils, madame! à son âge, on ne sait pas encore déguiser sa pensée. Ce qu'il a dit est peut-être un peu trop technique, mais cela n'est pas dépourvu de vérité.

— Oui! oui, ça la donne, reprend Childebrand en sautant sur sa chaise, la preuve, c'est que maman l'a eue plus de quinze jours... et qu'elle disait :

— Ah! c'est cette mauvaise farce de la fruitière qui m'a fichu ça!...

La dame aux anglaises devient pourpre, elle veut s'élancer sur son fils. Benjamin et Tambourneau la retiennent, le petit garçon effrayé disparaît un moment sous la table, le jeune homme au col excentrique profite de ce désordre pour avaler tous les cornichons que Boucaros a retirés du bocal.

Enfin ce n'est parvenu à calmer la mère de Childebrand et à retirer celui-ci de dessous la table. Madame Ravageon, qui est demeurée impassible pendant tous ces débats, fait passer son bœuf, de sa farce, de ses épinards; les habitués acceptent de tout cela; Boucaros en redemande; les nouveaux dîneurs y touchent à peine, le petit Childebrand fait des boulettes avec son pain en murmurant :

— Et les beignets... quand donc qu'on apportera les beignets?... j'aime pas tout ça, moi! ça sent le graillon.

Une odeur de friture très-prononcée et qui commençait à se former dans la salle comme un brouillard, annonce que l'on s'occupe du plat tant désiré par le petit garçon.

— Est-ce qu'il n'y aura pas un second service? demande Benjamin à Boucaros.

— Mais pour vingt-deux sous, vous êtes bien exigeant! rassurez-vous cependant, il est probable qu'il y aura un plat de poisson. Il y en a toujours.

XXX.

Projet de loi pour les centenaires.

Le second service arrive, il se compose d'une carpe frite, d'un plat de beignets et d'une énorme salade de laitue.

Les habitués poussent des cris d'admiration, les deux employés croient même devoir adresser un *speech* à la maîtresse de l'endroit, et l'un d'eux, après avoir passé deux fois le bout de sa langue sur ses lèvres pour y ramasser un restant d'épinards, se lève et dit :

— Je formule un compliment à madame Ravageon pour la façon... copieuse dont elle nous traite aujourd'hui, et, ainsi que M. Boucaros, je ne manquerai pas d'en faire part à mes amis et connaissances... pour lui amener des pensionnaires, qui, j'en suis certain, ne m'auront que des obligations... et voilà tout.

Madame Ravageon fait une révérence à ce compliment, tandis que Achille dit bas à sa vieille voisine :

— Mais s'il y a de l'extra aujourd'hui, comment est-ce donc les autres jours?

— Il n'y a point de friandises, répond la vieille dame, ou alors il n'y a point de poisson, mais on veut vous séduire... et je crois qu'on en sera pour ses frais, car vous êtes venu ici par curiosité... pour rire un moment, mais vous n'y reviendrez pas.

— Vous croyez, madame? et qui vous fait donc penser cela?

— C'est qu'il est bien facile de voir à votre tournure, à vos manières, que vous n'êtes point un habitué de ce genre de table d'hôte!... et je vous en fais mon compliment.

— Mais, madame, je doute que l'on en fréquente où il se trouve meilleure compagnie que la vôtre.

— Vous êtes très-aimable! du reste ce n'est pas la compagnie que j'attaque ici; en général elle est fort honnête... sauf cette dame Terrenoire là-bas, qui ferait beaucoup mieux de ravauder ses bas que de faire des ouvrages de personne, ni elle-même, ne comprend goutte.

— Mais vous, madame, est-ce par goût ou par économie que vous dînez ici?

— C'est un peu l'un et l'autre... je n'y viens pas tous les jours, mais j'aime à changer... je suis un garçon à présent!... à mon âge on peut faire ce que l'on veut, on ne craint plus le qu'en dira-t-on?...

— C'est un privilège.

— Que vous n'êtes pas pressé d'avoir, n'est-ce pas?

La présence des beignets et leur doux parfum avaient remis le jeune Childebrand en gaieté; il refrappe sur son assiette, il danse de nouveau sur sa chaise, il faut absolument qu'on lui donne des beignets avant que personne n'y touche, ce n'est qu'on lui remplissant la bouche qu'on parvient à le calmer.

Cependant les habitués se précipitent sur les arêtes de la carpe, puis sur la salade, et on attaque enfin les fameux beignets, mais ils avaient un goût de carpe très-prononcé.

— Heureusement, dit la vieille dame à Achille, que la carpe avait un goût de beignets, cela fait compensation.

Le dessert apporté se compose de deux assiettes de pommes, de quelques poires, de la grosseur de cellos que croquait le jeune Buridan, et d'un morceau de fromage de Brie qui nécessite l'ouverture des portes et des fenêtres.

— Est-ce que l'on ne boit pas d'autre vin? demande Arthur, après avoir tâté sa poche pour s'assurer s'il n'a pas perdu son pistolet.

— D'autres vins, répond madame Ravageon en souriant, on peut en avoir d'autres... on peut avoir tous les vins que l'on désire ici, seulement ce sera un supplément.

— Va donc pour le supplément, dit Achille, et je demanderai à la société la permission de lui offrir du champagne; madame, veuillez faire venir deux bouteilles.

Les habitués ne savent plus où ils en sont, ils se lèvent, ils saluent. Le vieux monsieur qui a une visière tend la main à tout le monde, la maman de Childebrand repasse ses doigts dans ses anglaises, son fils prend plusieurs minutes sur une assiette; la demoiselle qui guigne le Conservatoire, baisse les épaulettes de sa robe de manière à ce que celle-ci ne tienne presque plus à son dos. Elle est débraillée comme ces dames qui vont maintenant en débardeur au bal de l'Opéra.

La vieille dame se contente de dire à son voisin :

— Décidément vous voulez leur tourner la tête à tous.

— Je veux les mettre en gaieté, voilà tout, madame.

Les beignets avaient commencé, et le champagne les achèvera.

Les deux bouteilles de champagne sont apportées et débouchées par Achille et Boucaros. Le premier verse à ses voisins, le second se verse continuellement à lui-même, on est obligé de lui retirer la bouteille.

— Messieurs, dit Achille en se levant, permettez-moi de porter un toast à madame, qui par sa gaieté et son esprit est, malgré son âge, tout aussi jeune que nous.

Le toast est porté par toute la société, la vieille dame, après avoir trinqué avec chacun, dit à la compagnie :

— Je suis très-sensible à votre politesse... j'aimerais mieux être la plus jeune que la plus vieille de la société, mais il faut bien le souhaiter au cours du temps; je ne veux pas dissimuler avec vous et je vous dirai franchement mon âge, je ne le dis pas à tout le monde, il y a des jours où je me rajeunis, eh bien, j'ai quatre-vingt-neuf ans sonnés...

— Avec une santé et une tête comme la vôtre, madame, il est permis de dire que c'est un bel âge.

— Grand âge, plutôt!... et pourtant, monsieur, il m'est venu quelquefois une idée... une pensée... Ah! si cette idée était adoptée... si on la mettait à exécution, c'est alors qu'il serait permis de nous dire à nous autres nonagénaires que nous avons un bel âge, car en vieillissant, au lieu de nous attrister... au lieu de nous inquiéter pour nos derniers jours, nous aurions un espoir, une perspective de bonheur... que nous n'atteindrions pas toujours, mais enfin une jolie vue dans le lointain, c'est déjà quelque chose!... même lorsqu'on ne doit pas aller se promener par là.

— De grâce, madame, daignez nous faire part de cette idée...

— Volontiers... il y a longtemps que j'existe, j'ai vécu sous bien des gouvernements, j'ai vu ceux-ci remplacés par ceux-là... Mais rassurez-vous, je ne veux pas vous parler politique!... on en a trop parlé depuis que j'existe pour que je j'y aie pris goût; seulement je me suis dit quelquefois : Pourquoi donc tous les gouvernements qui ne veulent que le bonheur des gouvernés... c'est ce qu'ils disaient du moins, et moi je crois à toutes les promesses que l'on fait; pourquoi donc ceux qui sont au pouvoir, qui ont en main la puissance, ne s'occupent-ils jamais de ces pauvres centenaires!... Ah! je vous vois sourire!... vous vous dites: les centenaires! mais il n'y en a pas! ou s'il y en a, c'est si rare! Eh bien! c'est justement parce que les centenaires ne sont pas communs que mon projet pourrait s'exécuter sans coûter beaucoup à l'État. Je voudrais, moi, du moment qu'une personne aurait accompli sa quatre-vingt-dix-neuvième année, remarquez que je dis quatre-vingt-dix-neuf, car alors on entre dans sa centième année, par conséquent, il me semble qu'on est parfaitement centenaire, et qu'il n'est pas besoin pour cela qu'on ait cent ans accomplis; du moment, donc, qu'une personne aurait fini ses quatre-vingt-dix-neuf ans, le gouvernement devrait lui faire dix mille francs de pension. Cette pension s'étendrait à cent le centenaire... Croyez-vous donc que cela coûterait beaucoup à l'État et qu'il aurait de longues années à la servir!... Vous trouverez peut-être que je fais la pension un peu forte; non, lorsqu'on fait tant que de vouloir rendre les gens heureux, il ne faut pas être mesquin dans ses bienfaits. Vous avez dû remarquer que presque toutes les personnes qui arrivent à un âge très-avancé sont mal pourvues du côté de la fortune. Pourquoi? C'est qu'il en coûte pour vivre apparemment! Mais voyez quel changement cette loi amènerait dans l'existence des vieillards... Au lieu de voir tout en noir, l'avenir pour eux deviendrait riant, séduisant, fortuné; au lieu de s'effrayer en se voyant une année de plus, ils souriraient à l'espoir d'arriver à la centaine; et ces pauvres gens qui s'attristent, qui se tourmentent, cesseraient de trembler pour leur avenir.

Au lieu de se répéter à chaque instant, tous les jours que le ciel leur accorde encore, ils ne pourraient les soutenir sans les secours de la bienfaisance, tristes pensées!... pour des gens qui savent déjà qu'ils approchent du terme de leur carrière... eh bien, ils auraient en perspective un avenir fortuné... toutes les jouissances de la vie!... Elles arriveraient un peu tard, sans doute, mais ils auraient au moins l'espoir de les connaître... et puis, tous les vieillards ne sont pas égoïstes!...

Combien d'entre eux se diraient :
— Si j'arrive à avoir la pension de dix mille francs, certes! je n'en mangerai pas même la moitié!... mais que de bien je pourrai faire, je rendrai heureux mes vieilles connaissances et tous ceux qui m'aimeront encore... et chaque année que le ciel m'accordera de plus, au lieu d'être un fardeau pour les autres, je serai à même de répandre de nouveaux bienfaits...

Ah! ce serait tant de bonheur que cela serait capable de faire vivre plus longtemps!... mais, je le répète encore, alors même que sur mille vieilles gens, pas une seule personne ne serait arrivée à l'âge exigé pour avoir la pension, grâce à la loi que je demande, que je désire, ces mille personnes, au lieu de se courber péniblement sous le poids des ans, auraient en vieillissant senti une douce espérance ranimer leur courage... elles auraient pu faire des projets... des rêves de bonheur... Croyez-vous donc que ce serait pas quelque chose... Tous vos grands faiseurs d'utopies, qui ne sont pas réalisables, n'ont jamais trouvé ce secret-là!

Voilà, messieurs et mesdames, ce que je voudrais que le gouvernement fît en faveur des centenaires... et ne croyez pas que ce soit mon intérêt qui m'ait fait concevoir cette idée, grâce au ciel, si je n'ai pas dix mille francs de rente, j'ai de quoi vivre... J'avoue cependant que si je deviens centenaire et qu'on ait fait la loi que je demande, je ne refuserais pas la pensio—

Mon projet est simple, peu coûteux, facile à exécuter... il donnerait à la vieillesse des rêves agréables... de riantes espérances... il sèmerait des fleurs sur les pas de ceux qui approchent du tombeau... Eh, eh! que sait-on... un jour arrivera peut-être où la politique ne troublant plus toutes les cervelles, on s'occupera davantage du bonheur des hommes, du respect que l'on doit aux vieillards, et il ne serait pas impossible que mon idée fût adoptée... en tout cas, j'en serais libre, car elle ne ferait que des heureux.

La vieille dame a cessé de parler; tout le monde trouve son idée juste et généreuse, excepté madame Terrenoire, qui prétend que le gouvernement ferait bien mieux de servir dix mille francs de pension aux femmes qui forceront les hommes à faire la cuisine.

Les deux bouteilles de champagne étaient vidées; les habitués de la table d'hôte de madame Ravageon sont tous d'une humeur charmante, les uns chantent, les autres rient, les deux employés s'embrassent, le petit Childebrand casse les assiettes.

Achille fait signe aux quatre jeunes gens qui l'ont accompagné, et paie les suppléments, présente ses hommages à sa vieille voisine et emmène ses compagnons en leur disant:

— Et maintenant, messieurs, allons dîner.

— Allez, messieurs, dit Arthur, moi, je me contenterai de ces rafraîchissements que nous avons pris. Je vais retourner chez moi pour savoir si Éléonore est revenue avec ou sans saumon.

— Comme vous voudrez, jeune Dumesnil; chacun est libre de faire ce qui lui plaît. Avez-vous votre pistolet?

— Oh! certainement, je l'ai!

— Alors nous sommes tranquilles sur votre compte. Bonne chance.

Monsieur Boucerons, vous venez dîner avec nous, j'espère?

— Moi, messieurs, je vous avoue avec le plus grand plaisir, et je vous certifie que vous ne vous apercevrez pas que j'ai fait honneur au repas de madame Ravageon.

XXXI.

Encore Cotonnet.

Le jour venait de finir, une pluie d'orage fouettait avec violence sur les vitres de la fenêtre d'Augusta, qui s'est hâtée de rentrer ses rosiers, et, après avoir allumé une lampe, qu'elle recouvre de son abat-jour, s'est assise avec son ouvrage contre sa table.

Mais la jeune fille ne travaille pas avec calme, avec assiduité; à chaque instant sa main s'arrête inactive, elle oublie son ouvrage, elle demeure pensive, absorbée par ses rêveries, puis se soulève, une expression de mélancolie est répandue sur ses traits.

Deux petits coups sont frappés à la porte, et presque en même temps une voix s'écrie:

— C'est moi, mam'zelle Augusta, moi, Cotonnet; si ça ne vous gêne pas, je viens vous voir... si ça vous contrarie, ne m'ouvrez pas, je m'en irai tout de suite.

Mais Augusta s'est hâtée d'aller ouvrir.

— Ah! comme il y a longtemps que je ne vous ai vu, monsieur Cotonnet... ce n'est pas bien d'abandonner ainsi ses connaissances... entrez donc.

Cotonnet entre avec cet air craintif qui lui est habituel, et va s'asseoir à côté de la table, tenant son chapeau sur ses genoux.

— Mademoiselle... je ne vous avais pas oubliée... mais vous savez... je crains toujours d'être indiscret... de gêner...

— Avec moi, vous ne devez pas craindre cela...

— C'est vrai, mademoiselle, que je ne vous ai pas vue depuis cette soirée... au Château des Fleurs... où elle était avec vous.

— Mais elle ne s'est pas allée avec vous?

— Non, car M. Achille m'a trompée... il m'a emmené en me disant que Coralie s'était donné une entorse... Qu'elle était souffrante... qu'elle m'attendait... j'ai cru tout cela... j'ai suivi ce monsieur... est-ce que je pouvais deviner qu'il se moquait de moi... Le lendemain Coralie est venue me faire une scène, en me disant que je voulais lui enlever l'amour de ce monsieur... Ah! je vous jure bien, monsieur Cotonnet, que je n'avais pas cette pensée et que je croyais bien retrouver Coralie quand je suis partie avec M. Achille.

— Ah! je vous crois, mademoiselle, vous n'avez pas besoin de jurer avec moi... je sais bien que vous ne mentez pas, vous.

— Coralie n'est point comme vous, elle n'a pas voulu me croire! depuis ce jour je ne l'ai pas revue... et pourtant je voudrais bien ne plus revoir M. Achille.

— Elle est furieuse parce que ce monsieur l'a quittée tout de suite... il ne va plus chez elle.

— Ah! vous êtes sûr qu'il ne la voit plus?

— Oh! oui... bien sûr... ça n'a pas été long... en voilà des amours qui ne durent pas.

D'abord j'en étais content, et je me disais :
C'est bien fait, ça lui donnera une leçon à cette infidèle... mais à présent... je vois bien que cela ne sert à rien et ne la corrige pas...
Ah! mademoiselle... si vous saviez avec qui je l'ai rencontrée dernièrement dans une allée des Champs-Elysées... avec M. Barigoule!
— En vérité?
— Oui, ce grand vilain laid, son voisin d'au-dessous... dont elle avait toujours l'air de se moquer...
— Eh bien! elle était avec lui, dans sa calèche... ou son coucou... car elle est très-vilaine la voiture à ce monsieur... j'aime mieux une tapissière... eh bien, mademoiselle Coralie se carrait là-dedans avec un homme marié, c'est du joli...
Ah! si madame Barigoule les avait rencontrés... quelle scène!... elle aurait rossé Coralie...
— Tenez, monsieur Cotonnet, je suis aise maintenant d'avoir entièrement rompu avec elle... et si vous m'en croyez, vous cesserez aussi d'y penser.
— Oui, mam'zelle, oui... c'est ce que je fais tous les jours.
En disant cela Cotonnet se retourne en portant son mouchoir à ses yeux.
Augusta reprend au bout d'un moment en affectant un air d'indifférence.
— Mais je ne conçois pas la conduite de M. Rocheville... car enfin puisqu'il avait fait la cour à Coralie... c'est qu'il l'aimait...
— Oh! non, mademoiselle, ces messieurs-là font la cour, mais ils n'aiment pas.
— C'est très-vilain de le dire alors... Ah! vous ne savez pas monsieur Cotonnet... depuis que je ne vous ai vu j'ai été un soir attaquée par un voleur.
— Ah bah!... contez-moi donc cela, mademoiselle.
— Figurez-vous que j'étais allée rue du Grand-Prieuré...
— Je ne connais pas cette rue-là...
— C'est derrière la rue Basse du Temple... elle donne dans la rue d'Angoulême... elle est très-loin d'ici et fort désert le soir.
— Mon Dieu! et qu'alliez-vous faire là et le soir, mademoiselle?
— Mais, monsieur Cotonnet, j'allais chez une personne... qui demeure là maintenant... elle était sortie... il m'a fallu l'attendre, c'est ce qui m'avait retardée.
— Au fait, mademoiselle, puisque vous y étiez, c'est que vous y aviez affaire, je vous demande pardon de ma question...
— Oh! il n'y a pas de mal.
Je sortais donc de chez cette personne... je marchais vite, je n'avais pas peur, et cependant j'avais hâte de sortir de cette rue.
Tout à coup un homme me barre le passage en me demandant de l'argent...
— Hum! le misérable!
— Je me suis sentie tellement effrayée... je ne sais ce que je lui ai répondu, cependant j'ai eu la force de crier au secours; le voleur s'est jeté sur moi.
Oh! alors j'ai perdu connaissance, je n'ai plus rien vu... rien entendu, mais il paraît que mes cris avaient été entendus, des jeunes gens étaient venus à mon secours et avaient mis le voleur en fuite...
Quand je suis revenue à moi, j'étais entourée de monde... on me jetait de l'eau au visage...
— Ah! pauvre demoiselle... et vous avait-il volée, le gredin?
— Non, il paraît qu'il n'a pas eu le temps... c'est bien heureux!
J'avais sur moi... ma fiacre et ma seule revenue; voilà toute l'histoire.
— C'est égal, mademoiselle, c'est imprudent d'aller seule le soir dans un quartier si éloigné.
— Je vous assure bien que cela ne m'arrivera plus... La personne chez qui j'ai affaire... tous les trois mois, demeurait autrefois ici près, faubourg Poissonnière; alors je ne craignais pas d'y aller le soir.
En m'y rendant cette fois, j'apprends qu'elle a changé de logement demeure maintenant rue du Grand-Prieuré; j'étais en route, j'y suis allée, j'ai attendu longtemps avant qu'elle ne rentre, et voilà comment je me suis trouvée attardée si loin de chez moi.
— Et ces messieurs qui vous ont secourue...
— Ils ont été très-honnêtes... et en vérité je ne sais pas si je les ai assez remerciés du service qu'ils m'ont rendu... mais j'étais si troublée...
— Ils n'ont fait que leur devoir... Secourir une femme que l'on attaque... qui est-ce qui n'en ferait pas autant? Allons, je vais m'en retourner chez moi...
— Il ne faut plus être si longtemps sans venir me voir...
— Non, mademoiselle, puisque vous me le permettez.
— Mais ne partez donc pas encore, monsieur Cotonnet; comme la pluie tombe avec violence...
— Oh!... ça m'est égal... je ne crains pas l'eau... ce n'est orage...
Cependant, Cotonnet, qui s'est levé, tourne et retourne son chapeau dans ses mains et reste au milieu de la chambre.
Il est facile de voir qu'il a encore quelque chose à dire et est embarrassé pour parler; enfin il se décide :
— Comme ça... vous ne la voyez plus du tout, mademoiselle?
— Qui cela, monsieur Cotonnet?
— Mais... elle...
— Ah! pardon, j'aurais dû vous deviner... Non, je ne la vois plus.. et vous devez comprendre que puisqu'elle se conduit si mal, je n'ai nullement envie de la revoir...
— Oui... c'est vrai... ce n'est plus une amie digne de vous... le goût du plaisir l'a perdue... c'est dommage, elle avait du talent, et si elle avait voulu travailler... mais elle ne voulait pas travailler... elle voulait s'amuser tous les jours... c'est difficile quand on n'a pas de rentes. Il faut bien que ce soit cela qui l'entraîne, car enfin elle ne peut pas aimer ce M. Barigoule...
— Oh! ce n'est pas probable... et c'est en cela que je la trouve plus coupable.
Certainement, on devrait toujours rester sage; mais enfin, si on devient fautive... parce qu'on a cédé à un sentiment profond, n'est-on pas plus excusable que lorsque l'attrait seul du plaisir vous a entraîné?
— Oui, mam'selle, vous avez parfaitement raison... et pourtant, voyez ce que c'est! j'aime mieux, moi, qu'elle soit avec un homme qu'elle n'aime pas... il me semble que cela me venge un peu... je me dis :
Un jour peut-être elle comprendra la différence... c'est-à-dire elle me regrettera... Mais non... elle ne me regrettera jamais... Adieu, mam'selle Augusta.
— Monsieur Cotonnet, prenez donc mon parapluie... cela tombe trop fort... vous me le rapporterez demain...
— Merci, mademoiselle, ce n'est pas la peine.

XXXII.

Un orage.

Cotonnet est parti en refermant avec force la porte sur lui.
« Pauvre garçon!... mais il va être trempé! » se dit Augusta en écoutant la pluie fouetter ses carreaux au point de faire trembler les vitres.
La jeune fille n'a point achevé sa pensée que l'on frappe deux petits coups à sa porte.
« Ah! le voilà qui serait obligé d'accepter le parapluie! » se dit Augusta, et elle court vivement rouvrir sa porte.
Mais, au lieu de Cotonnet, c'est Achille Rocheville qui est devant elle, parfaitement mouillé de la tête aux pieds, et dont les cheveux, imbibés d'eau, retombent sur son front comme s'il sortait d'un bain.
Augusta est demeurée tellement saisie à la vue d'Achille qu'elle peut à peine murmurer :
— Comment... c'est vous, monsieur?...
Le jeune homme profite de la surprise de la jeune fille pour entrer et refermer bien vite la porte sur lui.
Cependant Augusta est toujours là devant lui, et ne lui dit pas d'entrer dans sa chambre; Achille, affectant un air craintif et repentant balbutie :
— Oui... c'est moi, mademoiselle... je sais bien que vous m'aviez défendu de venir chez vous... mais cependant je ne pouvais pas rester sans vous revoir... moi qui brûle de vous demander pardon de tous mes torts... depuis cette soirée... où je me suis laissé emporter par la vivacité de mes sentiments... mais je sais très-bien que j'ai mal agi... je m'en suis bien repenti après... aussi, depuis cette soirée, j'ai fait mon possible pour vous rencontrer... Bien souvent, j'ai attendu dans la rue... mais le hasard ne m'a pas servi... ensuite, en faisant toujours sentinelle à votre porte, je craignais de vous compromettre.

cependant, ce soir j'y étais encore... mais l'orage est arrivé... J'ai compris que j'attendrais en vain, que vous ne sortiriez pas. . et pourtant il m'était impossible de rester plus longtemps sans vous voir... sans venir vous demander ma grâce... J'ai hésité assez longtemps... puis enfin... je me suis décidé, je suis venu ; mais, arrivé à votre porte... je n'osais plus frapper... ce n'est qu'après avoir vu sortir... M. Cotonnet... qui ne m'a pas vu... car je me tenais dans un renfoncement, et votre escalier n'est pas éclairé... ce n'est, dis-je, qu'après l'avoir vu partir, que je me suis risqué à frapper... et me voilà.

Achille a débité tout cela d'un ton si timide, si tremblant même, qu'on croirait entendre un jeune amoureux qui arrive à son premier rendez-vous. En ajoutant à cela l'état déplorable de sa toilette, ses cheveux d'où l'eau dégoutte, on comprendra qu'une femme e se laisse toucher et ne renvoie pas durement celui qui se présente ainsi devant elle.

Augusta, qui n'a jamais entendu Achille lui parler avec cet air craintif et repentant, se sent tout émue et lui fait signe d'entrer dans sa chambre en disant :

— Enfin, monsieur, puisque vous voilà... reposez-vous un moment... car l'orage redouble, et vous êtes déjà bien assez mouillé... Quelle idée de se laisser tremper ainsi...

— Ah ! mademoiselle, je ne faisais pas attention à la pluie... je ne la sentais pas... je ne pensais qu'à vous...

— Oh ! par exemple, monsieur, vous ne me ferez pas croire que vous ne sentiez pas que vous étiez mouillé.

La jeune fille avance un siège à son nouveau visiteur, puis elle va se remettre à sa place, mais c'est vainement qu'elle essaye de dissimuler le trouble qui l'agite : sa voix est altérée, sa main est tremblante en reprenant son ouvrage, qu'elle attire devant elle, mais auquel elle ne touche pas. Achille s'est assis à une distance très-respectueuse d'Augusta, il tire son mouchoir de sa poche et s'essuie les cheveux.

— Je vous demande pardon, mademoiselle, si chez vous je me permets d'en agir ainsi.

— Mais il n'y a aucun mal, monsieur ; mon Dieu ! je voudrais avoir du feu, cela vous sécherait... mais nous sommes en été, et je n'ai pas de bois ici.

— Oh ! mes vêtements se sécheront sur moi... ne vous occupez pas de cela, je vous en prie.

— C'est que... c'est fort mauvais de garder sur soi des vêtements mouillés... c'est, dit-on, capable de donner des douleurs... ces fièvres...

— Que m'importe !... vous avez bien voulu me recevoir... que ne braverait-on pas pour cela ?... La fièvre d'amour qui me dévore, cette passion que je ressens pour vous... voilà ce dont je ne puis guérir.

— Monsieur... j'espérais... je croyais que vous ne me parleriez plus d'un sentiment... que je ne puis... que je ne dois point partager...

— Que vous me devez pas !... Ah ! vous répondez comme quelqu'un qui n'aime pas, comme quelqu'un dont le cœur est insensible le... Si vous aviez pour moi... quelque pitié, vous ne me répondriez pas ainsi.

— Mais, monsieur... puisque vous voulez-vous que je voie à votre amour ?... Pourquoi ne me tromperiez-vous pas comme vous avez trompé Coralie... et tant d'autres !...

— Coralie !... ah ! charmante Augusta, pouvez-vous vous comparer à Coralie !...

— Mais, monsieur, Coralie est fort jolie... elle ne manque pas d'esprit...

— Elle est gentille, c'est possible, mais tout est commun dans sa personne... Quant à ce que vous voulez nommer son esprit, c'est tout bonnement le jargon, le babil d'une jeune fille qui n'est rien moins que timide et à qui tout ce qui lui passe par la tête... alors, dans cette grande quantité de paroles qui sortent de sa bouche, il s'en trouve quelques-unes de drôles !... mais s'il lui fallait soutenir une conversation sans y mêler des extravagances, vous verriez à quoi se réduirait sa conversation, on veut bien lui accorder. Ce sont les éclairs qui brillent par un temps d'orage et que l'on attend vainement quand il fait beau.

— Ah ! monsieur, ce n'est pas bien de dire du mal d'une personne qui vous aimait, qui a été à vos serments...

— Je n'en dis pas de mal, je désire seulement vous faire voir quelle différence existe entre elle et vous, je distinguée en tout... dans votre tournure... dans vos manières... dans votre langage... vous ne nierez pas, mademoiselle, que vous avez reçu une autre éducation que mademoiselle Coralie !

— Monsieur... en effet... j'ai peut-être un... ou étudié un peu plus qu'elle... J'avais une si bonne mère !... c'est elle qui me faisait étudier, répéter mes leçons... Ce n'est pas la faute à Coralie si elle a perdu toute jeune ses parents.

— De grâce, laissons là Coralie !... à quoi ça nous occuper d'elle ?

— Mais vous ignorez qu'elle est venue me faire une scène ici, le lendemain de cette soirée au Château des Fleurs... elle était furieuse contre moi, elle est persuadée que c'est moi qui ai cherché à vous détourner d'elle...

— Elle a bien dû savoir depuis qu'elle s'était trompée... et maintenant je vous certifie qu'elle ne songe plus à moi, car elle est avec un certain M. Barigoule... son voisin du cinquième... un monsieur qui ressemble comme deux gouttes d'eau à une grenouille... mais qui la

promène en voiture, et vous voudriez que je regrettasse Coralie... ah ! je l'avais bien jugée... elle irait avec un poussah, si ce poussah pouvait lui procurer une partie de plaisir.

Augusta ne répond rien ; elle essaye de coudre, mais sa main ne peut pas parvenir à enfiler son aiguille.

Achille, en se remuant et se dandinant sur sa chaise, l'a insensiblement rapprochée de celle d'Augusta.

Quelques instants de silence augmentent encore le trouble de la jeune fille, car écouter est une occupation ; mais lorsqu'on se trouve à côté d'une personne qui nous a parlé d'amour et que cette personne se tait en nous regardant, il y a une foule de pensées qui nous arrivent au cœur, une foule de choses qui nous troublent l'esprit ; ce moment est souvent bien plus à craindre qu'une brûlante déclaration.

— Si pourtant vous ne me haïssiez pas, reprend enfin Achille en avançant doucement la main pour prendre celle qu'Augusta laisse reposer sur la table, je serais si heureux de vous consacrer ma vie...

Augusta retire lentement sa main.

— Non, monsieur, non... ne me tenez pas ce langage... je vous ai dit que je ne voulais pas être votre maîtresse... et je sais bien que je ne puis pas être votre femme.

— Mon Dieu ! qui a dit cela... est-ce que tout n'est pas possible... est-ce qu'il y a des distances entre deux cœurs qui s'aiment bien... qui ne peuvent plus douter l'un de l'autre...

Achille a saisi la main de la jeune fille, qui, cette fois, ne la retire pas.

— Mais, quand on aime, on doit-on toujours craindre celui qui mettrait son bonheur à vous prouver sa tendresse... avant de se lier, de s'engager pour la vie, n'est-il pas tout naturel de se connaître intimement... de se voir à toute heure... quand ce ne serait que pour savoir si l'on se plaît ensemble... Et quand on est libre chacun de son côté... pourquoi se priverait-on de ce qui peut nous rendre heureux... Ah ! je le suis tant, lorsque je me trouve auprès de vous, comme en ce moment.

Achille a dit cela avec une expression si tendre, si bien sentie, que celle à qui cela s'adresse ne s'aperçoit pas que l'on presse et que l'on couvre de baisers sa main, ou, si elle s'en aperçoit, elle n'a pas le courage de s'y opposer.

— Vous êtes libre, vous, Augusta, vous n'avez plus de parents... à ce que je présume du moins, puisque vous vivez seule... vous êtes entièrement maîtresse de vos actions... à moins que déjà quelque liaison secrète...

— Ah ! monsieur... vous ne pensez pas cela, j'espère !...

— Quand cela serait !... puisque vous êtes votre maîtresse, je n'aurais pas le droit de vous adresser le plus petit reproche...

— Mais encore une fois, monsieur, il n'en est pas. A la manière dont vous le répétez, on pourrait que vous le croyez...

— Moi ! je ne crois absolument pas ce que vous dites ; seulement j'ai été surpris, ta bonne, en apprenant que l'on vous rencontrait seule, à onze heures du soir, dans la rue de Latour.

— Ah ! on vous a dit cela...

— Oui, on m'a raconté les dangers que vous avez courus... Je vous ai trouvée bien imprudente de vous hasarder si tard dans un quartier désert !... J'ai présumé qu'il fallait un motif bien puissant pour que vous soyez aussi tard loin de votre demeure !...

— Un motif bien puissant !... mais non, monsieur, c'était un motif fort simple, je vous assure...

— Vous étiez allée voir... une de vos amies.

— J'étais allée voir une personne... que j'avais besoin de voir...

— Ah !... le mot personne est fort bien choisi... il peut s'appliquer aux deux genres... En tous cas, cette personne a bien peu de galanterie, on vous porte bien peu d'intérêt, pour vous avoir laissée retourner seule chez vous...

— On ne pense pas toujours aux voleurs...

— A votre âge, avec votre figure, on peut craindre d'autres rencontres que celles des voleurs... d'ailleurs, il paraît que vous aviez de l'argent sur vous ?

— Oui, monsieur...

— Vous veniez de chez un débiteur ?...

— Mais... peut-être, monsieur...

— Ah ! pardon, mademoiselle... je vois que mes questions sont indiscrètes... je suis bien curieux, n'est-ce pas ?

— Mais non, monsieur... Au reste, monsieur Achille, vos questions ne me fâchent point... quand on ne se sent pas coupable, quand on a la conscience nette, on peut supporter toutes les questions possibles !...

— Surtout lorsqu'on est dans l'intention de ne pas y répondre.

Cependant l'air de franchise avec lequel Augusta vient de parler, impose à Achille, qui reste quelques instants sans savoir que dire, et, pour se rendre intéressant, prend le parti de frissonner, de trembler, comme si ses vêtements mouillés lui donnaient de la fièvre.

— Vous avez froid, dit la jeune fille ; mon Dieu ! je crains que vous ne deveniez malade ; pour vous réchauffer, si vous voulez, je vais mettre sur votre dos un grand châle à moi, cela vous servira de manteau... vous vous entortillerez dedans... Oh ! oui, vous serez bien mieux...

Déjà Augusta s'est levée pour aller chercher son châle, mais Achille la retient en l'entourant de ses bras.

— Non... non, n'allez pas chercher ce châle... pour être bien, pour ne plus éprouver de malaise... il suffit que vous soyez près de moi... tout contre moi... Augusta, ah! restez ainsi, je vous en prie.

— Non, monsieur, non... il faut me laisser, au contraire... ne me tenez pas ainsi... je vais encore me fâcher...

— Non... oh! vous ne vous fâcherez pas... vous ne repousserez plus celui qui ne respire que pour vous, Augusta... chère Augusta!...

Le jeune homme ne frissonnait plus... il retenait Augusta dans ses bras, et c'était celle-ci qui tremblait; mais en cherchant à se dégager, la jeune fille vient de porter les yeux sur le portrait de sa mère, il lui semble qu'il s'anime, qu'il va lui parler... Cette vue la fait rougir d'un moment de faiblesse, elle retrouve ses forces, son courage, et, se dégageant vivement des bras qui l'enlaçaient, s'éloigne d'Achille, en lui disant d'un ton sévère:

— Monsieur, vous reconnaissez bien mal l'hospitalité que je vous ai accordée... vous me faites voir le peu de cas que l'on doit faire de vos promesses... Veuillez partir, il est fort tard... et vous devez comprendre qu'il est impossible que vous restiez ici plus longtemps.

Achille, qui se croyait au moment du triomphe, éprouve un vif dépit en voyant Augusta lui échapper encore; il se mord les lèvres pour retenir une expression un peu trop cavalière, qui est sur le point de sortir de sa bouche, et qui s'accorderait bien mal avec les tendres discours qu'il a tenus à celle qu'il espère séduire. Cependant il ne renonce pas à la victoire, mais, pour l'obtenir, il juge nécessaire d'employer d'autres moyens.

Il prend un air désolé, se remet à frissonner et se lève en disant:

— Pardon, mademoiselle... il y a chez moi un sentiment qui est plus fort que ma raison... et me fait toujours oublier ce que moi-même je me suis promis... J'ai eu la sottise de croire que vous n'étiez pas tout à fait insensible à mes tourments... vous venez de me faire voir que je me trompais... je vais partir... je vais m'éloigner.

Cependant Achille reste au milieu de la chambre, tremblant de tous ses membres, comme quelqu'un qui aurait une fièvre violente.

En ce moment l'orage semble redoubler. La pluie tombe comme par torrents; la tempête fait craquer les vitres, et semble vouloir ouvrir la croisée. Augusta, effrayée, court s'assurer que sa fenêtre est bien fermée, et s'écrie:

— Mon Dieu!... quel orage... c'est effrayant... attendez, monsieur, attendez encore... il est impossible que vous sortiez par un temps si horrible...

— Qu'importe, mademoiselle, ma présence vous est désagréable... je ne dois pas rester ici malgré vous..

— Rester ici... vous savez bien, monsieur, que vous ne pouvez pas y rester avec moi... mais attendez un peu... Comme vous tremblez...

— Mon Dieu... c'est vrai... ce n'est pas ma faute, je fais ce que je peux pour m'en empêcher... cela va se passer...

En disant cela, Achille a bien soin de trembler davantage.

Augusta, qui est loin de se douter que c'est encore une ruse, court chercher un verre, une carafe, elle fait à la hâte de l'eau sucrée avec de la fleur d'oranger et présente le verre au jeune homme, en lui disant:

— Tenez, monsieur, buvez cela, je vous en prie; cela vous fera peut-être du bien.

— Vous êtes mille fois trop bonne, mademoiselle.

Achille boit en tremblant au point que ses dents claquent sur le verre et que sa main laisse tomber une partie de l'eau qui est dedans. A peine a-t-il fini de boire qu'il balbutie d'une voix éteinte:

— C'est singulier, je ne me sens plus la force de me tenir debout... mes genoux fléchissent malgré moi... pardon... c'est une faiblesse... cela va se remettre...

Augusta se hâte de donner une chaise à Achille, qui se laisse tomber dessus en continuant de faire chaquer ses dents et de trembler de tous ses membres.

La jeune fille est aux champs, elle court dans sa chambre, prend un châle, des robes, une pelisse, met tout cela sur le dos d'Achille et l'entortille avec; celui-ci se laisse faire en fermant à demi les yeux et en balbutiant:

— Que de bonté... je suis désolé... je vais m'en aller, mademoiselle, je vais vous débarrasser de ma présence.

— Eh! monsieur... est-ce qu'il faut penser à cela maintenant... vous êtes malade... très malade, je le vois bien... Sortir par le temps qu'il fait... dans l'état où vous êtes... oh! ce serait vous tuer...

— Cela m'est égal, mademoiselle, puisque vous ne m'aimez pas...

— Mais je ne veux pas causer votre mort, moi, monsieur!...

Et Augusta recommence à aller et venir dans sa chambre, levant les yeux au ciel comme pour le prier de venir à son aide, tandis que M. Achille, qui a fort peu de foi dans la Providence, se félicite déjà du succès de sa ruse, et se dit qu'en passant la nuit chez la jeune fille il ne peut manquer de triompher de sa vertu.

Mais tout à coup Augusta s'arrête, son front s'éclaircit, et elle s'écrie:

— Ah! je crois avoir trouvé un moyen... oui... oui, attendez, monsieur, ne vous impatientez pas...

— Mais où donc allez-vous, mademoiselle?

— Je vais revenir... restez là... ne bougez pas...

Augusta sort précipitamment de chez elle, et elle a refermé la porte qui donne sur son carré avant que Rocheville ait pu la retenir.

D'ailleurs, jouant le rôle d'un homme qui n'a plus la force de se tenir sur ses jambes, il ne peut pas se mettre à courir après la jeune fille, ce serait lui faire voir sur-le-champ que son tremblement nerveux n'est qu'une comédie.

— Diable! où donc va-t-elle! se dit Achille lorsqu'il est seul... chercher un médecin, peut-être... elle en est bien capable... j'ai trop bien fait le malade... mais il est près de minuit... les médecins ne voudront pas se déranger, ou, s'il en vient un, il se bornera à m'ordonner des tisanes, des potions que je ferai semblant de boire... à coup sûr il ne

Augusta évanouie dans la rue.

LA MARE D'AUTEUIL.

défendra de sortir, c'est le principal... il me croira malade... je dirai que je souffre partout, les médecins ne sont pas plus difficiles à tromper que les jeunes filles... Pourvu qu'Augusta soit ma garde cette nuit, c'est tout ce que je demande, et me croyant malade, certainement elle n'aura plus peur de moi et ne me laissera pas seul... elle est bien jolie... et je serais un niais si je ne venais pas à bout de sa résistance... D'ailleurs, cette visite mystérieuse le soir dans la rue du Grand-Prieuré... cette somme de cent cinquante francs qu'elle avait dans sa poche... et elle n'a pas pu me dire ce qu'elle était allée faire là... Oh! mademoiselle Augusta, vous ne valez pas mieux que les autres, seulement vous cachez merveilleusement votre jeu... car moi-même j'avoue qu'il y a des moments où... je suis tenté de vous prendre pour Minerve en personne... Mais elle tarde bien à revenir... serait-elle allée elle-même chercher un médecin par ce temps-là... Ah! j'entends monter l'escalier... ce bruit de pas... elle ne revient pas

Ah! voilà les pierres... etc.

seule... comment a-t-elle pu si vite trouver un médecin... à moins qu'il n'y en ait un dans la maison... allons... jouons bien notre rôle.

On ouvre la porte du carré, Augusta ramène en effet quelqu'un, mais ce n'est point un docteur qui l'accompagne, c'est une vieille femme, toute voûtée, toute ramassée, qui est entortillée dans une camisole de flanelle aussi longue qu'un caban, et coiffée d'un vieux madras à carreaux sous lequel on aperçoit la dentelle d'un bonnet rond.

Cette vieille, dont le nez court et épaté est bourré de tabac, comme la pipe d'un invalide, tient sous ses bras des pots de différentes grandeurs, un énorme cabas, une chaufferette et un bocal dans lequel il y a des sangsues.

— Ah! mon Dieu! qu'est-ce que c'est que cela! se dit Achille, je crois que je tremble réellement...

— Me voici, monsieur, dit Augusta, je me suis rappelé que mon portier avait une sœur qui est garde-malade et qui demeure dans cette maison... J'étais descendue pour lui conter ce qui vous est arrivé et lui demander si par hasard sa sœur n'était point en garde quelque part en ce moment... justement madame se trouvait dans la loge de son frère quand j'y suis entrée. Voyez comme c'est heureux, elle est libre et m'a sur-le-champ offert ses services...

— Comment donc, mademoiselle, mais c'est mon devoir... et j'ose dire que partout où j'ai été appelée on n'a eu qu'à se louer de mon zèle; la veuve Fourniment est connue, je m'en flatte... et avantageusement... et quant à la médecine! je la sais et je la pratique mieux que la plupart de ces docteurs qu'on a tant de peine à avoir... et qui se font payer si cher pour se déranger et venir vous regarder la langue...

Tenez, voilà mon bocal, je venais justement de poser des sangsues sur l'*anus* d'un enfant de deux ans... il s'est laissé faire sans crier, ce pauvre chérubin... si monsieur en a *de besoin*, il en reste encore plus de quinze dans le bocal...

— Merci, madame, merci... balbutie Achille; mais il ne fallait pas vous déranger... mon malaise se passera...

— Oui, oui, tous les malades disent cela... ça se passera... et s'ils ne nous avaient pas pour les soigner... ils crèveraient comme des pelures d'oignon... Voyons ce pouls.

Et fourrant sa main sous les châles et les robes qui entortillaient Achille, madame Fourniment s'empare de son bras gauche et lui tâte gravement le pouls; puis elle secoue la tête et s'écrie :

— Ah! bigre !... une fièvre féroce... le pouls galope tant qu'on ne le trouve plus... je connais ça... un commencement de fluxion de poitrine... mais, prise à temps, nous la ferons tourner en bonne courbature... Jeune homme, il faut vous coucher bien vite... il n'est que temps...

— Comment me coucher, madame?

— Je vous répète qu'il n'est que temps... si vous n'avez pas la force de vous déshabiller tout seul, je vais vous aider... mamzelle passera dans l'autre pièce pendant ce temps-là...

— Mais, madame, je ne suis pas ici chez moi...

— Oh! cela ne fait rien, monsieur, disposez de ma chambre, dit Augusta, tout en changeant les draps de son lit, vous êtes malade, il faut avant tout vous guérir...

— Oui, oui, reprend madame Fourniment, il faut que monsieur se couche, il n'est que temps... ensuite il faudra qu'il transpire comme une caille...

— Parbleu, se dit Achille, il faut voir ce que cela deviendra! se coucher dans le lit de cette charmante fille, cela n'a rien de désagréable... quand cette vieille aura donné ses ordonnances, elle s'en ira... et alors nous verrons...

— Je me coucherai bien seul, répond le jeune homme.

— En ce cas nous allons passer dans l'autre pièce, monsieur.

Augusta et madame Fourniment se retirent dans la pièce d'entrée, dont elles ferment la porte sur elles.

Resté seul, Achille se débarrasse de tout ce qui l'enveloppe et se décide à se coucher.

En peu de temps il est déshabillé; il se fourre dans le lit d'Augusta, en se disant :

— Comme on y est bien !... Pourvu que cette maudite vieille s'en aille bientôt... si elle allait vouloir aussi me garder... Bah! elle s'endormirait!

— Je suis couché! crie le jeune homme au bout d'un moment.

— C'est bien, monsieur, c'est bien... couvrez-vous beaucoup... faites-vous suer... on va venir...

Achille entend refermer la porte du carré. — Elles sont sorties, se dit-il, je gage qu'elles sont allées me faire de la tisane... un peu de patience.

Mais près d'un quart d'heure s'écoule avant qu'on revienne.

Enfin, on ouvre la porte du carré, et bientôt Achille voit entrer madame Fourniment armée d'une immense théière.

— Comment... vous êtes seule, madame, dit Rocheville avec inquiétude.

— Eh bien, monsieur, est-ce que vous pensez que je ne saurai pas vous soigner, moi, dont c'est l'état, et qui l'exerce avec tant de succès depuis plus de quarante ans!

— Je ne dis pas cela, madame; mais où est donc mademoiselle Augusta?

— Eh pardi, cette jeunesse vous ayant cédé sa chambre, est allée passer la nuit dans la mienne là-haut... ne vouliez-vous pas qu'elle se rendît malade aussi? je lui ai fait comprendre que je n'avais pas du tout besoin d'elle pour vous garder et vous bien soigner... mon frère lui a répondu de moi... Oh! je ne suis pas de ces gardes qui s'endorment! un jour j'ai passé seize nuits sans dormir... et je n'y pensais pas... j'étais éveillée, je trottais comme une souris...

— Ainsi mademoiselle Augusta est allée se coucher chez vous?

— Oui, monsieur... en compagnie de Médor, mon fidèle basset, qui vaut à lui seul quatre hommes et un caporal.

— Sapristi!... me voilà bien, moi, se dit Achille en se retournant avec colère.

Comment! est-ce que toutes mes ruses de ce soir n'auront abouti qu'à me faire passer la nuit en tête à tête avec madame Fourniment? Ah! ce serait trop fort...

— Vous êtes bien agité, dit la vieille femme en versant dans une tasse de ce qu'il y a dans la théière.

Mais voilà qui vous fera du bien... buvez ceci, c'est une infusion de tilleul... et c'est bien chaud... ça porte à la peau !

Et madame Fourniment s'approche du lit avec la tasse qu'elle présente à Achille, celui-ci la repousse en disant :

— Je ne veux pas boire, madame.

— Ah ! jeune homme, avec moi, faut que les malades soient obéissants... buvez donc...

— Je vous dis de me laisser tranquille...

— Moi, je vous dis que ça vous fera du bien, je veux vous faire suer...

— Ah ! fichez-moi la paix !

Et Achille envoie tout le contenu de la tasse dans le nez de madame Fourniment qui se recule presque effrayée en murmurant :

— Bigre ! la fièvre est terriblement augmentée... ça tourne à la nerveuphoïde... mais je sais ce qu'il lui faut... je vas lui couper son agitation avant qu'elle prenne racine... j'ai mon moyen... ça me réussit toujours.

Et madame Fourniment sort de la chambre, puis on l'entend bientôt qui referme la porte du carré.

— Ah ! Dieu merci, cette vieille sempiternelle est partie ! se dit Achille en sautant hors du lit. Maintenant, habillons-nous bien vite et allons-nous-en avant que madame Fourniment revienne .. j'ai assez fait le malade comme cela.. Ah ! mademoiselle Augusta, vous vous seriez moquée de moi que vous n'auriez pas agi autrement....et après tout qui me dit qu'elle ne s'est pas amusée à mes dépens... elle a peut-être deviné que je faisais semblant d'avoir la fièvre... et moi qui me suis presque laissé prendre à ses grands airs de vertu... voilà qui est fait... partons bien vite.... je demanderai le cordon, le portier m'ouvrira et on cherchera le malade tant qu'on voudra.

Achille ayant achevé de s'habiller, prend son chapeau et veut sortir, mais lorsqu'il veut ouvrir la porte du carré, il la trouve fermée à deux tours en dehors.

— Enfermé ! comment, sapristi ! cette mandite vieille m'a enfermé ! elle a donc peur que son malade ne lui échappe... Oh ! mais voilà qui devient plus contrariant ; pas moyen d'ouvrir cette porte... allons, il faut attendre le retour de la garde... mais en trouvant son malade tout habillé, elle va croire que j'ai le transport, le délire ! elle est capable d'appeler toute la maison pour me forcer à me recoucher... le portier ne voudra pas me tirer le cordon... Diable !... tout ceci deviendrait pas agréable, et moi qui ai l'habitude de me moquer des autres, je pourrais bien être le mystifié... Décidément il vaut mieux essayer de tromper la vieille... tâchons d'abord qu'elle croie que je suis couché.

Achille retourne dans la chambre, il fourre un traversin et des vêtements dans le lit en leur donnant une forme humaine ; en furetant dans la chambre, il trouve sur un meuble une de ces grosses têtes que l'on nomme poupard, et sur lesquelles les modistes et beaucoup de femmes essayent les bonnets qu'elles font elles-mêmes.

— Voici qui est délicieux, s'écrie Achille en s'emparant du poupard qu'il coiffe avec son foulard, et j'achèverai de me remplacer dans le lit... Ayons seulement soin de tourner la tête du côté de la ruelle.

A peine le jeune homme a-t-il fini de mettre le poupard dans le lit qu'il entend monter l'escalier, il reconnaît les pas traînants de madame Fourniment, et se hâte de se cacher au pied du lit derrière les rideaux.

Cette fois la vieille femme, au lieu de tenir une tisanière, arrive armée d'une seringue qu'elle tient horizontalement et avec toutes les précautions d'une mère qui porterait un enfant dans ses bras. Elle entre dans la chambre à coucher en disant :

— Me voilà... me voilà... J'apporte ce qu'il vous faut, jeune homme... Ah ! c'est que je m'y connais... j'en ai tant soigné de ces malades !... Dans votre position un lavement est ce qu'on peut prendre de mieux... avec de la graine de lin, ça vous coupera la fièvre bien mieux que leur fichu quinquina qui vous met le feu dans le corps... Etes-vous plus calme à présent...

— Oui, madame, répond Achille d'une voix faible.

— Tant mieux... ceci achèvera de vous guérir... mais comme je suis extrêmement sévère sur la décence et que je ne veux pas m'exposer à voir ce qui ne m'appartient pas, vous allez vous mettre tout au bord du lit en me tournant le dos, vous comprenez ?

— Oui, madame.

— Je soulèverai légèrement la couverture pour glisser la canule dans le lit, vous l'introduirez vous-même jusqu'elle doit travailler, et quand elle y sera vous me le direz, je n'aurai plus qu'à pousser... vous comprenez ?

— Oui, madame.

— A la bonne heure ! vous êtes docile comme un agneau, maintenant ; voilà comme j'aime les malades... je vas éloigner la chandelle pour qu'elle ne vous offusque pas les yeux.

Madame Fourniment place la lumière à l'écart, puis elle revient se mettre à genoux devant le lit, elle soulève doucement la couverture et introduit la canule en disant :

— Maintenant, jeune homme, placez cela où vous savez.

— Oui, madame.

— Ça y est-il ?
— Cela y est.
— Très-bien... alors en avant, marchons ! ..

Profitant du moment où madame Fourniment est très-occupée à donner un lavement à un traversin, Achille sort doucement de sa cachette, gagne l'autre chambre, ouvre la porte, qui n'est que poussée, et descend rapidement l'escalier ; là, pour demander le cordon, il imite la voix de la vieille femme.

— Est-ce que tu vas chercher le médecin, ma sœur ? crie le portier qui est couché.

— Oui... il en faut un absolument.

— Tu sonneras deux fois en revenant.

— Ça suffit.

Et Achille sort enfin de la maison en refermant la porte de façon à faire sauter tous les locataires dans leur lit.

XXXIII.

Une femme qui sait calculer.

Madame Durbalde occupe un superbe appartement dans une belle maison de la rue de Ponthieu.

Rien ne manque chez la petite maîtresse.

L'élégance y est unie au confort, la fantaisie à la mode, le bon goût à la bizarrerie.

Dans le salon de cette dame on trouve ces ravissantes chinoiseries, ces bronzes, ces rocailles, ces statuettes, et tous ces joujoux qui ont leur place sur une étagère.

Mais, outre cela, on y voit encore un grand nombre de tableaux, et qui presque tous ont du prix, soit par le nom de l'auteur, soit par le talent que l'on y reconnaît.

Il en est de même des gravures, des aquarelles, des dessins qui couvrent les petits coins laissés vacants par les tableaux.

La maîtresse de ce séjour, connaissant ou ayant connu beaucoup de monde, et dans le nombre beaucoup d'artistes, a toujours eu le talent d'obtenir d'eux ce qu'elle appelle leur carte.

On ne sait rien refuser à une jolie femme. Nous en connaissons même de laides qui en obtiennent autant, et auxquelles on a eu raison de l'accorder, car il ne faut pas que la beauté accapare tous les privilèges.

En agissant de même avec les hommes de lettres, les poètes, qui sont venus déposer à ses pieds leur hommage, madame Durbalde n'a pas manqué de posséder bientôt un album de premier choix, et qui serait également d'une grande valeur pour un amateur d'autographes et de poésies.

Car, d'après le grand nombre de signatures que possède l'album, il est facile de voir que cette dame a été aussi très-répandue parmi les littérateurs.

Il n'y a aucun mal, direz-vous, à se faire un album et à désirer posséder un échantillon du talent de ses connaissances.

Non, sans doute, lorsque c'est par amitié pour les artistes ou par un véritable goût pour les arts que l'on agit ainsi.

Malheureusement, il y a quelquefois un autre motif caché sous cette apparence d'amour pour le talent.

Nous avons connu quelques personnes qui, après avoir obtenu une galerie de souvenirs, l'exploitaient ensuite pour se faire de l'argent !... auri sacra fames !... et les souvenirs de l'amitié, les cartes de l'artiste, allaient orner le salon d'un étranger.

En ce moment madame Durbalde, enveloppée dans une charmante blouse du matin, sur laquelle on trouve à profusion des broderies et des dentelles, est assise dans son boudoir, et n'ayant pour coiffure qu'un petit voile jeté en fanchon sur ses beaux cheveux, est à demi étendue sur une causeuse recouverte en perse d'un dessin frais et léger. Cette dame tient sur ses genoux un nouveau keepsake dont elle examine les gravures, qui sont de la plus grande beauté.

A quelques pas devant elle, et adossé contre l'appui d'une cheminée, M. Valdener cause en portant de temps à autre ses regards dans une immense glace qui est à sa droite et lui fait voir dans ces moindre détails sa toilette, qui est irréprochable, et la taille toujours jeune surtout vue de trois quarts.

— Est-ce que c'est bien anglais tout cela ? dit madame Durbalde en arrêtant ses regards sur une nouvelle gravure du keepsake.

— Comment, si c'est anglais, ma chère Nadollie, répond M. Valdener en regardant si sa chemise n'a point un faux pli, mais vous oubliez donc que je vous ai apporté ce keepsake de Londres, où je suis allé il y a cinq jours...

— Ce ne serait pas encore une raison sans réplique. Je suis persuadée qu'à Londres on vend quelquefois des ouvrages qui n'ont pas été fabriqués en Angleterre.

— Alors, madame, comment faire? et par quel moyen être certain que l'on a quelque chose de véritablement anglais?
— Cela dépend souvent du prix que l'on met à l'objet que l'on achète.
— Certainement, Nadellie, ce n'est pas pour me faire à vos yeux un mérite de cette bagatelle, mais ce *keepsake*, qui renferme des gravures dont la planche est brisée, qu'il serait impossible de trouver ailleurs...
Ce *keepsake*, dont les exemplaires sont devenus extrêmement rares, je ne l'ai eu qu'avec peine pour vingt-cinq guinées, et quelques heures plus tard un gentleman, grand amateur, ne pouvant plus parvenir à se procurer le pareil, m'offrait quarante guinées de mon acquisition.
— Ah! vraiment... mais oui, au fait... c'est joli... fort joli cette gravure... et le gentleman qui vous offrait cela... est-ce qu'il est venu à Paris avec vous?...
— Non... je l'ai laissé à Londres.
— A propos, monsieur, qu'étiez-vous donc allé faire à Londres... n'était-ce pas pour une affaire sur des chemins de fer... vous me l'avez dit, mais je ne me rappelle plus bien... je suis tellement distraite.
— Oui, belle dame... c'est une spéculation dans laquelle on m'a proposé d'entrer et qui semble devoir être fort avantageuse..
— Eh bien! mais alors je pense que vous ne négligerez pas cela... c'est une chose si nécessaire que l'argent; ce n'est pas que j'y tienne... ah! grand Dieu! personne ne le méprise plus que moi!... mais comme il en faut absolument pour vivre!...
— Oui, il en faut... et beaucoup même.
M. Valdener accompagne cette réponse d'une légère grimace.
— Avez-vous songé à faire solder le mémoire de ma modiste...
— Oui... il est acquitté...
— J'espère bien que vous lui avez fait rabattre au moins la moitié de sa note.
— Mais non... elle n'a rien voulu rabattre...
— Parce que vous aurez, je gage, été vous-même à son magasin pour voir les demoiselles modistes... vous êtes si mauvais sujet!...
Cette appellation ne semble nullement fâcher M. Valdener, qui sourit et fait de petites mines, en répondant :
— Ah! Nadellie! pouvez-vous dire de ces choses-là... moi, si sage, si fidèle depuis que je vous connais...
— Fidèle!... vous!... Oh! je n'ai pas la prétention de faire des miracles... Eh bien, voyons, en avez-vous remarqué quelqu'une de bien jolie parmi ces demoiselles de magasin...
— Je vous assure que je ne les ai pas seulement regardées... Ah! il y avait peut-être une petite blonde... au nez retroussé... assez drôlette...
— Voyez-vous!... allons donc!... quand je vous dis que vous serez toujours le même... et vous lui avez sur-le-champ donné un rendez-vous...
— Je vous jure sur l'honneur que je ne lui ai pas dit seulement un mot!...
Votre peintre a-t-il rapporté votre portrait?
— Oui, il est assez bien maintenant... on le dit du moins... il a du talent ce jeune peintre?
— Beaucoup de talent... Oh! c'est un jeune homme qui aura un nom célèbre!...
Il m'a promis une petite esquisse... quelque chose d'original... vous le lui rappellerez en le payant, n'est-ce pas...
— Je n'y manquerai pas, mais au reste je suis certain qu'il tiendra sa promesse; c'est un garçon qui n'est pas avare de ses ouvrages.
— Il a tort; s'il en donnait moins, ils auraient plus de prix... il ne faut pas prodiguer son talent. Ah! M. Tambourreau doit aussi mettre quelque chose sur mon album...
— Il m'a logé au Gymnase pour ce soir, il y a une pièce nouvelle dont on dit du bien, j'ai pensé que cela vous serait agréable...
Madame Durbalde fait un simple mouvement de tête et murmure :
— Oui... je le veux bien... mais aller toujours avec vous au spectacle... décidément vous me perdez de réputation, Adolphe... je suis certaine que tout Paris dit que je suis votre maîtresse...
— Eh bien, trouvez-vous que tout Paris ait tort...
— Je trouve... je vous l'ai déjà dit, monsieur... cette existence ne peut plus me convenir... non... je sens qu'il faut faire une fin... Comme je sais que je puis tenir ma place dans le monde, aussi bien et mieux que beaucoup d'autres qui se permettent maintenant de me regarder avec impertinence parce que ma position est un peu équivoque, je veux décidément avoir un nom, un mari, et alors avec de la fortune je suis certaine d'être reçue partout, et alors je ferai tout baisser les yeux à ces belles dédaigneuses qui maintenant se tiennent au-dessus de moi.
Le sujet que la belle brune venait d'entamer ne semble pas plaire beaucoup à M. Valdener, car il a écouté avec un air distrait, puis il va regarder à la fenêtre et s'écrie :
— Le temps est devenu ravissant... il y aura beaucoup de monde au bois aujourd'hui...
— Eh quoi, monsieur, quand je vous parle d'un sujet aussi intéressant, quand il s'agit de mon avenir, de mon bonheur... c'est ainsi que vous m'écoutez, que vous me répondez...
— Pardonnez-moi, Nadellie, je vous assure que je n'ai pas perdu un mot de ce que vous venez de dire...
— Eh bien alors, pourquoi venez-vous me parler du temps qu'il fait?...
— C'est que... il me semble... je ne comprends pas trop ce qui peut maintenant vous causer du déplaisir... nous sommes si heureux comme nous sommes... partout on vous recherche, on vous fête... on vous désire.
— Vous mentez, monsieur, car vous savez fort bien qu'il y a des maisons où je voudrais aller, mais où je ne suis point invitée, parce que je ne suis que votre maîtresse.
Dernièrement, la femme de ce banquier... madame Sauvecourt a donné une superbe fête... je le sais... vous avez reçu une invitation... mais moi, je n'en ai pas reçu... Que demain, je sois votre femme, et tous ces salons me sont ouverts.
D'ailleurs, monsieur, il me semble qu'il doit suffire que tel soit mon désir pour que vous vous empressiez de le satisfaire... mais songez bien, au reste, que ce n'est point une prière que je vous adresse, en vous accordant ma main, en me donnant entièrement à vous, c'est une faveur que je vous fais... si cette faveur ne comble pas tous vos vœux, oh! il ne faut pas vous gêner, vous êtes libre... je serais désolée de vous contraindre.
Mais alors, comme je veux me choisir un autre époux, nous cesserons toutes relations, parce que vous sentirez fort bien que votre présence continuelle près de moi empêcherait les autres prétendants de se déclarer... et voilà ce que je ne veux pas... mais nous nous quitterons bons amis... O mon Dieu, je ne vous garderai point rancune pour cela, je vous le jure... au contraire je...
— Assez, madame, assez, de grâce! s'écrie M. Valdener en se rapprochant de madame Durbalde et la regardant d'un air suppliant. Que parlez-vous de nous quitter... de ne plus nous voir... ne savez-vous pas qu'il me serait impossible de vivre sans vous!... que vous êtes tout pour moi.
— Eh bien! faites donc ce que je désire... ne dirait-on pas que le mariage vous fait peur... cependant vous avez déjà été marié, à ce que je crois...
M. Valdener fronce le sourcil... et semble embarrassé pour répondre.
— Voyons, monsieur, cessons donc, je vous en prie, tous ces petits détours, hors tout au plus ceux que voudrait une petite fille que vous voudriez enlever de sa pension, et veuillez répondre franchement à mes questions. Avez-vous été marié?
— Oui, madame, en effet... je l'ai été.
— Et vous êtes veuf?
— Oui, madame.
— En êtes-vous bien sûr... c'est que je ne voudrais pas vous entraîner dans une bigamie au moins!...
— Oh! je suis parfaitement veuf, madame... vous pouvez être tranquille; j'ai d'ailleurs l'extrait mortuaire de ma femme.
— Alors votre premier mariage a donc été bien malheureux... voyons, monsieur, confiez-moi cela... je suis curieuse de connaître cette histoire... il me semble que j'ai bien le droit de la savoir. Venez vous mettre là, Adolphe, à côté de moi... Vous avez un charmant gilet, mon ami, il est de bon goût... et vous va fort bien.
Ces derniers mots ont ramené une lueur de satisfaction sur le visage de M. Valdener, qui va s'asseoir sur la causeuse près de madame Durbalde, et après avoir posé une main sur son cœur et l'autre posé qui est très-petit et fort bien fait, il se décide à répondre, tout en cherchant ses paroles :
— Ma chère amie, si je ne vous ai jamais parlé de ce mariage... c'est que ce fut une faute de ma vie... une erreur de ma jeunesse...
— Eh! mon Dieu, mon cher, je ne vous ai jamais cru un Caton! rassurez-vous de ce côté.
— J'étais devenu amoureux... excessivement amoureux d'une jeune fille... et qu'avait de mon amour plus que sa beauté et sa sagesse... car elle était fort sage, je dois en convenir... trop sage même, puisqu'elle ne voulait jamais me céder et que pour satisfaire ma folle passion... je me décidai à l'épouser.
— Que faisait votre jeune fille?
— Elle... brodait, je crois... elle travaillait à l'aiguille.
— J'entends... une grisette enfin?
— Ma foi... à peu près... ce mariage conclu, vous comprenez que je ne tardai pas à me repentir de ce que j'avais fait.
— Votre amour dura donc bien peu?
— L'amour ne dure jamais quand il y a disproportion d'éducation... de manières... de goûts!... je ne tardai pas à sentir que je ne pouvais pas présenter ma femme dans le monde où elle eût été gauche... embarrassée... ridicule peut-être...
— Ah! ridicule! c'est là le pis!...
— Enfin, une année était à peine écoulée depuis ce malheureux mariage... que je quittais ma femme.

— Ah! ce n'est pas gentil... Quels monstres que ces hommes... Mais vous lui fîtes une pension au moins ?...

— Oh! naturellement... une pension très-suffisante... j'allais même la voir quelquefois... m'informer de sa santé... jusqu'à ce qu'enfin... elle tomba malade... et mourut...

— Et vous ne fûtes point absolument désolé de vous retrouver libre...

— Oh! je vous avoue que cela ne m'avait donné aucun goût pour le mariage... et je m'étais promis de ne jamais recommencer... et voilà pourquoi vous m'avez vu témoigner moins d'empressement que vous n'en attendiez pour cet hymen que vous désirez...

— Mais, monsieur, parce qu'on n'a pas été satisfait d'une chose une fois, est-ce donc une raison pour y renoncer à jamais... quand un joueur perd une partie, est-ce que cela le fait renoncer au jeu... Ah! une question s'il vous plaît... Avez-vous eu des enfants de votre mariage ?

M. Valdener pince fortement ses lèvres et regarde le bout de ses pieds en répondant d'un ton bref :

— Non, madame, pas d'enfant... aucun enfant...

— C'est que ceci est un point sur lequel je tiens à être fixée... car lorsque l'on accomplit un acte aussi important... lorsqu'on engage sa liberté, il n'est pas défendu de songer à ses intérêts... Certainement je méprise l'argent... cela m'ennuie horriblement de m'occuper de tous ces détails... mais cependant... quoique nous soyons jeunes tous les deux, la mort peut nous surprendre au moment où nous la craindrions le moins...

Vous avez une jolie fortune... n'est-ce pas, mon ami ?...

— Mais oui, madame... je n'ai point à me plaindre du sort... et depuis que je vous me connaissez, j'aime à croire que vous n'avez pas eu un désir qui n'ait été satisfait... c'était, du reste, le plus cher de mes vœux...

— Oui... oui... certainement... vous êtes galant... vous êtes comme doivent être tous les hommes bien élevés près de la femme à laquelle ils veulent plaire, mais il n'est pas question de toutes ces misères... laissons de côté la galanterie... nous parlons d'affaires maintenant. Vous êtes d'une grande discrétion sur l'état de votre fortune; quand je vous questionne à ce sujet, vous ne faites que des réponses évasives... on dirait que vous craignez que je ne vous demande vos millions...

— Ah! madame!...

— Car on assure que vous possédez des millions... peu m'importe... je fais peu de cas des richesses, je veux seulement me mettre à l'abri du besoin... voilà tout. Moi je serai très-franche, je ne cache pas l'état de mes finances, j'ai sept à huit mille francs de rente... qu'est-ce que cela... tout au plus de quoi payer ma toilette !... Eh bien, je désire pouvoir y ajouter de quoi vivoter en cas d'événements... Je ne veux plus vous adresser la moindre question sur votre fortune... vous êtes cachottier... Mon Dieu! je vous le pardonne... nous avons tous des manies, mais je veux, en vous épousant, quelque chose de réel, de positif... comme cent vingt mille francs, par exemple, pour mes épingles... ce qui ne vous empêchera pas, par contrat, de me déclarer héritière de tous vos biens si vous décédez avant moi...

— A quoi bon alors ces cent vingt mille francs... pour vos épingles... puisque toute ma fortune sera à vous.

— Oh! il est charmant!... mais est-ce que je la connais, moi, votre fortune... est-ce que je sais où sont situées vos terres, vos propriétés... et si elles ne sont pas grevées d'hypothèques...

— Ah! madame... quelle idée!...

— Encore une fois, je ne doute pas que vous ne soyez fort riche... c'est pour cela que cela ne doit nullement vous gêner de me donner cent vingt mille francs comptant le jour de notre hymen...

— Cent vingt mille francs... mais c'est une somme, madame !...

— Ah! fi donc... voulez-vous bien vous taire... Vous parlez comme un pauvre petit commis, comme un surnuméraire!...

— C'est que... en ce moment... j'ai une grande partie de mes fonds engagés dans cette opération en Angleterre...

— Un homme riche a toujours du crédit et trouve de l'argent lorsqu'il le veut...

— Aussi je compte bien avant peu que tous vos désirs et les miens seront satisfaits...

— J'y compte aussi, monsieur, sans quoi je penserais que vous n'avez voulu que vous jouer de moi... que vous ne me trouvez pas digne de porter le nom de votre épouse, et je vous le répète, toutes nos relations seraient rompues.

Le bruit de la sonnette mit fin à cet entretien qui semble avoir rembruni l'humeur des deux causeurs. Une femme de chambre vient demander si M. Tamboureau peut entrer.

— Mon jeune peintre! mais certainement! s'écrie madame Durbalde ; j'y suis toujours pour les hommes de talent.

Tamboureau entre, tenant sous son bras un petit tableau encadré et un carton à dessins, et de plus quatre gros volumes en assez mauvais état. Le peintre est dans un négligé qui n'est pas élégant ; suivant son habitude il n'a ni brossé son paletot, ni épousseté son chapeau, ni décrotté son pantalon. Mais comme on est habitué à le voir ainsi, on a la bonté de prendre ce vilain désordre pour un effet de l'art.

— Bonjour, madame et monsieur... Pardon, je vous dérange peut-être...

— Pas du tout, monsieur Tamboureau... mais comme vous voilà chargé.

— Ah! c'est que je reporte un tableau... et puis j'ai pris quelques livres chez mon libraire... et je vous apporte votre petit dessin, madame...

— Ah! que vous êtes aimable, monsieur Tamboureau... Oh! voyons... je suis bien curieuse, moi...

Le peintre ouvre son carton et en tire une aquarelle représentant un charmant paysage avec plusieurs figures.

— Oh! que c'est joli... voyez donc, monsieur Valdener...

— Oui, c'est extrêmement joli...

— Mais en vérité, monsieur Tamboureau, je ne sais comment vous remercier...

— Madame, je suis enchanté que cela vous fasse plaisir.

— C'est ravissant... j'y ferai mettre un cadre bien élégant... vous entendez, monsieur, je veux un cadre digne du paysage... et ce tableau que vous avez là tout encadré... qu'est-ce donc ?

— Ceci, madame... c'est quelque chose que je vais porter à un amateur... c'est à peu près vendu...

— Montrez-nous donc cela.

Tamboureau présente un tableau dont le sujet un peu gai est une scène d'orgie du temps de Louis XV. Madame Durbalde pousse un cri d'admiration.

— Oh! c'est délicieux, cela... voilà des figures de femmes adorables... et puis ces costumes... c'est bien exact, n'est-ce pas, monsieur ?

— Oui, madame, oh! je vous garantis tous ces costumes de la plus grande exactitude jusque dans les moindres détails.

— C'est précieux des tableaux comme cela, car lorsqu'on veut se déguiser, on voit tout de suite ce que l'on doit mettre pour cette époque... N'est-ce pas, mon ami, que ce petit tableau est charmant...

— Oui... il est plein de mérite... seulement le sujet est un peu scabreux...

— Oh! par exemple! est-ce qu'on fait attention à cela dans les arts... après tout, ce sont trois courtisanes qui soupent avec des seigneurs de ce temps-là... où est le mal...

— Ces dames sont passablement décolletées.

— Eh! monsieur, si l'on vous faisait voir des baigneuses, elles seraient bien autrement décolletées, et vous n'y verriez aucun mal parce que ce seraient des baigneuses...

— Madame a parfaitement raison, dit Tamboureau en riant. On nous trouve quelquefois indécents, parce que nous aurons relevé une partie de la robe, de manière à laisser voir une jambe jusqu'à la jarretière, mais on ne nous fera jamais la guerre si nous peignons une odalisque nue sur un divan ou devant une glace.

— Ah! c'est que l'aspect d'une jolie jambe dont nous n'entrevoyons qu'une partie nous produit bien plus d'effet que la vue d'une femme comme votre odalisque.

— Voyons, messieurs, il n'est pas question de tout cela... ce petit tableau me plaît, me ravit... j'en suis folle, je le veux... Monsieur Tamboureau, vous en ferez un autre pour votre amateur, moi je garde celui-là...

— Mais, madame, cependant j'avais promis...

— Je vous dis que je veux ce tableau... de quel prix est-il ?

— Trois cents francs, madame.

— C'est pour rien... Valdener, vous m'offrez ce tableau, n'est-ce pas, et vous donnerez trois cents francs à M. Tamboureau.

Le lion mûr dissimule assez mal la moue dont il ne peut parvenir à faire un sourire en répondant :

— Madame... du moment que ce tableau vous fait envie... que vous désirez le posséder...

— Vous êtes trop heureux de me l'offrir, n'est-ce pas... je devine votre pensée.

M. Valdener sort de son portefeuille deux petits billets de banque, un jaune et un blanc, il les remet à Tamboureau, non sans étouffer un léger soupir, et en lui disant :

— Voici vos trois cents francs.

Madame Durbalde s'empresse de s'écrier :

— Ah! ce qui me ferait plaisir aussi, mon ami, c'est que votre pantalon ne fit pas ce pli sur le côté... voyez-vous à gauche... quand on est aussi bien fait que vous, il faut être parfaitement habillé... n'est-ce pas, monsieur Tamboureau, qu'il y a peu d'hommes à Paris aussi bien faits que M. Valdener ?

— C'est vrai, madame, répond le peintre en s'inclinant.

M. Valdener est redevenu radieux, il prend le tableau, l'examine et s'écrie :

— Le fait est que ceci est une charmante composition... pleine d'esprit... Cela vous fait f plus grand honneur, monsieur Tamboureau.

— Quels sont ces livres que vous tenez là ? demande madame Durbalde.

La figure de Valdener redevient inquiète, il craint que sa maîtresse ne veuille aussi acheter les livres !

— Ça, madame, c'est un nouvel abrégé sur l'histoire grecque... mais je le crois plus fidèle que d'autres...

— Ah ! je comprends, ce sont des bouquins.

Que faites-vous de cela ?

— Je tenais à avoir de plus grands détails sur le siècle de Périclès ; vous savez, madame, qu'il eut pour père *Xanthippe* et pour mère *Agariste*; qu'élevé par *Zénon d'Elée* et *Anaxagore*, il se lança dans la carrière politique et devint chef du parti populaire; l'ostracisme l'ayant délivré de ses antagonistes, il régna seul à Athènes et...

— Oh ! assez, par grâce, monsieur Tamboureau... je n'ai jamais eu le moindre penchant pour les Grecs... gardez vos livres, je ne veux pas en savoir davantage...

— Alors, madame, je vous demanderai la permission de vous quitter... Je ne sais pas quelle histoire je vais faire à M. Rocheville...

— Rocheville! s'écrie Valdener quoi c'est lui qui voulait acheter ce tableau...

— Oui, monsieur... vous le connaissez...

— Qui ne le connaît pas... vous lui direz que je l'ai acheté pour madame, il me pardonnera... j'en suis certain.

— Très-bien, alors ce sera mon excuse.

Madame et monsieur, je vous présente le bonjour...

— Au revoir, cher peintre. Mille remerciments et vous n'oublierez pas mon album, n'est-ce pas?

— Non, madame, je vous le promets.

XXXIV.

Les rencontres.

En sortant de chez madame Durbalde, Tamboureau, n'ayant plus de tableaux à porter, est revenu à son atelier. Il y trouve Benjamin, assis tristement devant Boucaros, à qui il sert de modèle pour une étude de berger-trumeau, et Arthur Durbinot, qui se fait donner une leçon de dessin par le jeune Buridan.

Tamboureau entonne, en rentrant chez lui, le grand chœur de *Robin des bois*.

Victoire ! victoire ! victoire !...
Pour lui quelle fête... victoire !...

— Fichtre ! comme nous sommes en voix ! dit Boucaros ; quelle victoire viens-tu de remporter?

— Ma foi, messieurs, je suis assez content de ma journée, j'ai fait une bonne affaire.

Et le jeune peintre raconte le résultat de sa visite chez madame Durbalde.

— Ne voilà-t-il pas une belle affaire ! dit Boucaros, ton tableau valait cinq cents francs pour un connaisseur !

— C'est possible ; mais nous sommes dans un temps où il y a très-peu de connaisseurs ; s'il y en a, ils gardent leur argent... l'amateur qui voulait me l'acheter de m'aurait certes pas donné cette somme... et puis payé comptant, c'est gentil... voilà comme on devrait toujours traiter. *Victoire, victoire, victoire!*...

— Ainsi vous venez de voir cette dame, murmure Benjamin en poussant un gros soupir.

— Oui, monsieur Godichon.

— Savez-vous que je suis furieux contre Achille, moi...

— Parce que?

— Comment ! il me fait jouer le rôle d'un sourd-muet et me promettant qu'il me fera faire la connaissance de cette femme adorable...

— Et il n'a pas tenu parole...

— Le délai qu'il m'avait fixé pour cela expire après-demain... et je ne le vois plus... je ne le rencontre plus... il ne vient plus ici...

— Quelque nouvelle intrigue l'occupe sans doute !

— Ce n'est pas une raison pour oublier ce qu'il m'a promis...

— Pauvre monsieur Benjamin, qui croit aux promesses d'un blagueur!

— Messieurs, dit Durbinot, en abandonnant un nez qu'il recommençait pour la quatrième fois sans pouvoir le mener à bien, moi, je sais plus heureux que vous, j'ai vu M. Rocheville ce matin, et je sais même où il est ce soir.

— Ah bah !... vous savez où il est! s'écrie Benjamin, oh! dites-nous-le donc, je vous en prie.

— Messieurs, voici ce que c'est... je soupçonne qu'il y a là-dessous une intrigue mystérieuse... mais comme M. Achille ne m'a pas recommandé le secret...

— Parlez, parlez ! d'ailleurs, Achille ne tient pas à ce qu'on soit discret sur son sujet.

— Eh bien, messieurs... il y a une heure, pas davantage, avant de venir ici, j'étais allé chez mon armurier pour faire raccommoder mon pistolet... il n'allait plus... il ratait... et dans un danger pressant une arme qui raterait, ça ne serait pas gentil !...

— D'autant plus que vous vous en servez souvent.. allez toujours.

— Je sortais de chez mon armurier avec mon pistolet... il va très-bien maintenant... je l'ai essayé avec une capsule...

— Ah ! sapristi, monsieur Durbinot ! dit Boucaros, est-ce que nous ne sortirons pas de votre pistolet... Buridan, au lieu de faire faire des nez à monsieur, fais-lui donc dessiner des pistolets, et que cela finisse...

— Eh bien, messieurs, j'arpentais la rue pour venir ici, quand je me sens frapper sur l'épaule...

— Vous tirez aussitôt votre pistolet... et vous faites feu avec la capsule...

— Ah! par exemple!... je me retourne, je reconnais M. Rocheville qui me dit :

— Tiens, je vous rencontre à propos, Durbinot; venez donc avec moi, je vais à la campagne.

— Où cela? lui dis-je.

— Je vais à Auteuil; je viens de recevoir un billet anonyme par lequel on m'engage à me trouver, sur les trois heures, tout près de la mare; on m'y attendra, on a des révélations à me faire... vous comprenez bien, cher ami, que ceci doit être une attrape; mais comme je n'ai rien de mieux à faire, j'y vais. Venez avec moi, si la femme est gentille, je vous la cède; d'ailleurs, elle aura probablement une amie avec elle; venez, nous dînerons à la porte du bois.

Voilà, messieurs, ce que M. Rocheville m'a proposé ; mais comme je suis toujours préoccupé de mon Eléonore, je l'ai remercié et n'ai point accepté.

— Messieurs, s'écrie Benjamin, aussitôt que Durbinot a terminé son récit, je vais à Auteuil, moi, car je suis très-curieux de savoir ce qu'y fait Achille.

— Parbleu, messieurs, allons-y tous! dit Tamboureau ; d'abord, moi, je n'ai nullement envie de travailler aujourd'hui.

— Ça va, dit Boucaros, allons dîner à Auteuil, c'est Tamboureau qui régale... il est en fonds.

— Moi, messieurs, je ne demande pas mieux, je régalerai.

— Ma foi, j'ai bien envie d'être des vôtres, dit Arthur.

Après tout, quand je me désolerai chez moi, ce n'est pas cela qui fera revenir Eléonore.

— Bien au contraire, mon cher ; les femmes ne retournent jamais qu'aux hommes qui les ont oubliées.

— Mais je crois que je n'ai que peu de monnaie sur moi... reprend Arthur en se tâtant.

— Ne vous inquiétez pas de cela, puisqu'on vous dit que c'est Tamboureau qui régale.

— Allons, messieurs, en route... il n'est que deux heures, nous serons à Auteuil pour le rendez-vous qu'on a donné à Achille, et s'il s'agit d'une affaire d'honneur, il ne manquera pas de témoins.

En quelques minutes, les jeunes gens ont pris leurs chapeaux, rajusté leur col, mis leurs gants ; ils abandonnent l'atelier, montent dans un fiacre et se font conduire au bois de Boulogne ; arrivés là, ils quittent la voiture et se dirigent du côté d'Auteuil.

— Moi, dit Boucaros, je suis bien persuadé d'une chose, c'est que nous ne rencontrerons pas M. Rocheville, c'est pour faction vendre une blague qu'il a contée à Arthur.

— Comment ! une blague, puisqu'il m'offrait de m'emmener ?

— Qu'est-ce que cela prouve? Si vous aviez accepté, il vous aurait conduit dans le bois, posé en faction contre quelque arbre, et laissé là pour reverdir.

— Il ne le serait pas permis une chose pareille.. ou alors!...

— Vous auriez tiré votre pistolet! nous le savons bien, mais cela ne l'eût point arrêté.

— Messieurs, dit Tamboureau, je ne sais pas si nous rencontrerons M. Achille, mais je suis enchanté de me trouver ici!... La campagne est superbe... ces feuilles qui commencent à jaunir.... d'autres à rougir... cela nous annonce l'automne...

— Triste annonce ! et qui ne plaît qu'aux peintres.

Benjamin ne disait rien ; il marchait seul et semblait contrarié de ne point apercevoir Rocheville.

Tout à coup, au détour d'une allée, les jeunes gens se trouvent devant un monsieur qui s'avançait seul. Benjamin et Durbinot vont à lui en poussant un cri de surprise...

— Monsieur Montbreilly !...

— Quel heureux hasard !... voilà un siècle qu'on ne vous a vu, et à votre logement, à Paris, on nous a dit que vous étiez en voyage.

— En effet, messieurs, répond Albert en prenant la main des deux jeunes gens et saluant leurs compagnons, j'ai voyagé un peu... je suis allé passer quelques semaines en Angleterre, je ne suis de retour à Paris que depuis avant-hier ; aujourd'hui, voulant profiter du beau temps, j'ai dirigé ma promenade de ce côté... je m'en félicite, puisque cela m'a procuré cette heureuse rencontre.

— Ce cher Albert... vous êtes-vous amusé en Angleterre?...

— Pas trop ; mais j'y ai rencontré des gens qui s'y amusaient beaucoup...

— Ah! Y auriez-vous par hasard rencontré Eléonore?
— Quelle Eléonore?
— La mienne... vous la connaissez bien, vous nous avez vus plusieurs fois ensemble...
— Est-ce qu'elle est en Angleterre?
— Eh! mon Dieu, je ne sais pas où elle est!
Et Arthur fait à Albert le récit de ses chagrins, récit que celui-ci ne peut pas écouter sans laisser échapper un sourire, et auquel il répond :
— Non, je n'ai pas vu en Angleterre votre Eléonore, je n'y ai rencontré que notre grand Grec Sinagria.
— C'est donc cela qu'on ne le voyait plus à Paris.
— Mais il a quitté l'Angleterre avant moi : il ne s'y plaisait pas; les Anglais sont peu communicatifs, et pour un homme curieux comme Sinagria, cela ne suffisait pas d'entendre nommer chaque personne à qui on le présentait.
Mais vous, messieurs, est-il indiscret de vous demander si la promenade seule vous a conduits dans ce bois?
— La promenade, un peu ; cependant nous avions aussi un motif : nous sommes à la recherche de Rocheville, qui a, soi-disant, un rendez-vous mystérieux dans les environs de la mare d'Auteuil.
Au nom de Rocheville, le front d'Albert se rembrunit, et il murmure :
— Ah! Achille a un rendez-vous par ici... avec quelque belle, cela va sans dire!... Beaucoup de plaisir, messieurs; moi, je n'aime pas à troubler les rendez-vous.
— Comment! vous nous quitteriez ainsi, dit Benjamin; restez donc avec nous, nous dînerons ensemble dans les environs; rien ne vous presse, puisque vous vous promeniez.
— Nous ne vous laisserons pas partir, dit Arthur.
— Et quant à M. Achille avec sa belle anonyme, blague! blague! et toujours blague!
Albert réfléchit un moment, puis enfin il répond :
— Allons, messieurs, vous êtes trop aimables pour qu'il soit possible de vous rien refuser... je reste avec vous, je suis des vôtres!
— Ah! bravo!.. voilà qui est parler...
— Mais n'est-ce pas la mare que j'aperçois à travers les arbres?
— Oui, et pas plus d'Achille que de hannetons.
En ce moment, un coupé de remise venant par la route que les jeunes gens côtoyaient, Arthur, qui s'est retourné au bruit de la voiture et a regardé dedans, devient pâle, tremblant, bouleversé et empoigne le bras de Boucaros qui est près de lui en s'écriant :
— Ah! cette fois j'en suis sûr... je ne me suis pas trompé... je l'ai vue!...
— Qui avez-vous vu?...
— Là... dans ce coupé qui passe...
— Achille est là-dedans?...
— Non... c'est Eléonore... c'est bien elle... Dieu! ça m'a donné un coup...
— Et vous m'avez serré le bras d'une force... il m'a fait mal!...
— Vous croyez que votre Eléonore est dans ce coupé?...
— Je ne le crois pas, j'en suis sûr.
— Seule? Eh bien, répondez donc... était-elle seule?
— Non... il y a un homme avec elle... je crois bien que c'est un homme...
— C'est peut-être le saumon qu'elle est allée chercher que vous aurez pris pour un homme.
— Messieurs, ne plaisantez pas... cette femme-là, que vous ne pensez... ma maîtresse est dans cette voiture... je n'entends pas qu'un autre me l'enlève et qu'elle me quitte ainsi...
— Eh bien, alors, courez donc après le coupé. Tenez, justement il ne va pas vite maintenant; vous pourrez facilement le rattraper.
— Vous croyez? c'est que je n'ai plus de jambes...
— Alors, dites adieu à votre maîtresse...
— Oh! non... non... je veux Eléonore... j'ai la tête montée... malheur à la perfide... je vais courir... je monterai derrière la voiture...
— C'est cela ; ce film finira toujours par s'arrêter...
— Attendez-moi, messieurs... la colère me donnera des ailes!...
Durbinot se met à courir dans la direction de la voiture; mais il n'a pas fait soixante pas qu'il s'arrête et revient en courant vers ses amis.
— Il a oublié quelque chose, dit Tamboureau.
— Non, non, au contraire... je devine ce que c'est, dit Boucaros.
Arrivé Tamboureau, qui est devant les autres, Durbinot sort son pistolet de sa poche et le remet au jeune peintre, en lui disant :
— Tenez, mon cher ami, gardez-moi ceci... parce que dans la situation d'esprit où je suis... vous comprenez... je serais capable de me porter à quelque acte de violence... La jalousie ne connaît rien... je suis terrible, moi... et un malheur est bientôt fait... il vaut mieux que je ne l'aie pas sous la main.

Après avoir remis son arme à Tamboureau, Durbinot reprend sa course vers le coupé, laissant les quatre jeunes gens rire comme des fous en se regardant.

XXXV.

La Mare d'Auteuil.

Nous n'avons pas revu Achille depuis qu'il a quitté à minuit la chambre d'Augusta pour se soustraire au lavement que la vieille garde-malade voulait absolument lui faire prendre.
Depuis ce moment, blessé dans son amour-propre, déçu dans ses espérances, il n'a pas cherché à revoir la jeune fille, mais il donnerait tout au monde pour prendre une revanche éclatante, car, pour un homme qui a l'habitude de se moquer des autres, c'était une cruelle déception d'avoir été deux fois forcé de renoncer à ses espérances.
D'autres intrigues, d'autres amours sont venues distraire et occuper ce monsieur; cependant, l'image d'Augusta ne s'efface point entièrement de sa pensée, car les blessures faites à notre amour-propre sont difficiles à cicatriser.
C'est dans cette situation d'esprit que Rocheville a reçu le billet anonyme dont il a fait part à Arthur Durbinot; n'ayant pu parvenir à décider celui-ci à l'accompagner, il s'est dirigé seul vers une place de cabriolet.
Au moment de monter dans le milord, Achille se dit :
— Si j'allais prendre Benjamin, je l'emmènerais avec moi... Mais il me parlerait encore de sa passion pour madame Durbalde... que j'avais promis de lui faire connaître... je crois même que l'époque que j'avais fixée pour cela est passée.
Ah! ma foi tant pis... il y a tant de choses que l'on compte faire et qu'on ne fait pas... Par exemple, j'aurais bien juré de posséder cette petite Augusta... et je ne suis pas plus avancé... elle doit bien se moquer de moi, cette jeune fille... cependant, si elle était vraiment sage... Allons, me voilà aussi bête que Benjamin, à présent... Et les courses nocturnes de la Grand-Prieuré... une petite hypocrite, et pas autre chose... Bah ! décidément j'irai seul à Auteuil... Que suit-on ? j'y trouverai peut-être réellement une aventure.
Et Rocheville se décide à monter dans le milord.
— Où allons-nous, mon bourgeois?
— A Auteuil... du côté de la mare...
— C'est contre la porte du bois.
— Vivement, je paierai bien.
Le cocher fouette son cheval ; on arrive à Auteuil; Achille dit à son cocher de l'attendre contre la grille, et il entre seul dans le bois.
Il n'y a pas cinq minutes qu'il s'y promène, lorsqu'il voit venir une américaine tirée par un seul cheval, et dans laquelle il y a un monsieur et une dame.
A mesure que la voiture approche, Achille se dit :
— Tiens ! mais je connais cette carriole-là...
Oh ! certainement ! et le cheval aussi... il est assez vilain pour qu'on le remarque.
Parbleu ! c'est l'équipage de mon voisin Barigoule,... et c'est lui qui conduit... Oh ! je le reconnais aussi; oh ! il est aussi laid que son cheval ! Et cette dame avec lui... Allons, rien ne manque... C'est Coralie !... c'est la jeune fleuriste... Voilà qui est singulier... Est-ce le hasard qui les amène par ici ?... ou bien serait-ce ?... Mais non, ce n'est point possible !
Pendant que Rocheville fait ces réflexions, l'américaine s'est arrêtée à cent pas de lui tout au plus.
La jeune femme qui était dans la voiture saute lestement à terre et se dirige droit vers le jeune homme, tandis que le monsieur qui l'accompagnait reste tranquillement dans la voiture.
— De plus fort en plus fort ! se dit Achille en voyant Coralie venir à lui. Est-ce que ce serait elle qui m'aurait donné rendez-vous ?... et elle s'y fait mener par son monsieur, ce n'est point mal... Cette petite va bien.
— Vous êtes exact, monsieur, dit Coralie lorsqu'elle est près d'Achille.
C'est très beau de votre part ; il est vrai que je ne vous doutiez pas que c'était moi que vous trouveriez dans ce bois.
— Oh ! ma foi non, je l'avoue.
— Rassurez-vous... vous en trouverez aussi une autre... Mais enfonçons-nous un peu sous les arbres. Voulez-vous ?
— Je le veux bien ; mais ce monsieur qui vous attend dans la voiture en regardant les mouches voler... Vous ne craignez pas ?...
— Moi !... je ne crains rien... d'ailleurs, il donnera l'avoine à Zéphyr, ça l'occupera.
Et mademoiselle Coralie, sortant du sentier battu, s'enfonce aussitôt sous le feuillage ; la ci-devant fleuriste a maintenant un petit cha-

peau de crêpe qui n'avance pas jusqu'au bout de son nez, mais qui en revanche semble, par derrière, reposer sur ses épaules ; sa robe est fraîche, son châle fané, sa chaussure élégante et ses gants sales ; avec cela, toujours cette petite mine éveillée et décidée que vous connaissez, et Achille, qui la suit en la regardant aller, ne peut s'empêcher de dire :
— Elle est drôle !
Après avoir marché quelque temps dans le fourré, mademoiselle Coralie s'arrête tout à coup, se retourne vers Achille, le laisse venir contre elle et lui fait un petit sourire moqueur en disant :
— Voulez-vous m'embrasser, monsieur ?
— Ma foi... pourquoi pas ?... Mais ce monsieur qui attend là-bas près du cheval...
— Barigoule ? ah ! il est fait pour attendre, et ce n'est pas cela qui doit nous gêner.
— Oh alors, embrassons-nous !
Et Achille embrasse mademoiselle Coralie, et il recommence même, et, quand cette demoiselle se trouve suffisamment embrassée, elle s'écrie :
— Ce n'est pas que je vous aime encore au moins... pas si bête... mais c'est que ça m'amuse, à cause de Barigoule qui est là-bas...
— Parbleu ! je l'entends bien ainsi... vous, m'aimer... fi donc !... Je voudrais bien voir que vous m'aimassiez !... cela vous ferait bien du tort dans mon esprit !...
— Quel gredin d'homme !...
— Ah çà, dites-moi, ma chère amie, est-ce uniquement dans le but de vous faire embrasser que vous m'avez donné rendez-vous dans ce bois ?
— C'était peut-être un peu pour ça, mais il y a aussi autre chose.
— Puisque la première affaire est terminée, passons à l'autre chose.
— Je ne vous aime plus, mais ça n'empêche pas que j'ai été bien vexée quand vous m'avez quittée... et j'en ai voulu surtout à Augusta... parce que c'est elle qui vous a détourné de moi.
— Vous croyez ?...
— J'en suis sûre... avec son petit air sucré, je savais bien qu'elle ne valait pas mieux qu'une autre... aussi je m'étais promis de me venger si j'en trouvais l'occasion... je viens de la trouver enfin et je me suis dit :
Ne la laisse pas échapper... et voilà pourquoi je vous ai donné ce rendez-vous.
— Je ne vous comprends pas.
— Ça va venir.
Êtes-vous toujours l'amant d'Augusta ?
— Augusta n'a jamais été ma maîtresse.
— Ta rata ta ! ceci vient dire que vous l'adorez toujours.
Mais en tous cas, mon cher, si elle n'est pas votre maîtresse, elle est celle d'un autre, et si vous êtes son amant, elle vous fait de fameuses queues !...
— Expliquez-vous, répond Achille, qui ne peut maîtriser une secrète émotion.
— Depuis que j'ai fait la superbe connaissance de M. Barigoule, il me mène souvent promener dans son américaine ; sa voiture étant ce que je prise le plus dans son individu, j'en use, et même j'en abuse à rendre Zéphyr poussif... mais je m'en bats l'œil... les chevaux ont été inventés pour l'agrément des jolies femmes, et si les hommes étaient des centaures, ça n'en vaudrait que mieux...
— Peste ! de la mythologie.
— C'est une petite pointe en passant, ça ne tire pas à conséquence. Or donc, nous venons assez souvent de ces côtés... C'est le rendez-vous du Turff.
Il y a huit jours, étant descendue du berlingot pour laisser Zéphyr souffler, je me promenais sous les arbres... Ce n'est pas par ici, mais je vous montrerai l'endroit.
Tout à coup, je vois venir une femme seule... je la reconnais sur-le-champ... je ne suis pas myope, moi...
C'était Augusta ; elle ne m'avait pas vue ; je me dis :
Que vient-elle faire seule par ici... c'est louche, je le saurai.
Je suis cette demoiselle, sans qu'elle s'en doute, et bientôt je la vois s'arrêter devant une fort jolie petite maison... bon style... chiquée... de ces petites maisons où l'on doit venir pour s'amuser. Elle sonne à une porte, on lui ouvre, elle entre et disparaît.
— Après ?
— Attendez donc ! vous concevez bien que ça ne me suffisait pas non plus.
Je me dis... il faut que je voie avec qui elle sortira de là-dedans... ou, si elle sort seule, il faut que je sache le temps qu'elle y sera restée.
Je m'assieds contre un arbre et j'attends... un quart d'heure, une demi-heure se passe, point d'Augusta ; j'avais fait le tour de la maison pour m'assurer qu'il n'y avait pas d'autre sortie. je me dis : Il paraît que l'on ne s'ennuie pas trop là-dedans... une heure se passe, personne.
Barigoule était désolé ; il faisait sans cesse le chemin de moi à sa voiture, il s'écriait :

— Mais il faut que je rentre, ma femme va me faire une scène ! Je m'en fichais pas mal ! Je lui répondais : Allez-vous-en si vous voulez, mais à pied, laissez-moi la voiture. je saurai très-bien vous la ramener... Je conduis mieux que lui, qui accroche les omnibus et monte sur les trottoirs.
Enfin, tout cela nous prend du temps, deux heures se passent !... comprenez-vous bien ? deux heures ! alors je vois la porte s'entr'ouvrir, je chasse mon grand serin, je regarde et j'écoute, car mademoiselle Augusta ne sortait pas seule de la maison, elle était avec un monsieur très-élégant... très-bien mis... mais pas tout jeune... de ces ex-beaux qui ont encore quelque chose de bien... mon arbre me masquait parfaitement.
Le monsieur marchait à côté d'Augusta ; celle-ci avait un air tout contrit, tout bête, on aurait dit qu'elle n'osait pas lever les yeux.
Le monsieur ne tarde pas à s'arrêter, puis il dit à la demoiselle d'un air très-cavalier :
— Je vais vous quitter, car je ne suis pas le même chemin que vous, mais c'est bien convenu, vous reviendrez ici d'aujourd'hui en huit et à la même heure ; n'y manquez pas, car je vous attendrai et je pourrai vous donner ce que je vous ai promis.
Augusta reprit avec un petit air pleurard :
— Oh ! je serai exacte, vous savez bien que je suis toujours prête à faire tout ce que vous voulez !
En achevant ces mots, elle lança au monsieur un regard très-tendre, très-sentimental ; je vis bien qu'elle croyait qu'il allait l'embrasser ; mais au lieu de cela, lui, qui avait l'air préoccupé de toute autre chose, s'éloigna vivement, en lui criant :
— Adieu ! adieu... dans huit jours.
Puis il disparut sous les arbres, et Augusta s'en alla toute seule par le chemin qui mène à Paris.
Voilà, monsieur, ce que j'ai entendu, il me semble que c'est assez clair ? Qu'en pensez-vous ?
— Oui, très-clair, répond Achille en se mordant les lèvres pour dissimuler son dépit.
Mais je vous prie de croire que tout cela n'a rien qui m'étonne, je n'ai jamais présumé que mademoiselle Augusta fût une vertu.
Est-ce que je crois à la vertu des grisettes !...
— Oh ! c'est égal, comme celle-là se donnait des airs pincés, cela impose toujours, même aux hommes qui n'y croient pas.
— Dans tout cela je ne vois pas encore le rapport qu'il y a dans cette rencontre et notre rendez-vous.
— Vous ne devinez pas ?... Ah ! mon cher ami ! pour un séducteur de votre façon, vous m'étonnez !...
Je n'ai douté d'un moment de l'exactitude d'Augusta à venir à ce rendez-vous... d'abord elle aurait trop peur de la bête près de ce monsieur... Vous comprenez... un lion de la haute... un gentleman très-ridé !... elle est fière de sa conquête ! Ce monsieur avait dit :
Je vous donnerai ce que je vous ai promis, donc il doit lui faire un cadeau, sans doute un cachemire ou un bijou ; c'est donc une raison de plus pour qu'elle vienne le jour dit ; ce jour, c'est aujourd'hui... et voilà pourquoi je vous ai écrit de venir ce matin à Auteuil.
— Oh ! ma chère Coralie, vous êtes charmante... je comprends maintenant.
— C'est bien heureux. Moi, j'étais ici avec mon Terre-Neuve... je veux dire Barigoule, un peu avant trois heures ; c'était à trois heures qu'Augusta était arrivée il y a huit jours à la petite maison, et ce monsieur lui avait recommandé de s'y retrouver à la même heure.
Nous nous sommes arrêtés avec notre équipage au même endroit.
Il n'y avait pas deux minutes que nous étions là, quand j'ai aperçu Augusta se dirigeant vers la petite maison, où elle est entrée comme la première fois.
A peine la porte s'était-elle refermée sur elle, que j'ai dit à mon Patagon... c'est toujours Barigoule... je assure que les Patagons sont de grandes asperges comme lui... Je lui ai dit :
— Vite à la reprise M. Rocheville, auquel je veux rendre un service d'ami ; il a acheté Zéphyr, et nous voilà.
— Ainsi, on ne l'aura, Augusta est encore dans cette maison.
— Elle y est ; si elle en était sortie, nous l'aurions vue repasser par ici : c'est son chemin.
Cependant, comme il serait possible qu'elle n'y restât pas deux heures comme la première fois, et que les hommes ne sont pas toujours si causeurs, vous ferez bien d'aller tout de suite vous mettre en faction, si vous voulez surprendre votre perfide.
— Oh ! sur-le-champ... mais cette maison...
— Je vais vous y conduire... ce n'est pas loin d'ici ; en sept ou huit minutes nous y serons... voulez-vous monter dans la voiture ?..
Barigoule se mettra sur le banc de derrière.
— J'aimerais mieux aller à pied, puisque ce n'est pas loin.
— Eh bien, attendez, je vais aller dire à mon Phaéton de nous suivre au petit pas.
Mademoiselle Coralie se met à courir du côté de la voiture ; elle revient bientôt trouver Achille, qui est très-impatient de mener à fin cette aventure.
Elle prend son bras en lui disant :

— En avant, Barigoule nous suit tout doucement, il sait où il doit m'attendre.

Après six minutes d'une marche assez rapide, Achille aperçoit, à l'angle d'une rue, le toit à l'italienne d'une jolie petite villa.

— Voilà la maison... et, un peu plus à droite, vous verrez la porte, dit Coralie en s'arrêtant :

Maintenant, monsieur, je vous laisse; je pense en avoir assez fait pour vous.

— Vous partez, Coralie?

— Il le faut bien; vous allez peut-être attendre là plus d'une heure, et mon despote veut retourner à Paris; d'ailleurs, je devine bien ce que vous pourrez dire à Augusta et ce qu'elle pourra vous répondre.

Au plaisir, donc, cher ami : trompez les femmes! trompez-les beaucoup ! c'est fort bien ; mais soyez persuadé qu'elles vous le rendront toujours, et avec les intérêts.

En achevant ces mots, Coralie adresse un sourire moqueur à Achille et court rejoindre la voiture, qui reprend aussitôt le chemin de Paris.

Achille se rapproche de la maison, en ayant soin de se tenir toujours sous les arbres; il va se placer en face de la porte et s'assied sur le gazon, en disant :

— Ah! mademoiselle Augusta ! je vais donc vous surprendre en flagrant délit! et j'aurai parfaitement le droit de vous dire que quand on se conduit comme vous... quand on vient mystérieusement à la petite maison d'un monsieur mûr, alors on ne fait pas semblant d'avoir peur de l'amour d'un jeune homme, et on ne va pas chercher une vieille portière pour passer la nuit auprès de lui.

Après être resté plus de vingt minutes assis sur le gazon, sans voir autre chose que quelques promeneurs qui passent, Achille commence à s'ennuyer de sa position, il se lève en se disant :

— Promenons-nous ; pourvu que je ne perde pas la porte de vue, je n'ai pas besoin de rester là comme une souris... ce n'est pas amusant de faire sentinelle... cependant, je ne m'en irai certes pas sans avoir

Benjamin est arrêté par M. Sauvinet, qui se place devant lui et commence par faire jouer ses mains et ses doigts.

vu la belle Augusta, sans qu'elle sache que je connais ses fredaines! Ah ça!... si Coralie s'était moquée de moi... si Augusta n'était pas dans cette maison... le tour ne serait pas mauvais... mais non... lorsqu'elle m'a conté cette histoire, j'ai lu dans les yeux de ma grisette ce bonheur qu'une femme éprouve lorsqu'elle pense se venger d'une autre... Oh! cette expression-là n'était pas feinte; Augusta est là.

Et le jeune homme se met à se promener sous le feuillage, puis sur la route; marchant tantôt vite, tantôt doucement, s'arrêtant tout à coup pour se retourner, lorsqu'il a dépassé la porte but, continuel de ses espérances.

Il y a un quart d'heure qu'il se promène; son impatience s'accroît à chaque minute, lorsque tout à coup il entend rire derrière lui, puis des voix connues s'écrient :

— Ah! c'est donc ainsi que nous avons affaire à la mare d'Auteuil! le lieu du rendez-vous est donc changé!...

— C'est-à-dire qu'il voulait qu'on allât l'attendre là-bas, afin de pouvoir ensuite se moquer de ceux qu'il faisait poser... toujours le même.

— Mais c'est la Providence qui nous a conduits de ce côté...

Achille s'est retourné, et il demeure tout surpris en voyant devant lui Benjamin, Tambourreau, Boucaros et Albert Montbreilly.

— Comment, messieurs!... vous ici... dans le bois de Boulogne...

Ah! mais voilà qui est charmant!... et vous ne pouviez arriver plus à propos.

En disant cela, Rocheville échange des poignées de main avec les jeunes gens; mais lorsqu'il s'approche d'Albert, celui-ci se contente de le saluer sans lui donner la main.

— Ah! très-bien... en voilà un qui m'en veut encore! s'écrie Achille, et le diable m'emporte s'il y a de ma faute...

Mais je me flatte que nous ferons la paix.

— Ah ça ! messieurs, veuillez donc me dire par quel hasard je vous vois ici tous réunis?

— La chose est fort simple, dit Benjamin, j'étais à l'atelier de M. Tambourreau.

— Par Dieu, Benjamin, quand vous parlez d'un artiste, d'un homme de talent, ne dites donc plus monsieur; c'est portière... c'est portière!...

— Soit!... je le veux bien; j'étais donc à l'atelier de Tambourreau, où j'espérais vous rencontrer...

Car c'est après-demain qu'expire le délai fatal, vous savez...

— Oui, oui... allez toujours...

— M. Arthur Durbinot arrive ; il nous dit qu'il vient de vous rencontrer, que vous lui avez proposé d'aller à Auteuil, que vous y avez rendez-vous près de la mare...

Ma foi, cela nous a donné l'idée de venir tous vous y trouver...

— Pardieu! c'est fort aimable de votre part!

— Quant à M. Albert, nous l'avons rencontré tout à l'heure dans ce bois, et ce n'est pas sans peine que nous l'avons décidé à être des nôtres.

— Mais je ne vois pas Durbinot?

— Il a vu passer un coupé dans lequel il a cru reconnaître son Eléonore, il s'est mis à courir à sa poursuite, après, toutefois, nous avoir confié son pistolet...

— Oui, et comme cela nous ennuyait de nous promener inutilement autour de la mare, nous nous sommes dit : Portons nos pas un peu plus loin... et allons à la recherche d'Arthur, qui a peut-être un duel avec son Eléonore... mais vous ne nous écoutez pas, Achille, vous regardez constamment du côté de cette maison...

— Si, messieurs, je vous écoute...

Mais je ne perds pas de vue cette maison...

Car vous pensez bien que je suis ici pour quelque chose...

— Le rendez-vous est donc ici?

— Non pas; j'ai trouvé à la mare la personne qui m'avait écrit, et c'est d'après ce qu'elle m'a appris que je suis ici...

Je guette une jeune fille qui s'est jouée de moi... et je veux prendre ma revanche.

— Nous sommes de trop alors...

LA MARE D'AUTEUIL.

— Au contraire; plus la conduite de cette demoiselle aura de témoins et plus ma vengeance aura d'éclat!...
— Ah! il s'agit d'une femme à laquelle vous préparez quelque méchant tour! dit Albert en devenant sérieux.
Je m'éloigne, alors, car je ne prendrais aucun plaisir à ce genre d'amusement...
— Restez donc, Albert, cela vous intéressera, car vous connaissez la personne dont il s'agit... et je gagerai bien que vous avez aussi été trompé par son maintien décent... par son air réservé...
— Je connais cette personne?
— Pardieu! et Benjamin... et Tambourreau la connaissent aussi...
C'est la jeune fille qu'ils ont secourue un soir, rue du Grand-Prieuré, quand un homme l'attaquait...
C'est mademoiselle Augusta.
— Ah bah!...
— Celle qui était avec une de vos maîtresses au Château des Fleurs? dit Albert.
— Justement.
— Et que vous avez emmenée seule en voiture?
— Oui, et qui dans la voiture m'a fait une scène dramatique, parce que j'avais usé de ruse pour me procurer ce tête-à-tête; qui a jeté les hauts cris, parce que je voulais l'embrasser...
Enfin, qui a parfaitement joué la vertu.
Eh bien! mademoiselle Augusta se rend en secret et seule, là... dans cette jolie habitation... et ce n'est pas une dame qu'elle vient y trouver.
— Dans cette maison? dit Albert en se retournant pour examiner le pavillon qui est sur la route; mais je reconnais cette maison...
Oui...
Je sais à qui elle appartient, car j'y suis venu une fois avec quelques personnes voir le propriétaire...
— Vous savez à qui appartient cette villa, Albert, oh! bravo! cela devient de plus en plus piquant, et voulez-vous nous nommer le propriétaire de ce joli séjour?
— Je ne pense pas que ce soit un mystère: c'est M. Valdener.
— M. Valdener! s'écrient les jeunes gens.
— Oh! c'est cela, dit Achille, c'est bien l'homme dont Coralie m'a fait le portrait.
— C'est le monsieur de madame Durbalde! murmure Benjamin d'un air pétrifié.
— Oui, jeune Godichon, dit Boucaros, ce qui vous prouve que ce vieux lion a plus d'une corde à son arc...
Ceci est une métaphore : et il a raison ; plus on vieillit plus il faut avoir des cordes de rechange, car elles cassent très-souvent alors.
— Ce que vous venez de m'apprendre m'étonne beaucoup, reprend Albert, j'ai entendu dire dernièrement que M. Valdener devait bientôt épouser madame Durbalde.
— L'épouser! s'écrie Benjamin, l'épouser!... Ah!... j'ai envie de me cogner la tête contre un arbre...
— Par exemple! enfant, ne faites pas de ces choses-là... on s'écorche le front, et voilà tout, dit Boucaros. Demandez auparavant à Tambourreau si les Grecs se cognaient la tête pour les Aspasies et les Mitto.
— Eh! que voyez-vous de singulier, Albert, à ce que M. Valdener ait pour maîtresse cachée une jolie grisette, tandis qu'il est ostensiblement l'amant d'une femme à la mode, ces choses-là se voient tous les jours!
— Et un homme à aventures est encore très-rangé quand il s'en tient là.
— Daignez m'excuser, messieurs, c'est que je ne suis pas à votre hauteur.
— Mais ce M. Valdener ne refuse rien à madame Durbalde, dit Benjamin, il vient d'acheter à Tambourreau ce joli tableau... un petit souper-régence dont vous aviez tant envie...
— Ah bath!... comment! cette dame m'a soufflé ce tableau...
Attention, attention, messieurs, vous allez voir la preuve de ce que j'avance, car on ouvre la porte de la petite maison...
Oh! c'est bien elle, c'est Augusta... et maintenant voilà bien M. Valdener...
Pardieu, Coralie ne m'a pas trompée.
Augusta venait, en effet, de sortir du pavillon accompagnée par M. Valdener; elle marchait à côté de ce monsieur, mais sans lui donner le bras et paraissait écouter attentivement ce qu'il lui disait; une mise simple mais de bon goût, un joli chapeau de paille, un mantelet de soie composaient la toilette de la jeune fille, dont la tenue était irréprochable.

Je parcours les marchés, je m'informe chez les marchandes de poisson...

Après les avoir laissés marcher quelques minutes du côté de la mare d'Auteuil, Achille s'empresse d'aller se placer devant eux, en s'écriant :
— Eh! quel heureux hasard!...
C'est bien M. Valdener que j'ai l'avantage de rencontrer!...
M. Valdener s'arrête et semble un peu embarrassé en apercevant Rocheville.
Quant à Augusta, ses traits expriment simplement de la surprise et comme un secret ressentiment contre celui dont elle a pu apprécier la conduite par ce qui est arrivé dans la nuit d'orage avec madame Fourniniel.
— Ah! c'est monsieur Rocheville! répond M. Valdener en saluant avec sa grâce habituelle. Il y a un siècle que je n'ai eu le plaisir de vous voir...
Vous venez donc vous promener au bois de Boulogne?
— Comme vous voyez, mais je n'y viens pas seul, tenez...
Voilà encore une de vos connaissances.
— En effet! quelle nombreuse société!
Quoi! M. Montbreilly est des vôtres.
Pendant que M. Valdener échange une poignée de main avec Albert, salue les jeunes gens qui se sont approchés, Augusta commence à se sentir embarrassée en voyant tant de regards attachés sur elle.
— J'ignorais que vous possédiez une campagne par ici, reprend Achille, c'est Albert qui vient de me l'apprendre...
L'endroit est, du reste, parfaitement choisi...
Ce doit être un lieu délicieux...

6

— Messieurs, je me serais fait un plaisir de vous y recevoir, répond M. Valdener, si je n'étais pas en ce moment... avec quelqu'un et occupé d'affaires...

Achille part d'un éclat de rire et s'écrie :

— Ah! pardieu! nous devinons bien les affaires que vous pouvez avoir à terminer avec mademoiselle...

Ah! monsieur Valdener!... vous êtes toujours le même!... et vous méritez bien votre réputation d'homme à bonnes fortunes...

Mais recevez nos compliments, vous êtes un heureux mortel!

Le ci-devant jeune homme sourit comme quelqu'un qui n'est pas fâché d'inspirer de telles pensées, il répond cependant :

— Ah! messieurs! par exemple... quelle idée avez-vous là..

Ah! je vous certifie que vous êtes bien dans l'erreur.

Pendant que M. Valdener dit cela du ton d'un homme qui ne tient pas absolument à ce qu'on le croie, Augusta, dont le visage s'est couvert d'une rougeur subite, porte le regard sur ce monsieur comme pour lui demander s'il est vrai qu'on la soupçonne d'être sa maîtresse.

— Au reste, s'écrie Achille d'un air moqueur et en jetant sur la jeune fille des regards impertinents, mademoiselle Augusta mérite ... les hommages d'un homme à la mode...

Elle a tourné la tête à bien d'autres.

— Quoi... vous connaissez mademoiselle? dit Valdener, dont le front vient de se rembrunir.

— Si je la connais... Oh! assurément! j'ai ce bonheur... pas aussi intimement que vous peut-être... mais assez pour en conserver un éternel souvenir...

— J'ignore, monsieur, si vous conservez un éternel souvenir des légères relations qui ont eu lieu entre nous, répond Augusta d'un ton froid et sévère, mais alors vous devez vous rappeler qu'elles ne vous donnent pas le droit de me parler comme vous le faites en ce moment.

Achille fait une légère grimace, Albert sourit et semble ressentir une vive satisfaction ; mais Rocheville, qui n'entend pas être battu, répond aussitôt :

— Vous avez raison, mademoiselle... et tout le monde n'est pas aussi heureux que M. Valdener, je m'empresse de le déclarer...

Après tout je ne suis pas le seul ici qui ai l'extrême bonheur de vous connaître, mademoiselle, et Achille fait à la jeune fille un salut tellement respectueux qu'il en est insolent.

— Voilà encore Tamboureau... et de plus Benjamin qui ont eu, je crois, la gloire de sauver mademoiselle d'un grand péril...

Car mademoiselle a souvent été en péril...

C'était un soir... assez tard... et mademoiselle était allée... probablement pour affaires... comme aujourd'hui... dans la rue du Grand-Prieuré...

Ah! il fallait un grand courage!...

Augusta, après avoir jeté sur Achille un regard, dans lequel il y a presque du mépris, salue Tamboureau et Benjamin, en disant :

— En effet, je reconnais ces messieurs... et je les prie de recevoir de nouveau l'expression de ma gratitude pour le service qu'ils m'ont rendu le soir où j'étais allée rue du Grand-Prieuré pour affaires... comme aujourd'hui, cela est vrai... n'est-ce pas, monsieur, que cela est vrai? car... vous le savez bien, vous...

En disant ces mots, Augusta attache sur M. Valdener des regards suppliants, ses yeux sont humides, de grosses larmes s'y montrent; elle tend presque ses bras vers celui dont elle implore avec anxiété un mot... une parole.

Mais M. Valdener répond en reprenant son air insouciant et léger :

— Mon Dieu, mademoiselle, n'allez-vous pas prendre au sérieux les plaisanteries de monsieur?

Puisque... vous le connaissez, vous devez savoir que son habitude n'est jamais de parler sérieusement.

— Comment! s'écrie Achille un peu piqué.

Qu'ai-je donc dit. s'il vous plaît, qui ne soit de l'histoire?

— Pardon, messieurs, je me pouvoir jouir plus longtemps de votre aimable société, mais le temps me presse...

Nous ne pouvons nous arrêter davantage... venez... mademoiselle.

Enchanté, messieurs, d'avoir eu l'avantage de vous voir...

Une autre fois je vous ferai les honneurs de ma petite maison...

En achevant ces mots, M. Valdener salue les jeunes gens et faisant signe à Augusta, s'éloigne avec elle, en marchant à pas précipités.

XXXVI.

Un Défenseur.

Pendant toute la scène précédente, Albert n'a pas dit un mot, il s'est contenté d'examiner Augusta.

— En voilà une petite madrée! s'écrie Achille en regardant Augusta s'éloigner avec M. Valdener.

— Elle n'en a pas l'air, dit Tamboureau.

— C'est justement pour cela qu'elle n'en est que plus dangereuse... Messieurs, suivons-les donc un peu de loin...

Je voudrais bien savoir si Valdener rentre avec elle à Paris...

— Est-ce que nous n'allons pas dîner? dit Boucaros.

— Eh! mon Dieu, messieurs, nous avons le temps, il n'est pas cinq heures...

Tenez... tenez... les voilà qui s'arrêtent là-bas derrière la mare...

Notre vieux lion lui remet quelque chose dans la main... et il la quitte...

Le voilà qui se sauve par un autre sentier...

Oh! j'étais bien sûr qu'il ne rentrerait pas avec cette petite dans Paris...

On ne veut pas être surpris par madame Durbalde...

— C'est un vieux renard...

— Avec tout cela, nous ne retrouvons pas Arthur Durbinot, dit Tamboureau ; est-ce qu'il suit toujours le coupé?

— Il est capable de le suivre jusqu'à Saint-Germain... d'autant plus qu'il s'est débarrassé de son pistolet.

Achille suit des yeux Augusta et bientôt il s'écrie...

— Messieurs, prenons donc par ce sentier, nous couperons la route... et nous rejoindrons mademoiselle Augusta qui marche droit sur Paris.

— A quoi bon rejoindre cette jeune fille, dit Albert; est-ce que vous voulez encore la tourmenter?...

— Oh! la tourmenter! il est charmant cet Albert, D'ailleurs je vous répète que j'ai bien le droit de me venger un peu de la comédie qu'elle a jouée avec moi... c'est très-humiliant de voir que l'on est distancé par un M. Valdener... Au reste, si vous ne voulez pas me suivre, libre à vous, messieurs; je saurai bien, sans vous, régler mes comptes avec la superbe Augusta.

Et sans attendre de réponse, Achille se met à courir à travers le bois pour rejoindre la jeune fille.

Augusta marchait assez lentement, les yeux baissés vers la terre ; il était facile de voir qu'elle était à ses pensées, elle ne s'occupait pas de ce qui l'entourait, et ses pensées devaient être tristes, car les regards de la jeune fille étaient sombres son front soucieux; chacun de ses traits annonçait les souffrances de son âme. Elle côtoyait les bords de la mare d'Auteuil lorsque tout d'un coup elle se sent retenue par le bras, et on lui dit :

— Comment, vous en allez seule... votre cavalier vous a abandonnée. Ah! ce n'est pas galant de sa part!...

En voyant Rocheville près d'elle, Augusta se sent rougir de nouveau, mais cette fois c'est pas de la honte qui vient colorer ses joues, elle relève fièrement la tête, en répondant :

— Je croyais, monsieur, que vous ne deviez plus rien avoir à me dire... je croyais que tout était fini entre nous... que je ne serais plus obligée d'entendre des paroles... comme celles que vous n'avez craint de m'adresser tout à l'heure...

— Vous avez tort de penser cela, belle Augusta, car j'ai encore une foule de choses à vous dire... est-ce qu'on en a jamais fini avec une jolie femme!...

— Eh bien! monsieur, voyons, parlez et finissons-en, car je me flatte que cette entrevue sera la dernière entre nous deux.

En disant cela, Augusta dégage son bras que Rocheville tenait toujours.

— Mon Dieu!... comme nous sommes méchante... est-ce de crainte de déplaire à ce cher petit Valdener que vous me traitez ainsi... que vous craignez que je ne vous prenne le bras... est-ce qu'il est jaloux, ce tendre ami? ah! dame, cela n'aurait rien de surprenant.

— Monsieur... c'est bien mal ce que vous me dites là... c'est affreux d'outrager ainsi une pauvre fille... de la traiter comme vous le faites...

— Mais en quoi donc vous ai-je outragée, mademoiselle? quel mal voyez-vous dans mes discours... parce que je vous soupçonne d'être M. Valdener est jaloux... quoi de plus naturel en cette question?

— Parce que, monsieur, vous avez l'air de penser que je suis la maîtresse de M. Valdener, voilà ce qui est odieux... ce qui est indigne!...

Achille part d'un éclat de rire, en disant:

— Moi, je trouve que cela devient très-drôle au contraire!... Oh! laissez-moi rire un peu, je vous en prie!... je ne peux pas m'en empêcher... Savez-vous que vous joueriez fort bien la comédie... les premiers rôles... avec de belles tirades et le coup de talon à la fin?... Si vous voulez je vous ferai débuter aux boulevards... Ah! vous n'êtes pas la maîtresse de M. Valdener... par exemple, voilà qui devient trop fort... vous avez parfaitement joué la vertu avec moi... même la dernière fois, vous savez... pendant l'orage... Oh! c'était très-bien imité... j'y ai presque été pris moi-même... mais vouloir continuer ce rôle... quand nous vous avons vue sortir de la petite maison de ce monsieur... où vous vous rendez mystérieusement toute seule... et ce il y a huit jours, vous y aviez passé deux heures... ah! vous voyez que je suis bien renseigné... et toutes ces personnes qui passent ou traînent près de cette mare... elles s'étaient toujours trompées... soi-disant... et ces courses nocturnes rue du Grand-Prieuré... Apparemment que ce monsieur a un petit pied à terre par là, puisque cette aventure ne l'a pas surpris... et ces petits cadeaux qu'il vous donne... encore tout à l'heure... quelque chose qu'il vous a remis dans la main et que vous avez serré précieusement... cela ne peut pas être un cachemire, il ne tiendrait pas dans votre poche, mais il y a une foule d'autres présents à faire à une jeune fille, et qui ne tiennent pas de place, comme des bijoux, par exemple... et vous n'êtes pas la maîtresse de cet homme... mais, en vérité, ma chère amie, il faut que vous ayez une bien triste opinion de notre intelligence pour essayer encore de nous faire croire cela !

— Eh quoi, monsieur, il est donc impossible qu'une jeune fille aille chez un monsieur sans être sa maîtresse ?

— Oui, cela est impossible, quand le monsieur chez qui va cette jeune fille est un vieux polisson comme ce Valdener !...

Les derniers mots qu'elle vient d'entendre semblent avoir bouleversé Augusta ; ses traits s'animent, ses yeux lancent des flammes, c'est elle qui saisit le bras d'Achille et le secoue avec force en s'écriant :

— Taisez-vous, monsieur ! taisez-vous !... Je vous défends de parler ainsi de M. Valdener... s'il m'a laissé outrager sans me défendre... je ne souffrirai pas qu'on l'insulte devant moi !

Achille est demeuré un moment tout saisi par le mouvement impétueux de la jeune fille, mais bientôt il se remet à rire :

— Ah ! nous l'aimons à ce point-là !.. ah ! çà, mais nous sommes donc folle !... c'est vraiment incroyable !... et ce sont toujours ces ci-devant Joconde... ces messieurs qui ont bien gagné leur retraite, qui tournent la tête à de jeunes filles... Du reste, ça me fait plaisir, ça me donne l'espoir d'aller longtemps !... que sait-on ?... en vieillissant j'augmenterai peut-être bien plus facilement le nombre de mes conquêtes... j'ai dans l'idée que quand j'aurai soixante ans on se jettera à l'eau pour moi... c'est flatteur cela !... Pauvre Augusta !... c'est égal, vous me faites de la peine !

Le mouvement nerveux qui avait animé la jeune fille a bien vite fait place à un profond abattement, elle baisse de nouveau ses regards vers la terre, en murmurant :

— Je savais, monsieur, que vous aimiez à vous moquer des gens... mais je ne pensais pas que votre plaisir allait jusqu'à me désoler...

— Les désoler ! ah ! le mot est fort.. Je vous désole ? moi... Eh ! bon Dieu, que serait-ce donc si je vous avais dit que votre cher Valdener va bientôt se marier... avec une fort jolie femme, à ce qu'il paraît...

— Se marier !... M. Valdener se marier !... murmure Augusta qui pâlit et demeure comme accablée par cette nouvelle, ah ! monsieur, est-ce que cela est vrai... n'est-ce point encore une... fausseté ?

— Non, mademoiselle, ce n'est point une blague... car voilà le mot que vous aviez sur les lèvres et vous n'avez pas osé le risquer. Diable, ceci vous contrarie beaucoup, à ce qu'il paraît... Je le conçois... cela peut déranger une foule de petits projets... mais cela est authentique... les mauvais sujets finissent toujours par se marier, ils veulent trouver chez eux des pantoufles et des égards... Ah ! ah ! ah !... mais ceci ne doit pas vous inquiéter quand on a d'aussi beaux yeux... un amant de perdu, dix de retrouvés !...

— Que vous ai-je donc fait, monsieur, pour que vous preniez plaisir à me traiter ainsi... est-ce donc parce que je n'ai personne pour prendre ma défense ?...

— Vous vous trompez, mademoiselle, dit une voix forte qui fait tressaillir Augusta, et en même temps elle aperçoit Albert Montbreilly qui vient à elle, en lui disant :

— J'hésitais à suivre monsieur, lorsque je l'ai vu courir sur vos pas ; je ne voulais pas être de nouveau témoin d'une scène comme celle de tout à l'heure, mais bientôt j'ai réfléchi que ma présence pourrait peut-être vous être utile et mettre un frein aux charmantes plaisanteries de monsieur ; cela m'a décidé à venir jusqu'ici... Je m'en félicite, mademoiselle, car vos dernières paroles me prouvent que vous aviez, en effet, besoin d'un protecteur... et si vous voulez bien me le permettre, j'estimerai heureux d'être le vôtre.

— Ah ! monsieur... je vous remercie, balbutie Augusta d'une voix entrecoupée par les larmes, vous ne me croyez donc pas méprisable, vous !...

— Vous êtes femme, vous souffrez, je vous dois avant tout secours et protection.

— Ah ! que c'est beau ! ah ! que c'est beau ! s'écrie Achille en allant s'asseoir sur un tertre de gazon et tirant son mouchoir de sa poche, puis feignant de s'essuyer les yeux, il laissez-moi vous contempler tout à mon aise, couple intéressant ! s'il y avait un peu de musique avec cela, pendant votre pantomime, ce serait digne de l'Opéra !... Voyons, Albert, est-ce sérieux ce que vous venez de dire ?... est-ce que vous allez me proposer un duel à cause de mademoiselle...

— Je ne vous propose point un duel, parce que j'espère que vous sentirez l'inconvenance de votre conduite, et que vous cesserez de poursuivre mademoiselle de vos sarcasmes...

— Mes sarcasmes !... l'inconvenance de ma conduite.. ah ! çà ! mais où en sommes-nous... Voyons, Albert, est-ce que vous n'avez pas vu, comme moi, cette Gara Augusta sortir de chez ce don Juan de Valdener... Depuis quand un homme n'a-t il pas le droit de se plaindre d'une coquette qui s'est jouée de lui ?...

— Moi... une coquette ! murmure Augusta, moi, j'ai cherché à me jouer de vous... Ah ! monsieur, vous m'avez bien mal jugée... et rien dans ma conduite ne devait m'attirer ces reproches !...

— Venez, mademoiselle, dit Albert en offrant son bras à Augusta, laissons monsieur rire tout à son aise des choses charmantes qu'il dit et qu'il fait ; il serait capable de rire aussi de vos larmes et vous ne devez pas lui donner ce plaisir-là.

Augusta prend le bras que Montbreilly lui présente et s'éloigne avec lui en tournant le dos à Rocheville, celui-ci crie alors aux jeunes gens qui sont un peu plus loin sur la route :

— Place !... place ! messieurs ! laissez passer *Pyrrhus* et *Andramaque*.

XXXVII.

En se promenant.

Pendant quelque temps, Augusta marche au bras de son cavalier sans échanger avec lui un seul mot : aux gros soupirs qui lui échappent, aux sanglots qui viennent par moments entrecouper sa respiration, Albert devine que la jeune fille verse encore des larmes ; il respecte son chagrin, il craindrait d'être indiscret en lui offrant de banales consolations, et il la connaît trop peu pour lui demander sa confiance. Les pleurs sont de ces choses auxquelles il n'est pas permis à tout le monde de toucher.

Enfin le chagrin d'Augusta se calme, elle a essuyé ses yeux, et quoique bien émue encore par tout ce qui lui est arrivé, c'est elle qui entame l'entretien :

— Mon Dieu, monsieur, je vous demande pardon... vous devez me trouver fort malhonnête de ne point vous remercier pour la bonté que vous avez eue... pour l'honneur que vous me faites en m'offrant votre bras... veuillez croire, cependant, que je suis vivement reconnaissante de votre conduite à mon égard... mais dans les premiers moments... je ne pouvais pas parler... cela m'était impossible... j'avais tant besoin de pleurer...

— Aussi, vous devez voir, mademoiselle, de mon côté, j'ai respecté votre douleur... car vous pourriez croire que, ne vous disant pas un mot, je restais froid et insensible à votre peine... ce serait mal juger mon silence... je pensais que cela vous soulagerait de pleurer... et je craignais de vous faire souvenir que j'étais avec vous.

— Oh ! oui, monsieur... ces larmes ont soulagé mon cœur... je m'attendais si peu à tout ce qui vient de m'arriver... car je n'avais rien fait pour être traitée ainsi... pour être insultée publiquement... je n'aurais jamais cru M. Rocheville capable d'une si lâche action... car je le répète, c'est une action lâche d'insulter une pauvre jeune fille qui n'a commis aucune faute...

— Et alors même qu'elle en aurait commis, mademoiselle, ce serait encore très-mal de les lui reprocher devant témoins...

— Oui, monsieur, vous avez raison... mais moi... je n'ai rien à me reprocher... ah ! une seule chose peut-être... c'est de n'avoir pas toujours fermé l'oreille aux galanteries, aux discours de M. Rocheville... oh ! je l'avoue, j'ai eu grand tort !... mais, est-ce que je pouvais deviner, moi ... Je vais vous dire comment cela s'est fait, monsieur...

— Mademoiselle, songez bien que je ne vous demande rien.

— Je le sais, monsieur, mais moi je désire que vous connaissiez toute ma conduite avec M. Achille... tout ce qui s'est passé entre nous... vous verrez, monsieur, si cela autorisait ce jeune homme à me traiter comme il l'a fait tout à l'heure devant vous et ses amis !.. et peut-être ne vous repentirez-vous pas de m'avoir protégée, de m'avoir offert votre bras...

— Je vous prie de croire, mademoiselle, que je ne m'en repentirai jamais...

— C'est égal, monsieur, cela me fera plaisir que vous connaissiez toute la vérité.

— Alors, je vous écoute, mademoiselle.

— J'étais amie de Coralie, monsieur ; Coralie est une jeune fleuriste fort gaie, fort aimable, mais trop légère... trop coquette... quand j'ai fait sa connaissance, je ne savais pas tout cela...

— Cette Coralie n'est-elle pas la personne qui était avec vous au Château des Fleurs et qui paraissait si passionnée pour la danse ?

— Oui, monsieur, c'est elle... c'est elle... je vous remets à présent, monsieur ; mon Dieu ! dans le trouble où j'étais tout à l'heure, je ne vous avais pas reconnu, et cependant il me semblait bien que votre figure ne m'était pas inconnue... que ce n'était pas la première fois que je vous voyais... Ah ! c'est vous qui êtes venu au Château des Fleurs ce soir-là avant M. Rocheville... Vous êtes venu nous parler de la part de M. Rocheville...

— Oui, mademoiselle, c'est bien cela.

de causer quelques instants avec vous pendant que votre amie dansait; car vous ne dansiez pas, vous.

— Mon Dieu, et moi qui ne vous avais pas reconnu... excusez-moi, monsieur...

— Mais il n'y a aucun mal à cela... pour m'avoir vu une seule fois, vous ne pouviez pas avoir gardé un grand souvenir de moi...

— En ce cas, monsieur, je n'ai pas besoin de vous dire quelles relations existaient alors entre Coralie et M. Rocheville... il est probable qu'il vous en aura fait confidence.

— C'est vrai, mademoiselle, sa vertu n'est pas la discrétion.

— Coralie ne m'avait pas avoué positivement qu'elle était la maîtresse de M. Rocheville, elle me disait seulement qu'il lui faisait la cour. Eh! bien, monsieur, croiriez-vous que, malgré cela, ce monsieur me faisait aussi la cour à moi?

— Je le crois d'autant plus, mademoiselle, qu'il ne m'avait pas caché non plus ses desseins sur vous, et l'espoir qu'il avait de vous séduire...

— Il serait possible... ah! c'est affreux... avoir prémédité tout cela... Enfin, ce même soir, au Château des Fleurs, M. Rocheville, pendant le feu d'artifice, inventa une ruse pour m'emmener sans Coralie; il vint me dire qu'elle s'était blessée et m'attendait dans une voiture; je crus à tout cela, je le suivis sans défiance.

— Et il vous emmena dans un fiacre qu'il fit aller au bois de Boulogne... Je le sais encore.

— Mon Dieu... vous savez donc tout, monsieur?

— Par hasard... j'étais près de la voiture quand il vous fit monter dedans.

— Oh! monsieur, j'espère que vous savez aussi que les projets de M. Rocheville ne réussirent pas, que je ne succombai pas, malgré tous les discours... tous les serments... tous les mensonges qu'il employa pour triompher de ma résistance... Lorsque je vis dans quel piège j'étais tombée, il fallut bien qu'on me ramenât sur-le-champ à Paris... et, grâce au ciel, je pouvais sans rougir revoir mon modeste logement... vous saviez aussi cela, n'est-ce pas, monsieur?

— Non... tout mon savoir s'arrêtait après vous avoir vue monter en voiture, car depuis ce soir-là... jusqu'à aujourd'hui je n'avais pas revu M. Rocheville... et puis il avait un air si repentant... il venait, disait-il, pour me demander pardon de ce qu'il avait fait au Château des Fleurs... comment aurais-je pu refuser de l'entendre... tout cela semblait si naturel?...

— Et puis... votre cœur ne vous parlait-il pas aussi, en sa faveur, mademoiselle!...

Augusta se tait un moment, elle pousse un gros soupir et répond enfin :

— Eh bien, oui, monsieur, je ne veux pas vous le cacher... j'ai promis de vous dire toute la vérité... Oui, mon cœur me parlait en faveur de M. Rocheville... je ne pouvais me défendre d'être émue... attendrie en l'écoutant... il sait si bien feindre l'amour. Enfin, monsieur... je crois que je l'aurais aimé... persuadée qu'il regrettait sincèrement de sa conduite au Château des Fleurs, j'avais donc consenti à l'écouter; mais au bout de quelque temps, comme il recommençait à me parler d'amour... comme il oubliait les promesses qu'il m'avait faites, je le priai de s'éloigner; alors il se mit à trembler, à frissonner comme s'il avait une grosse fièvre... et la pluie tombait toujours à torrents... c'était bien embarrassant, n'est-ce pas? monsieur...

— Oui, mademoiselle, et vous avoue que votre position m'inquiète!...

— Eh bien, monsieur j'en suis sortie sans accident... ne voulant pas mettre à la porte un jeune homme que je croyais bien souffrant, je suis allée chercher une vieille garde-malade qui demeure dans la maison et je l'ai ramenée avec moi pour veiller près de M. Achille... cela vous fait rire, monsieur...

— C'est que je vois d'ici la figure qu'il fit, j'allais me coucher dans le logement de cette bonne femme que je laissai près de ce monsieur... Ah! vous saviez quel tour il lui joua... mais je n'ose pas vous dire cela... enfin, monsieur, le lendemain matin en descendant, je trouvai la garde qui avait passé la nuit à veiller... près d'un traversin!... quant au malade... il s'était sauvé... Ainsi il s'était encore moqué de moi... c'était une nouvelle ruse pour essayer de m'entraîner à ma perte... eh bien, monsieur... je crois que je lui aurais encore pardonné cela... mais maintenant...

— Votre cœur plaide encore en sa faveur...

Augusta s'arrête, relève la tête et regarde fixement Albert en s'écriant :

— Ah! maintenant je rougis d'avoir pu aimer cet homme... maintenant!... je le vois tel qu'il est et, je vous le jure, il ne pourrait

être dangereux pour moi... Ah! monsieur, c'est qu'il y a aussi quelque fierté au fond de mon cœur... je pourrais excuser une trahison... je ne pardonnerai jamais une insulte... D'ailleurs je ne saurais oublier la manière dont il a parlé de M. Valdener.

— Il paraît, mademoiselle, que vous êtes... bien attachée à M. Valdener...

— Oui, monsieur... je l'aime... et je le respecte...

— Vous le connaissez depuis longtemps?...

— Oh! oui... depuis bien longtemps...

Augusta a dit ces mots tristement, puis elle se tait et semble courir à ses souvenirs.

Albert, qui a écouté avec beaucoup d'intérêt tout ce que lui a raconté la jeune fille, réfléchit de son côté et se dit :

Elle m'a très-bien expliqué toute sa conduite avec Achille, mais elle est beaucoup moins expansive pour sa liaison avec M. Valdener... il paraît qu'elle ne peut pas la raconter aussi facilement... c'est dommage.

Après un silence assez long, Augusta dit d'une voix tremblante :

— Monsieur, je vous demande pardon si je vous adresse une question... mais... tout à l'heure... M. Rocheville vient de me dire que M. Valdener devait bientôt se... se marier... est-ce vrai, cela... ou ne serait-ce pas plutôt un nouveau mensonge inventé par M. Rocheville pour me faire de la peine?...

— Mademoiselle, ayant été absent de Paris quelque temps, et n'étant de retour que d'avant-hier, je ne suis pas encore bien au courant des nouvelles... j'ai beaucoup négligé le monde, mais comme je connais un peu M. Valdener... comme je vois plusieurs personnes de sa connaissance, si cela vous intéresse... je pourrai m'informer et vous dire ce que j'aurai appris à ce sujet.

— Oh! oui, monsieur... cela m'intéresse... et si vous daignez avoir cette bonté... je vous en aurai beaucoup d'obligation...

— Allons! se dit Albert, elle ne cache pas l'attachement qu'elle éprouve pour M. Valdener... c'est de la franchise au moins.

Tout en causant on était arrivé dans Paris, et la route n'avait semblé longue ni à l'un ni à l'autre, car la jeune fille racontait les secrets de son cœur, et le jeune homme écoutait avec intérêt ses confidences.

— Nous voici dans Paris, dit Augusta en regardant Albert tout à coup autour d'elle, et déjà près de la place de la Concorde... Mon Dieu, monsieur, pardonnez-moi d'avoir abusé de votre complaisance... vous avez déjà dû me quitter... car... dans Paris... il peut ne pas vous convenir de donner le bras à une ouvrière...

— Je ne rougirai jamais, mademoiselle, de donner mon bras à une modeste ouvrière... il me suffit qu'elle soit honnête...

— Alors, monsieur, je puis continuer à aller avec vous... si vous n'êtes pas pressé... et si cela ne vous dérange pas...

— Cette jeune fille est fort singulière, se dit Albert en continuant d'être le cavalier d'Augusta, ce qu'elle fait ne s'accorde pas du tout avec ce qu'elle dit!... mais, après cela, elle pense peut-être qu'une femme est honnête lorsqu'elle n'a qu'un amant et qu'elle lui est fidèle.

On arrive devant la demeure d'Augusta.

Albert va prendre congé de la jeune fille, mais au moment de la quitter il lui dit :

— Comment vous ferai-je savoir, mademoiselle, ce que j'aurai appris relativement à M. Valdener?

— Monsieur, je n'ai pas l'habitude de recevoir... des visites... mais vous... qui avez été aujourd'hui mon protecteur... qui m'avez montré tant de bienveillance... si vous voulez bien prendre la peine de venir chez moi... ce sera m'honorer... ou... si vous n'aviez pas le temps de vous défrayer et que vous voulussiez bien m'écrire...

— J'aurai le plaisir de vous revoir, mademoiselle, puisque vous me le permettez.

Albert salue et Augusta rentre chez elle.

XXXVIII.

Le Coupé.

Après avoir vu Augusta s'éloigner au bras d'Albert Montreuilly, Achille avait rejoint les jeunes gens qui étaient un peu plus loin, en leur disant :

— Eh bien! messieurs, que pensez-vous de tout ceci?... et la conduite d'Albert ne vous semble-t-elle pas tant soit peu ridicule... aller prendre fait et cause pour une petite fille qui sort d'une partie fine...

— Pas déjà si fine! murmure Boucaros, le Valdener commence à se culotter...

— La jeune personne est bien jolie! dit Tambourreau, je voudrais la peindre à l'athénienne...

— Moi, je préférerais la peindre en Adam et Ève... avant le péché !...

Benjamin seul ne disait rien, il se contentait de faire la mousse Achille court à lui et lui frappant sur l'épaule, s'écrie :

— Cher ami, vous êtes sûr maintenant de votre triomphe...
— Comment... que voulez-vous dire?
— Je veux dire que votre cause est devenue la mienne... du moment qu'il s'agit de supplanter le Valdener, vous devez comprendre que cela m'intéresse... je vous aiderai à lui souffler sa maîtresse, ce sera une revanche que je prendrai... après-demain je vous présente chez madame Durbalde.
— Vous ne la connaissez pas...
— Raison de plus...
— Et sous quel prétexte?...
— Soyez tranquille, j'en ai un!...
— Si nous trouvions un prétexte pour dîner, dit Boucaros.
— Il a raison... où dînons-nous?
— N'importe où... pourvu que ce soit chez un bon traiteur. C'est Tambourreau qui régale; commençons par sortir du bois... nous ne sommes pas loin de la Porte-Maillot.

Les jeunes gens se mettent en marche.

Benjamin est redevenu radieux depuis qu'on lui a promis le succès de ses espérances.

Au sortir d'un sentier qui mène sur une route, un coupé passe très-rapidement devant eux.

Un homme est accroupi sur le strapontin de derrière du coupé, pour ne point être vu du cocher; les stores sont fermés.

— Eh mais! c'est Arthur qui est derrière cette voiture, dit Tambourreau.
— En effet... il ne doit pas être à son aise comme cela, et s'il se promène ainsi depuis qu'il nous a quittés!...
— Il nous a vus... il nous fait des signes de détresse... je crois qu'il demande son pistolet...
— Ce n'est pas probable... mais le coupé va comme le vent...
— Pauvre Arthur, je crois qu'on l'enlève avec sa maîtresse.
Si j'étais à portée d'être entendu, je crierais au cocher de taper derrière, ce serait rendre service à Durbinot en le forçant de renoncer à faire le chasseur.

Le coupé disparaît aux regards des jeunes gens, qui continuent leur marche en se demandant quel peut être l'espoir d'Arthur en se laissant emmener avec la voiture.

La société arrive à la Porte-Maillot, et s'arrête pour dîner chez le traiteur qui est là.

Tout à coup, Boucaros montre à ses compagnons le coupé qui portait Arthur remisé derrière la maison.

— Les amoureux sont là, dit Achille, alors l'infortuné Arthur ne doit pas être loin.
— Messieurs, il y a du monde dans le coupé, dit Benjamin, j'aperçois une tête à la portière.
— Voyons cela.

On approche du coupé que le cocher avait abandonné sans crainte pour aller soigner son cheval à l'écurie, la portière qui n'était que poussée s'entr'ouvre doucement, et Arthur se montre à ses amis en mettant un doigt sur sa bouche.

— Que diable faites-vous là, Durbinot?
— Chut! messieurs... d'abord je me repose; je suis moulu d'avoir été près d'une heure derrière ce coupé... et qui filait d'un train...
— Comment avez-vous fait pour grimper là, vous?
— Quand je vous quittai, vous savez bien qu'il n'allait pas vite. Je le rattrapai facilement, et le devançai même...
Je pus voir dans l'intérieur... je reconnus Éléonore; mais alors un cri partit du coupé, puis sans doute on donna ordre au cocher de fouetter son cheval... je devinai qu'on voulait m'échapper, et j'eus assez d'agilité pour l'atteindre et grimper derrière... ils ont couru le bois de Boulogne dans tous les sens... toujours pour me perdre, sans doute.
Mais je tenais ferme à mon poste... c'est enfin ils se sont arrêtés ici; je me suis tenu à l'écart; ils sont entrés chez le traiteur... et lorsque le cocher a eu fini de dételer et d'emmener son cheval, je me suis glissé là-dedans... on y est très-bien... ça sent très-fort le patchouli... je crois respirer Éléonore...
— Et pourquoi n'entriez-vous pas dîner là?
— Ah! parce que je me suis souvenu alors que je n'avais que treize sous sur moi... et j'ai craint d'être en affront.
— Pauvre garçon!... en effet, il nous avait prévenus qu'il était sans argent!
— Comment! imprudent, vous poursuivez une femme avec treize sous dans votre poche! et vous espériez l'emporter sur un homme qui l'enlève en coupé!... ceci est bien audacieux.
— C'est probablement pour cela qu'il nous faisait des signes de détresse derrière la voiture...
— C'est vrai... c'est ce que je tâchais de vous faire comprendre...
— Vous ne pouviez pas espérer, cependant, que nous nous mettrions tous à courir après le coupé pour vous faire passer des fonds. Voyez-vous d'ici le coup d'œil!...
— Et le voir sa belle entrer chez un traiteur!...
— Je crois qu'ici vos treize sous ne suffiraient pas... comme c'est heureux que nous soyons venus vous dépivrsonner...
— Le dé-couper, plutôt!
— Bravo!... le mot est joli.
— Ah! messieurs, je ne vous ai pas tout dit... le monsieur qui est avec Éléonore... je ne l'ai vu que par derrière, et pourtant, à sa taille, je crois bien que c'est ce grand Grec qui a été du dîner que nous a donné Montbreilly.
— Sinagria! Oh! ce serait ravissant!...
Entrons chez ce traiteur, messieurs, et laissez-moi conduire toute cette affaire...
— Qu'est-ce qui a mon pistolet, messieurs?
— C'est moi, dit Boucaros en prenant un air tragique, mais par la *mordioux!* vous m'arracherez la vie avant que je vous le rende, car vous feriez des atrocités ici.

Madame Ravageon qui se tient debout devant son potage une louche à la main.

— Vous avez raison, gardez-le.

Les jeunes gens entrent chez le traiteur, s'installent dans un petit salon particulier, et, après avoir commandé leur dîner, se font donner de l'absinthe et des cigares.

Alors Achille reprend la parole.

— Vous êtes bien certain, Arthur, que c'est votre Eléonore qui était dans le coupé?

— Que trop certain... Si j'avais pu en douter... tenez, regardez ce mouchoir qu'elle a oublié sur la banquette... je reconnais les vignettes, c'est moi qui le lui ai donné... et voilà bien son chiffre, E. C. Eléonore Chifflet!

— Ceci enlève jusqu'au plus léger doute...

— Est-elle gentille, votre Eléonore?

— Que trop!... oh! que trop!... c'est-à-dire cela dépend du goût... mais si, elle est très bien... baissant les yeux... ne regardant qu'en coulisse... un air angélique et fripon tout à la fois.

— Peste! vous me donnez l'envie de vous l'enlever aussi.

— J'aurais préféré que ce fût vous à un autre, parce qu'entre amis...

— Ces choses-là se font.

— Si c'est Sinagria qui est avec elle, pensez-vous qu'il ait pu vous voir?

— Ce n'est pas probable... quand j'ai couru regarder à la portière, la dame s'est justement penchée pour y regarder aussi... elle masquait le monsieur... C'est alors qu'elle m'aura reconnu et aura ordonné au cocher d'aller au grand trot.

— Croyez-vous que votre Eléonore aura conté son passé à son nouvel adorateur?

— Elle! le plus souvent! elle lui aura fait des histoires indignes.

— Bon! sonnez le garçon, s'il vous plaît.

Le garçon accourt.

Achille commence par lui mettre cinq francs dans la main, ce qui donne sur-le-champ beaucoup d'amabilité à sa physionomie.

— Garçon, pourriez-vous nous dire où dînent le monsieur et la dame qui sont descendus de ce coupé qui attend en bas?

— Oui, messieurs, c'est facile... Mon Dieu, ils ne sont pas bien loin de vous, la porte au fond du couloir... la dernière.

— Très-bien... ah! garçon... sont-ils... enfermés en ce moment?

— Non, monsieur... ils ne le sont plus... ils sont à leur servir leur dîner...

— Comment! ils ne le sont plus!... s'écrie Arthur d'un air suffoqué, ils l'ont donc été?

— Oui, messieurs... ils n'ont ôté leur verrou que tout à l'heure... j'ai bien entendu... nous sommes au fond de cela, nous autres...

— Sapristi! et dans quel but s'étaient-ils verrouillés?

— Arthur! vous faites des questions stupides.

— C'est bien, garçon... nous sommes satisfaits pour le moment, allez...

Le garçon sort.

Achille se lève et ouvre la porte du petit salon.

— Où allez-vous? crie Durbinot.

— Parbleu! je vais voir le couple au fond du couloir... j'ouvre leur porte... j'ai l'air de m'être trompé... je fais des excuses; si c'est Sinagria, je le reconnais... c'est simple comme bonjour.

Et Achille enfile le couloir, puis va ouvrir la porte qu'on lui a indiquée.

La dame était alors assise assez négligemment sur le genou de son cavalier; elle saute d'un bond sur une chaise, tandis qu'Achille s'écrie :

— Ah! mon Dieu! que je suis distrait... mille pardons, madame et monsieur... je me suis trompé de porte... recevez mes excuses.

Mais aussitôt le cavalier se lève la tête et court rejoindre Rocheville, qui est déjà dans le couloir, en lui criant :

— Eh!... quel hasard... c'est M. Rocheville.

— Comment! c'est M. Sinagria.

Ma foi, je ne vous ai pas même regardé... j'étais si désolé d'avoir été indiscret!...

— Il n'y a aucun mal...

— Ah çà! mais, mon cher, recevez mon compliment... vous êtes ce une fort jolie femme...

— N'est-ce pas qu'elle est très-bien? et puis c'est une personne fort comme il faut... extrêmement distinguée.

Oh! c'est toute une aventure... êtes-vous seul ici?

— Non, je suis avec de vos connaissances, Benjamin... Arthur Durbinot et deux artistes, deux peintres... charmants garçons... Avez-vous le temps de prendre un verre d'absinthe... vous nous conterez votre bonne fortune.

— Ma foi, je le veux bien... je vais seulement prévenir ma dame que j'ai un peu à vous parler... Où êtes-vous?

— Là-bas... à gauche.

— Je vous rejoins tout de suite.

Achille retourne près de ses amis qui lui crient :

— Eh bien!

— C'est lui, c'est bien Sinagria... au reste, vous allez le voir, il va venir...

— Venir ici?

— Sans doute; nous conter comment il a fait la conquête de cette dame... le jeune Grec est vaniteux comme un paon... Il est enchanté que sa bonne fortune soit connue!... Ça va être amusant, surtout pour Durbinot.

— Comment!... il va venir... lui-même! murmure Arthur en pâlissant.

— Eh oui! et il sait que vous êtes des nôtres, cela vous prouve qu'il ne se doute pas que c'est votre maîtresse qui est avec lui...

— C'est vrai... mais...

— Mais vous allez écouter tout ce qu'il nous dira, sans vous permettre la moindre réflexion.

Votre position sera du plus haut comique!

— Vous croyez!

— Cela ne fait pas le moindre doute!

Savez-vous bien, messieurs, que l'on ferait un charmant vaudeville là-dessus!

— Mais après?

— Soyez donc tranquille, le dénoûment me regarde...

Chut, messieurs! voici Sinagria.

Le grand Grec entre dans le petit salon, salue la société, et va donner une poignée de main à Benjamin.

Puis à Durbinot. Celui-ci fait des yeux de chat tout en donnant sa main.

— Bonjour, messieurs, enchanté de vous revoir... Nous ne nous sommes pas trouvés ensemble depuis le dîner de chez Vachette.

— C'est vrai... et il y a déjà du temps!...

Achille prépare l'absinthe en disant :

— Messieurs, Sinagria est dans un cabinet voisin avec une des plus jolies femmes de Paris... et il veut bien nous conter comment il a fait cette délicieuse conquête, ceci pour notre instruction... Parlez, beau Grec, digne descendant d'Alcibiade, nous vous écoutons.

— Messieurs, c'est pour vous être agréable, car ma modestie se refuserait à ce récit.

— Oubliez votre modestie et parlez.

— Il y a huit jours environ... j'arrivais d'Angleterre... où j'ai même laissé M. Montbreilly...

Je me trouvais donc vers la fin de la journée sur les boulevards, du côté du Château-d'Eau.

— Comment! il n'y a que huit jours? s'écrie Arthur.

— Taisez-vous donc, Durbinot!... Est-il insupportable avec ses interruptions...

Est-ce que le temps fait quelque chose à l'affaire?...

Continuez, Athénien.

— Je vis une dame dont la tournure me frappa...

Elle semblait inquiète et tremblante.

Cela me rappela l'aventure de cette dame...

Vous savez... qui m'envoya chez un somnambule...

— Oui, oui... qui vous apprit quelle espèce d'occupation la retenait.

Je marchais près de cette dame au fond du boulevard avec intérêt, lorsque tout à coup, après avoir regardé derrière elle, elle poussa un cri, me prit le bras qu'elle serra très-fortement en me disant d'une voix émue :

— Ah! monsieur, par pitié, protégez-moi, sauvez-moi, emmenez-moi...

S'il m'a vue, je suis perdue!...

Je commençai par rassurer cette dame, que je fis marcher très-vite. Quand nous fûmes un peu loin, je lui demandai ce qui l'avait tant effrayée, et voici ce qu'elle me répondit :

— Je suis née à Moscou...

J'arrive de Wilna... où mes parents possèdent de grands biens.

J'ai eu la faiblesse d'écouter les protestations d'amour d'un jeune Polonais, le comte Polotosky.

Il me pria de m'épouser, et nous partîmes pour la France.

Mais je m'aperçus bientôt que j'avais affaire à un homme jaloux, despote, cruel.

Arrivés à Paris, il me tint enfermée, me priva de tous les plaisirs... moi qui, par ma position, suis appelée à briller dans le monde, à mener un train de princesse; je sentis la faute que j'avais faite, Polotosky me devint odieux, et je ne songeai plus qu'à lui échapper.

Il y a deux jours, j'en ai enfin trouvé l'occasion, je me suis sauvée de chez une amie... où j'attendrai que l'on m'envoie des fonds de Russie; mais en attendant mes roubles, je suis un peu gênée, et qui un dragon à pied, moi qui aime les voitures...

— Oh! oui! murmure Durbinot en levant les yeux au ciel.

— Silence donc, là-bas!... Achevez, Sinagria.

— Eh bien, cette jeune femme venait d'apercevoir, sur le boulevard, le comte Polotosky; c'est pourquoi elle avait eu peur et m'avait saisi le bras... Ma foi, messieurs, vous devinez la suite : je fis monter cette dame en voiture et la reconduisis chez son amie... rue Jean Beausire...

LA MARE D'AUTEUIL.

— Je sais ! je sais ! dit Arthur.
— Que savez-vous ? demande le Grec.
— Parbleu, il sait où est cette rue-là, et nous aussi ; c'est près de la place de la Bastille, assez vilaine rue, par parenthèse.
— Justement.
Cette dame me dit qu'elle ne pouvait pas me recevoir chez son amie ; mais j'obtins un rendez-vous, et ma foi, messieurs, j'ai triomphé !...
Arthur pousse un rugissement sourd.
— C'est moi qui viens de marcher sur son œil de perdrix, dit Boucaros.
— Voilà ma bonne fortune, messieurs...
Lisiska... c'est le nom de baptême de cette dame, m'a fait louer aujourd'hui un coupé pour la journée... D'abord, elle ne veut sortir qu'en voiture.
C'est une conquête qui me coûte beaucoup d'argent.
Mais on n'a pas tous les jours de grandes dames...
Et si sa fortune est aussi considérable qu'elle le dit... on ne sait pas...
Elle est folle de moi, cette femme-là.
— Vous l'épouserez ?
— Pourquoi pas ? et au lieu de m'établir sur les rives du Bosphore, j'irai habiter celles un peu plus fraîches de la Néva ; mais les roubles réchauffent si bien.
A propos, je ne vous ai pas tout dit. En nous promenant tantôt dans le bois de Boulogne, Lisiska est persuadée qu'elle a vu le comte Polotosky courant après notre voiture...
Nous avons été comme le vent...
J'aime à croire qu'elle s'est trompée, ou que nous aurons dépisté ce monsieur.
Mais il faut que je vous quitte...
— C'est juste, vous ne pouvez laisser votre Moscovite seule plus longtemps...
— Adieu, messieurs. Monsieur Rocheville, avant de partir vous viendrez bien prendre un verre de champagne avec nous.
— Avec plaisir, puisque vous me le permettez.
— Au revoir donc ; adieu, messieurs.
Le Grec est sorti du salon.
Les jeunes gens rient beaucoup, tout en attaquant leur dîner avec appétit.
Arthur mange aussi ; mais, au lieu de rire, il s'écrie à chaque instant :
— Quelle infâme rouerie !..
Mais est-elle menteuse cette Éléonore ? l'est-elle... Moscovite !... de grands biens... une grande famille... Oui, elle est belle, sa famille... c'est sa sœur qui demeure rue Jean Beausire... où elle es giletière...
Je lui avais défendu de la voir, c'est un très-mauvais sujet...
— Vous êtes devenu, vous, le comte Polotosky !... vous voilà Polonais, mon cher...
— Et autre chose aussi !...
— J'espère que vous n'attendrez plus le poisson qu'Éléonore devait vous rapporter.
— Ah ! il y a des moments où... Monsieur Boucaros, avez-vous toujours mon pistolet ?...
— Plus que jamais.
— Très-bien... je ne veux pas encore le reprendre, mais nous verrons plus tard...
— Monsieur Rocheville, vous m'avez promis de me venger.
— Et je tiendrai ma parole.
— Mais dînons d'abord... et dînons bien, dit Boucaros. Ah ! les femmes, messieurs, les femmes ! Quelle belle étude à faire !...
— Pour un peintre.
— Et pour un physiologiste, et pour un moraliste.
— Et pour un naturaliste !
— Benjamin, prenez des notes, mon ami, prenez des notes.
— Il aime mieux prendre du champagne...
— Monsieur Godichon, connaissez-vous l'histoire d'Aspasie ? dit Tambonreau, de cette célèbre courtisane grecque, née à Milet en Ionie...
Ce fut elle qui fit entreprendre la guerre de *Samos* et de *Mégare*, d'où naquit celle du Péloponèse... d'où...
— Assez !... assez !..
— Si Tambonreau reparle encore des Grecs, je demande qu'il lui soit défendu de toucher au dessert.
— En fait de Grecs, nous avons Sinagria, c'est bien suffisant.
A peine le dessert est-il servi, que Rocheville se lève en disant :
— Il est temps d'agir.
— Qu'allez-vous faire ? dit Arthur.
— Vous le saurez... Mais surtout, messieurs, ne laissez pas Durbinot sortir d'ici...
Vous m'en répondez sur vos cheveux.
— Nous le jurons.
Achille quitte ses amis, prend son chapeau et court frapper au cabinet de Sinagria.
— Entrez ! crie le jeune Grec.
Achille entre, il salue profondément Éléonore, qui, prévenue par son amoureux, lui fait un sourire gracieux, tout en tâchant de se donner des airs de grande dame.
Sinagria verse du champagne.
Achille boit, mais en affectant un air inquiet et troublé.
— Qu'avez-vous donc ? lui dit le grand jeune homme, vous ne me semblez pas aussi gai que tout à l'heure...
— Je désirerais vous dire deux mots... si madame permet.
— Je suis à vos ordres.
Sinagria s'empresse de sortir dans le corridor avec Achille, qui lui dit à demi-voix :
— Je n'ai pas voulu parler devant cette dame, de crainte de l'effrayer ; mais tout à l'heure, j'étais en bas ; un étranger, fort bien couvert, est entré dans ce restaurant, il s'est informé du propriétaire du coupé...
— C'est le comte Polotosky !...
— Cela m'en a tout l'air.
— Diable !... qu'est-il devenu ?
— Il est toujours ici... dans ce cabinet... à côté du vôtre...
Il est probable qu'il guette... qu'il attend... tant qu'il vous saura près de lui, il sera tranquille...
Mais si vous partiez, je crains un guet-apens...
— Bigre... ceci est peu agréable...
Je n'ai pas peur de ce monsieur... mais une scène dans cette auberge...
Si cet homme est barbare, comme le dit Lisiska... un mauvais coup est bientôt reçu... que faire ? aidez-moi de vos conseils, je vous en prie.
— Je ferai mieux, je vous sauverai tous les deux, car je crois ce Polotosky capable de très-vilaines choses...
Descendez vite... dites à votre cocher d'atteler sur-le-champ, payez votre dépense, puis revenez.
Moi, pendant ce temps, je préviens avec ménagement votre dame...
Le Polonais, qui entend toujours parler dans votre cabinet, reste tranquille dans le sien.
Quand vous êtes revenu, j'emmène votre dame et je la fais monter dans le coupé...
Pendant ce temps, vous continuez de parler tout haut dans le cabinet... toujours pour tromper l'autre.
— Oh ! je comprends !
— Je remonte.
Alors vous allez rejoindre votre dame et vous partez avec elle...
Mais moi, j'ai pris votre place dans le cabinet, j'y parle tout seul très-haut, comme si je causais avec vous... et j'y reste assez longtemps pour que vous ayez le loisir de partir et d'être bien loin avant que le Polotosky ait découvert la ruse.
— Oh ! charmant ! parfaitement combiné... Laissez-moi vous embrasser !...
— Plus tard ! quand nous serons à votre dernière sortie...
— Alors je cours vite faire ce que vous m'avez dit...
— Faites atteler, surtout.
— Vous, prévenez Lisiska.
Sinagria descend vivement l'escalier.
Achille rentre près d'Éléonore, qui commençait à s'inquiéter de l'absence de son cavalier.
— Madame, dit Achille en abordant la jeune femme, prenez votre chapeau... votre châle, disposez-vous à partir bien vite !...
— Ah ! mon Dieu, monsieur, et pourquoi donc cette précipitation ?
— Parce que, madame, il y a, ici près, quelqu'un de vos amis qui vous guette...
Ce n'est pas le comte Polotosky, comme je viens de le dire à Sinagria pour ne point vous démentir, mais c'est ce pauvre Arthur Durbinot qui trouve que vous avez été beaucoup trop longtemps pour lui acheter du saumon et vient vous demander des explications à ce sujet.
— Ah ! l'imbécile !... ah ! le jobard !...
Comment ! il est ici...
Je ne m'étais pas donc trompée ce matin, dans le bois de Boulogne...
Quoi, monsieur... vous savez...
— Oui belle Éléonore... tout ce qui vous concerne...
— Mais je connais Arthur ! Quoique il porte toujours un pistolet sur lui, il est incapable de s'en servir... c'est un poltron.
— C'est possible ; mais vous ne sauriez empêcher ce poltron d'apprendre à Sinagria que vous n'êtes point une grande dame russe...
D'autant plus que Sinagria connaît justement Durbinot !
— Ah ! quel ennui... que c'est embêtant, tout cela...
Cela prendrait si bien avec ce Grec... Monsieur, est-ce que vous voulez qu'il sache que je lui ai dit des bêtises...
— Vous voyez que non, puisque je lui ai assuré que c'était un étranger, un Polonais, qui vous guettait...
— Ah ! vous êtes gentil... et que vais-je faire à présent pour éviter l'autre imbécile...
— Ce que va vous dire Sinagria...
— Le voici.
Le grand Grec rentre dans le cabinet, tout essoufflé, tout ému :
— J'ai fait tout ce que vous m'avez dit, monsieur Rocheville, le coupé est attelé... le traiteur payé. Ma chère Lisiska, descendez avec monsieur, qui va vous conduire jusqu'à la voiture...
— Et vous, mon ami ?

— Moâ, il faut que je reste encore un peu dans ce cabinet, pour tromper votre tyran...
Mais bientôt j'irai vous rejoindre...
Ce digne ami va revenir prendre ma place...
Allez, allez; ne perdez pas de temps.
Éléonore a déjà son chapeau et son châle, Achille lui prend la main, l'entraîne, lui fait descendre l'escalier, gagne le coupé; elle monte dans la voiture, Achille en fait autant et s'installe à côté d'elle en disant au cocher :
— A présent, partez!... à Paris, rue Jean Beausire... mais vous n'avez pas besoin de vous presser... donnez-vous le temps.
— Comment! nous partons, dit Éléonore en regardant son compagnon avec surprise.
— Nous partons.
— Rien que nous deux ?
— Rien que nous deux.
— Et mon Grec ?
— Est-ce que vous avez cru par hasard que c'était pour lui que je me donnais tant de peine?...
Éléonore part d'un éclat de rire et se rejette au fond de la voiture en s'écriant :
— Ah! je voudrais voir la figure qu'ils vont faire tous les deux!
En effet, pendant que le coupé roulait mollement sur la belle avenue de Neuilly, Sinagria, resté seul dans son cabinet, s'escrimait à parler très-haut, à tousser, à rire, à pousser des ho! ho! ah! ah! persuadé que cela était indispensable pour entretenir l'erreur du comte de Polotosky.
Cependant, après dix minutes employées à cet exercice, le grand Grec commence à se fatiguer, il en a mal à la gorge; au bout d'un quart d'heure, n'en pouvant plus et ayant une extinction de voix, il se décide à sortir de son cabinet et à aller trouver les jeunes gens dans leur salon.
Ceux-ci riaient aux larmes, parce que, de leur table, ils entendaient Sinagria parler tout seul; Arthur seul ne riait pas, il attendait toujours avec impatience le dénoûment.
— M. Rocheville n'est pas remonté? dit Sinagria aux jeunes gens.
— Non; c'est nous qui voulions vous demander ce que vous en aviez fait...
— Ce que j'en ai fait... je n'y comprends rien... je l'attends, moi... Ah! voilà le garçon... je vais l'interroger : Garçon, dites-moi d'abord, ce monsieur étranger qui dîne dans le cabinet auprès du mien... est-il sorti... ou est-il toujours là?...
Le garçon ouvre de grands yeux en répondant :
— Comment, monsieur... quel étranger... je ne comprends pas...
— Il me semble pourtant que je m'explique... le monsieur seul... qui a pris ce cabinet au fond, à côté du mien... est-il toujours là?
— Mais, monsieur, il n'y a personne à côté de vous... il n'y a absolument, dans ce corridor, que ce salon et votre cabinet d'occupés.
La figure de Sinagria s'allonge considérablement, d'autant plus que les jeunes gens continuent de rire.

— Garçon, êtes-vous bien sûr de ce que vous me dites là?
— Parfaitement sûr, monsieur; d'ailleurs, donnez-vous la peine d'ouvrir toutes les portes... vous verrez vous-même.
Sinagria se décide à suivre ce conseil, il prend une lumière, va ouvrir les cabinets, examine partout, pince ses lèvres, enfle ses narines et retourne vers les jeunes gens qui continuent de rire et de boire.
— Messieurs... en vérité... je n'y conçois rien... M. Rocheville est venu tout à l'heure me dire qu'il avait aperçu un étranger qui me cherchait, moi et cette dame russe... que cet étranger était probablement le comte Polotosky, et qu'il nous guettait dans un cabinet près du nôtre où il s'était établi... est-ce que M. Rocheville m'aurait fait quelque *blagueriet*...
— Franchement, j'en ai peur! dit Tambourneau.

Madame Fourniment place la lumière à l'écart, puis elle revient se mettre à genoux devant le lit.

— Mais alors... qu'a-t-il fait de Lisiska... Holà, garçon!...
— Voilà, monsieur.
— Cette dame qui était avec moi m'attend toujours dans le coupé, n'est-ce pas ?
— Oh! monsieur! il y a longtemps que le coupé est parti avec cette dame et ce monsieur qui dînait avec ces messieurs!...
— Parti!... il aurait emmené Lisiska!...
— Comment! il a gardé Éléonore pour lui!... s'écrie à son tour Durbinot, tandis que les témoins de cette scène rient à se tenir les côtes.
— Que parlez-vous d'une Éléonore? dit le grand Grec en s'adressant à Arthur.
— Parbleu, je parle d'Éléonore ou de Lisiska... comme vous voudrez!... c'est la même chose...
— Qu'est-ce que vous dites?
— Je vous dis que votre grande dame russe est mon Éléonore, qui m'a quitté un beau matin pour aller acheter du saumon... je ne l'avais pas aperçue depuis... lorsque tantôt dans votre coupé... je l'ai reconnue, et elle m'a reconnu aussi... c'est moi qui suis son comte Polotosky... c'est une Moscovite de la rue Jean Beausire.
Sinagria se laisse sur un siège et cache sa figure dans ses mains en trépignant des pieds de colère.
Arthur arpente la salle en s'écriant qu'il veut son pistolet et qu'il veut courir après le coupé.
— Allons, messieurs!... calmez-vous! dit Boucaros; est-ce que vous allez, comme des enfants, vous désoler pour une femme qui se fiche de vous deux... par exemple, voilà qui serait coquet... Benjamin, versez du champagne à ces messieurs; versez à plein bord!... et qu'ils oublient cette aventure, ou plutôt qu'ils soient les premiers à en rire, ce sera encore mieux.
Sinagria hésite, il regarde Arthur, celui-ci fait la moue, mais se rapproche de la table, enfin l'un et l'autre se décident à prendre leur verre, à trinquer, à boire, puis à recommencer, parce que Boucaros a soin de remplir leurs verres dès qu'ils sont vides.
Si bien qu'une heure plus tard ces messieurs sortent de chez le traiteur ayant chacun une pointe assez prononcée, et que Durbinot,

pendu au bras du grand Grec, avec laquelle il était devenu très-intime, lui dit d'une voix pâteuse :
— Mon ami... à présent... vois-tu, cela m'est égal... je ne l'aime plus... tu l'aimes... tu ne l'aimes plus, je l'aime... Éléonore... Lisiska et *vice versâ*... Ah! bigre, qu'est-ce que j'ai fait de mon pistolet!...

XXIX.

Le petit tableau.

— Êtes-vous prêt? dit Achille en se présentant, un matin chez Benjamin Godichon qui achevait sa toilette.
— Parbleu, il y a longtemps que je suis prêt et vous attends... depuis huit jours que vous deviez me mener chez madame Durbalde...
— Ah! mon bon ami... on ne fait pas toujours ce que l'on veut... j'ai tant d'occupations.
— Je le crois... et qu'avez-vous fait de la dame de ces messieurs, Éléonore-Lisiska, que vous leur avez soufflée à tous deux, il y a huit jours... c'était fort amusant!
— N'est-ce pas? oh! quant à celle-là... je ne m'en suis pas occupé longtemps... c'est ma dame blonde qui m'inquiète...
— Cette dame que vous courtisiez pendant que je faisais le sourd-muet...
— Justement... je n'ai que trop réussi à lui tourner la tête...
— Pourquoi trop...
— Parce que c'est une femme exaltée... romanesque... elle prend la passion au sérieux... elle prétend qu'elle ne peut plus vivre sans moi...
— Eh bien, cela vous déplait...
— Ça ne me déplait pas si vous voulez... et pourtant cela ne m'amuse plus guère... je crains qu'Amélie ne fasse quelque coup de tête... mais laissons cela! *il ne faut pas prévoir les malheurs de si loin!*... Vous voilà prêt, avez-vous garni votre portefeuille de billets?...
— Oui... mais pourquoi...
— Parce que cela vous servira probablement ; j'ai un cabriolet en bas... partons...
— Il n'est que midi et demi... serons-nous reçus si matin chez cette dame?
— Pourquoi pas? nous n'y allons pas en visite, nous allons pour affaire, et d'après les renseignements que je me suis procurés, c'est une dame qui entend les affaires.
— Ah! mon ami... si vous mettiez votre main sur mon cœur... il bat d'une force...
— Tant mieux pour vous, c'est que vous êtes amoureux, et on dit que c'est un plaisir...

— Est-ce que vraiment vous n'avez jamais connu ce sentiment-là...
— Je ne dis pas... peut-être... et même je croirais presque en ce moment...oh! mais non, ce serait trop bête...
— Qu'est-ce qui serait bête?
— Rien, partons.
Les deux amis sont bientôt devant la demeure de madame Durbalde. Le concierge a dit que cette dame était chez elle.
Achille monte lestement en disant à Benjamin :
— Vous savez ce que je vous ai dit... c'est vous qui tenez absolument à ce tableau...
— Je ne sais pas seulement si je le reconnaîtrai ce tableau...
— Soyez tranquille, je le connais, moi.
Achille dit à la suivante d'annoncer deux messieurs qui viennent de la part de M. Tamboureau.

A quelques pas devant elle et adossé contre l'appui d'une cheminée, M. Valdener...

On les fait passer dans un beau salon où on les prie d'attendre.
Achille aperçoit bientôt le prétexte de leur visite accroché dans un coin du salon.
Il le montre à Benjamin, en lui disant :
— Voici le tableau que vous tenez à posséder... vous ferez des folies pour l'avoir.
— C'est entendu.
Madame Durbalde arrive ; sa toilette est simple, mais parfaitement assortie à sa taille et à sa figure.
Elle salue les deux jeunes gens avec une certaine dignité presque imposante.
En portant ses regards sur Benjamin, elle paraît chercher dans ses souvenirs où elle l'a déjà vu.
Achille s'empresse de prendre la parole.
— Mille pardons, madame, si, sans être connus de vous, nous nous permettons de nous présenter chez vous... je pense devoir vous faire connaître qui nous sommes... Voici M. Benjamin Godichon, capitaliste, qui, je crois, a eu le plaisir de se rencontrer avec vous, madame... à l'atelier de Tamboureau...
— Ah! oui... en effet... je me souviens maintenant! et madame Durbalde, c'est monsieur dont on avait fait le portrait dans un paysage... avec...
— Avec des animaux, murmure Benjamin en baissant les yeux.
— Oui... oui... c'était une fantaisie... une gageure... s'écrie Achille. Quant à moi, madame, je me nomme Achille Rocheville... j'ai l'avantage d'être assez lié avec M. Valdener...
Madame Durbalde sourit, en répondant :
— Je vous connais beaucoup de nom. Mais veuillez vous asseoir, messieurs.
— Eh bien, madame, maintenant que nous ne sommes plus tout à fait des étrangers pour vous... nous allons, si vous le permettez, vous expliquer le motif de notre visite.
Je vais droit au but.
Vous avez là un tableau délicieux que je comptais acheter à Tamboureau... mais ce n'était pas pour moi que je voulais faire cette acquisition, c'était pour mon ami que voilà... il m'avait chargé de ce soin parce qu'il n'entend rien à tout ce qui est peinture... et quand il aime un tableau, il le paierait tout ce que le peintre voudrait... Il

paraît qu'il y a dans celui-ci des figures qui se trouvent ressembler parfaitement à des personnes que Benjamin a beaucoup connues...

— Ah! les figures de femmes, sans doute? dit madame Durbalde en souriant.

— Oui, madame, oui, justement... ce sont les femmes...

— Elles sont toutes les trois fort jolies, et je vous fais compliment, monsieur, si vous avez connu les modèles.

Benjamin s'incline en faisant une petite mine coquette qui frise beaucoup la sottise.

Achille reprend bien vite la parole :

— Si bien donc, madame, qu'en apprenant que Tamboureau avait vendu ce tableau, mon pauvre ami a poussé des cris de douleur, de désespoir...

On lui aurait enlevé sa maîtresse qu'il n'en eût pas éprouvé plus de chagrin !..

— Peut-être, monsieur, en eût-il eu moins ! dit madame Durbalde en souriant; mais enfin, messieurs, où voulez-vous en venir?

— Madame, c'est bien simple, et nous espérons que notre démarche ne vous offensera en rien, car nous commençons par vous dire que votre désir, votre plaisir même, seront toujours très-respectables pour nous !..

— Oh ! oui, madame... vous serez très-respectable !... pour nous, murmure Benjamin en se levant pour saluer.

— Mon Dieu ! que cet animal-là est bête quand il veut être galant ! se dit Rocheville en réprimant difficilement un mouvement d'impatience.

— Bref, madame, vous avez acheté ce tableau, mais peut-être n'y tenez-vous pas extrêmement...

Nous venons vous proposer une affaire... comme nous ferions à un courtier de commerce...

Cela ne vous fâchera pas, madame?

— Pourquoi donc... je m'occupe d'affaires quelquefois...

Une femme seule doit veiller à ses intérêts...

Comment a été la bourse hier... je n'ai pas vu de journaux...

— Madame, le trois pour cent a monté...

— Ah ! tant pis, j'avais joué sur la baisse...

Monté de combien ?

— De quarante-cinq centimes...

— Ah ! que cela me contrarie !...

Pardon, monsieur, revenons à ce que vouliez me proposer...

— Madame, quel que soit le prix que vous ayez payé ce tableau, mon ami vous en offre le double...

— Oui, madame, le double...

Madame Durbalde se penche dans sa causeuse et chiffonne son mouchoir dans sa main tout en répondant avec une certaine hésitation :

— Mais je crois que ce tableau a été payé cinq cents francs... Je ne suis pas bien sûre... peut-être un peu moins... mais enfin... c'est mille francs que vous en offrez.

— Oui, madame...

— Ah ! je vous avoue que je tiens à ce délicieux tableau...

Je ne m'en déferais qu'avec peine...

— Alors, madame, n'en parlons plus, dit Achille... et recevez mes excuses...

— Je veux dire que pour consentir à me priver de ce tableau...

Il faudrait, au moins, que la somme en valût la peine...

Ah ! je suis très-contrariée que le trois pour cent ait monté...

— Madame, j'offre deux mille francs du tableau, dit Benjamin.

La jolie brune reprime un mouvement de satisfaction que a brillé dans ses yeux, et répond en souriant :

— Cela me semble fort drôle de faire ce commerce...

Tenez, monsieur, je ne suis pas marchande...

Moi, j'ai perdu à la bourse trois mille francs par la hausse des quarante-cinq centimes...

Il faut que je paie cette différence... sous peine d'être exécutée... comme on dit, je crois, en style de bourse!..

Et quoique femme, je tiens à ne point me laisser exécuter !...

— Et moi, madame, je serai trop heureux de vous faire oublier votre échec à la bourse en payant mille écus pour le tableau...

— Eh bien, monsieur, prenez-le donc et que ce soit un marché fait .. Mais je vous certifie que sans ma différence à payer à mon agent de change, je n'aurais pas cédé le tableau.

L'histoire de la perte à la bourse a été adroitement trouvée ! se dit Achille, pendant que Benjamin fouille dans son portefeuille.

Cette dame est une fine mouche... je plains ce pauvre garçon d'en être amoureux.

Madame Durbalde vient de recevoir les trois billets de mille francs que Benjamin lui a présentés en la regardant tendrement.

Et comme un jeune homme qui paie mille écus une fantaisie, est toujours un personnage essentiellement distingué, elle répond à son regard par une œillade tout à fait andalouse mais tout à coup la porte s'ouvre et M. Valdener paraît.

Ce monsieur demeure tout surpris en trouvant deux jeunes gens chez sa maîtresse, et surtout en reconnaissant dans l'un d'eux Achille Rocheville.

La rencontre ne lui plaît que médiocrement, mais en homme qui sait vivre, il salue la société d'un air très-gracieux.

— Eh ! voilà ce cher monsieur Valdener ! s'écrie Achille en allant offrir sa main au nouveau venu.

— Comment, c'est monsieur Rocheville que j'ai le plaisir de voir ici. Quelle heureuse circonstance ?...

— Mon ami, je vais tout vous expliquer, s'empresse de dire madame Durbalde.

Ces messieurs se sont présentés chez moi...

L'un en s'autorisant de votre connaissance.

L'autre... comme nous ayant déjà rencontrés à l'atelier de M. Tamboureau...

— Ah ! oui... oui... Je me rappelle y avoir vu monsieur...

— Nous nous sommes aussi rencontrés au bois de Boulogne... il y a huit jours... répond Benjamin en saluant M. Valdener; celui-ci se trouble et balbutie.

— Oui... c'est vrai... il faisait un temps superbe... comme aujourd'hui... plus chaud cependant... Je venais vous proposer une promenade, madame...

Madame Durbalde regarde M. Valdener d'une façon qui annonce qu'elle s'aperçoit très-bien de son embarras.

— Mais, monsieur, avant de me proposer une promenade, laissez-moi donc vous dire ce qui m'a procuré l'avantage de recevoir ces messieurs..

— Ah ! c'est juste, parlez, madame.

— Monsieur... que voilà est, à ce qu'il paraît, amateur passionné de peintures, il avait remarqué chez M. Tamboureau le charmant tableau que... nous lui avons... acheté, il y a quelques jours...

Valdener fait un léger clignement d'yeux en entendant ce :

Nous lui avons acheté; mais il se tait.

— Monsieur est venu me prier... me supplier de lui céder ce tableau... et vraiment cela eût été barbare de le lui refuser.

Les figures de femmes ressemblent à des personnes que monsieur a connues... et connaît peut-être encore...

— Oh ! non, madame... je ne connais personne ! s'écrie Benjamin.

La jolie brune sourit, Valdener se mord les lèvres en murmurant :

— D'après cela, madame, il me paraît que vous avez fait assez peu de cas du cadeau que je vous avais fait.

— Peu de cas ! s'écrie Achille d'un ton goguenard.

Mais au contraire ! madame en faisant très-grand cas, puisqu'elle n'a consenti à le céder que moyennant mille écus.

Madame Durbalde regarde Achille d'un air qui signifie :

— Vous êtes bien bavard !

M. Valdener porte ses regards sur Benjamin en disant :

— Mille écus !... comment... monsieur a payé ce petit tableau trois mille francs...

— Oui, monsieur, et je ne les regrette pas...

— Oh ! il faut vous dire aussi, mon cher monsieur Valdener, que mon ami Benjamin ne sait que faire de son argent !...

Quand à son âge on a déjà quatre-vingt mille francs de rente et plus du double en espérance...

On peut se passer quelques petites fantaisies...

Valdener change de couleur, il prévoit sur-le-champ toute la séduction qu'un jeune homme aussi riche peut exercer sur une femme comme madame Durbalde; celle-ci tâche de paraître indifférente à la grande fortune de ce monsieur qui est si troublé en elle donne un coup d'œil dans une glace, arrange les boucles de ses cheveux, et fait de ces jolies mines coquettes dont on sait si vite la traduction pour peu qu'on ait l'habitude de la société de ces dames.

M. Valdener est évidemment très-contrarié et les efforts qu'il fait pour le dissimuler produisent un effet tout opposé; il se jette sur un divan en s'écriant :

— Ah ! madame !... vous vous faites marchande de tableaux !... J'ignorais que vous eussiez ce goût pour le commerce...

Après tout... vous vous y entendez fort bien...

Votre coup d'essai est un coup de maître...

— Ah ! monsieur, que vous êtes méchant !

Vous voyez, messieurs, on me fait une scène parce que j'ai cédé le tableau de M. Tamboureau...

Je devais m'y attendre...

En effet... j'ai cru pouvoir disposer de ce qu'on m'avait donné..

Il paraît que j'ai eu tort.

— Pas du tout ! dit Achille, puisque cela comble le déficit que vous avez éprouvé à la bourse...

LA MARE D'AUTEUIL.

— A la bourse! s'écrie Valdener en ouvrant de grands yeux. Comment! Nadellie, est-ce que vous joueriez à la bourse... en voilà la première nouvelle...

Madame Durbalde lance sur Achille des regards courroucés, en répondant :

— Eh bien.... après, monsieur.... quand cela serait... ne suis-je donc plus maîtresse de mes actions... est-ce que toutes les femmes n'ont pas leur petit secret...

— A propos, mon cher monsieur Valdener !... s'écrie Achille, qui est enchanté de mettre le feu partout, qu'avez-vous fait de cette jolie grisette qui sortait de votre petite maison d'Auteuil... elle est fort bien, cette jeune fille !...

M. Valdener devient pourpre.

Madame Durbalde redevient rayonnante ; comme l'amour n'entre pour rien dans sa liaison avec ce monsieur, elle n'éprouve pas le plus petit sentiment de jalousie, mais elle est enchantée de pouvoir le s'en amuser un moment.

— Ah! monsieur... vous recevez des grisettes à votre maison de campagne! s'écrie cette dame en affectant un vif dépit.
En vérité, j'apprends aussi des choses nouvelles aujourd'hui... je trouve cela beaucoup moins innocent que de céder un tableau... pour obliger quelqu'un.

— Ah! sapristi! est-ce que j'ai commis une indiscrétion ! reprend Achille d'un air de bonhomie.

J'ai dit cela sans réfléchir... mais après tout, madame ne saurait être jalouse de la personne que nous avons vue avec M. Valdener... un homme comme lui ne se compromet pas avec ces petites filles... il s'en amuse un moment... et puis c'est tout.

— Monsieur, répond enfin Valdener d'un ton sec, il me semble que je puis faire ce qui me plaît et que vous n'avez nullement le droit de vous immiscer dans ce qui me regarde...

Vous me permettrez donc de ne point répondre à vos questions relativement à cette jeune fille.

— Oh! décidément je vois que j'ai eu tort !... je suis un maladroit... je ne fais et ne dis que des sottises... Nous allons nous retirer, car je craindrais, sans le vouloir, de commettre encore quelque bévue... Venez, Benjamin, prenez votre acquisition et demandons pardon à madame de tout l'ennui que nous lui avons causé!

— Vous ne m'en avez causé aucun !.. bien loin de là, messieurs ! répond madame Durbalde en regardant toujours Benjamin, quoiqu'elle ait l'air de s'adresser à Achille.

Et comme je tiens à ce que vous n'emportiez pas de moi cette opinion... je vous prie, lorsque le hasard vous conduira l'un ou l'autre dans ce quartier, de me faire l'honneur de venir vous reposer un moment chez moi.

— Ah! madame... que de bontés...

Nous profiterons de votre aimable invitation.

Valdener est suffoqué par le dépit, il répond à peine au salut que lui adressent les deux jeunes gens, tandis qu'au contraire madame Durbalde leur fait une révérence accompagnée du plus aimable sourire.

— Eh bien, qu'en dites-vous? s'écrie Achille en remontant en cabriolet avec Benjamin.

Je me flatte que nous avons été assez vite en besogne...

— Ah! mon ami! je suis aux anges...

— Cela vous coûte mille écus... mais avec cette femme-là il fallait trancher dans le grand...

— Vous m'avez fait bien plus que je ne suis...

— Ne fallait-il pas vous faire plus pauvre?... c'est grâce à ce mensonge que vous devez d'avoir été engagé à revenir et cela au nez de ce pauvre Valdener, qui ne savait plus sur quelle jambe se tenir... Oh! le malheureux prévoit déjà le coup qui le menace... Après tout, pas si malheureux... il a mademoiselle Augusta pour le consoler... je préférerais cent fois cette jeune fille à madame Durbalde... C'est bien singulier... elle me repousse... elle ne veut pas même que je l'embrasse... et c'est pour se donner à un homme... qui a deux fois mon âge... que je crois fort peu aimable... qui est prétentieux... amoureux de lui... concevez-vous cela?...

Ah! il ne m'écoute pas... il pense à elle... et moi... je ne sais pourquoi je ne puis bannir de ma pensée l'image de cette Augusta !... mon Dieu !... si j'allais devenir aussi bête que ce monsieur !...

XL.

Calomnies.

Plusieurs semaines se sont écoulées depuis le jour où Albert a ramené Augusta chez elle, et la jeune fille n'a pas revu celui qui s'était déclaré son défenseur.

Dans les premiers jours qui ont suivi la rencontre au bois de Boulogne, Augusta espérait voir arriver chez elle le jeune homme auquel elle craint de n'avoir pas assez témoigné sa reconnaissance ; mais en voyant le temps s'écouler sans entendre parler de lui, elle se dit :

— Après tout, ce monsieur a bien autre chose à faire que de songer à moi... qu'il connaît à peine et dont au fond de l'âme il a peut-être aussi une assez mauvaise opinion.

Cette pensée attriste Augusta, qui cherche en vain à retrouver sa gaieté et son courage en regardant le portrait de sa mère,
Mais qui soupire souvent en se disant :

— Passer pour une fille malhonnête... lorsqu'on n'a rien à se reprocher... c'est bien cruel pourtant... Ah! monsieur Achille, vous m'avez fait bien du mal... et c'est un grand malheur pour moi de vous avoir connu.

Un matin on frappe chez la jeune fille, qui court ouvrir en tressaillant.

C'est Cotonnet qui se présente devant elle, toujours avec son air timide, gauche et bon.

Seulement il faut ajouter à tout cela une grande place noire sous l'œil gauche qui ressemble beaucoup à l'empreinte d'un coup de poing.

— Bonjour, mam'zelle Augusta ; il y a bien longtemps que je ne vous ai vue, mam'zelle Augusta !

— C'est vrai, monsieur Cotonnet : pourquoi ne venez-vous pas me voir plus souvent... vos visites me font toujours plaisir, vous...

— Ah! vous êtes bien bonne... mais j'ai toujours peur... et puis j'ai beaucoup à travailler.

— Alors c'est différent, vous avez raison, il ne faut pas négliger ses affaires.

— Non, car il faut gagner de l'argent pour vivre, quand on ne veut pas se gobarger aux dépens des autres... comme des personnes que nous connaissons.

— Mon Dieu, monsieur Cotonnet, que vous est-il donc arrivé... je n'avais pas remarqué quand vous êtes entré... mais vous avez quelque chose à la figure...

— Ah! là... sous l'œil... ce n'est rien...

— On croirait que vous vous êtes battu, si on ne savait pas que vous êtes un garçon sage... et pas querelleur.

— Dame! quelquefois sans être querelleur... il y a des circonstances...

— Vous vous êtes donc battu ?

— Non, non, je ne dis pas ça.

— Alors vous êtes donc tombé ?

— Oui... je suis tombé... sur quelque chose...

— Sur quelque chose ?...

— Ah! tenez, mam'zelle, à propos... vous ne savez pas... elle n'est plus avec M. Barigoule...

— Elle... ah ! Coralie?

— Mais oui... de qui vous parlerai-je !...

— Elle a cessé de voir ce monsieur... Tant mieux, elle veut peut-être changer de conduite... se ranger.

— Ah! c'est pas du tout cela, je vais vous dire comment cela est arrivé... car je sais tout ce qui arrive, moi :

Voyez-vous, mam'zelle, Coralie ne se gênait plus du tout, elle sortait dans le jour, en voiture, avec cette vilaine grande asperge de Barigoule !... c'était même elle qui conduisait ; elle allait à la campagne... aux Champs-Elysées, partout, effrontément avec ce monsieur ; il fallait qu'il eût la tête tournée celui-ci, car il devait bien penser que cela arriverait aux oreilles de sa femme ; aussi madame Barigoule fut instruite de la conduite scandaleuse de son mari, et un beau jour, au moment où les amants rentraient dans Paris, et s'arrêtaient à la barrière de l'Etoile pour qu'on inspectât leur calèche, madame Barigoule parut tout à coup, monta dans l'américaine, donna une paire de soufflets à Coralie, autant à son mari, puis fit descendre très-lestement la demoiselle en lui disant :

— J'ai prévenu le commissaire de police, il ira vous voir demain.

et si vous continuez de débaucher monsieur, je vous ferai mettre à la porte de la maison.

Malgré tout son caquet et sa jactance, Coralie ne trouva rien à dire et fila bien vite; quant à M. Barigoule, au lieu de défendre sa belle, il était allé se cacher sous la banquette du fond.

Coralie, qui probablement ne se souciait pas d'attendre la visite du commissaire de police, déménagea le même soir.

— Et où est-elle allée?

— Je ne le sais pas encore, mam'zelle, cet imbécile de portier n'a pas eu l'esprit de s'en informer... il est vrai qu'il paraît qu'elle n'a pas voulu donner son adresse... parce que je suis bien certain qu'elle a des dettes!... voilà encore une rubrique! comme c'est joli... faire des poufs .. disparaître sans payer... où tout cela la mènera-t-il !... mais je saurai où elle loge... oh! je le saurai!... quand je devrais visiter tout Paris !... maison par maison !...

— Tenez, monsieur Cotonnet, ce serait peut-être un bien si vous ne parveniez pas à retrouver Coralie, car, ne la voyant plus, vous l'oublieriez et vous seriez plus heureux !

— Oh! non, mam'zelle, non.. au contraire... je suis bien plus malheureux depuis que je ne sais plus où elle est .. il me semble qu'il y a quelque chose qui me manque... car... je veillais toujours un peu sur elle de loin .. ça ne servait pas à grand'chose, mais ça me soutenait... ça me faisait plaisir...

— Tout cela ne m'apprend pas comment vous êtes tombé et avez reçu ce coup...

— Ah! ça.. mon Dieu... c'est en... c'est en...

— Tenez, monsieur Cotonnet, vous ne savez pas mentir, vous ; je gagerais que vous avez eu une dispute... vous ne voulez pas l'avouer : vous vous serez battu pour Coralie, convenez-en ?

— Non, mam'zelle, non, ce n'est pas pour Coralie que je me suis battu !...

— Ce n'est pas pour elle... Vous voyez bien que vous vous êtes battu ! mais pour qui donc alors...

— Pour rien... pour des bêtises... je ne sais plus...

— Quelle idée me vient... votre embarras... serait-ce pour moi, par hasard ... oui... votre refus de m'apprendre quelque chose me dit que j'ai été la cause de ce qui vous est arrivé.

— Eh bien! mam'zelle, quand je vous serais battu pour vous! il me semble que vous méritez bien qu'on vous défende, qu'on prenne votre parti.

— Mais à propos de quoi cette querelle... et avec qui?

— Tenez, mam'zelle Augusta, je ne voulais pas vous conter ça... de crainte de vous faire de la peine... et pourtant, s'il fallait s'affecter pour tous les méchants propos que l'on tient... au reste, il a eu son compte, l'autre, et si j'ai l'œil poché, il en est pour deux dents de cassées, lui... et qui ne repousseront pas !

— Voyons, monsieur Cotonnet, parlez, je vous en prie, expliquez-moi comment cette querelle est venue.

— Puisque vous le voulez, mam'zelle... quoique ça ne vaille pas la peine de. .

— Si, si, parlez, je vous en prie.

— Eh bien... il y a quatre jours... oui... c'était jeudi, j'étais devant la porte du magasin où je suis employé... on causait avec d'autres commis, et l'ami de l'un d'eux, un jeune homme qui vient quelquefois essayer à crédit chez nous, mais on ne lui vend jamais, parce que c'est un farceur et qu'il paie rarement ; enfin on causait quand vous vintes à passer dans la rue... sans même nous regarder.

— Voilà une jolie personne ! dit un de nos camarades, elle me plairait beaucoup!

— Eh bien! s'écria le peintre, si vous voulez vous en passer la fantaisie, ça ne sera pas difficile; elle a déjà été la maîtresse de deux hommes que je connais.

— Quelle horreur ! monsieur, dis-je, vous vous trompez en parlant ainsi.

Vous prenez cette personne pour une autre ; car je connais celle-ci, elle n'a été la maîtresse de personne.

— Je ne me trompe pas, me répondit-il, elle se nomme Augusta.

— Oui, dis-je, Augusta; mais qu'est-ce que cela prouve?

— Cela prouve que je ne la prends pas pour une autre, et ce que j'ai dit est la vérité.

— Vous en avez menti! m'écriai-je.

A peine eus-je achevé ce mot qu'il me donna un coup de poing sur la figure; mais moi je sautai sur lui... je le frappai... ah ! j'étais tellement furieux... je ne pouvais plus me le faire lâcher... et, je vous le répète... il a eu deux dents de cassées et par devant... il portera la marque de sa calomnie .. il est parti en disant qu'il en avait assez...

Eh bien, mam'zelle... vous pleurez... là ! vous voyez bien que j'ai eu tort de vous raconter cela... et que je n'aurais pas dû vous céder...

En effet, Augusta répandait d'abondantes larmes depuis quelques instants; mais cela ne l'empêche pas de prendre la main de Cotonnet, de la presser avec force dans les siennes, en murmurant ;

— Ah! je vous remercie, Cotonnet, je vous remercie... vous n'avez pas cru le mal que l'on disait de moi, vous !

— Oh! par exemple... ils auraient été cent pour le dire, que je leur aurais répondu à tous :

Ça n'est pas vrai !

Car je vous connais, mam'zelle, je sais ce que vous valez... quand vous veniez chez Coralie, elle était bien meilleure pour moi après vous avoir parlé... vous lui pardonniez d'être ma maîtresse, parce que vous saviez combien je l'aimais... parce que vous saviez que tout mon désir était de la nommer mes femme... c'est elle qui n'a pas voulu.., mais vous!... devenir une coureuse!... Oh! que non! c'est impossible, ça!

— Non, Cotonnet, je n'ai pas commis de fautes... je n'ai point à rougir...

— Ah! mam'zelle! est-ce que vous aviez besoin de me dire ça!

— Et pourtant, voyez-vous, il y a des gens qui le croient.

— Eh non!... ce sont des jeunes gens qui disent un tas de mensonges! à les entendre, ils ont eu toutes les femmes! surtout les jolies... il y a des imbéciles qui les croient, et puis qui répètent tout cela...

— Savez-vous comment se nommait ce jeune homme qui a tenu ces propos sur moi?

— Il se nommait... Boucaros, oui, Boucaros.

— Je ne le connais pas ; je n'en ai jamais entendu parler.

— Parbleu! et il ne vous connaît pas non plus, lui!

— Vous voyez qu'il savait mon nom, cependant!

— Parce qu'un autre aura fait des histoires sur vous... que sais-je? Encore une fois, mam'zelle, ne vous affligez donc plus... vous savez bien qu'on ne peut pas empêcher le monde de cancaner...

— Ah! Cotonnet ! il est cependant bien triste d'avoir une mauvaise réputation lorsqu'on ne le mérite pas!

— Mam'zelle, je crois qu'il est bien plus triste de la mériter.

Cotonnet reste encore quelque temps près d'Augusta, qu'il tâche de consoler, tout en s'adressant à lui-même des reproches parce qu'il n'a pas su cacher cette aventure ; enfin il est parti en promettant de ne plus être si longtemps sans revenir.

Restée seule, Augusta pleure encore; pour rappeler son courage, elle va s'adresser à l'image de sa mère; elle lui demande de la force et de la résignation, car depuis quelque temps la jeune fille a vu décroître ses peines, et s'enfuir les dernières espérances qu'elle bâtissait sur l'avenir.

Le lendemain, Augusta, encore tout attristée par les souvenirs de la veille, est depuis longtemps à son ouvrage, lorsque l'on ouvre la porte, et cette fois c'est Albert Montbreilly qui entre chez elle.

— Ah! je ne me suis pas trompé... je suis chez mademoiselle Augusta, dit Albert en saluant et en promenant ses regards dans la modeste chambrette vouée aux roses.

— Oui, monsieur. Comment! vous avez pris la peine de venir... c'est trop de bonté!

— Pourquoi donc me remercier, mademoiselle, lorsqu'au contraire j'ai été si longtemps à faire votre commission? je mériterais plutôt des reproches...

— Ah! monsieur, je ne pensais pas que vous vous seriez souvenu de moi, et je suis confuse...

— Mademoiselle, veuillez d'abord reprendre votre ouvrage, et vous me le permettrez, je vais me reposer un moment près de vous.

— J'allais en prier, monsieur.

Albert s'assoit près de la table de travail d'Augusta; il promène toujours ses regards dans la chambre, qu'il semble examiner avec intérêt.

— Voici votre appartement, mademoiselle?

— Oui, monsieur, cette chambre et la pièce d'entrée que vous avez vue; c'est tout, mais c'est bien assez pour moi.

— Votre chambre est arrangée avec beaucoup de goût; je vous en fais compliment.

— Ah! monsieur, tout ceci doit vous paraître plus que modeste.

— Cela me semble fort bien, mademoiselle, et la simplicité de votre chambre fait votre éloge et parle en votre faveur beaucoup mieux que ne le ferait un appartement richement décoré.

Augusta sourit, un sentiment de satisfaction, d'orgueil même, fait rayonner ses yeux qui se dirigent vers le portrait de sa mère comme pour lui dire :

— Entends-tu !... voici enfin quelqu'un qui rend justice à ta fille.

Albert qui a remarqué le mouvement d'Augusta, regarde aussi le portrait :

— C'est madame votre mère ?
— Oui, monsieur.
— Vous lui ressemblez beaucoup : vous l'avez perdue ?
— Hélas ! oui, monsieur... j'avais quatorze ans quand elle est morte !...
— Et... votre père ?

Augusta baisse ses regards vers la terre en balbutiant d'une voix faible :

— Je... l'ai perdu... aussi.
— Pauvre fille !... et vous n'avez pas d'autres parents pour prendre soin de vous ?
—. Aucun... je suis restée seule... avec le portrait de ma mère.

Albert regarde la jeune fille avec intérêt; pendant quelque temps il garde le silence et semble réfléchir sur ce qu'il voit et ce qu'il a entendu.

Augusta se tait aussi, elle craint de troubler les réflexions de ce monsieur.

— Pardon, mademoiselle, dit enfin Albert, je me suis permis des questions qui ont renouvelé pour vous de tristes souvenirs.

— Oh ! non, monsieur, parler de ma mère, cela ne m'attriste pas ! elle était si bonne, elle m'aimait tant... c'est au contraire un plaisir pour moi d'y songer... d'ailleurs, monsieur, quand on a bien aimé quelqu'un, est-ce que vous trouvez que ce soit naturel de chercher à l'oublier, de vouloir effacer son souvenir de notre mémoire... est ce qu'il n'est pas plus doux de s'en occuper... d'y rêver souvent ?.. de cette manière au moins la mort ne frappe pas entièrement ceux que nous aimions, ils vivent toujours dans notre cœur, dans notre âme... dans notre pensée !...

Albert ne se lasse pas d'écouter la jeune fille, car il est impossible de ne pas voir que chacune de ses paroles est l'expression de ce qu'elle sent, de ce qu'elle éprouve ; elle ne cherche par ses phrases, mais elle exprime avec feu tous les sentiments de son âme.

Puis, comme honteuse de s'être laissée aller à ce épanchement avec une personne qu'elle connait peu, Augusta s'arrête, rougit et balbutie :

— Excusez-moi, monsieur... je dois vous sembler... bien habillarde...
— Non, mademoiselle, et je vous écoute avec le plus vif plaisir.

Cependant il faut que je m'acquitte de la commission que vous m'avez donnée, relativement à... à M. Valdener.

— Ah ! c'est vrai, monsieur, je m'étais permis de vous demander s'il était vrai qu'il dût se marier...

— Mais je présume, mademoiselle, qu'ayant tardé trois semaines à venir vous voir... vous devez être maintenant aussi instruite que moi sur ce sujet... car... probablement vous n'avez pas été tout ce temps-là sans revoir M. Valdener...

— Non, monsieur, je ne l'ai pas revu depuis notre rencontre à Auteuil...

Augusta a fait cette réponse si simplement, si naturellement, que Montbreilly ne peut douter qu'elle ne soit vraie, il éprouve alors une secrète satisfaction dont lui-même serait peut-être embarrassé de se rendre compte, mais qui se reflète sans doute sur ses traits ; car il rapproche sa chaise d'Augusta et tout en souriant s'écrie :

— Mon Dieu que vous avez une jolie chambre, mademoiselle... ah ! vous n'avez pas revu M. Valdener depuis le jour où j'ai eu le plaisir de vous ramener ici.

— Non, monsieur.
— Ah ! je croyais... que... vous deviez le voir... souvent ?...
— Autrefois, je le voyais... non pas souvent... mais je pouvais aller le voir... quelquefois...

Durbinot sort son pistolet de sa poche et le remet au jeune peintre en lui disant...

— Et maintenant...
— Maintenant... c'est fini... je ne le verrai plus... de longtemps au moins !

Augusta a dit cette dernière phrase en poussant un profond soupir, et son ouvrage tombe de ses mains.

Albert la regarde quelques instants et murmure :

— Vous êtes donc brouillés tous deux ?
— Brouillés ! s'écrie Augusta en regardant le jeune homme d'un air surpris.

Oh ! monsieur... est-ce que je puis être brouillée avec... M. Valdener...

— Mais alors... excusez-moi... je suis indiscret... cela paraît vous faire du chagrin de ne plus le voir.

— Oui, monsieur, cela m'en fait beaucoup !

— Eh bien... si vous n'êtes pas fâchés ensemble... pourquoi n'allez-vous pas le voir ?...

— Parce qu'il me l'a défendu, monsieur.

— Défendu !... ah ! je comprends... c'est sans doute parce qu'il veut se marier, et il craint...

— Oh oui, ce doit être pour cela... il m'a bien dit qu'il viendrait me voir, lui, mais il n'y songera plus... il ne viendra pas.

— En vérité, cet homme-là est bien heureux ! se dit Albert en lui-même.

Cette jeune fille lui est bien sincèrement attachée... elle ne cherche pas à le cacher.

— Monsieur, reprend Augusta, vous ne m'avez pas dit ce que vous aviez appris... relativement à ce mariage.

— Mon Dieu, mademoiselle, rien de bien positif ; cependant il paraîtrait qu'en effet M. Valdener a eu l'intention d'épouser une certaine madame Durbaldo... une fort jolie femme, dit-on...

— Ah ! elle ne saurait être plus jolie que...

Augusta n'achève pas sa phrase, mais elle avait doucement porté ses regards sur le portrait de sa mère.

Albert attend inutilement la fin de la phrase, alors il se contente de sourire en inclinant la tête comme pour dire : Je suis entièrement de votre avis.

Au bout d'un moment, Augusta dit en hésitant:

— Monsieur, connaitriez-vous par hasard un monsieur nommé Boucaros... un peintre...

Albert cherche dans ses souvenirs, puis répond :

— Boucaros... il me semble que ce nom a été prononcé à Auteuil par ces messieurs que j'ai rencontrés !... oui, oui, il y avoit deux peintres, et l'un des deux se nommait Boucaros, mais c'était la première fois que je le voyais, et je ne le connais pas autrement... Pourquoi cela, mademoiselle?

— Ah! c'est que... il est bien méchant, ce monsieur-là !...
— Que vous a-t-il donc fait?

Augusta raconte à Albert tout ce qui s'est passé entre Boucaros et Cotonnet et le combat qui en est résulté; elle termine son récit en disant :

— Voyez, monsieur, j'ai été la cause de cette querelle... la cause bien innocente pourtant... mais n'est-ce pas affreux à ce monsieur de dire de si vilaines choses de moi... ah! je ne le mérite pas, monsieur !

Albert ne sait que penser de cette jeune fille qui avoue naïvement sa liaison, son attachement pour M. Valdener et trouve extraordinaire que l'on se permette de tenir des propos sur son compte.

Cependant il répond :

— M. Boucaros a eu tort, très-tort, mademoiselle, certainement il ne devait pas parler comme il l'a fait, et je suis bien aise que ce M. Cotonnet l'ait puni... qu'est-ce donc que ce M. Cotonnet?

— Un bien honnête garçon, commis en nouveautés, qui était l'amant de Coralie, qui l'aimait sincèrement et qui l'aime toujours... car il ne peut pas se consoler de sa trahison.

— Oui... cela est trop souvent ainsi... on place ses affections... on s'attache à des personnes... indignes de notre amour... et qui ne nous paient pas de retour.

Albert reste encore quelque temps chez Augusta, puis prend congé en demandant la permission de revenir dire ce qu'il aura appris, s'c'est quelque chose de nouveau concernant M. Valdener.

La semaine n'est pas entièrement écoulée, lorsque Montbreilly revient dans la chambre rose.

On l'accueille avec le même plaisir.

On cause de mille choses indifférentes d'abord ; on dirait qu'en faisant causer la jeune fille, Albert cherche à étudier son caractère, son esprit, ses goûts ; enfin il parle de M. Valdener, mais c'est pour s'informer d'abord si Augusta l'a revu.

— Je vous ai dit que je n'allais plus chez ce monsieur, répond Augusta et que je ne croyais pas qu'il viendrait jamais chez moi.

Albert semble plus content; il avoue alors qu'il ne sait rien de nouveau relativement à Valdener.

Puis au bout d'un moment, il amène la conversation sur Achille Rocheville, en disant qu'il vient de le rencontrer, mais Augusta l'interrompt en lui disant :

— Monsieur Albert, je vous ai dit qu'il m'était doux de parler de ma mère, parce qu'en s'entretenant des personnes que nous aimions... et qui nous chérissaient, cela ramenait toujours notre cœur vers des souvenirs de tendresse et de bonheur; mais il n'en est pas ainsi des personnes qui ne nous ont fait que du mal et causé de la peine... celles-là... ah! il faut les oublier, les oublier entièrement, car en parler encore, c'est réveiller des chagrins et de mauvaises pensées...

Albert se tait, mais il voudrait bien savoir si c'est par ressentiment ou par regret que la jeune fille ne veut plus entendre parler d'Achille.

Cette fois, avant de prendre congé, il demande la permission de revenir en passant s'informer de la santé d'Augusta, sans chercher d'autre prétexte à ses visites; et on lui répond qu'on sera toujours flattée de le recevoir.

Deux jours après Albert se présentant chez la jeune fille; celle-ci commence à le recevoir presque comme un ami, auquel on bannit les cérémonies, et leurs relations n'en sont que plus douces.

Albert a exigé d'Augusta, qu'en sa présence, elle n'interrompît jamais son travail; il s'assied près d'elle, il cause de mille choses, peu intéressantes peut-être, mais qui acquièrent du charme par la manière dont elles sont racontées.

Montbreilly est un esprit sérieux, mais observateur, quelquefois sévère, mais toujours juste; il ne tourne rien en ridicule, il ne court point après un bon mot; mais aussi il ne s'entortille point dans des phrases prétentieuses, il n'emploie pas en causant ces expressions que l'on est tout étonné d'entendre parfois tomber sur soi coup sur coup, comme une grêle, pour vous rappeler votre maître de classe, ou vos *humanités*; son langage simple et facile ne fatigue jamais à entendre, aussi Augusta l'écoute-t-elle avec le plus grand plaisir.

Bientôt elle est si habituée aux visites d'Albert que lorsqu'il ne vient pas elle trouve le temps plus long; il semble qu'il lui manque quelque chose.

Mais Augusta ne voit aucun mal à recevoir souvent un jeune homme dont la conduite avec elle ne pourrait donner matière au plus léger blâme.

Dans sa conversation, jamais il ne lui a dit un mot de galanterie; dans ses manières il est toujours réservé et respectueux; il semble même l'être devenu davantage à mesure qu'il fait plus ample connaissance avec Augusta.

— C'est un ami que le ciel m'a envoyé, se dit la jeune fille, pourquoi donc le repousserais-je.. c'est le seul qui me reste... avec Cotonnet ! mais franchement j'ai bien plus de plaisir à écouter M. Albert que Cotonnet.

Il parle si bien... cela m'instruit, j'apprends en l'écoutant; et quant à ce que l'on pourrait dire, parce que je reçois les visites d'un beau monsieur... eh! mon Dieu! que m'importe à présent! on ne saurait me calomnier plus qu'on ne l'a déjà fait.

Il y a environ deux mois que les visites d'Albert sont devenues presque une habitude quotidienne, et que dans une simple connaissance, dans un défenseur que le hasard lui avait envoyé, Augusta se félicite d'avoir trouvé un ami dans lequel elle met toute sa confiance.

De son côté le caractère d'Albert Montbreilly semble avoir subi u. heureuse métamorphose; de sérieux, de froid qu'il s'était montré jusqu'alors, il est devenu aimable, causeur, souvent enjoué même, et, bien que de temps à autre, en considérant Augusta, un nuage vienne assombrir ses traits, et qu'il reste alors rêveur et muet, la douce voix de la jeune fille dissipe bien vite ces lueurs de mélancolie qui deviennent même plus rares de jour en jour.

Une après-midi, au moment où Albert va prendre congé de sa nouvelle amie près de laquelle il a passé deux heures qui lui ont semblé bien courtes, Augusta le retient en lui disant :

— Monsieur Albert, avant que vous partiez, il faut que je vous consulte... que je vous prie de me rendre un service... il y a longtemps que j'ai envie de vous parler de cela... mais j'aborais de craignais de vous ennuyer en vous obligeant encore à vous occuper de moi... puis, ensuite, j'avoue que lorsque nous causons, j'oublie toujours cette affaire, je ne m'en souviens que quand vous n'êtes plus là, et alors je me dis :

Oh ! certainement, je lui en parlerai la première fois qu'il viendra.

— D'après ce que j'entends, répond Albert en souriant, je vois qu'il ne s'agit pas d'une chose bien importante puisque vous l'oubliez si vite.

— Mais... cependant... si fait... c'est important... puisque c'est nécessaire... car sans cela, moi je n'y tiens pas du tout.

— Mademoiselle, n'importe de quoi il s'agisse, veuillez croire que je me trouverai heureux de pouvoir m'occuper de ce qui vous regarde, et si j'ai un reproche à vous adresser, c'est d'avoir pu en douter un moment.

Albert accompagne ces paroles d'un regard dans lequel il y a tant d'expression, que la jeune fille en éprouve un trouble secret et baisse les yeux, non sans avoir, pour la première fois, remarqué la beauté et la douceur de ceux de son nouvel ami.

— Eh bien, monsieur Albert, voilà ce dont il s'agit : il faut que vous sachiez que... j'ai de l'argent à placer... et je ne sais pas comment cela se place, moi.

— Ah! je comprends ! dit Albert en souriant :

Vous avez vos petites économies... cela ne doit pas être bien considérable... mais cependant vous avez raison, il vaut toujours mieux les placer que de garder cet argent chez vous où il ne vous rapporte rien.

— Oui, monsieur, c'est ce que je me suis dit. Chez moi, cet argent ne me rapporte pas... je serais obligée d'y toucher... au lieu que... je crois que cela doit me faire une rente.

— Enfin, combien avez-vous ?

— J'ai six mille francs, monsieur.

— Six mille francs ! s'écrie Albert, dont la figure devient aussitôt sérieuse et sévère.

Comment, mademoiselle... vous avez pu amasser six mille francs... en faisant ces petits ouvrages de tapisserie ?

— Oh! non, monsieur, l'ouvrage que je fais suffisait à peine pour me faire exister !...

— Alors... c'est donc un héritage que vous avez fait ?

— Non, monsieur, je n'ai pas fait d'héritage.

— Et depuis quand possédez-vous cette somme ?...

— Mais depuis... mon Dieu, tenez, c'est depuis le jour que vous m'avez rencontrée, près de la mare d'Auteuil.

Albert comprend sur-le-champ comment Augusta a cette somme ; il se rappelle que ce même jour, avant de se séparer d'elle, M. Valdener lui a remis quelque chose qu'elle a soigneusement serré dans son corset, place où les femmes ont assez la coutume de mettre ce qu'elles portent de plus précieux.

D'ailleurs, Augusta en fait presque l'aveu, en disant que cette somme ne lui vient pas d'un héritage. Une pâleur soudaine couvre le visage du jeune homme; son front se plisse et ses regards se détournent de celle qu'il regardait avec tant de plaisir quelques instants auparavant.

Augusta, qui n'a point remarqué le changement survenu dans les traits d'Albert, se lève en disant :

— Puisque vous voulez bien vous charger de me placer cet argent, je vais tout de suite vous le remettre.

Elle court à sa commode, et au fond d'un tiroir prend un joli portefeuille qu'elle présente à Albert.

— Tenez, monsieur, voici la somme... voyez, elle est là-dedans... je n'y ai pas touché depuis.

Albert examine le portefeuille, l'ouvre, compte six billets de banque de mille francs et murmure :

— Oui, mademoiselle... voilà bien la somme... et ce portefeuille vous a sans doute été donné avec ?

— Oui, monsieur, en effet, puisque les billets étaient dedans.

— Ainsi... on vous a fait présent de cette somme... vous ne le niez pas ?

— Mais non, monsieur. Pourquoi donc le nierais-je ?

— Et c'est... c'est M. Valdener qui vous a fait ce riche cadeau ?...

— Oui, monsieur... c'est lui... Sans cela, comment aurais-je tant d'argent, moi qui gagne si peu ?

Augusta répond tout cela avec une franchise, une simplicité qui en ce moment augmentent le dépit d'Albert; il est tenté de rejeter sur la table le portefeuille contenant ces billets de banque, qu'il considère comme le prix du déshonneur de cette jeune fille.

Mais il se contient, et s'efforçant de se souvenir qu'il ne doit voir dans tout cela qu'une preuve de confiance dont il se serait bien passé, il répond peu bref :

— Eh bien, mademoiselle, je vous placerai cette somme... Comment voulez-vous que je la place ?...

— Est-ce que je sais, moi, monsieur ? Comme vous l'entendrez ?...

— J'achèterai des rentes, c'est toujours ce qu'il y a de mieux.

— Cela me fera six cents francs de rente... n'est-ce pas, monsieur ?

— Non, mademoiselle, trois cents à peu près... On vous avait donc dit que cela vous ferait six cents francs de rente ?

— On ne me l'avait pas dit... mais je le croyais... parce que...

— Parce que...

— Parce que... je devais le croire... N'importe, cela fera moins alors...

— Moins quoi ?

— Ah ! monsieur Albert... je ne puis pas tout vous dire...

— Vous m'étonnez, mademoiselle. Après ce que vous m'avez déjà dit, je pensais que vous n'aviez plus rien à me cacher...

— Mon Dieu !... qu'avez-vous donc, monsieur Albert ?... Comme votre air est devenu triste... On dirait que vous êtes fâché contre moi... Il me semble pourtant que je n'ai rien fait pour cela...

— Non, mademoiselle... oh ! rien de nouveau, assurément... mais excusez-moi si je ne puis me charger de la commission que vous avez la bonté de me donner... en ce moment... d'autres affaires... il me serait impossible... Voilà votre portefeuille, mademoiselle.

— Cela suffit, monsieur... Cotonet se chargera de placer cette somme... Vous voyez bien que je vous ai fâché en vous demandant cela...

— Pas du tout, je vous assure... Adieu, mademoiselle...

— Comme vous partez brusquement...

— Je suis attendu... je vous salue...

— Adieu, monsieur Albert... Reviendrez-vous bientôt ?...

— Je ne puis savoir, mademoiselle.

Albert est parti.

Augusta s'est remise à son ouvrage en se disant :

— Qu'a-t-il donc ?...

XLI.

Un Savant.

Benjamin Godichon n'a pas manqué de profiter de la permission que lui a accordée madame Durbalde, il est retourné voir la jolie femme dont les yeux noirs et pleins de feu ont porté le trouble dans son âme; mais près de cette dame il n'a pas la hardiesse, l'éloquence qui secondaient si bien ses désirs lorsqu'il allait voir madame Saint-Lambert.

Il faut dire aussi qu'il y a une grande différence entre Berthe et la petite maîtresse de la rue de Ponthieu.

Avec Berthe le respect était mis de côté, on pouvait tout de suite aller au but, et les manières provoquantes, la conversation très-libre de cette Andalouse annonçaient assez qu'elle permettait que l'on fût téméraire, le contraire seul aurait pu l'offenser.

Il n'en est pas de même avec madame Durbalde : malgré l'éclat de ses yeux, cette dame conserve sans cesse le maintien qui impose, elle se donne de grands airs, et même en riant ne perd rien de sa retenue; si ses regards font naître des désirs, le calme de sa voix et de toute sa personne annonce qu'elle ne les partage pas ; elle veut bien incendier les cœurs, il est même probable qu'elle s'y étudie, mais quant au sien, il conserve toujours sa raison et ses avantages.

Tout est calcul chez cette dame, et quand elle se donne à un de ses adorateurs, ne croyez pas que ce soit parce qu'elle partage son amour, parce qu'elle est touchée de sa passion, non, c'est tout simplement parce qu'elle a calculé que cela lui serait avantageux de céder.

Quand un homme a le malheur de devenir amoureux d'une telle femme, il n'a plus qu'à bien se tenir.

M. Valdener en savait quelque chose; depuis un an qu'il avait l'insigne honneur d'être l'amant de madame Durbalde, elle lui avait coûté trois fois son revenu; et cela ne suffisait pas à cette dame, qui voulait se faire épouser par ce monsieur, parce qu'elle lui supposait des millions.

Benjamin était donc fort bien reçu par Nadellie, qui le croyait encore plus riche qu'il ne l'était; il lui avait pas fallu beaucoup de temps pour savoir que ce jeune homme était très-amoureux d'elle.

Elle avait sur-le-champ compris le motif caché de l'achat du tableau.

L'amour de Benjamin, en excitant la jalousie de M. Valdener, ne pouvait manquer d'engager ce dernier à conclure bientôt son mariage; car un mari avait le droit de défendre les visites d'un jeune homme qui lui déplaisait, tandis que l'on aurait ri au nez d'un amant qui aurait fait le jaloux.

Benjamin servait donc, sans s'en douter, à stimuler, à aiguillonner Valdener, qui ne poussait point l'affaire du mariage aussi vite qu'on le désirait; outre cela, madame Durbalde, feignant de croire à la passion de ce jeune homme pour les tableaux, ne manquait pas de l'exploiter au profit de ses intérêts.

Il ne se passait point de semaines sans que cette dame présentât à Benjamin une petite croûte à l'huile, plus ou moins encadrée et qu'elle avait eue pour une très-modique somme chez un marchand de bric-à-brac.

Lorsque Benjamin venait lui faire la cour, elle s'écriait :

— Ah ! je suis enchantée de vous voir, monsieur Benjamin Godichon, j'ai pensé à vous... je me suis occupée de vous.

— De moi, madame...

— Oui, comme je sais que vous êtes grand amateur de peinture, j'ai acheté pour vous un petit tableau délicieux... un petit Téniers, oui un petit Téniers... c'est ravissant... il y avait encore de la place dans mon salon, certainement je ne vous le céderais pas... mais je n'ai plus de place...

Et madame Durbalde allait chercher la petite croûte bien noire, bien sale, qu'elle mettait sous les yeux de Benjamin en lui disant :

— Tenez, admirez ce chef-d'œuvre.

Le jeune homme s'écarquillait les yeux pour apercevoir quelque chose dans le barbouillage enfumé qu'on lui présentait ; mais comme il voulait avoir l'air d'un connaisseur et que cette dame lui affirmait que c'était un Téniers, il balbutiait :

— Oui... oui... c'est bien... un peu noir cependant !...

— Tous les anciens peintres faisaient noir, vous le savez bien.

— C'est vrai... c'est ce que je voulais dire... je ne vois pas le nom de l'auteur...

— Ah ! monsieur Benjamin ! est-ce que ces grands talents-là avaient besoin de mettre leur nom sur leurs toiles... est-ce qu'on ne reconnaissait pas sur-le-champ l'auteur à sa manière... à son faire... à son chic !

— En effet.. vous avez raison... on reconnaît tout de suite leur faire... c'est justement parce qu'il n'y a pas de nom qu'on est certain que c'est de Téniers!

— C'est un bijou précieux que vous aurez là et je l'ai eu pour rien !...

— Vraiment ?

— Cinq cent cinquante francs...

— Ah !... vous trouvez que ce n'est pas cher ?

— Plaisantez-vous ?... vous ! un connaisseur !...

comme cela vaudra quinze cents francs quand il sera un peu nettoyé.
— Oh! alors... mais il a bien besoin d'être nettoyé..
— C'est bien à regret que je vous le cède!
— S'il vous plaît, madame, ne vous en privez donc pas pour moi.
— Vous savez bien que je n'ai plus de place...
— Il me semble pourtant que dans ce coin là-bas...
— Mais j'ai encore une foule de toiles à faire encadrer et que vous ne connaissez pas.
Le *Téniers* est à vous.
Benjamin payait et s'en allait avec sa croûte sous son bras.
Quelques jours après, madame Durbalde poussait de nouvelles exclamations de joie en voyant arriver Godichon.
— Ah! que vous allez être content, monsieur Benjamin! j'ai encore découvert un petit diamant dont j'ai bien vite fait l'acquisition, à votre intention!...
— Un diamant, madame?
— Oui, car c'est rare, c'est précieux maintenant..... oh! que vous allez être content, vous, si fin connaisseur!...
Benjamin se mordait les lèvres, en maudissant tout bas Rocheville pour l'avoir présenté comme un connaisseur en peinture, mais il sentait qu'il fallait soutenir cette réputation.
La belle dame aux yeux étincelants apportait à son *pigeon* une toile bien pâle, bien fadasse en lui disant :
— Eh bien!... qu'en dites-vous... c'est un *Boucher*...
— Ah! ma foi oui... vous avez raison! c'est un *Boucher*...
— D'ailleurs il n'y a pas à s'y tromper, c'est écrit en grosses lettres dans ce coin!... *Boucher!*
— Oui, c'est écrit ; mais il me semblait que les grands talents de cette époque ne signaient pas leurs ouvrages...
— De l'époque de *Téniers*, oui!... mais de celle de *Boucher*, si !... songez donc que ceci est bien plus moderne !...
— C'est vrai... je ne sais plus à quoi je pensais... près de vous, madame, il est permis d'être distrait...
— On n'est pas plus galant... c'est six cents francs que cela vous coûte...
— Ah! cela me coûte... six cents francs?
— Je dis vous, parce que je ne l'ai acheté que pour vous.
Benjamin payait et emportait sa nouvelle croûte.
Puis, étant allé un matin montrer ses acquisitions précieuses chez Tamboureau, il avait vu les peintres, les élèves, et jusqu'au rapin pris du fou rire homérique, et s'écrier :
— Ça! un *Téniers!*...
— Ça! un *Boucher!*...
— Ça! un *Greuze!*...
— Mais ce sont des devants de paravents!
On n'en voudrait pas pour des enseignes...
— En les mettant à cent sous l'un dans l'autre c'est encore trop payé.
— Avec toutes ces croûtes-là vous n'aurez pas même un bon potage aux croûtons!
— Que diable voulez-vous faire de cela, Benjamin; vous avez sans doute acheté cela au poids pour faire du feu?

Le jeune amoureux feignait de rire comme les autres, il se gardait bien de dire le prix qu'il avait payé les toiles, et il rentrait chez lui avec ses tableaux qu'il accrochait dans son appartement en se disant :
— Voilà une passion qui me coûte encore plus d'argent que madame Saint-Lambert... et le pis c'est qu'on ne m'a encore rien accordé... je me dessèche devant cette femme-là... quand je veux lui parler de mon amour, elle prend un air de princesse qui m'intimide... Cependant je ne compte pas me borner à lui acheter des tableaux... et je ne puis plus rencontrer Rocheville... il m'indiquerait sur-le-champ un moyen pour avancer mes affaires.
Une après-midi, Benjamin était allé présenter ses hommages à sa divinité de la rue de Ponthieu; assis sur un divan près de la petite maîtresse, il cherchait dans sa tête un détour pour arriver à parler de sa flamme, tandis que, de son côté, Nadellie cherchait ce qu'elle pourrait faire acheter au jeune homme, pour ne pas toujours employer le moyen des tableaux.

Je m'en félicite, mademoiselle, car vos dernières paroles m'ont prouvé que vous avez besoin d'un protecteur.

La femme de chambre entre et annonce M. Sauvinet.
— M. Sauvinet! s'écrie madame Durbalde, faites entrer, je serai charmée de le voir.
Puis, se tournant vers Benjamin, elle lui dit :
— C'est un savant! un homme qui voyage beaucoup... et il rapporte toujours de ses excursions des curiosités, des raretés... c'est lui qui m'a donné ces superbes coquillages que vous voyez sur mon étagère... il a dû aller en Italie... et il m'a promis de m'en rapporter quelque chose.
M. Sauvinet est introduit; c'est bien le même personnage sec, jaune, à besicles, à cheveux flottants que nous avons vu à la soirée de madame Duchampion.
Mais Benjamin le regarde à peine et ne reconnaît pas; il veut examiner l'étagère pendant que le savant va s'incliner devant la jolie femme.
— Bonjour, monsieur Sauvinet, ah! que suis charmée de vous voir...
— Belle dame, j'arrive d'Italie depuis deux jours seulement, et je m'empresse de venir vous présenter mes hommages.
— C'est bien aimable de votre part... vous êtes resté longtemps absent?
— Deux mois et dix jours; j'y serais encore resté avec plaisir, mais j'ai été demandé ici par une société savante... pour une question d'histoire naturelle..
— Mon Dieu, monsieur Sauvinet, ce qui m'étonne, c'est que vous puissiez savoir tant de choses... vous êtes un véritable puits de science...
— Il est certain que *Pic de la Mirandole* ne m'aurait pas pris en défaut!
— Comme c'est beau d'être savant... de ne se tromper jamais...
— Oh! quant à cela! je suis sûr de moi.
— Est-ce qu'en Italie vous vous êtes souvenu de moi?...
— Oui, belle dame, et en voici la preuve...
— Ah! c'est trop aimable.
Le savant fouille à sa poche, en tire un petit papier plié avec s

et le présente à madame Durbalde, qui se hâte de l'ouvrir et fait une figure assez désappointée en s'écriant :
— Qu'est-ce que cela... de la poussière... de la cendre?
— Justement, madame, c'est de la cendre du Vésuve, recueillie pendant une éruption, et cette pierre que j'y joins est un morceau de lave...
— Ah!... c'est précieux, cela!...
— Mais, madame! songez donc! de la cendre du Vésuve!..
Madame Durbalde, qui paraît médiocrement satisfaite du cadeau, dit à Benjamin :
— Monsieur Godichon, venez donc un peu examiner de la cendre d'un volcan... cela ressemble comme deux gouttes d'eau à celle qui est dans ma cheminée.

Benjamin s'avance pour aller regarder dans le petit papier, lorsque M. Sauvinet, l'envisageant pour la première fois, s'écrie :
— Eh! mais! je ne me trompe pas... c'est M. de Boursicoff, le jeune Russe sourd-muet que j'ai rencontré chez M. Duchampion...

Benjamin s'arrête tout court devant M. Sauvinet; celui-ci reprend :
— Quoi, madame, vous connaissez un sourd-muet... est-ce que vous sauriez aussi leur langage?... ah! je suis enchanté de la rencontre!

Et sur-le-champ, le grand monsieur jaune se met à faire le télégraphe devant Benjamin qui est devenu rouge comme une cerise.

Madame Durbalde les regarde tous deux et rit aux éclats en disant :
— Un sourd-muet!... comment, monsieur Sauvinet, vous prenez monsieur pour un sourd-muet... ah! la bonne plaisanterie... voyons, monsieur Benjamin, ayez donc un peu pitié de monsieur, qui joue une pantomime bien fatigante...
— Je crois que monsieur se trompe... balbutie enfin Benjamin.

En entendant parler son sourd-muet, M. Sauvinet demeure pétrifié, c'est lui à son tour qui devient cramoisi, ses veines se gonflent, ses narines s'enflent, et il murmure d'une voix stridente :
— Qu'est-ce à dire, monsieur? vous n'êtes pas sourd-muet... ce n'est donc pas vous que j'ai vu madame Duchampion il y a trois mois environ...
— Pardon, monsieur, c'est bien moi... mais je faisais le sourd-muet... pour plaisanter... c'était une idée de mon ami Rocheville, qui m'avait présenté comme cela à la société.

Si Benjamin eût répondu que ce n'était pas lui qui avait été chez les Duchampion, le savant aurait sur-le-champ accepté ce mensonge qui mettait son amour-propre à couvert; mais en avouant la vérité, Benjamin prouve clairement que ce monsieur a été pris pour dupe comme les autres, et l'amour-propre de ce M. Sauvinet est doublement blessé par les éclats de rire de madame Durbalde, qui s'écrie :
— Ah! c'est fort drôle!... fort plaisant! se faire passer pour sourd-muet... et attraper un savant! c'est délicieux!
— Je ne sais pas, madame, si vous trouvez cela drôle, répond M. Sauvinet d'un ton sec, mais quant à moi je ne prendrai pas aussi bien cette plaisanterie. S'introduire dans une réunion pour se moquer de toute une société, pour me faire jouer un rôle ridicule... à moi!... je trouve cela une impertinence... entendez-vous, monsieur, c'est une impertinence!
— Encore une fois, monsieur, c'était une plaisanterie...
— Je ne plaisante jamais, moi, monsieur, je ne veux pas que l'on plaisante avec moi...
— L'idée était de Rocheville.
— C'est vous qui avez fait le sourd-muet, monsieur; c'est vous qui m'avez insulté, et vous m'en rendrez raison.
— Mais, monsieur.
— Ah! point de mais, ou je croirai que vous n'êtes bon qu'à jouer des parades, monsieur!
— Assez, monsieur, assez!... on sera à vos ordres. Voici mon adresse.
— Très-bien, monsieur, demain vous aurez de mes nouvelles.
— Madame, je vous présente mes hommages.

Ce qui a augmenté la colère du savant, c'est que durant toute cette altercation, au lieu de chercher à rétablir la paix, madame Durbalde n'a pas cessé de rire aux éclats.

Aussi M. Sauvinet est-il parti furieux.
— Allons! se dit Benjamin, grâce à Rocheville, me voilà un duel sur les bras.
— Bon! bon! est-ce que les savants savent se battre! dit Nadellie en riant.

Mais blessez-le un peu, cela lui apprendra à aller en Italie pour ne me rapporter que des cendres du Vésuve!...

XLII.

Les Témoins de M. Sauvinet.

En quittant madame Durbalde, Benjamin s'est rendu chez Achille. Cette fois, comme il veut absolument lui parler, il est décidé à l'attendre et à s'installer chez lui si cela est nécessaire.

Mais il est agréablement surpris lorsque le concierge lui annonce que M. Rocheville est chez lui.

Benjamin va sonner chez son ami.

On est longtemps à lui ouvrir; enfin le domestique paraît : il a l'air embarrassé.
— Achille est chez lui, je veux le voir, dit Benjamin.
— Monsieur... pardon... mais je ne sais pas si...
— Comment! vous ne savez pas s'il peut me recevoir... moi! il est donc du monde?
— Non, monsieur, je n'ai pas dit cela.
— Eh bien! alors, laissez-moi entrer.
— Passez dans le salon, monsieur, pendant que je préviendrai mon maître.
— Pourquoi toutes ces cérémonies? je ne peux pas entrer tout de suite dans sa chambre?
— Non, monsieur... c'est défendu... Veuillez attendre dans le salon

Un homme est accroupi sur le strapontin de derrière, afin de ne point être vu du cocher.

Benjamin va s'installer dans le salon, en se disant :
— Probablement Achille a quelque dame en ce moment... mais alors, au lieu de me faire tous ces mystères, ce valet n'avait qu'à me dire cela tout de suite, j'aurais compris.

Cependant quelques minutes sont à peine écoulées lorsque Rocheville paraît.

Il a l'air fatigué, ennuyé ; mais en reconnaissant Benjamin, il sourit et s'écrie :

— Cet imbécile de Pierre qui ne me dit pas que c'est vous !

— Ma foi, mon cher ami, on a bien de la peine à parvenir jusqu'à vous !... Vous êtes aussi inabordable qu'un directeur de spectacle pour un débutant dramatique, et votre domestique a un air mystérieux...

— Ah ! mon cher Benjamin ! c'est que vous ne vous doutez pas de ce qui m'est arrivé depuis que je ne vous ai vu !...

— Non, je ne m'en doute pas du tout ! Mais, quant à moi, je venais vous apprendre qu'il m'est tombé sur les bras un duel...

— Ah ! oui-da ! et avec qui ?

— Avec un savant, un certain M. Sauvinet qui était à la soirée où vous m'avez fait faire le sourd-muet, qui n'a parlé leur langage, et qui est furieux aujourd'hui de voir que je me suis moqué de lui.

— Ah ! vraiment... Ah ! ah ! c'est très-drôle !...

— Vous voilà comme madame Durbalde, chez qui la reconnaissance a eu lieu ; elle a trouvé cela fort amusant !

— Mon cher ami, n'espérez pas que je vous plaigne ! Je voudrais avoir dix duels au lieu de ce qui m'est tombé sur les bras.

— Mon Dieu ! que vous est-il donc tombé sur les bras ?

— Une femme !

— Une femme ! et c'est là ce qui vous semble si désagréable... à vous qui les aimez toutes !

— C'est justement parce que je les aime toutes que cela m'arrange pas d'avoir toujours la même avec moi.

— Et cette femme ?...

— Eh, mon Dieu ! c'est madame Clairvillier... vous savez bien... cette blonde que je courtisais pendant que vous faisiez le sourd-muet...

— Et dont vous êtes devenu l'amant ?

— Sans doute. Il me semble que c'était bien suffisant et qu'il n'était pas nécessaire que cela allât plus loin... mais, malheureusement j'avais affaire à une tête romantique, exaltée ! pour triompher d'elle, je lui avais tenu ce langage consacré dans les romans et les vaudevilles du Gymnase...

Je lui avais dit que mon bonheur serait d'habiter avec elle dans un désert... ou dans un chalet... rien qu'avec des chèvres... et des lapins ! une chaumière et son cœur... la Sibérie et son amour ! et une foule d'autres phrases dans le même genre, dont on ne pense jamais un mot !...

Mais ne voilà-t-il pas qu'Amélie a pris tout cela au sérieux ! et il y a six jours, à la suite d'une querelle qu'elle avait eue avec son mari, parce qu'il avait refusé de la conduire au bal, ne s'est-elle pas avisée de quitter sa maison ; son ménage... tout !... pour venir s'installer chez moi ...

En rentrant à une heure du matin je la trouve dans mon lit !... Je crois rêver !... Je lui demande ce qu'elle fait là si tard... elle m'enlace de ses bras en me disant :

— C'en est fait ! mon ami, j'ai quitté mon tyran ! je suis à toi ! à toi pour la vie... Je ne te quitte plus... nous irons cacher notre bonheur et notre amour dans le fond d'un hameau... d'un désert... en Suisse, en Italie... où tu voudras !... Nous ne vivrons plus que l'un pour l'autre !... rien ne saurait nous séparer.

— Ah ! sapristi, mon pauvre Benjamin, si vous aviez pu voir la grimace que j'ai faite dans ce moment-là... mais la chambre était peu éclairée, sans quoi Amélie elle-même en aurait eu peur... J'étais si accablé par le bonheur qui m'arrivait que je n'avais plus la force d'articuler un mot.

— Vous n'aimiez donc plus madame Clairvillier ?

— Eh mon Dieu !... je l'aimais... d'abord est-ce que je sais si je l'ai jamais aimée... je l'aimais... comme on aime une femme mariée ; le plus grand plaisir que l'on trouve dans leur connaissance, c'est qu'on sait qu'elles ne nous proposeront jamais de les épouser.

J'avais bien envie de renvoyer tout de suite ma blonde à son mari... mais au premier mot que je hasardai sur ce sujet on se mit à pousser des cris, des sanglots, on pleura, on grinça même un peu des dents, on m'appelant ingrat ! monstre !... homme affreux !...

Ma foi, mon cher, comme je n'aime pas les cris, je pris mon parti en brave et j'acceptai cette dame qui m'arrivait d'une façon si inattendue.

Mais voilà six jours qu'elle est ici... six jours... six siècles !... D'abord elle ne sort pas de ma chambre, parce qu'elle a peur d'être aperçue... résumée.

Quand on sonne chez moi ce sont des transes... des frayeurs... Madame voudrait toujours que je fisse dire que je n'y suis pas !...

Ah ! mais ! je n'y tiens plus, moi... Quel régime ! faire l'amour ou du moins en entendre parler depuis l'instant où l'on se lève jusqu'à celui où l'on se couche !... et plus loin quelquefois... mais c'est à vous en dégoûter !... à vous en rassasier... à vous le faire prendre en aversion pour jamais !...

Ah ! que La Fontaine avait bien raison avec son *Pâté d'Anguilles*... et encore ici ce n'est qu'un pâté très-commun...

Voilà, mon pauvre Benjamin, quelle est mon existence ; comprenez-vous maintenant que je serais bien enchanté de la changer contre votre duel ?

— C'est possible... mais à qui la faute ?

— Oh ! de ce côté ! je conviens que je ne puis m'en prendre qu'à moi ! ou plutôt au sort qui me fait tomber sur une de ces femmes comme il ne devrait y en avoir que dans les romans... de ces femmes impossibles !...

— Et son mari... est-ce qu'il ne fait pas des recherches pour savoir ce que sa femme est devenue... est-ce qu'il n'a point de soupçons sur vous...

— Je n'en sais rien... j'ignore s'il fait des recherches... dans cette position-là il y a bien des maris qui font semblant de chercher leur femme et qui, tout bas, font des vœux pour ne point la retrouver... et franchement, à la place du mari, ce serait mon opinion, je me soumettrais bien tranquillement à mon sort, en me disant :

Deus dederat, Deus abstulit !

Tenez, mon cher Benjamin, entre nous... je voudrais bien que M. Clairvillier découvrît la retraite de sa moitié et vînt l'arracher de mon domicile... Parole d'honneur... cela me ferait bien plaisir, quitte à avoir un duel avec ce monsieur.

Ce qu'il y a de certain, c'est que je ne veux pas vivre plus longtemps comme cela... j'ai de cet amour-là par-dessus la tête.

— Décidément vous n'aimez plus votre blonde...

— Hélas ! non !... et je pis c'est que j'en aime une autre...

— C'est-à-dire que vous avez envie d'en aimer une autre...

— Cette fois, Benjamin... je crois que je suis vraiment amoureux... mais vous ne devineriez jamais de qui...

— Ce serait trop long à chercher.

— Aussi vais je vous le dire tout de suite, mon cher ami ; je suis maintenant ensorcelé de cette jeune fille que nous avons rencontrée au bois de Boulogne... vous savez... qui sortait de chez Voldener... Augusta enfin !

— Quoi ! cette grisette qui a été votre maîtresse ?

— Eh ! mon cher, non, elle n'a pas été ma maîtresse... j'ai fait tout ce que j'ai pu pour qu'elle le devînt, mais je dois convenir que j'ai échoué... et pourtant elle semblait ne pas me voir avec indifférence, ses yeux étaient si doux en me regardant... je suis sûr que je ne lui déplaisais pas... mais quand je devenais trop téméraire, quand je voulais risquer quelques libertés... oh ! alors elle redevenait sévère, impossible de vaincre sa rigueur... et dire qu'un autre... qu'un Valdener est devenu l'heureux possesseur de tant de charmes... je vais supporter cette idée... cela me tourmente sans cesse... l'image d'Augusta me poursuit, je ne puis la chasser de mon cœur... car c'est bien dans son cœur qu'elle est gravée... Il y a quelques jours j'ai rencontré cette jeune fille, je me suis approché d'elle... je crois que j'allais lui parler... je ne sais ce que je lui aurais dit... peut-être des excuses... peut-être de nouvelles railleries sur ses amours... mais elle m'a regardé d'un air si froid, si dédaigneux... si méprisant, que je suis demeuré muet, immobile, et je n'ai pas osé l'arrêter... et c'est moi, moi ! Achille Rocheville !... qui suis devenu aussi niais, aussi sot, aussi imbécile que tous ceux dont je me moquais... mais non, ce n'est pas possible ! et moi-même je ne puis pas le croire !

— Ni moi non plus, reprend Benjamin en souriant, ce sont de nouvelles blagues que vous venez de me conter.

Achille se contente de hausser les épaules et, se dirigeant vers la porte de sa chambre à coucher, fait signe à Benjamin de le suivre.

— Où donc me menez-vous ? s'écrie celui-ci.

— Eh bien, dans ma chambre.

— Et votre dame, est-ce qu'elle n'est pas là

— Au contraire, elle est là... vous allez la voir.

— Je croyais qu'elle se cachait ?

— Certainement qu'elle se cache, mais vous êtes mon intime ami, et je puis bien avoir tout confié à un ami...

— Si cela la fâchait ?

— Elle trouve bien cela de toute ma blonde... Ah ! comme je n'ai pas envie de la garder encore longtemps chez moi... vous lui direz que son mari fait d'actives recherches... qu'il a des soupçons sur moi... que ma vie est menacée...

— Comment, vous voulez encore me faire mentir...

— Il est charmant ! comme si dans le monde on faisait autre chose... avancez, petit.

Achille introduit Benjamin dans sa chambre à coucher.

Une jeune femme blonde et assez jolie était assise sur une causeuse, enveloppée dans une vaste robe de chambre d'homme, et la tête couverte d'une petite toque comme en portent les officiers lorsqu'ils ne sont pas de service.

A l'aspect de Benjamin la jeune femme se jette au loin le roman qu'elle tenait, pousse un cri d'effroi et court se réfugier derrière les rideaux du lit.

— Eh bien ! eh bien ! n'aie donc pas peur, ma chère Amélie! dit Achille en allant chercher derrière les rideaux cette dame qui semble vouloir jouer *aux petits jeux innocents*... jeux auxquels je vous engage fort de ne point laisser jouer vos demoiselles, si vous en avez, car je ne connais rien au monde de moins *innocent* que ces jeux-là.

C'est mon ami Benjamin que je t'amène, ce cher Benjamin dont je t'ai si souvent parlé, un autre moi-même, mon *Pylade*, mon *Castor*... il connaît notre secret... on ne peut pas toujours garder un secret, il faut bien avoir quelques confidents, c'est indispensable... est-ce qu'il y a jamais d'intrigues sans confident !

La dame blonde s'est laissé ramener sur sa causeuse, elle regarde Benjamin d'un air mélancolique en poussant un gros soupir ; celui-ci répond à tout cela en saluant, comme un surnuméraire devant son chef de bureau.

Achille fait signe à son ami de s'asseoir, puis il allume une cigarette qu'il présente à la jeune femme et que celle-ci accepte sans façon, il en fait ensuite pour lui et Benjamin, et la conversation s'engage avec accompagnement de cigarettes.

— Ma chère Amélie, mon ami Benjamin vient de m'apprendre des nouvelles... Ta disparition fait beaucoup de bruit !... on ne parle que de cela dans le monde...

— Ah ! mon Dieu... et que dit-on, monsieur ?...

Benjamin regarde Achille, qui, avec un sérieux imperturbable, lui fait signe de parler.

— Allez, mon ami... ne lui cachez rien... vous avez affaire à une femme forte et qui est exempte de préjugés...

Benjamin se gratte le front, ne sachant que dire, et murmure enfin :

— Madame... je vais avoir un duel...

— Un duel! pour moi, monsieur ?

— Madame... c'est pour avoir fait le sourd-muet... à cette soirée où vous étiez...

— Ah ! je me souviens... C'est ce soir-là qu'Achille me déclara avec tant d'ardeur son amour... et vous vous battez avec mon mari, monsieur ?

— Non, madame ! je me bats avec M. Sauvinet... un grand homme sec... un savant, à ce que l'on dit !...

— Eh ! mon cher Benjamin, qu'est-ce que tu veux que son duel fasse à Amélie... ça ne la regarde pas... dis-lui donc que V. Clairvillier est furieux... qu'il a juré de tuer sa femme et... fichu tabac !... je ne sais pas où Pierre l'a acheté, mais il est détestable... de tuer son séducteur... qu'il veut tuer tout le monde enfin... si on ne lui rend pas sa femme.

La jeune dame court se précipiter dans les bras d'Achille en s'écriant :

— Non, non ! on ne m'arrachera pas de tes bras !... jamais !... nous mourrons ensemble, n'est-ce pas, mon ami !

Achille fait une mine à pouffer de rire en regardant Benjamin et va remettre Amélie sur sa causeuse en lui disant :

— Certainement, bien-aimée, nous mourrons ensemble... si nous ne pouvons pas faire autrement.. je veux dire qu'il serait préférable de vivre ensemble, parce que ça dure plus longtemps... mais pour cela... Cela n'a jamais été du maryland... c'est du caporal qu'il nous a acheté là... Mais, pour éviter de grands malheurs, je vois que le mieux est de quitter Paris...

— Eh bien, partons, mon ami, partons ; vous savez bien que je suis prête, que je ne demande pas mieux... que j'irais avec vous au bout du monde...

— Je ne pense pas que nous ayons besoin d'aller si loin que ça ! mais, voisi-tu, ma bien-aimée, Benjamin, faites-moi donc une cigarette avec cet autre paquet...

Vois-tu, cher ange... il n'y a pas de temps à perdre...

— Partons dès aujourd'hui...

— Oui... c'est ce qu'il faudrait... mais moi, je ne puis pas partir aujourd'hui, car je dois servir de second à mon ami, dans le duel avec M. Sauvinet, c'est donc je suis la première cause... ce sera même assez adroit de ma part... car M. Sauvinet prendra peut-être M. Clairvillier pour son témoin, et cela déroutera les soupçons de celui-ci de me voir là... c'est pourquoi, tendre amie, il faudrait par là la première... et moi ensuite je...

La jolie blonde ne laisse pas Achille achever sa phrase, elle court encore l'enlacer de ses bras en disant :

— Moi, partir sans toi ! moi, te quitter ! te laisser exposé aux dangers... à la mort peut-être... non, non, je te l'ai dit : désormais nous sommes inséparables, je ne te quitte plus, nous fuirons ensemble, ou je ne bouge plus d'ici !

Cette fois, Achille fait une affreuse grimace, il va remettre Amélie sur sa causeuse et, en revenant près de Benjamin, lui dit à l'oreille :

— Quel affreux cauchemar !

Benjamin offre une cigarette à son ami... qui la prend en s'écriant :

— Voyons si elle sera meilleure... Benjamin, vous avez entendu madame... elle ne veut pas me quitter... Quoique cela soit un dévouement aille jusqu'à l'imprudence... vous comprenez que je ne dois pas y mettre obstacle... nous partirons donc tous les deux... après votre duel...

Quand vous battez-vous ?

— Ce monsieur doit venir demain matin...

C'est-à-dire, je pense qu'il enverra ses témoins...

— Demain matin, je serai chez vous, nous tâcherons de régler la chose pour l'après-midi... et le soir nous serons libres... Mais il vous faut un second témoin... si j'allais chercher Arthur Durbinot et son pistolet...

Ah ! oh ! ce serait drôle : qu'en pensez-vous ?

— Faites comme vous voudrez, mais je doute qu'il accepte.

— Alors je prendrai Tamboureau... ou son ami Boucaros...

— J'aurais préféré M. Montbreilly.

— Albert !... eh ! mon cher, vous ne savez donc pas qu'il ne me parle plus... ne me regarde plus...

— Albert Montbreilly ! s'écrie la dame blonde en changeant de couleur, vous le connaissez, Achille ?

— Oui, Amélie, oui... nous étions autrefois les meilleurs amis du monde ! est-ce que vous le connaissez aussi, vous ?

— Oui... je crois... avant d'être mariée... ce monsieur venait chez mes parents... mais il y a si longtemps...

— Vous vous en souvenez à peine ! répond Achille en souriant.

— Est-ce que vous lui avez jamais parlé de moi ?

— De vous ? jamais ! chère amie, je suis trop discret pour cela... d'ailleurs nous sommes brouillés avec Albert depuis quelque temps.

— Et pourquoi êtes-vous brouillés ?

— Pourquoi ?... parbleu ! pourquoi se brouillent les meilleurs amis ?... pour une femme... qu'il a aimée... c'est-à-dire, non, pour une femme qu'il aime maintenant... qu'il veut me souffler, le traître, et...

— Qu'entends-je ? Comment ! monsieur, est-ce que vous aimeriez une autre femme que moi... ah !... si je le croyais...

— Mais non, mais non, ma chère amie ; c'était autrefois avant notre liaison... calmez-vous donc... Allons, bien, voilà qu'elle se pâme maintenant... encore une syncope ! je vais la démener... des attaques de nerfs... cette femme-là me fera donner au diable... Benjamin, passez-moi ce flacon qui est sur ma cheminée.

Benjamin regarde sur la cheminée, voit un flacon et lit dessus :

« *Eau de Botot.* »

— Ça ne peut pas être cela... c'est pour les dents.

— Ça ne fait rien, donnez toujours.

— C'est extrêmement fort...

— Elle en reviendra que plus vite... Ah ! mon pauvre ami, que cela vous serve de leçon, ne faites point la cour à des femmes romanesques !...

— Madame Durbalde ne l'est pas, elle est très-positive !

— Cela vaut mieux... tenez, vous voyez, l'eau de Botot fait son effet... la voilà qui revient.

— Et moi, je parie, je vous attends chez moi demain matin...

— C'est entendu, et je trouverai un second témoin...

A peine Benjamin est-il sorti que la dame blonde revient à elle, et se frotte le dessous du nez en s'écriant :

— Ah ! mon Dieu... qu'est-ce que vous m'avez donc fait respirer ?... cela me brûle... j'ai le dessous du nez tout en feu...

— Ma foi, ma bonne amie, dans le trouble où j'étais... j'ai pris la première chose venue... Quand je vois une femme que j'aime se trouver mal, je perds la tête... je ne sais plus ce que je fais...

— Cela me pique horriblement, que m'avez-vous donc fait respirer...

— Je crois que c'est de l'eau de Botot...

— Ah ! ciel ! mais on n'en met qu'une goutte dans de l'eau quand on s'en sert... Ah ! comme cela me cuit !

— Je vous répète, ma chère amie, que dans mon trouble j'avais pris la première chose venue... Une fois... en pareille circonstance... j'ai imbibé le dessous du nez d'une dame avec le contenu d'une fiole que je trouvai près de moi... vous ne devineriez jamais ce que c'était ?

— Quoi donc ?

— De l'eau de Javelle !

— Ah ! mon Dieu ! et cette dame...

— Elle revint à elle très-vite, mais elle eut le nez perdu... entièrement brûlé !

— Oh ! mais c'est affreux cela.

— Attrape ! se dit Achille en s'éloignant d'Amélie ; à présent je suis bien assuré de cela, c'est que tu ne te retrouveras jamais mal quand tu seras avec moi.

Le lendemain, vers neuf heures du matin, Achille arrive chez Benjamin, escorté de Boucaros ou de, ce jour-là, un paletot d'hiver, un pantalon d'été, un gilet d'automne et une cravate printanière.

— Nous voici, dit Rocheville en se jetant dans un fauteuil.

Tamboureau devait être mon collègue. Eh bien !... je ne le vois pas ! Comme témoin, il avait accepté hier ; mais impossible, ce matin, de le faire lever... heureusement M. Boucaros a bien voulu le remplacer...

Mille remercîments, dit Benjamin en tendant la main à Boucaros.

— Par exemple ! vous plaisantez ! à votre service !... On déjeune, n'est-ce pas ?

— Si on déjeunera !

— Oui... ceci est important.
— Mais je n'en sais rien encore; ce qu'il y a de certain, c'est que nous allons commencer par déjeuner ici.
— Bravo! c'est ce que je voulais dire...
— Achille, je vous remercie, vous avez été exact...
— Ne me remerciez pas, mon cher; j'étais si heureux d'avoir un prétexte pour sortir!... Je me lève de très-bonne heure maintenant.

Benjamin fait apporter à déjeuner, et ces messieurs sont en train d'y faire honneur, lorsqu'on annonce MM. Duchampion et Leminard cadet.

— Ce sont les deux témoins de Sauvinet! s'écrie Achille en riant. Duchampion aurait parbleu bien le droit de me demander aussi raison, à moi, qui vous ai présenté chez lui comme sourd-muet... je suis curieux de voir ce qu'il va dire en me trouvant ici.

Quand à Leminard cadet, c'est le cousin du poète, un gros imbécile qui s'est fait le cornac de son cousin... je ne vois pas trop ce qu'il vient faire dans cette affaire-là... à moins qu'il n'y cherche un sujet poétique pour son cousin.

Benjamin a donné l'ordre de faire entrer ces messieurs.

Boucaros continue de manger, en déclarant qu'aucune affaire ne saurait lui faire interrompre un de ses repas.

En voyant entrer ces deux hommes énormes de corpulence, que M. Sauvinet avait choisis pour ses témoins, Boucaros murmure :
— Plus que ça de seconds!... merci!... je ne boxerai pas contre eux!

Ces deux messieurs entrent d'un air grave et quelque peu hargneux.
Benjamin les salue en leur disant :
— Messieurs, voilà mes deux témoins, veuillez vous entendre avec eux pour les conditions du combat.

Moi, je ferai tout ce qu'on voudra.

Le gros Leminard se tourne vers Boucaros, qui se contente de lui sourire, sans lâcher une cuisse de volaille qu'il est en train d'attaquer.

M. Duchampion vient d'apercevoir Rocheville, qui part d'un éclat de rire en le regardant.
— Comment?... c'est M. Rocheville, je crois...
— Moi-même, mon cher monsieur Duchampion, qui suis un des témoins de mon ami Benjamin, et c'est bien le moins que je puisse faire, après l'avoir entraîné dans cette folie... à laquelle il n'eût jamais pensé sans moi...
— En effet, monsieur, c'est vous qui nous avez présenté monsieur comme un seigneur russe... sourd-muet...
— Savez-vous bien, monsieur, que c'est une très-mauvaise plaisanterie... se moquer ainsi de toute une société... et cela chez moi... choisir ma maison pour y jouer une telle parade... j'aurais le droit de mal prendre la chose, monsieur...
— Vous en avez tellement le droit, mon cher monsieur Duchampion, que je me mets sur-le-champ à vos ordres... Choisissez l'arme, le lieu... nous ferons partie carrée avec ces messieurs.
— Nous pourrons même faire le sixain! dit Boucaros en déchirant toujours sa cuisse de poulet et en montrant sa langue à Leminard cadet.

Les deux gros hommes ne paraissent nullement flattés de la proposition.

Ils changent sur-le-champ de physionomie, les dogues deviennent des moutons.
— Après tout! ce n'était qu'une plaisanterie! reprend M. Duchampion, et l'on sait que M. Rocheville est habitué à en faire...
— Oui, dit Leminard, je me rappelle encore que mon cousin a fait des vers sur monsieur... qui étaient fort jolis.
— Et toujours sur une rose? dit Achille en riant.
— Oh! il en a fait aussi sur une rose... je suis bien fâché de ne point les savoir par cœur... je vous les aurais dits.
— Voyons, messieurs, dit Benjamin, vous êtes venus ici pour régler les conditions de mon duel avec M. Sauvinet, veuillez bien terminer cette affaire...
— Il faudrait arranger cela! dit le gros Leminard, du moment que ce n'était qu'une plaisanterie; si monsieur faisait des excuses...
— Nous en devons peut-être à M. Duchampion, répond Achille, mais nullement à M. Sauvinet, qui est venu faire le télégraphe devant mon ami et a prétendu que celui-ci le comprenait...
— C'est que ce diable de Sauvinet est très-vexé... son amour-propre est blessé... et l'amour-propre d'un savant, cela est si chatouilleux!...
— D'autant plus qu'il y a une extrême différence entre un savant et un homme d'esprit...
— Messieurs, dit Boucaros, le plus simple est de prendre rendez-vous... d'y aller avec nos épées et des pistolets et de terminer tout cela sur le terrain.

Nous verrons si votre savant y sera aussi intraitable.
— Boucaros a raison.

Voulez-vous à cinq heures à Saint-Mandé, messieurs...,

— Comment! aujourd'hui... et qu'un soleil... devant les promeneurs.
— Il n'y a pas de soleil, le temps est pluvieux, il n'y aura point de promeneurs.
— D'ailleurs nous connaissons dans le bois de Vincennes des endroits écartés...
— Eh bien soit! à cinq heures à la porte de Saint-Mandé.
— Derrière chez Grue le traiteur, dit Boucaros.
— Et si cela ne dépend que de nous, dit Duchampion, nous tâcherons qu'il n'y ait point de sang de répandu.

A tantôt, messieurs.
— Je tâcherai de me rappeler les vers de mon cousin sur une rose...
— Cela nous fera bien plaisir.

Les deux témoins sont partis.

Boucaros continue de manger, en disant:
— On a pris rendez-vous de trop bonne heure... il fallait dire sept heures...
— Il fait nuit à présent à sept heures.
— Raison de plus.
— Adieu, messieurs, dit Achille, je vais faire mes préparatifs de départ... aussitôt après ce duel, je me rends en Suisse...
— Qu'allez-vous faire là? dit Boucaros.
— Je vais y déposer quelque chose... dont je voudrais bien trouver le placement... est-ce que vous restez ici, Boucaros?
— Mais oui, je vais tenir compagnie à M. Benjamin... D'ailleurs je n'ai pas fini de déjeuner, moi.

Ensuite je ferai des armes avec lui... on ne sait pas! cela peut servir... le savant est peut-être fort sur l'escrime.
— A tantôt, je viendrai vous prendre avec une voiture.

A cinq heures, deux voitures s'arrêtaient à Saint-Mandé à peu de distance de chez Grue le restaurateur.

Le temps était sombre, pluvieux, et on n'apercevait guère de promeneurs dans le bois; de l'une des voitures descendaient lestement trois jeunes gens; de l'autre M. Sauvinet et ses deux volumineux témoins, entre lesquels il s'avance et peut disparaître au besoin.

Mais le savant paraissait fort animé, il se livrait en parlant à une foule de gestes, si bien que Rocheville ne peut s'empêcher de dire :
— Dieu me pardonne!... M. Sauvinet se croit encore avec des sourds-muets... voyez donc quelle pantomime il ajoute à ses paroles!
— Ah! voilà un témoin qui se détache et vient vers nous.

On se salue gravement de part et d'autre.

Puis Leminard cadet arrive en traînant la jambe et aborde les jeunes gens en leur disant:
— Je ne me les rappelle plus... et je les savais dans la voiture... concevez-vous cela!...
— Est-ce pour nous réciter des vers qu'on vous envoie vers nous...
— Ah! pardon... M. Sauvinet est entêté comme une mule... il se croit offensé, il veut absolument se battre, à moins que M. Benjamin Godichon ne consente à lui faire des excuses là-dessus...
— A genoux! ah! voilà qui est magnifique!
— Ce monsieur doit avoir été pour le moins maître d'école...
— Allez, s'il vous plaît, lui dire que nous ne lui ferons pas d'excuses et que nous sommes prêts à nous battre...
— J'y vais... il choisit le pistolet.
— Très-bien!
— Il prétend qu'il a le droit de tirer le premier...
— Le droit n'est pas prouvé; mais je lui cède, dit Benjamin.
— Alors, veuillez bien nous conduire dans un endroit un peu écarté.
— Vous n'avez qu'à nous suivre...
— Messieurs, s'ils ne reviennent en route, vous n'en serez pas privés...
— Infiniment obligé... c'était sur une rose, monsieur Leminard.
— Oh! pardieu, je le sais bien!

Les jeunes gens se remettent en marche, leurs adversaires les suivent à peu de distance.

Achille s'arrête dans une clairière entourée de taillis.

Alors les témoins se rapprochent les uns des autres et M. Duchampion, tout en examinant les pistolets que Rocheville a apportés, dit aux jeunes gens :
— Messieurs, il faut tâcher que ce duel n'ait point de suites funestes... on se battra à cinquante pas de distance...
— Ah! ah! monsieur Duchampion!... pourquoi pas à cent...
— A cent pas, je le veux bien.
— Non, messieurs, dit Benjamin, ce monsieur croirait que j'ai peur de lui...
— Mais figurez-vous qu'il ne sait pas seulement tenir un pistolet... il n'attraperait pas à six pas.
— Alors, dit Achille, mettons-nous à vingt-cinq et que cela finisse.
— Je vais les compter, dit Leminard.

Benjamin se place, le gros Leminard compte les pas de manière à ce qu'ils soient presque doubles.

M. Sauvinet se met à l'endroit qu'on lui désigne, en prenant gravement le pistolet que lui remet M. Duchampion.

Les témoins se placent sur les côtés.
Leminard cadet, près du Duchampion, et paraissant très-préoccupé, parce que probablement il cherche toujours à se souvenir des vers de son cousin; Boucaros et Achille du côté opposé.

C'est Achille qui est chargé de frapper dans sa main les trois coups après lesquels M. Sauvinet doit tirer.

Chacun étant à son poste, Achille donne le signal, et M. Sauvinet se plaçant comme s'il voulait parer l'épée avec son pistolet, lâche enfin son coup ; presque aussitôt un cri part, mais ce n'est pas Benjamin qui l'a poussé.

On se retourne, on cherche d'où viennent les plaintes que l'on entend, lorsqu'on aperçoit le gros Leminard qui se tient une fesse et fait des contorsions en criant :

— Je suis blessé... Ah ! saperlotte.... j'ai reçu quelque chose... c'est dans le gras heureusement !... Voyez, messieurs, visitez-moi... j'ai quelque chose d'atteint.

On s'empresse autour de M. Leminard, qui a déjà baissé son pantalon, et l'on s'aperçoit qu'en effet la balle lui a endommagé le derrière, mais si légèrement qu'elle n'a fait qu'emporter en l'effleurant un petit lambeau de chair.

Dès qu'on voit qu'il ne s'agit que d'une égratignure, la gaieté fait place à l'effroi. Achille et Boucaros rient comme des fous de la manière dont M. Sauvinet tire le pistolet.

Benjamin finit par en faire autant qu'eux.

Mais le gros Leminard, qui voit son sang couler et se croit blessé dangereusement, apostrophe vivement Sauvinet :

— Monsieur, vous êtes bien maladroit ! vous qui savez tant de choses, vous auriez bien dû savoir que dans un duel on ne tire pas sur les témoins.

— Eh ! monsieur, croyez-vous donc que je vous ai visé ?...

— Il n'aurait plus manqué que cela ! Vous pouviez me tuer, monsieur...

— J'en aurais été fâché, mais...

— Fâché !... fâché est très-joli... Vous avez endommagé mon postérieur, monsieur, vous m'en répondrez sur votre tête !...

— Eh ! monsieur, vous n'avez qu'une égratignure !...

— S'il ne se guérit pas, monsieur, vous serez passible de tous les désagréments qui en résulteront pour moi !...

— A la rigueur, dit Boucaros, monsieur serait tenu de vous en fournir un autre.

Impatienté par les reproches de Leminard, le savant enfonce son chapeau sur sa tête et s'éloigne à travers le bois sans attendre ses témoins.

— Eh bien, il est sans façon, ce monsieur, dit Boucaros. Il paraît qu'il en a assez, il s'en va sans attendre que son adversaire use de son droit qu'il a de tirer à son tour sur lui, car enfin Benjamin n'a pas tiré.

— Quant à cela, c'est un droit auquel je renonce volontiers, dit Benjamin.

— Oui, oui, dit M. Duchampion, je déclare l'honneur satisfait et cette affaire terminée.

— Bien agréablement pour moi ! dit Leminard en fourrant son mouchoir dans son pantalon. On ne m'y reprendra pas à être témoin dans un duel... et surtout témoin d'un savant.

Les témoins regagnent leurs voitures et retournent à Paris.

Là, Achille serre la main à Benjamin en lui disant :

— Au revoir, cher ami, je pars pour la Suisse, je vais conduire ma Dulcinée dans un chalet qui ne sente pas trop le fromage.

J'espère revenir bientôt ; mais, en attendant, j'ai tracé sur ce papier ce que je vous engage à faire avec madame Durbalde, qui se moque de vous depuis assez longtemps. Croyez-moi, suivez ces instructions, et vous vous en trouverez bien.

Benjamin prend le papier que Rocheville lui présente, et s'éloigne avec Boucaros, qui s'est pendu à son bras en lui disant :

— Il est temps de penser à dîner.

XLIII.

Réconciliation.

Quinze jours se sont écoulés depuis que Monbreilly est parti si brusquement de chez Augusta, et il n'a pas reparu chez la jeune fille.

Cet abandon de quelqu'un qui paraissait lui porter une amitié sincère afflige vivement Augusta.

Les visites d'Albert étaient devenues presque quotidiennes ; il passait souvent plusieurs heures auprès d'elle, et ces heures s'écoulaient vite, et elles étaient devenues de douces habitudes.

Les affections qui ne se déclarent qu'à la longue sont ordinairement celles qui durent le plus.

Elles ont l'avantage de ne se former qu'avec connaissance de ceux qui les inspirent.

Tandis que ces passions subites qu'un seul regard fait naître, doivent nécessairement s'attiédir lorsque le temps nous fait apercevoir chez l'objet qui nous a séduits une foule de défauts d'humeur ou de caractère qui se devinent rarement au premier coup d'œil.

— Qui a pu fâcher M. Albert contre moi ? se dit Augusta, à mesure que les jours s'écoulent, sans ramener chez elle le jeune homme. Qu'ai-je fait ?... qu'ai-je dit qui ait pu l'offenser ?... J'ai beau chercher dans ma mémoire.. je ne trouve rien. Est-ce parce que je lui ai proposé de placer pour moi cet argent ?... Cela n'est pas possible... mon Dieu ! Pourquoi chercher si loin ?... Il ne vient plus... parce qu'il va ailleurs... chez des personnes près desquelles il s'amuse mieux et se plaît plus qu'auprès de moi... Cela n'est pas bien difficile... un jeune homme du grand monde ! Est-ce que je pouvais espérer qu'il voudrait toujours me tenir compagnie ?... il est même surprenant que cela ait duré si longtemps... Et pourtant !.. il semblait tant se plaire... assis, là... près de moi... et il n'a pas l'air d'un trompeur, ce monsieur-là...

Éléonore a déjà son chapeau et son châle, Achille lui prend la main et l'entraîne.

Enfin un matin on frappe chez Augusta, qui éprouve aussitôt un vif battement de cœur et en deux secondes a couru ouvrir sa porte.

Mais ce n'est point Albert, c'est Cotonnet qui vient la voir.

La jeune fille ne peut retenir un gros soupir, et cependant elle presse avec affection la main de Cotonnet, en lui disant :

— Entrez, mon ami.

Cotonnet entre.

Lui aussi est pâle, triste, chagrin.

Il va se placer sur une chaise, en disant :

— Bonjour, mam'selle Augusta... comment vous portez-vous... croiriez-vous que je ne suis pas encore parvenu à découvrir où elle s'est logée !...

— Ah !... c'est... c'est Coralie que vous cherchez toujours...

— Pardine !... qui voulez-vous que ce soit... je cours... je visite les quatre coins de Paris... je vais même dans tous les bals, dans ces endroits publics qu'elle affectionnait... j'entre dans les cafés... je fréquente les spectacles... les traiteurs... je suis sûr qu'il y a des gens qui croient que je pense qu'à m'amuser ! tandis que j'ai du chagrin, de la tristesse partout... car c'est toujours elle que je cherche... et je ne la rencontre nulle part ! comprenez-vous cela ?

— Peut-être est-elle à la campagne.

— A la campagne ? pourquoi faire, nous voilà en hiver.

D'ailleurs Coralie n'a jamais été champêtre... elle n'aime que Paris... ne connaît que son Paris !... et à moins qu'elle n'ait eu l'idée d'aller voir quelque autre capitale... elle se sera peut-être laissé enlever par un Anglais, ou un prince russe !... que sait-on ?... alors c'est fini... je ne la rencontrerai plus.

— Consolez-vous, Cotonnet, on ne trouve pas si souvent des hommes disposés à enlever des femmes... ils le disent, mais lorsqu'on les met à l'épreuve, ils regrettent de s'être tant avancés... je suis bien persuadée que Coralie est toujours à Paris... mais vous croyez avoir visité partout... et vous avez pu passer près de sa demeure sans vous en douter...

— Au fait... c'est vrai... mais elle serait donc devenue bien sédentaire !

— Monsieur Cotonnet, pour vous distraire, voulez-vous me rendre un service ?

— Tout ce que vous voudrez, mam'selle, je suis prêt !...

— J'avais prié M. Albert de s'en charger... parce que je pensais... mais... il n'a pas pu; il a trop d'autres affaires apparemment...

— Comment ! il vous a refusée... c'est bien étonnant, il a cependant l'air de vous porter beaucoup d'intérêt, ce monsieur-là...

— Oui... mais... il y a trois semaines que je ne l'ai vu...

— Tiens, c'est singulier, je croyais qu'il venait souvent vous faire société.

— Oui... il venait presque tous les jours, c'est pour cela que je suis étonnée d'être si longtemps sans le revoir...

— Je ne le dirai jamais... il est malade probablement.

— Ah ! oui... oui... vous avez raison ! s'écrie Augusta qui vient de saisir avec avidité cette idée qui lui donne au moins l'espoir de ne pas être oubliée.

Pour être si longtemps sans revenir, il faut qu'il soit malade... comment donc faire pour en être certaine ?...

— C'est bien facile ; si vous savez son adresse, j'irai m'informer, demander de ses nouvelles.

— Mon Dieu non ! je ne sais pas son adresse... je crois que c'est à côté de la Chaussée-d'Antin... mais je ne sais pas le nom de la rue... j'en suis bien fâchée ! on devrait toujours savoir l'adresse de ses amis...

— C'est vrai, mam'selle ; mais, enfin, puisque vous ne la savez pas... et puis ce n'est qu'une supposition... Et ce service que vous désirez que je vous rende ?

— C'est de l'argent que j'ai à placer... six mille francs que j'ai là... tenez, les voici...

— Six mille francs ! vous avez six mille francs, mam'selle ?

— Oui, Cotonnet... et qui sont bien à moi !

— Oh ! quant à cela, est-ce que vous croyez, ma'am, que j'en doute... est-ce que je vous demande moi, d'où vous avez cette somme... est-ce que ce sont mes affaires ?... d'ailleurs je n'ai pas besoin de le savoir pour être certain que vous ne devez pas rougir de sa possession...

— Oh ! non, Cotonnet, non, je n'ai pas à en rougir !...

— Eh ! encore une fois... il n'y a pas besoin que vous me disiez cela... je vous connais, mam'selle, et ça me suffit... mais pour ceux qui ne vous connaissent pas comme moi... vous comprenez... le monde aime tant à voir du mal dans tout... il y a des gens qui diraient :

Une jeune ouvrière... posséder six mille francs... Oh ! ce n'est pas avec son aiguille qu'elle aura si grosse somme... il faut qu'elle ait eu un amoureux bien généreux... et puis ci, et puis ça !... on aurait pour longtemps à faire des propos... des cancans... Eh bien, mam'selle, qu'avez-vous donc... vous pleurez à présent... mais on ne dira pas cela de vous, puisque c'est moi qui vais vous acheter des rentes avec cet argent.

Une nouvelle idée vient de frapper Augusta en écoutant Cotonnet, c'est que M. Albert Montbreilly a probablement conçu tous ces soupçons et que c'est parce qu'il a eu d'elle ces mauvaises pensées qu'il a cessé de revenir la voir... elle ne peut retenir ses larmes, en murmurant :

— Oh ! vous avez encore raison, Cotonnet, j'ai proposé à M. Albert de me placer cet argent... il m'a refusée parce qu'il a cru qu'il était honteusement gagné... et voilà pourquoi, depuis ce jour, je n'ai plus entendu parler de lui...

— Mais, mam'selle, si ce monsieur a cru cela de vous, c'est fort mal de sa part, car enfin depuis qu'il vient vous voir il a été à même de vous juger, de vous apprécier... et il a bien dû voir que vous n'étiez pas de ces demoiselles qui reçoivent de l'argent d'un homme !...

— Cotonnet, vous me connaissez depuis plus longtemps, vous, et vous jugez mieux le fond de mon âme.

Mais il n'en est pas ainsi de M. Albert ; songez donc, au contraire, combien j'ai été compromise par M. Rocheville... enfin, mon ami, vous-même n'avez-vous pas entendu d'infâmes propos sur mon compte... ne vous êtes-vous pas battu pour moi...

— C'est vrai, et je suis prêt à recommencer si l'occasion se représentait.

Mais c'est égal... je dis qu'on peut parler quand on ne connaît pas... quand on ne sait pas... et je dis que pendant plus de deux mois que M. Albert est venu vous voir tous les jours, cela devait lui suffire pour vous juger... et tant pis pour lui, s'il a de ces idées que vous croyez... cela ne ferait pas honneur à sa perspicacité ! en attendant je vais vous acheter des rentes avec votre argent, c'est le plus commode... quand on veut revendre, on vend.

Il faut me donner vos noms, mam'selle, je vais les écrire...

— Elisa-Augusta... Reynold.

— C'est le nom de votre père ?...

— Non... c'est celui de ma mère... je ne porte pas celui de mon père... parce que...

— Bon, bon, mam'selle, ce sont vos affaires... vous n'êtes nullement obligée de me les dire ; mais ces noms-là suffiront... Je crois que l'on peut acheter sous le nom que l'on veut.

Après-demain ce sera une chose terminée... Ah ! ce n'est pas Coralie qui s'achèterait des rentes ! si elle avait six mille francs, elle se dépêcherait bien vite de les manger... enfin, je la retrouverai peut-être... A bientôt, mam'selle Augusta.

Augusta, restée seule, s'abandonne entièrement à son chagrin.

Elle est vivement affligée d'avoir donné à celui qu'elle croyait son ami de nouveaux motifs pour suspecter sa conduite, puis elle se dit :

— Ah ! cet argent !... s'il savait à quel trois on l'a donné, il verrait bien que je ne suis pas coupable... mais je ne puis pas dire cela... je ne le dirai jamais... n'est-ce pas, ma mère ?

Et Augusta tourne tristement ses regards vers le portrait.

Cotonnet a fait la commission dont on l'a chargé.

Mais Albert n'a pas reparu chez la jeune fille.

Augusta ne verse plus de larmes ; mais une sombre tristesse obscurcit son front.

Ses belles couleurs ont disparu.

Le chagrin change souvent plus vite qu'une maladie.

Par une belle journée d'hiver, obligée de sortir pour reporter son ouvrage, Augusta marche rapidement sur les boulevards, lorsque tout à coup elle se trouve vis-à-vis d'Albert.

Tous deux s'arrêtent, se regardent.

Tous deux doivent se trouver pâles et amaigris.

— Vous avez été malade, mademoiselle ? murmure Albert.

— Non, monsieur... c'est vous, peut-être...

— Non, mademoiselle... c'est que vous êtes un peu changée...

— On peut changer sans être malade... Adieu, monsieur.

Augusta salue et va s'éloigner.

Albert l'arrête.

— Vous partez bien vite, mademoiselle.

— Je craindrais, en m'arrêtant davantage, de vous faire... perdre votre temps...

— Mademoiselle... je comprends... vous devez me trouver bien impoli... être resté si longtemps sans aller m'informer de vos nouvelles...

— Vous ne me devez aucune excuse, monsieur. Pendant quelque temps vous veniez souvent chez moi... c'était beaucoup d'honneur que vous me faisiez... vous avez brusquement cessé vos visites, sans doute vous avez eu pour cela des motifs... graves... car lorsqu'on s'était dit l'ami d'une personne... on ne lui retire pas ainsi son amitié sans sujet... n'est-il pas vrai, monsieur ?

Albert rougit et balbutie avec embarras :

— Mademoiselle... je voulais... j'attendais...

— Je ne vous demande rien, monsieur.

Je vous le répète, je vous crois trop juste pour n'agir que par ca-

...ce... d'ailleurs, lorsque notre conscience ne nous reproche rien, on se sent assez de force pour supporter l'indifférence et l'oubli.

Mais telle chose qui arrive, monsieur, croyez bien que jamais je n'oublierai, moi, que vous m'avez protégée; je remercie le hasard qui m'a permis de vous témoigner encore ma reconnaissance.

En achevant ces mots, Augusta s'éloigne le cœur oppressé, pressant le pas... ne détournant pas la tête; en fort peu de temps, elle est arrivée à sa demeure sans savoir comment elle a fait le chemin.

Mais il n'y a pas trois minutes qu'elle est de retour chez elle, encore sous l'impression de la rencontre qu'elle vient de faire, lorsqu'on frappe à la porte, et Albert, pâle et tremblant, reparaît devant ses yeux.

Une sensation de bonheur se glisse alors dans le cœur de la jeune fille.

Elle baisse les yeux tout en présentant une chaise à Albert.

Mais celui-ci reste debout devant elle, en balbutiant :

— Mademoiselle... je sens qu'il m'est impossible de rester fâché avec vous...

— Fâché... mais je ne l'ai jamais été, moi, monsieur...

— Je veux dire... si vous saviez combien le temps m'a semblé long depuis que je ne vous vois plus...

— C'est parce que vous venez de me rencontrer que vous pensez cela ?

— Ah! mademoiselle, si vous saviez... si...

— Mon Dieu, monsieur, je sais tout... et, si vous voulez, je vais vous dire, moi, pourquoi vous avez cessé de venir... oh! cela vous étonne peut-être, que je sache... mais attendez... attendez... On a déjà dit bien du mal de moi.. je l'ai méprisé... folle que j'étais! parce que je ne me sentais pas coupable, il me semblait que tout le monde, tous ceux qui me connaissent, du moins, devaient n'ajouter aucune créance à des méchancetés! Ah! j'ai bien compris depuis que j'avais tort... Il y a quelque temps, monsieur, abusant un peu de la permission que vous m'aviez donnée de vous regarder comme un ami, j'ai pris la liberté de vous prier de vous placer pour moi une somme d'argent que je possède, vous m'avez refusée sous prétexte que vous n'aviez pas le temps de vous charger de cette commission... mais ce n'était là qu'un prétexte. Vous m'avez refusée, monsieur Albert... et, depuis ce jour, vous n'avez plus remis les pieds chez moi... parce que vous avez cru que cet argent était le prix de ma honte... parce que vous avez pensé qu'une jeune ouvrière ne pouvait pas posséder une telle somme sans la payer par son déshonneur!... parce que vous avez pensé de moi, monsieur, avouez-le... convenez que j'ai deviné ce qui vous a fait cesser de me voir...

Albert ne répond rien, mais il tombe aux genoux de la jeune fille, qui verse d'abondantes larmes en achevant de parler.

Augusta regarde celui qui est à ses pieds; mais elle ne le relève pas, et reprend avec dignité :

— Oui, monsieur, demandez-moi pardon de vos odieux soupçons... vous le devez, monsieur Albert, car je suis innocente... je vous le jure... devant l'image de ma mère... est-ce que j'aurais menti devant elle... je sais bien qu'il y a dans ma conduite quelque chose de mystérieux qui peut prêter à la médisance... mais là où il y a un secret, pourquoi toujours y voir du mal plutôt que du bien... Cet argent... on me l'a donné, cela est vrai; mais de la personne qui m'a fait ce don je pouvais le recevoir... le recevoir sans rougir... entendez-vous? si je ne vous en dis pas davantage, c'est que j'ai juré... à ma pauvre mère mourante de toujours obéir respectueusement à... la personne de qui je tiens cet argent... et de ne jamais révéler les motifs de mon obéissance, à moins qu'elle ne me le permette elle-même... mais c'est ce qu'elle ne fera jamais!... et, maintenant, monsieur Albert... voyez si vous voulez avoir confiance en moi, car il n'est impossible de vous en dire davantage.

Et je le sens, j'aimerais mieux ne plus vous revoir que de lire encore de mauvaises pensées dans vos yeux.

Albert prend la main de la jeune fille et la presse doucement dans la sienne en s'écriant :

— Je vous demande pardon et je vous crois; désormais je vous croirai toujours... Augusta, voulez-vous me pardonner ?

— Oh! avec bien du plaisir! dit Augusta en prenant à son tour la main d'Albert, car je suis bien contente!... je viens de retrouver un ami...

XLIV.

Un Coup de sifflet.

Lorsque Benjamin s'est retrouvé seul, après que Rocheville lui a fait adieux, son premier soin est d'ouvrir le papier que celui-ci lui a remis et qui doit contenir des instructions pour sa conduite à tenir avec madame Durbalde.

Il lit ce qui suit :

« MON CHER BENJAMIN,

« Vous êtes amoureux d'une coquette qui, en style vulgaire, vous fait aller, et qui est capable de vous faire aller fort loin; car j'ai jugé cette femme : elle est fine comédienne et intéressée; de plus, c'est un cœur sec et froid qui ne saura jamais ce que c'est que d'aimer.

« Avec ces femmes-là, pour triompher, il faut employer les grands moyens.

« D'après ce que m'a dit Tambonreau, de toutes les petites croûtes qu'elle vous a déjà fait acheter, vous avez assez dépensé d'argent avec cette dame pour avoir le droit d'exiger le dénoûment.

« Demandez-lui un rendez-vous à votre belle, chez un traiteur; faites entendre, si cela est nécessaire, que vous avez un riche présent... une surprise à lui faire.

« Elle vous accordera le rendez-vous.

« Quand vous tiendrez votre crucile dans un cabinet bien élégant, bien particulier, tâchez de triompher.

« Si elle vous cède, vous avez obtenu ce que vous désiriez, tout est pour le mieux; mais si elle ne vous cède pas, à un signal que vous donnez, cinq ou six de vos amis que, comme de raison, vous avez prévenus et fait venir là d'avance, doivent ouvrir la porte de votre cabinet, comme s'ils se trompaient, et vous trouver aux genoux de votre belle.

« Ils vous font compliment de votre conquête, boivent le champagne à sa santé et vous laissent.

« Cette dame est furieuse d'avoir été surprise avec vous.

« Mais si elle vous cède, parce qu'elle s'aperçoit qu'elle a affaire à un homme qui ne veut pas être sa dupe, et que vous lui jurez que vous prierez vos amis de se taire sur cette aventure.

« Voilà la marche, c'est simple comme bonjour; Tambonreau, Boucaros, Sinagria, Arthur et son pistolet seront volontiers vos témoins; tâchez qu'ils amènent encore quelques amis, plus il y aura de monde, plus cela fera d'effet.

« Votre ami,

« ACHILLE ROCHEVILLE. »

Benjamin a lu avec attention; quand il a fini, il recommence la lecture du billet d'Achille; les instructions qu'il contient l'effrayent, il se demande s'il doit les suivre; le résultat de ses réflexions est de tâcher de triompher de madame Durbalde, sans avoir besoin d'employer ce que son maître en séductions appelle le grand moyen.

Depuis quelque temps, Benjamin était un peu moins timide près de la petite maîtresse; il avait hasardé quelques mots d'amour que l'on avait écouté en riant, et comme une plaisanterie, mais sans se fâcher le moins du monde; au contraire, on n'en avait été que plus aimable avec lui; seulement il avait été obligé d'acheter une nouvelle croûte sur laquelle on avait écrit Van Dyck, en anglaise, avec de l'encre rouge; signature qui lui avait coûté fort cher.

Boucaros avait déjà proposé à Benjamin d'aller sur le boulevard et c'y étaler tous ses chefs-d'œuvre.

Le jeune amoureux commençait à perdre patience; il parlait de son amour, mais il n'était pas plus avancé.

Plusieurs fois il s'était rencontré chez madame Durbalde avec M. Valdener, qui paraissait peu flatté de l'y voir, et le traitait avec une politesse très-froide; mais alors la jolie femme jouait la aiguë-ment de la prunelle, qu'elle calmait la jalousie de l'un et donnait de l'espérance à l'autre.

Cependant le jeune homme devait toujours céder le terrain; mais Benjamin s'éloignait, persuadé qu'il triompherait la prochaine fois, lorsqu'après son départ, M. Valdener s'écriait :

— Ce monsieur vient vous voir bien souvent, il me semble!...

Madame Durbalde répondait en minaudant :

— Eh! mon Dieu, monsieur, n'allez-vous pas être jaloux d'un enfant!... d'un jeune homme qui se contente de me regarder comme une madone! mais qui assurément ne se permettrait pas de me dire un mot d'amour!.. Au reste, monsieur, lorsque vous serez mon mari, vous aurez parfaitement le droit de ne recevoir chez vous que les personnes que vous inviterez... J'use de ma liberté en attendant ce moment... que vous ne hâtez guère, à ce qu'il me semble... lorsque, moi, je l'appelle de tous mes vœux.

Aussitôt que madame Durbalde parlait mariage, le front de M. Valdener devenait sombre, soucieux; cependant il se hâtait de répondre qu'il s'occupait beaucoup de cette affaire.

Mais un jour Benjamin, en se présentant chez madame Durbalde, est tout surpris de lui trouver un air préoccupé, inquiet, il lui en demande la cause, et elle lui répond en tâchant de soupirer :

— Hélas! mon cher monsieur Benjamin, je suis triste... parce que je comprends que je vais être forcée de renoncer à vous voir... de vous prier de cesser vos visites...

— Ne plus vous voir, madame, et pourquoi donc cela?
— Ne le devinez-vous pas... M. Valdener va m'épouser... Hier, il m'a dit que ses nombreuses affaires étant bientôt terminées, il pensait pouvoir sous peu conclure notre hymen...
— Ah! madame...
— Pauvre petit... vous souffrez... Ah! qu'il me fait de peine... mais que voulez-vous... il faut songer à l'avenir... M. Valdener est immensément riche... je lui dois des égards... il m'a fait entendre que vos visites le contrariaient beaucoup... et voilà pourquoi je vais être obligée de m'en priver... Ah! cela m'afflige... mais il faut avoir du courage.

Benjamin, qui a dépensé pour cette dame près de neuf mille francs en achats de mauvaises toiles, n'a pas envie que cela se termine par être tout simplement mis à la porte; il se jette aux genoux de Nadellie, il la supplie de récompenser son amour.

On se contente de lui donner des espérances vagues et on veut le congédier.

Alors le jeune homme se relève en s'écriant :
— Au moins, si je ne puis plus revenir, accordez-moi un rendez-vous... que je puisse sans crainte vous revoir encore une fois...
— Vous me reverrez... plus tard... je vous le ferai savoir...
— Et vous me refusez un rendez-vous pour demain...
— C'est impossible!
— Après-demain...
— Mais non... encore une fois, cela ne se peut pas... je pourrais être vue...
— Allons, madame... puisque vous êtes inflexible... il faudra donc que j'offre à une autre...
— Quoi donc?...
— Oh! rien... une marque de mon amour... que je vous destinais... un présent... indigne de vous, sans doute, mais... c'eût été un souvenir...
— Un présent... ah! vraiment, vous êtes d'une galanterie... qu'est-ce donc?
— Permettez-moi de me taire... puisque je ne puis vous revoir...
— Ne pouvez-vous m'envoyer ce cadeau?
— Ah! madame, c'était bien le moins que je vous l'offrisse moi-même..
— Mon Dieu! que vous êtes terrible... si je croyais pouvoir, sans être aperçue... me rendre à ce rendez-vous...
— Vous le pouvez, si vous le voulez...
— Ah! que les hommes sont terribles quand ils ont quelque chose en tête... vous le voulez absolument...
— Je vous le demande en grâce...
— Eh bien, qu'il soit donc fait ainsi que vous le voulez... pour vous satisfaire, je risque tout mon avenir... ma fortune... la position que je vais tenir dans le monde.. mais n'importe, vous serez satisfait... vous ne douterez plus de mes sentiments pour vous... demain... je préfère que ce soit demain...
— Je ne demande pas mieux.
— Où cela?

— Mais voulez-vous chez un traiteur... sur le boulevard... à la Maison-Dorée?
— Ah! que vous êtes jeune!... un rendez-vous dans le quartier de Paris le plus fréquenté... et pourquoi pas tout de suite place de Bourse, pour que j'y rencontre M. Valdener?
— Ah! vous avez raison... eh bien, alors...
— Aux Champs-Elysées, allée des Veuves, au petit Moulin-Rouge, au moins on peut arriver là sans être aperçue.
— Très-bien... votre heure, madame?
— Deux heures.
— Alors on est à la Bourse, je suis plus libre, ou plutôt, j'ai moins de frayeur.
— C'est entendu, madame... je serai là... je vous attendrai... je vous verrai venir...

— J'espère bien que vous n'allez vous mettre en sentinelle à la porte du traiteur et que vous m'attendrez tranquillement dans le cabinet...
— Oui, madame... vous attendrai, je pense viendrai le garçon... lui dirai...
— Ne lui dites rien du tout, je saurai bien vous trouver.

Et maintenant partez vite, je ne veux pas que M. Valdener vous retrouve ici...
— A demain alors aux Champs-Elysées, allée des Veuves, petit...
— Oui, oui, convenu, partez.

XLV

Un Coup de sifflet (suite).

Madame Durbal vivement congédie jeune adorateur, s'éloigne fort content en se félicitant d'avoir employé le moyen Rocheville lui a...

Cependant, au moment d'aller avec ceux qu'il veut pour témoins de ce tête-à-tête... Benjamin hésite encore, il se dit :
— A quoi bon chercher ces messieurs... puisque belle Nadelhe a consenti à m'accorder ce rendez-vous, c'est qu'elle ne veut plus me tenir rigueur... la présence mes amis me sera donc tout à fait inutile... ce n'est pas la peine de les déranger...

M. Benjamin rentre directement chez lui le cœur rempli du doux espoir.

Mais en se retrouvant dans sa chambre, ses yeux rencontrant de tous côtés ces malheureuses croûtes qui lui ont coûté si cher, vue dissipe les flatteuses illusions dont il se berçait, il remet son chapeau sur sa tête en se disant :
— Après tout, je ne ferai peut-être pas mal d'aller prévenir amis... Rocheville dit que cette femme-là a le cœur sec... elle rait encore me faire faux bond... cette occasion manquée ne retrouverais plus... décidément je vais suivre les conseils d'Achille, car il connaît les femmes mieux que moi, et il sait comment il faut conduire avec elles.

Mais enfin, c'est mille francs que vous en offrez. — Oui, madame.

Quelques instants plus tard, Benjamin était dans l'atelier de Tamboureau, où Arthur Durbinot posait avec un casque grec sur la tête et un manteau écarlate sur les épaules.

Benjamin expose en quelques mots le sujet de sa visite.

— Nous serons des vôtres, dit Boucaros, mais vous ne nous ferez pas venir la rien que pour attendre votre signal... naturellement vous nous paierez à dîner...

— C'est trop juste...

Tamboureau secoue la tête en disant :

— Aller surprendre cette dame... ma cliente... car j'ai fa t son portrait.. hom, messieurs, je ne sais pas trop si je dois être de cette conspiration.

— Tamboureau, s'écrie Boucaros, tu ne te souviens donc plus de ce que tu as dit, en voyant toutes les petites croûtes que la Léca a fait acheter à cet innocent pigeon. Je vais te rappeler tes propres paroles :

— C'est indigne de voler un jeune homme de cette façon-là... qu'on se fasse acheter des bijoux, des cachemires, des voitures... très-bien... c'est franc, c'est loyal; mais qu'on vende des barbouillages pour des toiles de maîtres, c'est de la filouterie, c'est jouer avec des cartes biseautées...

Une maîtresse a le droit de nous ruiner, mais jamais de nous voler.

— Voilà les paroles, je les ai retenues parce que je les ai trouvées sublimes.

Tamboureau ne semble pas médiocrement flatté de cet éloge, il incline la tête en répondant :

— C'est juste, je serai des vôtres.

— Moi, dit Arthur en ôtant un moment l'énorme casque qui pèse sur son front, vous comprenez que je ne demande pas mieux que de vous rendre ce service...

Du moment qu'il s'agit de se venger d'une femme... ça me fera grand plaisir... si vous saviez comme Eléonore s'est conduite avec nous !

— Il dit nous, s'écria Boucaros, parce que depuis l'aventure du bois de Boulogne vous savez qu'il était devenu l'intime ami de Sinagria...

— Je ne pouvais pas lui en vouloir, dit Arthur, il ne savait pas que cette Lisiska... cette soi-disant Moscovite, était mon Eléonore...

Quand il l'a su, il a été désolé de m'avoir fait de la peine... puis, quand ce blagueur de Rocheville nous a joué ce tour d'amener cette perfide dans le coupé, nous nous sommes dit :

— C'est fini! jurons de ne plus avoir la moindre relation avec la fausse Russe... et nous avons juré; et le lendemain matin, Sinagria était de très-bonne heure rue Jean-Beausire, pour faire des reproches à la scélérate, moi, je m'y rends du côté pour la traiter.. comme elle le mérite.

Je rencontre Sinagria dans l'escalier, il était furieux ! Eléonore l'avait mis à la porte en l'appelant grande girafe.

Je lui dis :

— Attendez, cher ami, je vais vous venger !... je monte quatre à quatre, j'avais la tête exaltée... j'arrive... je frappe comme un furibond... en criant :

— Eléonore ! ouvrez-moi... je suis Arthur Durbinot... ne me poussez pas à bout... j'ai mon pistolet...

J'entends la perfide qui me répond :

— Ah ! c'est toi, je t'attendais ! et aussitôt on entr'ouvre à peine la porte, seulement de quoi laisser passer un gros canon de seringue avec lequel on m'arrose !... oh, mais en plein visage !... j'ai été inondé !... voilà ma dernière entrevue avec Eléonore... vous devez juger si nous avons juré haine aux femmes, Sinagria et moi.

Voulez-vous que je lui dise de venir demain avec nous ?

— Certainement ; j'allais vous en prier.

— Il viendra, je vous réponds de lui... faudra-t-il donner le fouet à cette dame pour finir ?

Augusta court à sa commode, et au fond d'un tiroir prend un joli portefeuille qu'elle présente à Albert.

Boucaros éclate de rire en s'écriant :

— Ce diable d'Arthur est devenu féroce avec le beau sexe... surtout depuis qu'il pose pour les Grecs !...

— Il n'est pas question de donner le fouet, ni de faire la moindre offense à cette dame... il suffira que mon tête-à-tête ait eu des témoins... et encore ne vous donnerai-je le signal pour venir que si je ne suis pas vainqueur...tout mon désir, messieurs, est de ne point vous le donner...

— Comment saurons-nous cela ?

— Nous en conviendrons demain chez le traiteur.

Allez y tous les quatre d'abord...je ne veux pas arriver avec vous... soyez-y avant l'arrivée de cette dame... et nous conviendrons de nos faits.

Adieu, messieurs, à demain.

Le lendemain, sur les une heure et demie, quatre jeunes gens arrivaient en se promenant chez le traiteur désigné dans l'Allée des Veuves.

— Diable ! mais c'est gentil, c'est coquet ici, dit le grand Grec en examinant le restaurant.

— Oh ! l'endroit est parfaitement choisi, dit Boucaros, il paraît que c'est cette dame qui l'a elle-même indiqué à notre ami Godichon... c'est une gaillarde qui entend son affaire.

Je vais commander le déjeuner et je vous prie de croire, messieurs, que vous pourrez attendre le dîner.

Benjamin ne tarde point à arriver à son tour chez le traiteur ; il rencontre ses amis qui fument dans le jardin pendant qu'on met leur couvert.

— Messieurs, par grâce, ne restez pas ici, s'écrie Benjamin, madame Durbalde ne pourrait manquer de vous voir en entrant.. elle reconnaîtrait Tamboureau... elle s'enfuirait.

— Soyez donc tranquille, jeune amoureux, il n'est pas deux heures et une dame se fait toujours un peu attendre.

D'ailleurs, nous allons rentrer.

Mais il faut que nous sachions d'abord où sera votre cabinet.

— Attendez, je vais en demander un.

Benjamin demande au garçon un cabinet bien retiré, bien mystérieux et bien chauffé.

Le garçon lui ouvre une jolie petite pièce décorée élégamment, ornée de divans et de glaces.

Benjamin est enchanté, il annonce au garçon qu'il attend une dame dont il lui fait le portrait, il commande un déjeuner recherché, puis va dire à ses amis où est situé son cabinet.

— C'est fort bien, dit Tamboureau, mais comment saurons-nous à quel moment nous devons aller vous surprendre?

— Si mon malheureux sort veut que j'aie recours à vous, tenez, messieurs, voyez-vous ce petit sifflet... écoutez comme cela est perçant...

— C'est magnifique... cela entre dans les oreilles... c'est à vous faire sauter...

— Eh bien, messieurs, je sortirai de mon cabinet sous le plus petit prétexte.

J'irai contre le petit escalier... vous dînez en bas, je sifflerai et vous entendrez.

— C'est facile... au coup de sifflet, les brigands arriveront comme dans la *Forêt périlleuse*!

— Il est bien convenu que vous aurez l'air de vous tromper de porte... d'entrer par hasard...

— Oui, oui, comme Achille avec Sinagria au bois de Boulogne.

— Mais si je ne siffle pas... personne...

Du reste, je vous rejoindrai toujours après le départ de ma dame, car il est bien probable qu'elle voudra partir seule et avant moi.

Au revoir, messieurs; je vous en prie, rentrez dans votre salon et ne le quittez plus.

Les quatre jeunes gens vont se mettre à table, en disant:

— Croyez-vous qu'il nous sifflera?...

— Hom... j'en doute... quand une dame vient chez un traiteur, en cabinet particulier, ce n'est guère pour faire la cruelle!

— Mais notre ami Benjamin est si niais... il ne sait pas profiter des avantages qu'on lui fait.

— Qu'est-ce que c'est que cette dame qui va venir? demande le grand Grec.

— Ah! tiens, c'est juste, Sinagria n'avait pas encore demandé de renseignements.

Monsieur, c'est une fort jolie femme qui rendrait des points à Eléonore Lisinka de Polotosky.

— De grâce, ne prononcez plus ce nom devant moi! s'écrie Arthur avec un mouvement nerveux.

— Ah! pardon... c'est juste, Durbinot, j'oubliais que cela doit être pour vous un souvenir cuisant!...

— Messieurs, dit Tamboureau, il y a une chose certaine, c'est que, si on ne siffle pas, ce sera bien moins amusant pour nous.

— Soyez tranquilles, je vous réponds, moi, que nous serons sifflés, dit Boucaros avec une intention très-marquée.

En attendant, mangeons... et sans nous presser... on mange bien plus.

La belle dame s'était retirée dans son cabinet comme madame Durbalde le lui avait recommandé.

Deux heures venaient de sonner, et notre amoureux s'attendait à rester encore longtemps dans l'attente, lorsque la porte du cabinet s'ouvre et la dame aux beaux yeux noirs paraît.

— Quoi! c'est vous! déjà!...

— Est-ce que je viens trop tôt?

— Oh non... quel bonheur! je n'espérais pas tant d'exactitude.

— Toutes les femmes se font attendre... je n'aime pas à faire comme les autres.

— Vous êtes charmante!

— Dites qu'on serve... j'ai très-froid et très-faim.

Benjamin fait servir, madame Durbalde s'est mise à son aise et va chauffer ses pieds à la cheminée; elle ne paraît nullement émue en se trouvant ainsi en cabinet particulier avec Benjamin, tandis que celui-ci est troublé, oppressé, soupire et ne sait plus ce qu'il dit.

La belle dame se met à table et fait honneur au repas; son partner ne peut pas manger, il étouffe d'amour; il veut être aimable, galant, mais il verse à boire sur la nappe et fait tomber les assiettes.

Madame Durbalde ne peut s'empêcher de rire de l'effet que le bonheur produit sur Benjamin.

Elle le laisse lui parler de sa passion tout à son aise, et fait venir du champagne frappé qu'elle ingurgite avec l'habileté d'une lionne, et dit enfin à son adorateur:

— Vous voyez, Benjamin, ce que je fais pour vous... savez-vous bien que je m'expose infiniment...

En s'entendant appeler par cette dame rien que Benjamin, le jeune homme est ivre de joie, il saute sur une main qu'on lui abandonne et la couvre de baisers.

On le laisse faire et on continue:

— J'espère que vous vous montrerez digne de ce que je fais aujourd'hui... Mais, à propos, vous m'avez parlé d'un cadeau... d'une surprise que vous vouliez me faire... Je voudrais bien voir cela... je suis très-curieuse...

Benjamin se sent fort embarrassé, car il n'a pas apporté le plus petit cadeau...

Pour dissimuler sa gêne, il redouble d'ardeur dans ses caresses en balbutiant:

— Ah! oui... oui... un présent... une surprise... mais cela ne vaudra jamais... tout ce que vous valez... Je voudrais mettre l'Europe... que dis-je? tous les produits de l'Inde à vos pieds... Je voudrais vous couvrir de diamants... de baisers... Je ne sais plus ce que je voudrais... Ah! si, je le sais bien...

Enhardi par le peu de résistance qu'on lui oppose, Benjamin devenait audacieux; la belle dame le laissait faire, car d'après ce qui vient de lui dire elle est persuadée que sa surprise sera quelque cadeau magnifique; et comment être toujours cruelle avec un amoureux qui est capable de se montrer si galant? puis enfin, peut-être le ..., le champagne, ont-ils amené un de ces moments pendant lesquels les femmes les plus sévères oublient totalement de l'être.

Si bien que, lorsqu'il était encore loin de *"*sœur, notre amoureux était devenu vainqueur.

Or, pendant que ceci se passait dans le cabinet au premier, les jeunes gens en bas ont fort bien dîné, largement bu; ils boivent même encore.

Depuis longtemps le dessert est servi, et de temps à autre, au milieu de leurs ris, de leurs joyeux propos, ils s'arrêtent spontanément pour écouter s'ils n'entendent pas le coup de sifflet.

Mais l'heure se passe et pas le moindre signal.

— Nous ne serons pas sifflés, dit Arthur; c'est dommage!

— Si fait... si fait, nous le serons; il n'y a pas de temps de perdu.

— Mais il y a près de deux heures que cette dame est arrivée, à ce que sous a dit le garçon.

— Je parie tout ce qu'on veut que nous n'entendrons pas le coup de sifflet, dit le grand Grec.

— Je gage le contraire! s'écrie Boucaros... deux bols de punch pour ce soir, si l'on veut?

— Je le veux bien; c'est tenu.

— Messieurs, vous entendez, mon pari est tenu.

Boucaros se remet à fumer, à cause d'autre chose; quelques instants après, il ouvre la porte de la salle et sort en disant qu'il a besoin d'air.

A peine est-il dans le couloir qu'il va jusqu'au pied de l'escalier, et tirant une clef de sa poche se met à siffler dedans de façon à surpasser tous les machinistes de l'Opéra.

Le coup de sifflet donné, Boucaros revient en courant trouver ses compagnons:

— Messieurs! avez-vous entendu?...

— Oui, oui.

— On a parfaitement sifflé...

— Qu'est-ce que je vous avais dit?

— Oui, c'est bien le signal.

— Allons, messieurs, vite en avant! montons!...

— Montons! allons venger cet infortuné Benjamin!...

— Pas de pitié pour une coquette... Il faut lui rire au nez, messieurs...

— Ça va.

Les jeunes gens, animés par les fréquentes rasades qu'ils ont bues, suivent Boucaros qui monte le premier une bouteille à la main et sa serviette sur le bras.

Par une imprudence, bien excusable chez un amoureux qui ne s'attendait pas à être heureux, ou du moins à l'être si vite, Benjamin n'avait pas poussé un de ces petits verrous tutélaires, ornement indispensable des cabinets particuliers.

Boucaros n'a donc qu'à ouvrir la porte; il entre subitement avec ses amis, et ces messieurs voient madame Durbalde dans un grand désordre, et son amoureux qui ne cherchait pas à le réparer.

Aussitôt Boucaros pousse un hourra de surprise, et Tamboureau entonne son chant favori de Robin des Bois:

Victoire, victoire, victoire!...
Pour lui quelle fête! victoire!

Et le grand Grec pousse un cri d'admiration, et Arthur ouvre les yeux comme s'il cherchait à y voir double, en disant:

— Tiens... mais alors pourquoi nous a-t-il sifflés?

A la vue de ses amis, Benjamin est désespéré; il frappe du pied, il prend les serviettes qu'il trouve sous sa main et les leur jette à la tête, en s'écriant:

— Allez-vous-en! fichez-moi le camp!... je ne vous avais pas sifflés!...

— Il ne lui avait pas sifflés! murmure madame Durbalde.

Oh! les infâmes!... c'était convenu entre eux!

Au lieu de s'en aller, Boucaros prend ses amis par la main et se met à danser en rond avec eux, en chantant:

Quand on va boire à l'Écu!...

Pendant que ceci se passe, madame Durbalde, aussi prompte que l'éclair, prend son chapeau, son châle, répare le désordre de sa toilette; puis, jetant un regard furieux sur Benjamin, lui dit :
— Ah! monsieur! voilà la surprise que vous me ménagiez... vous êtes un misérable... mais j'aurai ma revanche !...

Et sans écouter ce que Benjamin veut lui répondre, elle repousse tous ceux qui se trouvaient sur son passage et sort brusquement du cabinet.

— Qu'avez-vous fait, messieurs? qu'avez-vous fait? s'écrie l'amant désolé. Nadellie croit que nous étions d'accord !...

Vous m'avez perdu aux yeux de cette femme charmante... qui n'avait plus de rigueur pour moi ! Sapristi ! pourquoi êtes-vous venu ?...
— On a sifflé; nous l'avons entendu...
— Peut-être quelqu'un sifflait son chien...
— Oh! oui... ce ne peut être qu'un chien qui m'ait joué ce tour-là... mais elle ne voudra plus me revoir... mais je suis un monstre à ses yeux...

— Bah! au contraire, mon cher, ce que vous avez fait là est digne de Richelieu... cela vous mettra en grande réputation près de ces dames... vous n'en serez que plus recherché.
— C'est égal... vous êtes venus bien mal à propos...
— C'est votre faute, après tout. Quand on ne veut pas être dérangé, on met des verrous.
— Eh ! mon Dieu! j'étais si loin d'espérer cette victoire...
— Sinagria, vous paierez du punch ce soir.

Vous avez perdu.
— Mais puisque monsieur n'avait pas sifflé...
— Cela ne fait rien... on a sifflé.
— Soit! je paierai.

Ce que j'ai vu valait bien deux bols de punch.
Les jeunes gens quittent le traiteur.
Benjamin paie tous les écots en poussant de gros soupirs et en s'écriant:
— Mais qui donc a lâché ce coup de sifflet!

XLVI.

L'amitié à l'épreuve.

Albert a repris la douce habitude de venir tous les jours passer quelques heures près d'Augusta; il s'y trouve quelquefois avec Cotonnet, mais il n'y a pas à se méprendre sur les sentiments que celui-ci éprouve pour cette jeune fille.

C'est l'amitié la plus pure, c'est le dévouement le plus sincère; d'ailleurs Cotonnet ne va jamais chez elle sans y parler de Coralie, qu'il aime et cherche toujours; et si la mort du pauvre garçon, il craint qu'il ne ressent que celle qui l'a trompé ne soit malheureuse, lui ont déjà acquis l'estime d'Albert.

Quant à lui, jamais il ne parle d'amour à Augusta, et il cherche à se persuader qu'il n'est point amoureux de cette jeune personne; il veut se faire illusion sur ses sentiments et se dit que ce n'est que l'amitié d'un frère qu'il éprouve pour elle.

De son côté, Augusta ne ressentirait-elle pour Albert que l'amitié franche et pure d'une sœur? peut-être se fait-elle aussi illusion; peut-être, heureuse de trouver un ami qui lui est si cher, ne cherche-t-elle pas à interroger son cœur, de crainte de voir des peines dans l'avenir.

Quelquefois cependant, plus franc avec lui-même, Albert se dit :
— C'est plus que de l'amitié que je ressens pour cette jeune fille... je ne puis plus être un jour sans la voir... je ne suis heureux que près d'elle... et je sens que je mourrai de chagrin si elle en aime un autre... un autre... mais elle ne m'a jamais dit qu'elle m'aimât d'amour... et elle m'a avoué que son cœur avait été sensible aux sentiments que Rocheville lui témoignait... elle ne veut plus entendre parler de lui, parce qu'il a pensé qu'elle se conduisait mal... elle veut que l'on croie à sa vertu... et cependant ses visites à la campagne de M. Valdener... cet argent qu'elle possède... somme considérable pour une ouvrière... toutes les apparences l'accusent... mais en l'écoutant, en la connaissant mieux... en la voyant chaque jour comme je le fais à présent, les soupçons s'évanouissent... je ne vois en elle que des qualités, je ne découvre dans son âme que des sentiments honorables.

Plus d'une fois Albert a eu l'idée d'aller trouver M. Valdener, qu'il connaît assez pour que sa visite ne puisse le surprendre, et de tâcher de découvrir quelles relations existent entre lui et Augusta.

Mais ensuite il repousse cette pensée, dans laquelle il voit comme un acte d'espionnage qui répugne à son caractère.

— J'ai promis à Augusta d'avoir confiance en elle, se dit-il, ce serait mal lui témoigner que d'aller demander à M. Valdener des renseignements sur elle...

Mais, sans aller chez M. Valdener, Albert fréquente assez le monde pour avoir appris que madame Clairvillier a quitté son mari et que l'on ignore ce qu'elle est devenue.

Achille ayant disparu de Paris à peu près à la même époque, Albert ne doute pas que cette dame ne se soit fait enlever par lui.

Il plaint le sort d'une femme qu'il a tendrement aimée autrefois, car il connaît assez Rocheville pour être certain que son amour pour Amélie durera peu; et quoique Albert n'ait point à se louer de la façon dont Amélie, étant jeune fille, a répondu à sa fidélité, il regrette vivement de n'avoir pu l'empêcher de commettre une faute qui peut avoir pour elle de si graves résultats.

En se rendant un matin chez Augusta, Albert demeure donc fort surpris de rencontrer Achille sur son chemin; il va passer sans lui parler, mais Rocheville l'a vu, et il vient à lui.

— Oh! vous ne m'éviterez pas, mon cher Albert; vous aviez beau détourner la tête... justement parce que vous m'avez vu... il faut absolument que je vous parle... j'ai une foule de choses à vous dire; mais d'abord, voyons, êtes-vous toujours fâché contre moi... voulez-vous me donner votre main?

— Non, répond sèchement Albert, il y a entre nous deux une trop grande différence dans la manière de voir et de sentir pour que nous puissions encore être amis.

— Oh! mon cher Albert, votre raisonnement n'est pas bien juste, puisqu'on dit, au contraire, que les extrêmes se touchent; je pourrais encore combattre vos motifs de fuir en vous disant qu'il n'y a pas entre nous autant de différence que vous voulez bien l'affirmer; qu'il y a plutôt similitude dans les goûts, puisque nous aimons tous les deux les mêmes femmes... mais il ne s'agit point de tout cela... je viens de vous franchement, sans détour, parce que nous avons été longtemps bons amis, parce que je vous aimais, parce que cela me chagrine de vous voir fâché contre moi... voulez-vous que j'avoue que j'ai eu des torts... je ne demande pas mieux!... Eh! mon Dieu, je suis très-bien que je suis un mauvais sujet... je ne peux pas me changer... c'est dans ma nature!... grondez-moi bien fort... traitez-moi comme je le mérite... donnez-moi toutes les épithètes que vous voudrez... mais ne détournez plus la tête quand vous me rencontrerez... ne retirez plus votre main quand je vous la tendrai... ne soyez plus un étranger pour celui qui est toujours votre ami.

Albert est touché de la franchise avec laquelle Achille avoue ses torts, et il laisse celui-ci lui prendre et lui serrer la main.

— Par quel hasard vous rencontrai-je à Paris... je vous croyais bien loin avec madame Clairvillier, car c'est vous qui l'avez enlevée?

— C'est-à-dire que c'est bien plutôt elle qui m'a enlevé.

Écoutez, Albert, j'ai eu tort de chercher à séduire cette dame... c'est vrai... j'ai eu très tort surtout de faire le romantique, l'extatique, le dramatique !... pour flatter ses goûts, ses idées... mais je ne me doutais pas que cela irait si loin !... je disais toutes ces choses-là comme j'aurais récité un rôle!... et voilà qu'un matin... non, un soir cette dame tombe chez moi comme un obus, elle avait abandonné le domicile conjugal... je vous jure que j'en ai été plus désolé que que ce soit et surtout que son mari, je le parierais bien ! j'ai fait mon possible pour la réintégrer... pour la faire changer d'idée... mais baste ! je parlais à une femme qui est toujours dans les nuages... dans la lune... au sommet des monts

Bref, il a bien fallu prendre un parti; elle ne voulait plus bouger de chez moi et elle ne voulait pas que je sortisse.

Il n'y avait plus moyen de y tenir.

Nous sommes partis, je l'ai emmenée en Suisse... à Zoug..... Zug, Zig..... Zurich, je crois !... je lui ai installée dans une espèce de chalet, avec des chèvres... des chiens, des cygnes, des vaches... un cornet à piston, tous les agréments possibles, et puis bien le bonjour ! je suis revenu.

— Comment ?... vous l'avez abandonnée là ?

— Ah ! mon ami, moi, je ne suis pas fou de la Suisse, j'y suis resté dix jours, c'est déjà bien gentil.

Il fallait, malgré le froid et la neige, gravir tous les matins les montagnes, cela charmait Amélie, moi ça me donnait l'onglée; il fallait lui jouer le ranz des vaches sur mon cornet à piston... il fallait attendre dans ses bras qu'une avalanche vînt nous frapper tous deux... elle aurait aimé ce genre de mort, moi je n'ai pas le moindre goût pour les avalanches... et, ma foi, comme j'en avais assez, je suis parti un matin, en lui disant que j'avais oublié à Paris une pipe turque à laquelle je tiens beaucoup, que je ne ferais qu'aller et venir... quand elle verra que je ne reviens pas, elle devinera la vérité!...

— Mais, Achille, c'est affreux ce que vous avez fait là... cette jeune femme quitte son mari... sa maison pour vous... et vous l'abandonnez au bout de dix jours dans un coin de la Suisse !

— Au bout de dix jours ou de dix mois! qu'est-ce que cela fait? j'aurais toujours fini par la quitter, autant la laisser tout de suite.

Après cela, elle n'est pas dans un vilain coin de la Suisse, elle est dans un fort joli endroit, son chalet est très-comfortable... j'ai payé la pension pour six mois d'avance, je lui ai laissé de l'argent, elle ne manquera de rien !...

— Mais lorsqu'elle verra que vous ne revenez pas près d'elle, elle se désolera..... avec une tête exaltée comme la sienne, elle est capable de prendre quelque résolution funeste..... si cette jeune femme allait mettre fin à ses jours, vous en seriez la cause, n'en seriez-vous pas désolé?

— Si fait! j'en serais désolé... mais que diable voulez-vous... je ne puis cependant pas me momifier, me changer en fromage de Gruyère, en vieux sapin et prendre racine dans ce pays-là.

— Vous pouviez conduire Amélie en Italie, en Espagne.....

— Je ne m'y serais pas plu davantage.

Décidément, je n'aime que la France.

— Et y a-t-il longtemps que vous êtes de retour à Paris?

— D'hier seulement.

Mais il y a trois semaines environ que j'ai quitté Zurich. J'ai un peu flâné en route en revenant.

— Trois semaines !... ainsi cette pauvre Amélie est depuis longtemps déjà plongée dans la douleur, dans l'inquiétude... vous dites qu'elle est à Zurich.

— Oui, sous le nom de madame Clarenda... c'est le pseudonyme que nous avions pris.... son chalet est près du Kirschberg, il appartient à maître Flurmz, marchand de bois, c'est très-facile à trouver, et si vous avez envie de rendre une petite visite à Amélie.....

— Peut-être!

— Ce bon Albert! il est capable de chercher à réparer mes folies!... mais ce n'est pas tout, nous avons encore à causer d'une autre personne..... et celle-là!... ah! celle-là m'intéresse bien davantage!

— De qui est-ce donc ?

— Comment! vous ne devinez pas, Albert, cela m'éto me..... je veux parler d'Augusta.

Albert a tressailli, mais il cache son émotion et répond :

— Augusta... cette jeune fille que vous avez traitée d'une façon... si cavalière... que vous insultiez même lorsque je suis venu la défendre...

— Oui, oui... j'ai eu tort... j'ai eu cent fois tort... je suis un chenapan... je le sais, c'est convenu...

— Vous savez donc maintenant que mademoiselle Augusta ne méritait pas vos outrages... qu'elle était innocente malgré les apparences ?

— Moi ! je ne sais rien de plus qu'alors ! vous l'avez vue comme moi sortir de la petite villa de Valdener, où elle était déjà venue huit jours auparavant!

Comme ce Valdener a la réputation d'un roué, d'un libertin, j'ai cru que cette jeune fille était sa maîtresse... mais à présent que je sais que vous voyez très-souvent Augusta, que quelquefois même vous l'accompagnez à la promenade, que vous l'avez souvent défendue lorsque Boucaros... Durhnot ou d'autres attaquaient sa réputation, à présent, je suis persuadé que j'avais tort, que cette jeune fille est honnête, et que vous en avez des preuves, car sans cela, vous, Albert, vous si sévère sur l'honneur, vous n'auriez pas continué à voir Augusta.

Eh bien! voyons, n'ai-je pas au moins raison cette fois dans mes suppositions ?

Albert reste un moment pensif.

— Eh bien! vous ne me répondez pas ?

— Je n'ai pas plus que vous de preuves de l'injustice de vos soupçons au sujet de cette jeune fille; cependant, moi, je ne doute pas qu'elle ne soit honnête. J'ai voulu... en allant chez elle, étudier son caractère... son humeur... j'ai vu si vivement affligée des indignes conjectures que l'on a formées sur sa conduite, qu'il ne m'a plus été possible de conserver le moindre doute, mais, je le répète, ceci est simplement ma conviction...

— Cela me suffit !... je veux maintenant penser comme vous... ah çà, dites-moi encore, Albert, vous si froid, si insensible, est-ce que vous seriez par hasard devenu amoureux d'Augusta... ou est-ce seulement par amitié que vous allez la voir...

A un autre, je ne demanderais pas cela, je serais d'avance sûr de mon fait, je me dirais : Il va chez elle, donc il lui fait la cour ! mais comme vous ne ressemblez pas à tout le monde, vous pouvez parfaitement être guidé par un autre motif.

Albert hésite et répond enfin :

— Je n'ai jamais dit un seul mot d'amour à cette jeune fille... mais pourquoi me demandez-vous cela?... est-ce que vous en êtes redevenu amoureux maintenant?...

— Eh ! justement, mon ami, j'en suis amoureux bien plus que je ne l'ai jamais été... vous haussez les épaules, vous ne me croyez pas... cette fois pourtant je vous jure que je ne plaisante pas !... l'image d'Augusta ne me quitte plus... en Suisse, elle était sans cesse devant mes yeux...

— C'est bien flatteur pour votre autre conquête !

— Aussi c'est pour cela que je suis revenu. Je n'y tenais plus... je voulais revoir Augusta... ou du moins avoir de ses nouvelles...

— Et l'avez-vous vue depuis votre retour?

— De loin, une fois je ne sais si elle m'a aperçu, mais elle a disparu aussitôt, je voulais aller la voir, me jeter à ses genoux, implorer mon pardon... impossible de monter chez elle, elle m'a consigné à la porte, le portier me connaît, et il est incorruptible... faut-il que j'aie du malheur!

Tomber sur un portier qui refuse de l'argent ! enfin, mon cher Albert, il n'y a plus d'espoir qu'en vous !

— Comment, en moi... et pourquoi faire ?

— Pour parler à Augusta en ma faveur, lui dire que je l'aime... que je l'ai toujours aimée, que c'était par dépit, par jalousie que je l'avais offensée... enfin, pour obtenir qu'elle m'entende au moins...

— Tenez, Achille, je ne crois pas le moins du monde à la sincérité de votre amour pour cette jeune personne... et d'ailleurs, si, comme je le crois, elle est honnête, pourquoi voulez-vous qu'elle vous écoute; est-ce que vous espérez encore en faire votre maîtresse...

— Non ! mon Dieu, je n'ai pas cette pensée-là... qu'elle sache au moins combien je l'aime... qu'elle sache que je suis désespéré de lui avoir causé du chagrin... ne voulez-vous pas seulement me rendre ce service-là...

Ce sera fort difficile, car, s'il faut vous le dire, j'ai déjà essayé de parler de vous à Augusta... je voulais savoir si elle vous en voulait toujours beaucoup...

— Eh bien?

— Eh bien, au premier mot que j'ai dit à votre sujet, elle m'a vivement interrompu en me priant de ne point continuer et de ne jamais prononcer votre nom devant elle.

— Vraiment ! s'écrie Achille tout joyeux, elle vous a dit cela! mon ami, c'est qu'elle m'aime toujours... elle me déteste, elle m'abhorre en ce moment... mais la haine est bien plus près de l'amour que l'indifférence.

— C'est possible ! répond Albert en soupirant.

— Alors, nous verrons plus tard... J'essaierai encore...

— Adieu, Achille; tenez... je parie qu'avant peu une autre conquête vous aura fait oublier Augusta.

— Oh, non! vous perdriez.

Albert a quitté Achille en réfléchissant à tout ce que celui-ci vient de lui dire, et c'est dans une disposition d'esprit assez mélancolique qu'il arrive chez Augusta.

La jeune fille sourit à celui qu'elle attendait ; puis, en voyant Albert, elle s'écrie :

— Qu'avez-vous donc, mon ami, je vois de la tristesse dans vos yeux... que vous est-il arrivé?...

— Rien, ma chère Augusta... vous m'avez permis de ne plus dire mademoiselle.

— Sans doute... est-ce qu'entre amis cela n'est pas froid et cérémonieux de dire toujours mademoiselle et monsieur... et vous n'avez pas quelque sujet d'ennui aujourd'hui?...

— Ah ! si fait, j'en ai bien un grand, car je vais être obligé de m'absenter... et, par conséquent, d'ôtre quelque temps sans vous voir.

Augusta pâlit et murmure :

— Vous absenter... ah!... c'est peut-être encore un prétexte pour ne plus venir... peut-être est-ce le retour de ces idées qui déjà vous avaient fait cesser de me voir... elles vous sont revenues à Paris...

— Non... oh! ne me croyez pas cela!... tenez, je vais vous conter motif de mon voyage, et je suis certain que vous l'approuverez.

— Eh bien, voyons... contez-le donc, alors.

— Un jeune homme, que je n'ai pas besoin de vous nommer, a fait la cour à une jeune dame mariée, celle-ci, romanesque, facile à impressionner, a écouté ce jeune homme...

— Ah ! c'est bien mal, cela...

— Et, cédant à l'exaltation de ces idées, elle a quitté son mari pour aller avec son séducteur.

— Quitter son mari!... mon Dieu! et ses enfants?

— Heureusement, elle n'en a pas... son amant l'a emmenée en Suisse; mais là, au bout de fort peu de temps, il s'est ennuyé de sa conquête et l'a abandonnée pour revenir à Paris.

LA MARE D'AUTEUIL.

— Ah! c'est un monstre que cet homme-là...
— Sans doute, il s'est fort mal conduit avec cette dame .. mais voyez-vous, ma chère Augusta, ces amours qui n'ont pas l'honnêteté pour base ont rarement une bonne fin.
Or, maintenant, voici quel est mon projet :
Cette jeune dame, je l'ai connue quand elle était encore demoiselle, et je m'intéresse à elle.
Je me suis informé de ce que son mari a fait depuis qu'elle l'a quitté.
Je sais qu'il tâche de faire croire dans le monde que sa femme est allée, en Bretagne, soigner une vieille tante qui est fort malade, et dont ils doivent hériter.
Ce que ce mari craint le plus, c'est le dérangement et le ridicule.
Ce n'est pas un homme capable de faire la moindre démarche pour retrouver sa femme et punir son séducteur.
Je vais donc partir pour la Suisse, je sais où est la coupable, j'espère la trouver facilement; je n'aurai pas de peine à lui faire comprendre que son amant ne l'aime plus ; je tâcherai en même temps de ramener un peu de raison dans cette tête exaltée, je lui montrerai quel sort elle se préparait en abandonnant son ménage, son époux ; enfin, je ferai en sorte de faire naître le repentir dans ce cœur trop faible, et je la ramènerai à son mari.
Elle rentrera chez elle incognito, elle se jettera aux pieds de son époux, en lui jurant qu'on l'a enlevée contre sa volonté, et celui-ci ne demandera pas mieux que de la croire; certainement cela fera désormais un triste ménage !... mais il vaut encore mieux cela qu'une femme errant à l'abandon et un mari délaissé...
Voilà ce que je veux faire, ma chère Augusta, et voilà pourquoi je pars pour la Suisse dès demain, dès ce soir s'il est possible; me blâmez-vous à présent d'entreprendre ce voyage?
— Oh ! non ! non ! c'est bien, ce que vous faites là... c'est digne de vous... partez, mon ami, partez vite, allez trouver cette jeune femme... grondez-la un peu, consolez-la beaucoup et ramenez-la à son mari... mais surtout ne restez pas longtemps en Suisse... revenez bien vite... car le mari pourrait ne pas vouloir pardonner... et puis... moi, je vais trouver les jours bien longs... quand vous ne viendrez plus me tenir compagnie.
— Mon plus ardent désir est aussi d'être bien vite de retour.
Albert presse dans les siennes la main que la jeune fille lui abandonne ; il se demande un instant s'il doit lui parler d'Achille, mais il pense qu'il sera toujours temps d'entamer ce sujet à son retour, et il quitte Augusta, qui lui rappelle encore qu'il a promis d'être bien vite revenu.

XLVII.

Coups de bâton et coups du sort.

En se séparant d'Albert, Achille a dirigé ses pas vers la demeure de Benjamin ; il s'est dit :
Allons un peu voir comment mon jeune élève a employé son temps; je ne serais pas fâché de savoir s'il a suivi les instructions que je lui avais données concernant sa madame Durbalde, j'ai bien peur qu'il n'en soit pour sa galerie de croûtes.
Au moment d'entrer chez Benjamin, Achille rencontre Arthur Durbinot qui en sortait : celui-ci fait une mine piteuse en lui disant :
— Ah ! bonjour, mon cher Rocheville... vous êtes donc de retour à Paris ?
— Oui, depuis hier.
— Et vous allez voir ce pauvre Benjamin... tant mieux... ça le distraira un peu !
— De quoi air dites-vous cela... est-ce que Benjamin serait malade ?
— Malade... c'est bien pis... vous ne savez donc pas ce qui lui est arrivé ! ah ! non au fait, vous ne pouvez pas savoir, puisque vous étiez absent...
— Que lui est-il arrivé... vous m'effrayez... est-ce qu'il a encore eu un duel ?
— Non, ce n'est pas un duel... c'est un guet-apens... un horrible guet-apens dont il a été victime il y a deux jours... c'est-à-dire deux soirs... il a été assommé... ce qui s'appelle là assommé à coups de trique !... et il paraît que ceux que l'on avait chargés de cette besogne ont parfaitement gagné leur argent... ah ! sapristi ! si j'avais été là... ça ne se serait point passé ainsi.

Benjamin a donné l'ordre de faire entrer ces messieurs. Boucaros continue de manger, en disant qu'aucune affaire ne saurait lui faire interrompre un de ses repas.

Voilà ce que c'est que de sortir le soir sans armes!... on se moque de moi parce que je porte un pistolet, mais vous voyez bien que j'ai raison...
— Il est certain que pour ce que vous en faites vous avez bien le droit d'en porter... mais c'est donc une vengeance dont il est victime.
— Il n'y a pas de doute! car on ne lui a pas seulement pris un décime !...
— Soupçonne-t-il l'auteur de cet attentat ?
— Parbleu... ce doit être la dame des Champs-Elysées... après l'aventure de l'autre jour !... ça devait lui arriver... mais aussi pourquoi a-t-il sifflé... il dit que ce n'est pas lui... cependant on a sifflé.
— Mon cher Arthur, comme je ne comprends pas un mot à tout ce que vous me dites, j'aime mieux me faire expliquer tout cela par Benjamin.

Et, quittant brusquement l'aventureux Durbinot, Achille entre chez son jeune ami, qu'il trouve étendu sur son lit, entouré de fioles, de baumes, de pommades et faisant des grimaces horribles lorsqu'il essaie de faire le moindre mouvement.

Le pauvre Benjamin sourit tristement à Rocheville en lui disant :

— Me voilà dans un bel état, allez !... ah ! si je puis jamais me remettre sur mes jambes, je vous promets bien que je ne suivrai plus vos instructions ni vos conseils... merci ! j'en ai assez... des sourds-muets... des duels... des coups de bâton... c'est gentil... aïe ! aïe les reins !... ah ! les côtes !...

— Comment, Benjamin, c'est moi que vous accusez de vos mésaventures ! voilà qui est aimable ! faites donc des élèves !

Quant au duel, il me semble que vous n'y avez jamais été blessé ?

— Je pouvais l'être.

— Maintenant pourquoi me rendez-vous responsable du guet-apens dans lequel vous êtes tombé...

— Parce que c'est la suite de vos instructions... asseyez-vous... je vais vous conter tout ce que j'ai fait... je puis parler, c'est la seule faculté dont je puisse me régaler en ce moment... aïe !... fichtre... holà là !...

Après avoir pris la position où il souffre le moins, Benjamin commence son récit et conte à Achille tout ce qui s'est passé chez le traiteur de l'Allée des Veuves.

Lorsqu'il est arrivé à la catastrophe, Achille s'écrie :

— Mais sapristi ! je vous avais dit de ne faire venir vos témoins que si votre belle se refusait à récompenser votre amour.

Pourquoi avez-vous sifflé ?

— Je vous jure que je n'ai pas sifflé... dans ce moment-là, je pensais à toute autre chose... certainement si j'avais eu une opinion à manifester, j'aurais plutôt applaudi !...

— Alors c'est un de ces mauvais sujets... attendez que je cherche... Tambourau... Sinagria... Durbinot... Boucaros... c'est Boucaros qui vous a joué ce tour-là !

— Au fait, il avait parié du punch qu'on sifflerait... car nous en avons bu dans la soirée...

— Quand je vous le disais ! mais au bout du compte, je ne vois pas grand mal dans tout cela... votre coquette a été jouée, c'est bien fait.

— C'est bien fait !... ah ! vous trouvez cela, mais attendez donc la suite :

Le lendemain de cette aventure je me présentai chez madame Durbalde à qui je voulais faire des excuses.

Le concierge ne me laissa pas monter, j'étais consigné à la porte. J'écrivis des lettres bien touchantes, on me les renvoya sans les avoir décachetées.

Je me dis : C'est fini, il faut en prendre mon parti... enfin, du moins, j'ai été heureux... pas longtemps... mais je l'ai été.

Mais voilà que, il y a deux jours, je reçois dans la journée un petit billet parfumé, sans signature, conçu en ces mots :

« Trouvez-vous ce soir, sur les onze heures, boulevard Bourdon, « devant les Greniers d'Abondance ; une femme qui a la faiblesse de « vous aimer encore s'y rendra. »

Me voilà enchanté par l'écriture, c'est égal, je me dis : Ce doit être de Nadelhe.

J'attends avec impatience l'heure du rendez-vous.

Lorsqu'elle approche, je monte en milord et me fais descendre boulevard Bourdon.

C'est un endroit fort désert... il n'y a pas une seule boutique sur ce boulevard-là, et comme il faisait très-froid, il ne passait personne.

Je fais la bêtise de renvoyer mon milord, puis je me promène et j'attends... et je dois dire que je n'attendis pas longtemps... comme onze heures sonnaient, j'entendis un coup de sifflet... ça me rappelait le traiteur de l'Allée des Veuves, puis au même instant, deux gaillards qui sortaient... je ne sais d'où ! tombèrent sur moi avec d'énormes gourdins... ils m'en ont donné à faire frémir, en me disant que si je criais ils taperaient deux fois plus fort... si bien qu'il me fallait recevoir tout cela sans rien dire.

Enfin, ils me laissèrent.

J'étais tombé là... au bout de quelque temps, des passants m'aperçurent et eurent l'humanité de me porter dans un fiacre qui me ramena ici... voilà mon histoire... le médecin m'a dit que je n'avais rien de fracturé, mais que j'avais été parfaitement rossé... il appelle ça *vergeté* ! en me tenant tranquille je pourrai peut-être marcher dans trois semaines... pour le moment, je ne sais sur quel côté me tenir.

— Il n'y a pas le moindre doute que c'est madame Durbalde qui vous a fait administrer cette bastonnade !... pourquoi diable aussi alliez-vous à un rendez-vous boulevard Bourdon, à onze heures du soir et en hiver !... ce ne pouvait être qu'à mauvaise intention qu'on vous attirait là... mon cher ami, il faut toujours prendre garde où l'on va.

N'importe, c'est une lâcheté qu'on a commise, et je vous vengerai...

— Oh ! non... non, Achille, je vous en supplie, ne me vengez pas... ce que vous feriez retomberait sur moi, et j'en ai bien assez.

— Laissez-moi donc faire... cela ne vous regarde plus, puisque c'est moi qui agirai...

— Je ne veux pas... aïe !... sapristi... je vous dis que je ne veux pas...

Achille n'écoute pas Benjamin, il le laisse gémir sur son lit et sort, décidé à se rendre chez M. Valdener auquel il a le projet de raconter l'aventure du traiteur de l'Allée des Veuves.

Mais Achille ne sait plus où demeure M. Valdener à Paris ; pour avoir son adresse, il se rend à la Bourse, dont il sait que ce monsieur est un habitué ; Achille connaît lui-même assez d'agents de change pour être assuré d'obtenir facilement les renseignements qu'il désire.

Quatre heures venaient de sonner lorsque Rocheville arrive à la Bourse qui venait de fermer ; mais il y avait encore foule devant les portes, plusieurs groupes faisaient des affaires sur la place.

Achille aperçoit dans un de ces groupes un agent de change de sa connaissance, il va à lui.

— Pardonnez-moi de vous déranger...

— Nullement, nous causons des nouvelles du jour... qu'y a-t-il pour votre service...

— Pouvez-vous me donner l'adresse de M. Valdener... Vous le connaissez, je pense ?

— Valdener !... parbleu, c'est justement lui qui était sur le tapis... nous en parlions... est-ce qu'il vous doit de l'argent par hasard...

— Non !...

— Tant mieux !

— Pourquoi donc ?

— Parce qu'il est ruiné.

— Ruiné !

— Je crois bien que s'il lui reste trois mille francs de rente, ce sera beaucoup, et pour un homme qui en dépensait trente mille par an, c'est bien être ruiné.

— Que lui est-il donc arrivé ?

— Ah ! il a voulu jouer trop gros jeu ; il a, comme on dit, risqué le tout pour le tout !...

D'abord, depuis quelque temps déjà ses affaires étaient dérangées, il mangeait plus que son revenu.

— Oui, dit un autre monsieur, et tout cela pour cette femme qu'il entretenait... et qui lui coûtait horriblement ! mais il voulait qu'on le crût millionnaire.

— Et c'était, en effet, l'opinion de beaucoup de personnes...

— Ecoutez, messieurs, moi, qui connais parfaitement les affaires de Valdener, puisque maintes fois je lui ai avancé de l'argent et qu'avec moi il était obligé de jouer cartes sur table, je puis vous dire au juste quelle était sa position.

Valdener avait quinze mille francs de rente, pas davantage... depuis quelques années... en vieillissant, il avait moins d'ordre... il anticipait sur son revenu.

— Ah ! dame ! quand on veut toujours être cité pour ses conquêtes... et faire le jeune homme...

— Edmond, laissez donc parler monsieur.

— Mais c'est surtout depuis dix-huit mois environ... depuis qu'il a pour maîtresse cette belle brune...

— Madame Durbalde ?

— Ah ! c'est possible, je ne savais pas son nom.

Oh ! depuis ce temps, il a fait des folies !... il a joué à la Bourse et n'a pas été heureux... enfin, il y a quelque temps il a mis le reste de ses fonds dans une compagnie anglaise... je ne sais plus quelle exploitation, ce qu'il y a de certain, c'est que la compagnie a fait faillite !... déconfiture complète !... rien à en retirer ; aussi pour payer ce qu'il doit encore ici, Valdener est obligé de vendre ce qu'il avait en actions de chemin de fer.

Mais du reste, il s'exécute !... c'est un honnête homme... il peut dire comme *François 1er* : *Tout est perdu, fors l'honneur !*

— Je gage bien qu'il perdra aussi sa belle maîtresse...

— Parbleu ! est-ce que ces dames restent jamais avec les hommes qu'elles ont ruinés... ce sera encore très-beau si elle daigne le saluer quand elle le rencontrera !

Achille a quitté les causeurs, ce qu'il vient d'apprendre sur la position de Valdener change sa résolution.

Il se dit que, si ce monsieur est ruiné, il faut bien se garder de le détourner d'épouser madame Durbalde, qui peut-être ignore cette circonstance, et ce serait la meilleure vengeance à tirer de cette femme.

Mais au milieu de tous ses défauts, et il en avait beaucoup, M. Valdener avait conservé des sentiments de probité qui ne transigent pas dans les affaires où l'honneur est en jeu ;

Et, bien qu'accablé sous le coup qui vient de le frapper, il a pris résolûment son parti et s'est rendu chez madame Durbalde.

La petite maîtresse était seule dans son boudoir et fort préoccupée, elle se demandait si la vengeance qu'elle avait exercée sur Benjamin Godichon n'aurait point pour elle de suites fâcheuses.

Par moments, elle se repentait d'avoir cédé à son ressentiment, elle craignait que ce ne fût un motif de plus pour Benjamin et ses amis de parler de l'aventure de l'Allée des Veuves; dans d'autres, elle se disait que l'outrage qu'elle avait reçu se concluire, devait l'étonner et l'inquiéter.

Mais depuis deux jours elle n'avait point vu M. Valdener; cette marque d'indifférence de la part d'un homme qui avait témoigné tant de jalousie, en voyant chez elle des jeunes gens, et qui venait encore de lui jurer que leur mariage allait se conclure, devait l'étonner et l'inquiéter.

Les choses en étaient là, lorsque M. Valdener pénètre dans le boudoir de Nadellie.

Au premier coup d'œil qu'elle a jeté sur ce monsieur, madame Durbalde devine qu'il s'est passé quelque événement fâcheux pour elle, car Valdener est pâle, défait; tout dans sa personne décèle une violente agitation.

— Benjamin ou l'un de ses amis aura parlé, se dit-elle. Mais je nierai! et à son âge, on est encore trop heureux d'être trompé.

Valdener s'est assis devant sa maîtresse, il semble craindre d'entamer l'entretien.

— Pourquoi donc ai-je été deux jours sans vous voir, mon ami? que signifie cet abandon auquel vous ne m'avez pas habituée... est-ce donc parce que vous allez bientôt devenir mon époux que vous voulez déjà prendre ces allures d'un mari... mais je me flatte, moi, que l'hymen ne changera rien à votre tendresse... que vous serez toujours aussi aimable, aussi galant... car, de mon côté, il ne fera qu'augmenter mes sentiments pour vous.

Ces douces paroles glissent sans produire d'effet sur celui auquel elles s'adressent.

Il regarde vaguement à droite et à gauche, en murmurant :

— Oui... depuis deux jours... il s'est passé bien des choses... des événements que je ne pouvais prévoir...

— Comme vous dites cela tristement! ce sont des événements fâcheux...

— Très-fâcheux...

— Et qui regarderont notre mariage...

— Bien plus... ils l'empêcheront...

— Qu'est-ce à dire, monsieur; voyons, expliquez-vous, parlez vite, je vous en prie, je n'ai pas la force à rester dans l'incertitude...

— Eh bien... puisqu'il faut enfin vous le dire... je suis ruiné!...

— Ruiné!...

— Hélas! oui... j'avais hasardé ma fortune dans une spéculation qui devait la quadrupler... je désirais tant satisfaire vos moindres fantaisies... mais une faillite m'a tout enlevé... car il me restera peut-être pas cela que je puis vous offrir à vous... faite pour briller... à vous qui désirez une existence embellie par le luxe et les plaisirs... ah! je le sais bien, et c'est pour cela que je vous disais : Maintenant notre mariage est impossible.

Nadellie a écouté attentivement Valdener.

Elle se dit :

— Il ment, il n'est pas ruiné; mais les jeunes gens ont parlé, on lui a fait des propos sur mon compte, et il a choisi ce prétexte pour rompre avec moi; c'est assez délicat de sa part, mais je vais riposter délicatement et d'une façon à laquelle je suis bien sûre qu'il ne s'attend pas.

Tendant aussitôt la main à celui qui est là devant elle, et prenant sa voix la plus douce, la plus sentimentale, elle lui répond :

— Eh quoi, mon ami, le malheur vous accable... un événement inattendu vous frappe... et c'est ce moment que vous prenez pour vous éloigner de moi... et vous croyez que j'accepterai ce douloureux sacrifice... oui, douloureux, j'en suis certaine... car vous m'aimez... Mais, mon ami, je vous aime... vous avez pensé que l'argent seul était le mobile de ma conduite... que j'étais intéressée peut-être... ah! que vous m'avez mal jugée... mais je vous faisais faire beaucoup de dépenses parce que je vous croyais très-riche... je vous demandais cent vingt mille francs pour cadeau de noces, parce que j'étais persuadée que cela ne vous gênait en rien... que c'était une babiole pour vous... aujourd'hui vous êtes ruiné, dites-vous, eh bien, il vous reste mon cœur, mon amour, et non-seulement je ne vous abandonnerai pas, mais je veux au contraire que notre mariage se fasse le plus vite possible.

M. Valdener a écouté tout cela comme quelqu'un qui croit rêver.

Cependant, à mesure que Nadellie parle, ses yeux se raniment, une expression de joie, de bonheur, se peint sur ses traits, enfin il s'écrie :

— Est-il bien possible... comment, vous consentez encore à m'épouser, quoique je sois ruiné...

— Mais oui, mon ami, oui j'y consens... Ah! cela vous étonne, je le vois... je gage que l'on vous avait dit du mal de moi... le monde est si indigne... je n'avais que des défauts... aucune qualité, n'est-ce pas... eh bien, vous verrez que je possède au moins ce dévouement, cet attachement sincère que l'infortune et le malheur ne sauraient rebuter.

— Oh! mais vous êtes un ange... un si profond attachement... je l'avoue, je ne l'espérais pas...

— Vous n'en doutez plus à présent, et vous le récompenserez en me donnant votre nom.

— Oh! maintenant, c'est le plus ardent de mes désirs... chère et bonne amie.

— Vous me rendez justice!... c'est bien heureux!...

— Alors je vais vous quitter pour hâter cet instant... je dois aussi voir mes gens d'affaires... en réglant mes comptes je conserverai peut-être un peu plus que je ne l'espère...

— Oui... vous verrez cela... mais un peu plus, un peu moins, qu'importe, quand on a pris son parti ?

— Ah! quelle femme vous êtes... oh! certainement on vous avait calomniée... un pareil trait! Mais adieu, vous m'avez rendu à la vie, au bonheur ; à demain, et le jour de notre hymen sera fixé.

— C'est cela, à demain.

Valdener est sorti de chez madame Durbalde ivre de joie. La tendresse que cette dame lui témoigne est si flatteuse pour son amour-propre, qu'il croit n'avoir plus que vingt ans. Pour être aimé ainsi, il faut qu'on lui trouve encore bien du mérite. Cette idée est si douce pour lui qu'elle le console de sa ruine ; il voit dans ce qui lui arrive un nouveau triomphe dont le monde parlera, et chez lui l'amour-propre a toujours été si impérieux qu'il n'est peut-être pas fâché d'être ruiné, puisque cela donne à une jeune et jolie femme l'occasion de lui montrer tant d'amour.

Pendant tout le restant de la journée, il court pour ses affaires et son mariage ; le soir il calcule, récapitule ce qui lui reste.

Il ne peut parvenir à se faire plus de deux mille trois cents francs de rente ; mais en y ajoutant la tendresse de madame Durbalde, et le triomphe qu'il remportait sur les jeunes gens, cela valait un million.

Cependant, on dit que la nuit porte conseil.

Dans la nuit qui a suivi son entrevue avec Valdener, Nadellie, ne dort pas toujours, parce qu'elle pense beaucoup, s'est dit :

— Mais si pourtant cette ruine n'était pas un mensonge !... si, en effet, Valdener avait perdu sa fortune... alors... j'aurais agi comme une sotte, moi... je serais ce qu'on appelle complètement flouée !

Oh ! mais un moment, en affaires d'intérêt, il ne faut pas agir à l'aveuglette.

Dieu merci ! il n'y a rien de fait, et j'ai assez de relations avec plusieurs agents de change pour prendre des renseignements positifs.

Ces messieurs sont visibles de bonne heure ; à neuf heures je serai dans leur cabinet.

Le lendemain il est venu.

Valdener est encore chez lui, quoiqu'il soit près de midi ; mais il a eu une foule de notes à prendre.

Il se dispose à sortir, lorsqu'on lui apporte une lettre ; il reconnaît l'écriture de madame Durbalde et se dit :

— Pauvre amie ! encore des consolations... des prières pour que je hâte notre mariage, j'en suis sûr... Cette femme-là est décidément folle de moi.

Il ouvre la lettre et lit :

« Monsieur, quand vous m'avez dit hier que vous étiez ruiné, je n'en ai pas cru un mot.

« Ce matin, j'apprends que c'était l'exacte vérité ; alors, vous concevez que cela rompt entièrement nos relations...

« Une femme comme moi ne peut pas épouser un *rat* ! Allons donc quelle mauvaise plaisanterie !

« Désolée du malheur qui vous arrive, monsieur, mais je n'y puis que faire.

« Je n'ai pas besoin de vous dire de ne pas prendre la peine de chercher à me revoir.

« Recevez mes salutations distinguées.   NADELLIE. »

Cette lettre tombe des mains de Valdener, et lui-même se laisse aller sur un siége, pâle, atterré, anéanti ; et comme il faut avoir un tempérament bien vigoureux pour supporter impunément de telles secousses, pour passer de l'opulence à l'infortune, de la joie à la douleur, et que Valdener ne possédait plus cette force physique et mo-

rale, au bout de quelque temps il était couché dans son lit, en proie à une fièvre ardente, et, sous l'empire de cette fièvre, il murmurait parfois :
— Je mérite ce qui m'arrive... je me suis si mal conduit.... avec elle..., et avec cette pauvre enfant !

XLVIII.

Voyage en Suisse.

Albert s'est mis en route pour la Suisse le lendemain de sa rencontre avec Rocheville; il est bien aise qu'Augusta connaisse le motif de son voyage, il est content de ce qu'elle l'ait approuvé.

Maintenant, il est plus franc avec lui-même, il ne cherche plus à se dissimuler l'amour qu'il ressent pour cette jeune fille, et, persuadé qu'elle est honnête, il ne voit plus pourquoi il rougirait de cet amour.

Depuis que Rocheville lui a fait confidence de cette nouvelle passion qu'il éprouve pour Augusta, Albert a senti toute la force de son attachement pour elle.

La crainte qu'il a, qu'elle n'aime encore celui qu'autrefois elle ne voyait pas avec indifférence, lui a bien fait comprendre qu'il serait pour toujours malheureux s'il n'était pas payé de retour.

Mais, en approchant de Zurich, ces idées se dissipent, et le but de son voyage occupe tout à fait sa pensée.

En songeant qu'il va retrouver dans madame Clairvillier cette jeune fille qui eut son premier amour, et dont l'inconstance lui causa tant de peine, il se reporte involontairement à ces jours de sa jeunesse où l'on croit que l'on n'en aimera jamais d'autre que celle qui reçut nos premiers serments, nos premiers soupirs, et il ne peut s'empêcher de trouver qu'elle est fort menteuse cette chanson qui dit :

Madame Durbalde, aussi prompte que l'éclair, prend son chapeau et son châle.

« On en revient toujours
« A ses premiers amours. »

Arrivé à Zurich, Albert n'a point de peine à se faire indiquer le chalet appartenant à maître Sturmz, marchand de bois; il s'y présente et demande madame Clarenda.

Une jeune fille bien rose, bien joufflue, lui répond que l'étrangère, c'est ainsi qu'on désigne Amélie, est allée, selon son habitude, se promener avec les deux chèvres sur la montagne voisine, d'où l'on découvre la route de France.

Elle y passe une partie de la journée malgré la rigueur de la saison, et elle emporte un livre et un carton avec des crayons pour dessiner.

Albert se fait indiquer le chemin de la montagne, la paysanne le conduit jusqu'au sentier par lequel monte l'étrangère, et le jeune homme se met à gravir le rocher en se disant :

« Pauvre Amélie ! elle va regarder au loin si elle verra revenir celui qu'elle attend ; ma vue ne lui sera agréable d'aucune façon... et pourtant ne vaut-il pas mieux qu'elle sache la vérité que de se morfondre sur cette montagne pour guetter le retour de quelqu'un qui ne pense plus à elle ? »

Après avoir monté assez longtemps, Albert se trouve sur une espèce de terrasse ombragée par de sombres bouquets de sapins.

Ce n'est pas le sommet de la montagne, mais la vue de deux chèvres qui courent un peu plus loin, qui lui fait penser que celle qu'il cherche doit se reposer en cet endroit.

Bientôt, en effet, il aperçoit Amélie assise sur un tertre d'où l'on domine une grande étendue de pays.

Tableau magnifique, panorama superbe, que le talent des hommes peut imiter, mais qui est toujours si loin de la nature !

La jeune femme était enveloppée dans une de ces peaux garnies de leur fourrure comme en portent les véritables bergers des Alpes.

Sur sa tête, un fichu de cachemire était posé en fanchon ; de larges bottines en cuir de Russie cachaient entièrement ses pieds mignons.

Enfin, une écharpe de soie était jetée négligemment autour de son corps et lui servait de ceinture.

Comme on le voit, il y avait dans ce costume du naturel et du bizarre, du simple et du prétentieux.

En ce moment, Amélie dessinait un des points de vue qui étaient devant elle, mais elle semblait travailler avec négligence, car à chaque instant, laissant reposer son crayon, elle demeurait pensive et absorbée dans ses réflexions.

Elle n'a pas aperçu celui qui vient de gravir la montagne et qui s'avance lentement de son côté ; ce n'est que lorsqu'il n'est plus qu'à quelques pas d'elle que la jeune femme a entendu marcher à côté, tournant précipitamment la tête, elle s'écrie :

— Achille !... mais bientôt, reconnaissant son erreur, elle reprend avec tristesse et en baissant la tête : Mais non... je me trompais, ce n'est pas lui.

— Non, ce n'est pas Achille, dit Albert en approchant encore, mais c'est un de ses amis... et qui fut aussi le vôtre autrefois.

La voix d'Albert a vivement frappé Amélie, elle le regarde de nouveau et plus attentivement, alors un cri de surprise lui échappe :

— Mon Dieu !... est-ce bien possible... monsieur Albert Montbreuilly... est-ce vous ?

— Oui, c'est bien moi... je conçois que vous ne m'ayez pas reconnu sur-le-champ, quoiqu'il n'y ait que sept ans que nous nous sommes vus... mais en sept ans on passe de l'extrême jeunesse à la raison... et la raison donne une autre expression à notre physionomie.

— Mais par quelle circonstance... après si longtemps... vous revois-je en Suisse ? est-ce le hasard... ou m'y cherchiez-vous ?...

— Ce n'est point le hasard, madame, et c'est bien dans l'espérance de vous rencontrer que j'ai quitté Paris et entrepris ce voyage.
— C'est pour moi !... murmure Amélie avec étonnement et en laissant ses yeux s'arrêter sur ceux d'Albert, dont il semblerait qu'elle désire deviner la pensée.

Mais bientôt reportant ses regards vers la terre, elle ajoute d'un air aimable :
— Mon Dieu ! Albert... ce ne peut pas être pour me reprocher... mon changement d'autrefois que vous me cherchez aujourd'hui... il s'est passé tant de choses depuis !... et vous savez que les événements n'arrivent pas toujours comme nous nous plaisons à les arranger dans nos premiers rêves d'amour...
— Non, madame, non, rassurez-vous, ce n'est nullement pour vous rappeler les premiers sentiments de notre jeunesse que j'ai désiré vous revoir ! loin de moi cette pensée ! et pourquoi chercherais-je à réveiller dans votre âme des souvenirs éteints depuis si longtemps !... nous nous étions trompés tous deux en nous faisant des serments d'éternel amour !... vous avez cru m'aimer... mais, je le sens bien, je n'avais rien de ce qui pouvait fixer votre cœur passionné, votre imagination si romantique, votre esprit si actif... j'étais raisonnable, moi, je vous aimais tout simplement... non, je le répète, je n'étais pas l'homme que vous aviez rêvé... et maintenant, en séparant nos destinées, je commence à croire que la Providence a agi fort sagement.

En écoutant ces paroles, Amélie semble éprouver un léger sentiment de dépit. Les femmes sont toujours vexées lorsque nous semblons consolés de leur inconstance. La langoureuse blonde dit, au bout d'un moment :
— Et pourquoi donc me cherchez-vous jusqu'en Suisse alors ?
— Pourquoi ? je vais vous le dire : d'abord, parce qu'on n'a plus d'amour pour une personne, cela n'empêche pas d'avoir pour elle de l'amitié... quant à moi, madame, après vous avoir sincèrement aimée, je me croirais bien  à plaindre, si je pouvais jamais vous voir avec indifférence.

En apprenant votre mariage... ma première pensée, je l'avoue, fut pour maudire cet hymen... mais devenu plus raisonnable, je n'eus plus qu'un désir, celui de vous savoir heureuse.

Par malheur... il paraît que mon désir ne s'est pas réalisé... et que vous n'avez pas encore trouvé dans votre époux... ce qui manquait aussi à votre premier amour... c'est plus fâcheux... car lorsqu'on se marie... c'est pour la vie ordinairement, et il ne faudrait pas traiter les serments que l'on fait à un époux aussi légèrement que ceux que l'on fait à un amant.

— Ah ! je le vois, Albert... vous connaissez toute ma conduite... vous savez que je suis coupable... bien coupable... j'ai quitté mon mari !... Hélas... il est vrai... je n'ai pu résister à une passion qui embrasait mon cœur, à un homme qui savait si bien lire dans mon âme... comprendre mes soupirs... rêver avec moi... mais au moins, je l'espère, son amour rendra ma faiblesse excusable... Il me dédommagera par sa tendresse de tout ce que je lui ai sacrifié.

Albert fait un léger mouvement de tête en répondant :
— Ah ! madame, vous n'êtes pas heureuse dans vos affections..
— Comment ! quoi ? que voulez-vous dire ?
— Je vous ai dit que j'étais ami d'Achille Rocheville...
— Eh bien, c'est lui qui vous envoie alors... il lui est arrivé quelque événement... ô ciel... un duel... mon mari l'a tué.
— Mais non... mais non... votre mari s'occupe fort paisiblement de ses affaires, en disant que vous êtes chez une vieille tante malade ! et quant à Rocheville, je l'ai rencontré à Paris... où il est fort amoureux d'une jeune fille, et ne pense plus du tout à la femme qui a été assez folle pour croire à ses serments et lui sacrifier son ménage et sa réputation.

— Ah ! cela n'est pas ! cela n'est pas ! s'écrie Amélie en se levant avec vivacité... et c'est pour vous venger que vous me dites cela, monsieur !
— Me venger !... répond tristement Albert, ah ! madame... vous me jugez bien mal !... tenez, décidément les imaginations romanesques ne veulent jamais s'accommoder de la vérité... je conviens qu'elle a bien rarement le charme du mensonge !... et qu'il est souvent triste de voir le monde comme il est... Me venger de vous, mon Dieu !... parce que, vous sachant malheureuse, abandonnée, je suis accouru vous offrir mon bras, mon appui, vous dire : Madame, vous avez fait une faute, elle n'est point irréparable peut-être, votre époux lui-même désire qu'elle reste encore vous pardonner si vous voulez sur-le-champ vous jeter à ses pieds... qu'attendez-vous encore ?... votre séducteur ? mais il ne songe plus à vous, mais ce qu'il redoute le plus au monde c'est de vous revoir...

Ah ! croyez-moi, revenez dans votre maison... dans votre ménage... par une conduite sage... rangée, réparer l'erreur d'un moment... le monde oublie vite !... il a à s'occuper de tant de choses... dans quelque temps on parlera moins de vous... plus tard on n'ajoutera plus foi à ces bruits vagues répandus sur votre conduite... et vous reprendrez doucement votre place dans la société où l'on a raison de se pardonner mutuellement bien des fautes... car les salons seraient souvent déserts si l'on voulait n'y recevoir que des gens purs et sans tache aucune dans leur vie passée. Madame Clairvillier est devenue morne, abattue, elle garde longtemps le silence, puis enfin regardant tristement ce pays pittoresque qui l'entoure, elle murmure :
— Cela est donc vrai !... il m'a abandonnée... il ne m'aime plus... il ne songe plus à moi !... il m'a laissée seule dans le désert !... moi ! qui venais tous les jours m'asseoir sur le sommet de cette montagne dans l'espérance de le voir plus tôt arriver... et qui, bravant le froid, la neige, passais là des journées entières en le demandant aux échos d'alentour !...

Ah ! je veux rester ici !... il faudra bien qu'il revienne... il ne voudra pas m'y laisser mourir... oui, c'est un parti pris... j'y suis décidée !...
— Quelle folie, les échos seuls vous répondront... vous risquez ici de perdre votre santé.

L'air de ces montagnes est si vif pour une jeune femme habituée à la vie douce de Paris... déjà vous êtes changée... les roses de votre teint ont disparu... vos mains gagneront dans ce pays des gerçures... des gonflements... en vérité, ce serait dommage de voir des mains si petites, si mignonnes, abîmées, déformées par ces rougeurs que l'on nomme des engelures !...

— Des engelures ! s'écrie vivement Amélie en regardant avec effroi ses jolies mains, oh ! mon Dieu !... il serait possible ! vous pensez que le froid de ces montagnes pourrait m'en faire venir ?

— Cela ne fait pas de doute !...

— Mais en effet, déjà depuis quelques jours mes mains sont comme enflées, je ne puis plus remuer mes doigts si bien que de coutume... ah ! moi qui ai une si grande horreur des engelures ! vous souvenez-vous quand vous veniez à la maison, je me moquais toujours d'une de mes amies qui avait les doigts gros et rouges comme des pommes de terre...

Des engelures ! cette idée seule me fait frémir... Albert, tenez, j'ai eu tort tout à l'heure... au lieu de vous remercier de ce que vous faites pour moi... au lieu d'apprécier votre dévouement, votre amitié !.. je vous ai accusé... vous ! si bon ! si obligeant... pardonnez-moi, mon ami, et emmenez-moi à Paris... le voulez-vous ?

— Si je le veux ! mais je ne suis venu ici que dans cet espoir... et à Paris vous retournerez près de votre mari...

— Si vous m'assurez... qu'il ne me tuera pas... qu'il me pardonnera...

— J'en suis certain... mais vous ne recommencerez pas une telle escapade...

— Non, désormais je serai bien sage, bien raisonnable, je vous le promets... à condition que nous allons partir tout de suite... je ne veux pas rester une heure de plus dans ce vilain pays.

— Nous allons partir... venez, descendons, et je vais demander une chaise de poste à côté de la jeune blonde il se disait :

Une heure plus tard, Albert était avec Amélie en route pour Paris, et tout en voyageant à côté de la jeune blonde il se disait :

— Oh ! les femmes !... les femmes ! à quoi tiennent leurs résolutions !... celle-ci avait quitté mari ! famille ! maison !... elle sacrifiait tout à un fol amour !... et elle revient dans son ménage par crainte des engelures !...

Décidément, je suis bien aise qu'elle en ait épousé un autre que moi ! nous sommes souvent injustes quand nous accusons la Providence ! elle y voit de plus loin que nous et elle sait mieux tout ce qu'elle fait.

XLIX.

Disparition.

Albert a ramené Amélie jusqu'à la porte de sa demeure ; il a choisi une heure avancée de la soirée pour qu'elle ne fût aperçue de personne dans le voisinage. Tout se passa comme Albert l'espérait :

La jolie blonde s'est jetée aux genoux de son époux, en lui faisant une longue et romanesque histoire, pour lui prouver qu'on l'a enlevée de force et qu'elle n'a cédé qu'à une revenue de bonne volonté.

M. Clairvillier a pardonné à sa femme, en lui enjoignant de ne point démentir ce qu'il a dit pour motiver son absence. Puis il est allé, suivant son habitude, finir sa soirée dans un cercle. Ce mari-là avait un caractère bien heureux. Dès qu'elle se voit de nouveau chez lui, Amélie ne manque pas d'écrire un billet à Albert pour lui apprendre que tout s'est passé comme il le lui avait prédit.

Le lendemain de son arrivée, Albert se rend chez Augusta, il a hâte de la revoir, de lui apprendre l'heureux résultat de son voyage ; il n'a été qu'une semaine absent, et pourtant il lui semble qu'il y a un siècle qu'il n'a vu Augusta ; son cœur bondit d'avance en songeant qu'il va contempler ses traits si charmants, entendre sa voix si douce ; cette absence, si courte qu'elle ait été, a encore augmenté son amour, et maintenant, il est décidé à le déclarer, il veut savoir si c'est lui qu'on aime, si c'est du bonheur que dure amour lui promet.

Et au moment où il allait franchir la porte de la maison, c'est avec étonnement que le jeune homme entend le portier lui crier :

— Monsieur ! où allez-vous ?

— Où je vais... mais vous le savez bien... chez mademoiselle Augusta... ne me reconnaissez-vous pas... je viens la voir presque tous les jours...

— Oui, monsieur, je vous reconnais très-bien, et c'est pour cela que je vous arrête ; vous monteriez pour rien, mam'selle Augusta n'est pas chez elle.

— Elle est sortie... quand rentrera-t-elle ?

— Mon Dieu, monsieur, je ne sais pas, moi... mam'selle Augusta est partie il y a trois jours !... tout de suite... tout précipitamment ! et elle n'est pas revenue depuis...

— Trois jours !... qu'est-ce que vous dites ? il y a trois jours qu'Augusta est partie... et elle n'est pas rentrée depuis... elle n'est pas revenue coucher chez elle...

— Non, monsieur.

Albert change de couleur, puis s'écrie :

— Cela ne se peut pas ! vous mentez !... cela ne peut pas être vrai !...

— Je ne mens pas du tout, monsieur... pourquoi voulez-vous que je mente... je suis un honnête portier, moi, monsieur...

— Ah ! pardon... j'ai tort... mais vous comprenez... ce que vous me dites me semble tellement extraordinaire... Augusta disparue ! mais alors il lui est arrivé quelque malheur... car elle ne se conduirait pas ainsi... trois jours sans rentrer... ah ! je vous en prie... par grâce... dites-moi quand... comment cela est arrivé... quelqu'un est-il venu la chercher... parlez...

— Monsieur, je vas vous dire tout ce que je sais, moi ! il y a trois jours un commissionnaire a apporté une lettre et demandé mam'selle Augusta, en disant qu'il devait lui remettre la lettre à elle-même et attendre sa réponse...

— Ensuite ?

— Alors il est monté, il s'est passé cinq ou six minutes tout au plus, lorsque mam'selle Augusta est descendue avec le commissionnaire... j'ai remarqué qu'elle tenait à la main un petit paquet... elle semblait très-émue, très-agitée... elle avait les yeux rouges comme si elle avait pleuré ; en passant devant ma loge, elle m'a dit :

Monsieur le concierge... car elle est toujours bien polie mam'selle Augusta ! c'est une justice à lui rendre !

— Mais achevez donc !...

— Elle m'a dit :

Monsieur le concierge, je sors avec ce commissionnaire, je ne sais quand je reviendrai... je ne puis pas en dire davantage, car je suis bien pressée !... et là-dessus elle est partie, mais alors j'ai remarqué qu'il y avait un fiacre à la porte et qu'elle est montée dedans avec le commissionnaire...

— Un fiacre ! et vous n'avez pas eu l'idée de suivre cette voiture pour savoir où il la conduisait...

— Moi, monsieur ! par exemple !... est-ce que je suis le mouchard de mes locataires... et puis, si je passais mon temps à les suivre quand ils sortent, qu'est-ce qui garderait donc ma loge ?

— Et elle ne vous a pas dit un mot... pas laissé une lettre pour moi ?

— Monsieur, je viens de vous répéter mot à mot comment cela s'est passé... elle n'a rien dit de plus.

— Et depuis ce jour, vous ne l'avez pas revue, elle n'a pas donné de ses nouvelles...

— Je n'en ai pas entendu parler, monsieur.

Albert est anéanti ; la disparition d'Augusta lui semble un fait tellement étrange, il bouleverse tellement ses idées, il détruit si brutalement son bonheur, ses espérances, qu'il ne peut pas le croire ; il reste encore longtemps dans la loge du portier, ne sachant plus que faire, et demandant, et à quel parti s'arrêter.

Mais tout à coup, une pensée subite le frappe, il s'élance dans la rue et se met à courir jusqu'à la demeure de Rocheville où il arrive tout essoufflé et, sans s'arrêter devant le portier, il monte jusque chez Achille, le domestique qui lui ouvre lui dit :

— Mon maître est absent, monsieur.

— Absent !... depuis trois jours, n'est-ce pas ?

— Non, monsieur, il n'y a pas plus d'une heure qu'il est sorti.

— Ah ! et viendra-t-il bientôt ?...

— Je crois que oui, et si monsieur veut l'attendre...

— Ah ! oui... je veux l'attendre... peut-on entrer dans sa chambre ?... n'y a-t-il pas une... dame chez lui ?

— Oh ! non, monsieur, répond le domestique en souriant... car monsieur n'a pas envie de ramener celle qui y était... il en avait bien assez !

— Mais... n'en est-il pas venu une autre... s'établir ici il y a trois jours ?...

— Non, monsieur ! pour cela je vous certifie qu'il n'est pas venu d'autre...

Albert rougit de ses soupçons... mais cependant il entre dans l'appartement d'Achille et s'y installe.

Au bout d'une heure environ, le maître du logis arrive en riant et fredonnant comme à son ordinaire, il pousse un cri de joie à la vue d'Albert.

— Eh, c'est ce cher ami, je me suis présenté plusieurs fois chez vous, on m'a répondu que vous étiez en voyage... auriez-vous été en Suisse, par hasard ?

— Justement, je suis de retour d'hier seulement.

— Est-ce que vous avez vu Amélie ?

— Assurément, puisque c'est pour elle que je faisais le voyage...

— Est-elle bien désolée... bien furieuse contre moi... pauvre mignonne... elle veut encore périr sous une avalanche, n'est-ce pas ?

— Non... la crainte d'attraper des engelures a chassé toutes ses autres pensées, elle est donc sa maison, remise avec son époux qui lui a pardonné... elle me fait savoir ce matin par quelques lignes qu'elle m'a adressées...

— Ah ! ma foi, tant mieux... et merci, merci mille fois de vos bons services dans cette affaire... Comment! elle a eu peur d'attraper des engelures?... ah! c'est charmants... vous voyez bien, mon cher Albert, que j'aurais été un sot de m'expatrier pour une femme que la crainte des engelures a guérie de son amour...

— Mais pendant mon absence... que s'est-il passé à Paris... avez-vous vu... Augusta?

— Non, j'ai passé plusieurs fois devant sa maison... mais il paraît qu'elle ne sort plus, je ne l'ai pas rencontrée... je compte sur vous pour faire ma paix avec elle... Vous seul êtes capable d'accomplir ce miracle... Si vous le voulez bien, elle me pardonnera... mais à quoi pensez-vous donc?... je vous trouve l'air préoccupé...

— Je pense à Augusta.

— Ah! à propos, une grande nouvelle.

— Quoi donc?

— Ce pauvre Valdener est ruiné.

— Ruiné... qui vous a dit cela?

— Tout le monde le sait maintenant... ce n'est pas un mystère... des spéculations trop téméraires... il n'était pas riche comme on le croyait, il voulait le paraître, il paie tout... c'est un homme d'honneur, et c'est pour cela seulement que sa belle l'a congédié.

— Congédié... il n'est plus avec madame Durbaldé!

— Ah! mon cher... pour qui la prenez-vous? est-ce que ces dames-là restent avec les hommes ruinés! fi donc!... on les montrerait au doigt... on assure qu'elle a déjà trouvé un prince russe millionnaire... cette femme-là veut des millionnaires, il lui en faut! comme il faut des coupés à Éléonore.... et des pistolets à Durbinot; et j'ai peur que ce pauvre Benjamin n'en soit pour ses coups de bâton... ceci est une autre histoire que je vous conterai.

— Et Valdener?

— Valdener vend tout ce qu'il possédait pour payer ses créanciers... on dit qu'il a déjà quitté le beau logement qu'il occupait ici ne sais où.

— Il demeurait rue Neuve-Vivienne; il n'y est plus, dites-vous?

— Le bruit court qu'il s'est retiré dans le haut d'un faubourg! pauvre vieux lion!... cet événement le tue.

— Il doit être vieilli de trente ans en huit jours... c'est un homme coulé...

— Eh bien! vous prenez votre chapeau... est-ce que vous partez déjà?...

— Oui... j'ai affaire...

— Mais nous n'avons pas eu le temps de causer, j'ai mille choses à vous dire...

— Je vous reverrai.

Albert sort de chez Rocheville aussi précipitamment qu'il y est venu, il monte dans un cabriolet et dit au cocher :

— A Auteuil... dans le bois... du côté de la mare.

Je vous arrêterai où il faudra. Allez grand train. Le cocher voit qu'il sera bien payé, il fouette son cheval, il arrive à Auteuil, puis entre dans le bois. Alors Albert lui indique la route qu'il doit suivre, et bientôt ils sont devant la petite maison de campagne de laquelle deux fois on a vu sortir Augusta. Albert quitte sa voiture et sonne à la villa. Il attend quelques minutes, enfin on lui ouvre. C'est un jardinier qui est le concierge.

— M. Valdener est-ici?... il faut absolument que je le voie, dit Albert.

— M. Valdener!... mais monsieur ne sait donc pas?... ah! dame, au fait... ça n'est pas vieux... voilà cinq jours seulement que j'ai reçu la visite du notaire qui m'apportait une lettre de M. Valdener, qui m'ordonnait de remettre au notaire la clef de cette maison... elle est vendue... à un nommé monsieur... monsieur... attendez donc... M. Carré, c'est ça... et même que j'attends le nouveau propriétaire... il doit venir d'un moment à l'autre...

— Ainsi cette maison n'est plus à M. Valdener?

— Oh non, monsieur, c'est fini... pourvu que le nouveau propriétaire me garde... on ne sait jamais avec les nouveaux... ils ont leurs créatures.

— Et savez-vous où est maintenant M. Valdener?

— Ah dame! non... il paraît qu'il lui est tombé des faillites sur le corps... et qu'il est bien pauvre à c't' heure... j'en suis fâché! c'était un maître généreux... Du reste, il ne me doit rien, le notaire était chargé de me payer mon trimestre de gages échus... oh, je ne réclame rien.

— Et vous ne pouvez pas me dire son adresse à Paris?...

— Dame! c'était rue Neuve-Vivienne, numéro trente-six, mais il paraît qu'il a quitté, et je n'en sais pas plus.

Albert retourne à Paris sans être plus avancé que lorsqu'il en est parti, il a une dernière espérance lui reste, il va rue Neuve-Vivienne à l'ancien logement de Valdener et y demande sa nouvelle adresse. Mais on lui répond que M. Valdener, qui était fort souffrant quand il est parti, n'a pas dit où il allait loger. Alors Albert revient chez lui désespéré.

— C'en est donc fait, je ne saurai pas ce qu'elle est devenue!... se dit-il, je n'aurai aucune nouvelle!... il me faudra vivre dans cette attente, dans cette incertitude qui est affreuse!... il n'est pas possible, cependant, qu'elle ait tout quitté... tout abandonné pour aller vivre avec ce Valdener... et pourtant il y a entre elle et cet homme un mystère... tout me dit que lui seul pourrait m'apprendre ce qu'est devenue Augusta. Et pas un mot d'amitié... pas un souvenir pour moi !... Quelques jours se passent. Albert va matin et soir à la demeure d'Augusta s'informer si elle est revenue, si elle a donné de ses nouvelles; mais la jeune fille n'a pas reparu.

Un matin, au moment où il sort de la maison sans avoir été plus heureux, Albert aperçoit Rocheville qui l'aborde en lui disant :

— Je suis charmé de vous rencontrer, car j'ai appris quelque chose que je n'ai pas voulu croire... et je venais ici questionner le portier pour tâcher de connaître la vérité.

— Que vous a-t-on appris? dit Albert.

— Mais d'abord, mon cher ami, veuillez me répondre : Vous venez de chez Augusta ; l'avez-vous vue ?

— Non... je ne l'ai pas vue depuis mon retour de Suisse... elle a disparu de sa demeure pendant mon voyage... elle est partie un matin... après avoir reçu une lettre apportée par un commissionnaire, et depuis ce jour on ne l'a plus revue... elle n'a pas donné de ses nouvelles... voilà ce que je comptais vous apprendre aussi en allant chez vous !

— Il serait possible ! s'écrie Achille.

Alors, ce que l'on m'a dit n'est plus invraisemblable. Ah! les femmes !... les femmes !... Vous serez obligé de convenir, mon cher Albert, que vous les connais mieux que vous.

— Mais que vous a-t-on dit ?... par grâce !

— Hier, j'ai rencontré Tamboureau... vous savez, ce jeune peintre qui était de la partie au bois de Boulogne ?

— Oui, je me le rappelle ; n'a-t-il pas fait un portrait de madame Durbaldé ?

— Justement, il avait fait aussi celui de Valdener. Tamboureau m'a dit : Je viens de chez M. Valdener ; il m'avait écrit pour me prier de passer chez lui, et je me suis empressé de m'y rendre.

— Il sait où loge Valdener alors...

— Sans doute... mais laissez-moi donc achever :

Valdener ayant besoin de se faire de l'argent, et possédant plusieurs toiles de prix, a écrit à Tamboureau pour que celui-ci tâche de les lui vendre. Tamboureau, qui est un garçon fort obligeant, s'est chargé de la commission. Il a donc été chez Valdener, qui demeure maintenant du Marais, boulevard Beaumarchais, je ne sais pas le numéro; mais, si vous y venez, Tamboureau vous le dira... Quant à Tamboureau, son atelier est faubourg Poissonnière... en face du Conservatoire. Il paraît que ce pauvre Valdener est horriblement changé ! le vent de l'infortune, en soufflant sur lui, a entièrement enlevé ce qui restait de la crinière du lion !...

— Mais ensuite ?

— Ah ! voilà le plus piquant de l'histoire ; Tamboureau m'a dit, et Tamboureau n'est pas menteur, comme son disciple Boucaros ! Tamboureau m'a dit : J'ai trouvé établie chez M. Valdener... cette jeune fille que nous avons vue sortir de la maison de campagne près de la mare d'Auteuil... je l'ai parfaitement reconnue, et il paraît qu'elle demeure maintenant avec Valdener ; j'avoue que cela m'a tellement étonné, d'après ce que vous m'aviez dit de la conduite exemplaire d'Augusta, que je ne voulais pas croire Tamboureau ; mais il m'a répété : C'est bien elle ; elle est assez jolie pour qu'on la remarque.

— Eh bien ! Albert, que dites-vous de cela ?

— Je dis... je dis que cela prouve l'attachement sincère qu'elle porte à Valdener ; elle retourne près de lui quand il est malheureux. Ce n'est pas parmi toutes les femmes à la mode pour lesquelles il s'est ruiné, qu'il trouverait ce dévouement.

— Que le diable vous emporte avec votre dévouement !... Je vois, moi, que décidément cette petite s'est moquée de nous... de vous surtout, qui commencez à la juger digne du prix de vertu !...

— Achille, c'est mal ce que vous dites là... et rien ne me prouve encore...

— Ah ! mais ! il ne me ferait damner !... Rien ne vous prouve qu'elle soit la maîtresse de Valdener, n'est-ce pas ?... Mon cher Albert, j'y vois mieux que vous, parce que l'amour d'Augusta ! moi je n'en étais fou !... et la jalousie rend clairvoyant... tandis que vous, qui n'aviez pour cette jeune fille que de l'amitié... elle vous faisait croire tout ce qu'elle voulait !...

— Vous vous trompez. Achille j'aimais Augusta d'amour... je l'aimais... ah ! bien plus que vous... et la preuve, c'est que je l'aime encore, malgré tout ce que vous venez de me dire d'elle...

— Il serait possible ! Comment, mon pauvre Albert ! vous aimez Augusta ?... et moi, qui vous avais pris pour confident... qui vous avais chargé de parler pour moi... de tâcher d'obtenir mon pardon !...

— Cela ne m'aurait point empêché de le faire.

— Je le crois, car, vous êtes un homme comme on en voit peu !... mais désormais vous n'aurez pas cette épreuve à subir... tout est fini ! entre mademoiselle Augusta et moi... Sapristi !... je le regrette..., parole d'honneur ! je l'aimais réellement !... je l'aimais... comme jamais je n'avais aimé... et si j'avais eu la certitude qu'elle fût honnête, eh bien, je l'aurais épousée !... Oui, moi Achille Rocheville, j'aurais été capable de perdre ma liberté... de m'enchaîner pour la vie... il me semble que c'est la plus grande preuve d'amour que je pouvais donner.

Maintenant, je ne serais pas si niais... Voyez, pour la seule fois que j'aime, comme cela me réussit bien !... ce n'est pas encourageant; il vaut mieux persévérer dans la voie que je suivais ; c'est plus gai.

Croyez-moi, mon cher Albert, suivez mon exemple, oubliez une fille qui bien certainement s'est amusée à nos dépens et ne vaut pas un seul de vos regrets. Adieu !... je vais chercher des distractions. Achille s'est éloigné, et Albert, absorbé dans ses pensées, accablé par ce qu'il vient d'apprendre, est encore immobile à quelques pas de la demeure d'Augusta, lorsqu'une voix qui lui est connue lui dit à l'oreille :

— Elle reviendra, monsieur, et si elle a quitté sa demeure, ce ne peut être que par un bon motif, car mam'selle Augusta n'est pas capable de se mal conduire.

Albert lève les yeux et reconnaît Cotonnet, il tend sa main au petit commis dont les paroles viennent de lui faire du bien ; il envisage avec un doux plaisir ce brave garçon dont le dévouement pour Augusta ne saurait être ébranlé par les événements, ni par tout ce qu'on peut dire sur elle.

Et il soupire en murmurant :
— Vous savez donc qu'elle est absente?
— Pardine ! est-ce que je ne suis pas venu aussi pour la voir, moi !
— Et cela ne vous a pas donné de mauvaises pensées... sur sa conduite?
— Moi, de mauvaises pensées sur mam'selle Augusta... oh ! jamais, monsieur ! je la connais trop bien, et elle n'avait pas de raison pour se faire devant moi meilleure qu'elle n'était !... je n'étais pas son amoureux !... Aussi, tout Paris et les environs me diraient que mam'selle Augusta est fautive, que je répondrais à ce monde-là : Vous vous trompez... vous la jugez mal... vous ne connaissez pas les motifs qui font agir cette jeune fille.
— Est-ce que vous les connaissez, vous, monsieur Cotonnet?
— Non, monsieur, mais je la connais, elle, et ça me suffit.
— Mais vous ignorez ce que l'on dit en ce moment...
— Des méchancetés ! je m'en doute, d'ailleurs j'ai vu M. Achille vous parler, et je sais de quoi il est capable celui-là !... hom ! mauvais blagueur !... je ne suis pas méchant, moi, mais quand il sera puni de ses gentillesses, je vous avoue que je ne le plaindrai pas...
— Ce n'est pas Achille qui a inventé cette nouvelle... il n'a fait que me la rapporter.
— Ceux qui rapportent les mauvaises nouvelles ne valent guère mieux que ceux qui les inventent ! Souvent même ils valent encore moins.
— On a, dit-on, vu Augusta chez M. Valdener... elle demeure chez lui... avec lui...
— Si cela est, c'est qu'apparemment mam'selle Augusta peut se conduire ainsi, sans qu'il y ait du mal à le faire.
— Ah ! monsieur Cotonnet... c'est bien ce que vous dites là !... je vous remercie de ces bonnes paroles... votre confiance me rend un peu d'espoir...
— Vous verrez un jour que j'avais raison... je vous salue, monsieur.
— Vous me quittez si vite... j'avais tant de plaisir à causer avec vous...
— Je vous en remercie, monsieur, mais il faut que je coure la voir avant de retourner à mon magasin...
— La voir... qui donc?
— Coralie, monsieur ; vous ne savez donc pas que je l'ai retrouvée !...
— Vous l'avez retrouvée ; ah ! tant mieux... vous aviez tant de chagrin de ne pas savoir ce qu'elle était devenue.
— Hélas, monsieur, j'ai encore du chagrin quoique je l'aie trouvée... car si vous saviez dans quel état... dans quelle position elle était !... dans une mansarde, monsieur, dans un vrai grenier, et malade... et manquant de tout !... pas de quoi se soigner... à peine de quoi se vêtir !
— Ah ! l'infortunée...
— Oh ! oui, monsieur, elle a été très celle-là... aussi vous pensez bien que je ne me suis pas amusé à lui faire des reproches !... par exemple... à présent elle est soignée, elle a une garde, un médecin, et elle ne manque de rien !... pauvre fille ! ça me faisait tant de peine de la voir ainsi... elle est toujours bien malade... ! oh ! pourvu qu'elle guérisse... alors je l'épouserai, je le lui ai promis... car ce sera une grande leçon pour elle !... et à présent, dès que je suis près de son lit, elle me prend la main, elle serre dans ses mains brûlantes de fièvre, elle lève les yeux au ciel, comme pour le prendre à témoin de ses paroles, en me disant :
— Tu n'auras plus à te plaindre de moi !...

Cotonnet détourne la tête pour cacher ses larmes, mais Albert lui dit d'une voix émue :

— Ne cachez pas des pleurs qui vous honorent... ah ! monsieur, tout à l'heure j'étais heureux de vous entendre ! à présent je suis fier de vous serrer la main ! Au revoir donc... je ne vous retiens plus, allez consoler et pardonner.

L.
Ce qu'elle était.

Plusieurs jours s'écoulent encore, et rien ne vient calmer les tourments, les inquiétudes d'Albert. Vingt fois il a été sur le point de courir à l'atelier de Tamboureau pour lui demander le numéro de la maison où demeure maintenant M. Valdener, puis il a résisté à ce désir, en se disant :

— A quoi me servira de savoir cette adresse? je n'ai pas le droit d'aller chercher à savoir ce qui se passe chez ce monsieur.

D'ailleurs, puisqu'elle ne me donne pas de ses nouvelles, puisqu'elle n'envoie pas un seul mot pour moi chez son concierge, c'est qu'elle ne veut pas que je sache où elle est ; c'est qu'elle n'a pas envie de me voir. Mais au bout de quinze jours, qui lui ont semblé éternels, Albert reçoit une lettre; ne reconnaissant pas l'écriture de l'adresse, il s'empresse de l'ouvrir et de regarder la signature, il demeure saisi d'espérance et de crainte, en lisant le nom de Valdener. Le cœur lui bat avec force, mais il se hâte de lire :

« Monsieur, si vous aviez un moment dont vous puissiez disposer, « seriez-vous assez bon pour le sacrifier à un malade qui désire ar-
« demment vous voir, parce qu'il a beaucoup à causer avec vous.

« Je n'ai pas besoin de vous dire que l'on me trouve toujours, car « malheureusement depuis quelque temps il ne m'est plus possible de « sortir de chez moi.

« Recevez, monsieur, l'assurance de ma parfaite considération. »

Albert a d'abord lu vivement, il recommence ensuite, mais plus lentement, la lecture de ce billet, il en pèse chaque mot, il cherche à en deviner le sens. Ce qui est bien positif, c'est que M. Valdener désire le voir. Qu'a-t-il à lui dire ? C'est ce que l'on peut deviner, puisqu'il brûle de l'apprendre, dès le même jour, dans l'après-midi, Albert se rend à cette invitation. Il arrive à l'adresse que M. Valdener a eu soin de mettre au bas de sa lettre. Il entre dans une maison nouvellement bâtie et le portier lui répond :

— M. Valdener est chez lui ; c'est au cinquième, la porte à gauche.
Albert monte l'escalier, mais il est obligé de s'arrêter à chaque étage, il est tellement ému, qu'il tremble et peut à peine se soutenir. La pensée qu'il va bientôt son sort sera décidé et qu'il saura s'il doit renoncer à Augusta ou espérer d'elle le bonheur. Enfin il est arrivé au cinquième étage. Il sonne et une vieille femme vient lui ouvrir. Elle lui fait traverser une petite salle à manger, un petit salon et l'y laisse, en lui disant qu'elle va l'annoncer à M. Valdener. Albert attend avec anxiété, il regarde autour de lui ; à chaque instant il espère qu'une porte va s'ouvrir et que celle qu'il désire tant revoir va s'offrir à ses yeux; mais les portes restent closes et Augusta ne paraît pas. Le salon dans lequel il attend est meublé avec une certaine élégance ; on y voit des meubles de bon goût et sur la cheminée une belle pendule, enfin on retrouve là quelques débris de la fortune que l'on a sauvés du naufrage. Mais Albert ne voit rien... ne remarque rien, il se dit seulement :

— Ne serait-elle plus ici... ou veut-elle se cacher à mes yeux... mais alors pourquoi m'a-t-on écrit de venir?

La vieille femme revient et fait entrer Albert dans la chambre à coucher de M. Valdener. Celui-ci est dans son lit, adossé à une pile d'oreillers qui lui permettent d'être presque assis. Mais en entrant dans cette pièce Albert a encore été tristement déçu dans son espoir : il n'y voit pas Augusta.

— Pardonnez-moi de vous recevoir dans mon lit, monsieur Montbreilly, dit le malade en saluant de la tête son visiteur, mais depuis deux jours je suis tellement faible que le médecin m'a conseillé de ne pas me lever... et je crois qu'il me serait difficile de ne point suivre son ordonnance... — Est-ce que je ne la verrai pas... m'aurait-on trompé, ne l'attend-elle pas ici ! se dit encore Albert.

Rappelé à lui-même par la voix de M. Valdener, Albert prononce quelques phrases de politesse en s'approchant du lit, mais il s'arrête, car il est demeuré tellement frappé du changement effrayant qui s'est opéré dans la personne qui est couchée là, qu'il doute un moment que ce soit bien M. Valdener qui est devant lui.

Le malade a remarqué le mouvement de surprise du jeune homme et il lui dit en souriant tristement :

— Vous me trouvez bien changé, n'est-ce pas ?... oh ! je le sais bien ! car je ne me reconnais plus moi-même !

En effet, cet homme qui, jusqu'à l'âge de cinquante-six ans, avait conservé tous les dehors, toutes les apparences de la jeunesse, frappé tout d'un coup dans ses affections, dans sa fortune et surtout dans son amour-propre, avait non-seulement perdu tous ses avantages, mais paraissait maintenant plus vieux qu'il ne l'était réellement. A l'homme à la mode qui figurait encore avec grâce dans les courses, dans les promenades, avait succédé un vieillard débile, souffrant et auquel tous les plaisirs du monde semblaient désormais avoir dit adieu ; le changement avait été aussi rapide qu'effrayant.

— Oui... oui... c'est vrai, vous êtes changé... murmure Albert, vous avez donc été très-malade? — Oh! la maladie est au moins aussi forte au moral qu'au physique... mais l'un entraîne souvent l'autre... Prenez donc un siége, monsieur Montbreilly, et ayez la complaisance de venir vous asseoir près de moi... car, ainsi que je vous l'ai écrit... j'ai à causer avec vous.

Albert prend un siége et va se placer près du lit; mais, tout en s'asseyant, ses yeux se sont encore portés autour de lui, et un léger soupir lui échappe.

— Permettez-moi d'abord, monsieur Montbreilly, de vous remercier de l'empressement que vous avez mis à vous rendre à mon invitation... — Monsieur... cela était tout naturel... — Pour vous, peut-être... mais depuis que l'on sait que je suis ruiné, je vous assure que bien peu de ces gens qui se disaient mes plus dévoués amis, ont montré pour moi cet empressement. Oh! l'infortune!... c'est une excellente école où l'on reçoit de bonnes leçons... c'est dommage qu'elles coûtent si cher.

Monsieur Montbreilly, je vous ai fait prier de venir me voir... parce que je désire vous faire connaître l'histoire de ma vie... Ceci vous semble singulier peut-être... n'ayant eu avec vous que des relations de société, et à peu près maître de mes volontés, je n'ai pas besoin de sais qu'à tous égards vous méritez ma confiance... et puis j'ai dans l'idée que, dans mon récit, il y a quelque chose qui vous intéresse particulièrement.

Ces paroles ont vivement piqué la curiosité d'Albert, qui rapproche sa chaise du lit, en disant à M. Valdener qu'il est prêt à l'entendre.

— Né de parents fortunés, me trouvant de bonne heure lancé dans le monde, et à peu près maître de mes volontés, je n'ai pas besoin de vous dire que j'usai largement de tous ces avantages... La nature m'avait assez bien traité... je puis le dire maintenant que ce n'est plus qu'un souvenir!... Bref, j'étais fort bien vu par les dames, et mes hommages étaient accueillis et récompensés. Jugez donc de ma surprise... de mon désappointement, lorsque voulant, pour varier mes plaisirs, mettre une simple grisette sur la liste de mes conquêtes, j'éprouvai à une résistance que je n'avais pas rencontrée parmi les femmes les plus réservées de nos salons.

Cette jeune fille qui m'avait plu, et qui se nommait Adolphine, était fille d'artisans honnêtes; elle avait reçu quelque éducation; mais ayant perdu de bonne heure ses parents, il lui avait fallu chercher dans le travail de quoi soutenir son existence; elle brodait, et avec sa broderie il lui fallait s'entretenir et se loger... Elle devait pour cela travailler bien assidûment, et c'est ce qu'elle faisait... Vous comprenez que je n'étais flatté de triompher facilement de cette jeune fille, en lui offrant un joli mobilier, quelques bijoux, des parures; je croyais qu'elle céderait bien vite à mes vœux... mais non, il n'en fut pas ainsi: Adolphine était honnête et voulait rester telle. Elle ne me cacha pas que je lui plaisais, qu'elle était flattée de m'avoir inspiré de l'amour; mais comme elle ne voulait pas être ma maîtresse, elle me pria de cesser de la voir, et de renoncer à des poursuites qui ne pouvaient que la rendre malheureuse et ne changeraient jamais sa résolution. Je ne vous dirai pas, monsieur Montbreilly, tout ce que je fis pour vaincre la résistance d'Adolphine; lorsque je fus bien convaincu que je n'y réussirais pas... je me décidai à l'épouser.

— Ah! vous l'avez épousée? dit Albert, que ce récit commence à intéresser. — Oui, monsieur; mais malheureusement je n'eus pas ce qu'on appelle le courage de son opinion. Je ne fus pas plutôt l'époux d'Adolphine, que je me repentis d'avoir contracté ce mariage... Mon amour satisfait ne tarda pas à s'affaiblir; alors je me dis que j'avais fait une grande folie, non-seulement en prenant une femme sans fortune... ceci pouvait s'excuser, mais en me donnant pour compagne une grisette qui n'avait aucune habitude du beau monde et que je ne pouvais pas présenter en société sans craindre que l'on ne se moquât d'elle et de moi.

Enfin, une année ne s'était pas écoulée que... j'avais quitté ma femme!... Pauvre Adolphine! je n'avais cependant aucun reproche à lui faire! elle m'adorait et ne désirait que mon bonheur... Croyez-vous, monsieur, que je lui fis comprendre que pour mon état... ma position... pour mes affaires, il était indispensable que nous vécussions quelque temps comme un garçon? Elle céda... elle se soumit à toutes mes volontés; je lui dis aussi que, pour des raisons de famille, elle ne devait pas encore porter mon nom... Elle consentit à tout... je lui faisais une modique pension... et j'allais la voir quelquefois... très-rarement... et cependant j'avais un enfant... une fille...

— Une fille!... vous avez une fille?... — Oui, que sa mère élevait à m'aimer, à me respecter! et pourtant les années, en s'écoulant, avaient détruit les illusions, les espérances d'Adolphine! Elle voyait bien que je ne songeais nullement à me remettre avec elle, et que le temps, loin de me donner de la raison, ne faisait qu'augmenter encore mon désir de plaire, de briller!... et surtout de paraître jeune!... Ah! ce maudit amour-propre m'avait endurci mon cœur et l'avait fermé aux plus doux sentiments de la nature!... Il y a six ans à peu près, ma femme mourut... pauvre Adolphine!... en faisant jurer à sa fille de toujours respecter mes moindres volontés!... — Et votre fille?... s'écrie Albert qui, à chaque instant, prend un plus vif intérêt à ce récit.

— Ma fille!... ah! j'aurais dû alors la prendre avec moi... j'aurais dû en être fier!... car elle avait tout en partage, beauté, esprit, vertus!... Mais il aurait fallu prendre l'emploi d'un père au lieu de continuer celui d'un jeune homme... et, comme je ne pouvais m'y résoudre, je laissai vivre seule... sans protecteur... sans appui... celle qui n'avait pas encore seize ans... Je lui faisais six cents francs de pension... car je dépensais tant d'argent pour mon luxe, pour ma maîtresse, que c'est à peine s'il m'en restait pour ma fille... Mais, ainsi que ma mère, elle ne s'en plaignait pas, au contraire; comme en travaillant elle s'en faisait au moins autant, elle se trouvait assez riche, disait-elle... Ce qu'elle désirait, c'était que j'allasse la voir plus souvent... mais je n'y pensais guère... Pauvre petite! pour apercevoir son père, elle m'a avoué qu'elle se rendait quelquefois seule à Auteuil, elle savait qu'en sortant de ma maison de campagne je passais contre la mare: c'était là qu'elle allait se cacher et attendre; souvent elle était déçue dans son espoir, parce que je n'avais pas été à ma campagne; mais quand elle m'apercevait enfin, elle revenait à Paris plus heureuse parce qu'elle avait vu son père, auquel cependant elle n'avait pas osé parler, de crainte qu'il ne la grondât d'avoir épié son passage... — Oh! mon Dieu, il se pourrait!... — Mon homme d'affaires lui payait tous les trois mois sa pension... elle allait la toucher chez lui et y demander des nouvelles de son père. — Elle y allait!... dit Albert; et sans doute votre homme d'affaires a demeuré rue du Grand-Prieuré?... — Oui... oui... mais, de grâce, laissez-moi finir.

Lorsque je fus assez fou pour devenir amoureux de madame Durbalde... cette femme m'avait tellement tourné la tête que, pour la satisfaire, j'étais décidé à l'épouser... mais ma fortune était bien dérangée... Voulant tout risquer pour faire une brillante figure... ne voulant plus avoir de pension à payer à ma fille, c'est alors que je le fis venir à ma campagne d'Auteuil... Pauvre enfant!... elle consentit à tout ce que je voulus... et je lui donnai six mille francs, en lui disant que c'était tout ce que je pouvais disposer pour elle...

— Oh! mon Dieu, monsieur, je comprends tout!... — Et maintenant, monsieur Albert, que vous connaissez son histoire, sa naissance... permettez-moi de vous présenter ma fille...

En disant ces mots, M. Valdener tire le cordon d'une sonnette; presque aussitôt une porte s'ouvre et Augusta paraît. Albert court se jeter aux pieds de la jeune fille; il est tellement ému, tellement attendri par tout ce qu'il vient d'entendre, qu'il ne peut que prendre sa main, qu'il porte respectueusement à ses lèvres.

— Que faites-vous, monsieur Albert? murmure Augusta toute confuse de cet hommage. — Je fais ce que je dois, mademoiselle, je me prosterne devant une jeune fille que l'on a calomniée, diffamée, lorsque tout dans sa conduite devait lui attirer nos respects et notre estime? — Oui, reprend Valdener en tendant sa main à sa fille, qui la prend et la couvre de baisers, voilà cette pauvre enfant que moi j'ai laissé aussi soupçonner, lorsque je n'avais à dire qu'un seul mot pour faire tomber tous ces bruits calomnieux qui circulaient sur son compte. Ah! je fus bien coupable... je le sens maintenant... mais pour que je reconnaisse mes fautes, il a fallu la terrible leçon que j'ai reçue. Au sein de la richesse, des plaisirs, je ne me rappelais pas que j'avais une fille... c'est quand l'adversité m'a frappé, quand je me suis vu abandonné par cette femme qui ne convoitait que ma fortune, délaissé par ces amis qui m'avaient aussi cru millionnaire... c'est alors que les forces m'ont trahi et que, tremblant de fièvre, je n'avais plus personne autour de moi pour me donner des soins, c'est alors que je me suis souvenu que j'avais une fille... une fille que jusqu'alors j'avais abandonnée, privée de mes caresses!... je lui ai écrit que j'étais souffrant, que j'avais besoin d'elle, et sur-le-champ est accourue, monsieur, elle m'a prodigué les plus tendres soins, elle a veillé près de moi... elle ne m'a plus quitté un instant. — Mon père, n'était-ce pas mon devoir et en même temps un bonheur pour moi? dit Augusta en souriant au malade. — Un bonheur pour toi... oui, je le crois, car tu es si bonne... tu as oublié mes fautes, mon abandon et, sachant que j'étais souffrant et malheureux... mais un devoir!... ai-je donc rempli les miens, moi?

J'ai quitté ma femme, mon enfant; j'ai dissipé mon bien avec ces créatures qui sont ensuite les premières à se moquer de notre misère... je fus mauvais mari! mauvais père!... et maintenant que je sens tous mes torts, je ne puis plus les réparer... je n'ai plus de fortune à t'offrir... pauvre Augusta, je fus bien coupable... mais si je puis obtenir de ta mère, c'est à toi que j'en demande pardon.

— Ah! mon père, que dites-vous là!... s'écrie Augusta en posant ses mains sur le front du malade; croyez-moi... de là-haut ma mère vous bénit et vous pardonne... et moi je vous respecte et vous chéris.

Albert, qui considère Augusta avec une joie, une ivresse qui ne saurait se décrire, s'est aussi rapproché du lit du malade. Après avoir embrassé sa fille, M. Valdener tend sa main au jeune homme, en lui disant:

— Eh bien! vous ne vous repentez point d'être venu, n'est-ce pas? — Ah! monsieur, vous m'avez rendu bien heureux. — Je vous dois mes remercîments, monsieur Montbreilly, à vous qui avez protégé, défendu ma fille lorsque chacun la soupçonnait... qui êtes resté son ami... qui avez cru à son innocence, quand toutes les apparences semblaient se réunir pour l'accuser... je vous aurais écrit plus tôt, si j'avais su tout cela... mais c'est seulement hier qu'elle m'a tout conté... et avant j'étais si malade...

En achevant ces mots, M. Valdener devient plus pâle et se laisse retomber en arrière. Augusta pousse un cri d'effroi, croyant que son père perd connaissance; mais le malade lui sourit et la rassure, en disant :
— Ce n'est rien qu'une faiblesse... ce récit m'a fatigué... je n'ai besoin que de repos; au revoir, monsieur Montbreilly... allez renouer connaissance avec cette chère fille... et maintenant, venez quand vous le voudrez lui tenir compagnie, ainsi qu'à moi, vous serez le bienvenu.

Le malade désire se reposer. Les jeunes gens sortent de la chambre et passent dans le petit salon. Là Albert exprime à Augusta tout le bonheur qu'il ressent de la revoir, tous les chagrins qu'il a éprouvés depuis qu'il ne l'a plus trouvée chez elle.
— Je pensai bien que vous étiez inquiet de moi, dit Augusta; mais pendant longtemps mon père ne me gronderait pas d'avoir reçu vos visites... il m'a fait aussi votre éloge... il vous estime, il vous honore... il m'a dit que je serais bien ingrate si je n'avais pas de l'amitié pour vous. Ce mot *amitié* retentit péniblement jusqu'au cœur d'Albert, qui en ce moment se rappelle Achille, et se demande s'il ne devrait pas remplir la commission dont celui-ci l'a chargé près d'Augusta, mais celle-ci ne lui en donne pas le temps, elle reprend aussitôt:
— Voulez-vous être assez bon, monsieur, si vous voyez Cotonnet, pour lui dire où je suis et l'assurer que, lui aussi, sera toujours le bienvenu ici. — Ah! vous avez bien raison, mademoiselle, car Cotonnet est le meilleur garçon que je connaisse, et son dévouement ne s'est pas démenti un seul instant!... mais j'aurais encore bien des choses à vous dire, et... — Vous me les direz tantôt, je suis assez aimable pour revenir, car en ce moment je crains que mon père n'ait besoin de moi... je l'ai vu si peu à l'heure que je ne veux pas rester plus longtemps loin de lui... vous m'excuserez, n'est-ce pas? — Je vous admire, et je veux que maintenant tout le monde vous rende justice, en sachant quels liens vous unissent à M. Valdener... — Ah! que m'importe l'opinion de gens que je ne connais pas ou qui me sont indifférents! Croyez-moi, mademoiselle, il ne faut pas négliger de se faire rendre la place que l'on a le droit d'occuper, le monde est si souvent méchant et injuste que, lorsqu'on peut lui prouver sa sottise et la fausseté de ses jugements, c'est un devoir de le faire.

Et Albert s'éloigne après avoir salué avec respect celle qu'il n'ose plus appeler tout simplement Augusta.

LI.

A chacun sa part.

En sortant de chez M. Valdener, le premier soin d'Albert est de se rendre chez Tamboureau, dont il s'était fait indiquer la demeure par Rocheville. Le jeune peintre n'est pas encore levé, ce qui n'empêche pas l'atelier d'être très-vivant; le rapin Buridan est contre son chevalet, occupé à éplucher des noix, déjeunant toujours suivant la saison. Boucaros est devant la cheminée, qui se trouve dans la partie de l'atelier formant la chambre à coucher, et il bourre le foyer de bûches et de charbon de terre, quoique, à chaque instant, de son lit, Tamboureau lui dise :
— Tu fais trop de feu... on étouffe ici, c'est malsain... tu vas brûler ma provision de bois en huit jours.

Mais Boucaros pousse toujours le feu en répondant :
— Laisse-nous donc nous chauffer... c'est très-humide ici... et ce que j'en fais, c'est pour ta santé; je ne veux pas que tu attrapes des fraîcheurs.

Sur le divan, Benjamin Godichon est à demi couché, faisant des grimaces lorsqu'il veut changer de position, parce qu'il a conservé dans les jointures et dans les reins un souvenir du rendez-vous que lui a donné madame Durbalde. Enfin, un peu plus loin, et tenant un carton à dessin sur ses genoux, Arthur Durbinot copie une Vénus en plâtre à laquelle Boucaros a mis une pipe dans la bouche. Tous ces personnages poussent un cri d'étonnement en voyant Albert entrer dans l'atelier, et Tamboureau crie de son lit :
— Je me lève... pardon... je passe un pantalon... je suis à vous, monsieur Montbreilly... où est mon caban qui me sert de robe de chambre... Boucaros, est-ce que tu as encore pris mon caban?— C'est pour ta santé, puisque tu as toujours trop chaud... je ne veux pas que tu sois toujours en moiteur.

Enfin Tamboureau, à peu près vêtu, vient recevoir Albert qui lui dit:
— Ma présence ici vous étonne, n'est-il pas vrai, monsieur Tamboureau? — Elle me flatte infiniment et me fait le plus grand plaisir... — Je vous remercie, je suis bien aise de rencontrer chez vous ces messieurs... car je tiens beaucoup à ce qu'ils entendent ce que je viens vous dire...

Tous les jeunes gens relèvent la tête avec curiosité. Albert reprend :
— Je suis fâché que Rocheville ne soit pas aussi présent, mais je saurai bientôt le trouver... car ce que je vais vous apprendre l'intéressera vivement. —Vous piquez notre curiosité, monsieur Montbreilly, dit Tamboureau... voyez, tous ces messieurs attendent avec impatience que vous parliez. — Eh bien, messieurs, je n'en ai pas moins à m'expliquer... et il s'agit d'une jeune fille qui a été indignement soupçonnée, calomniée même, et dont je veux réhabiliter la réputation... il s'agit de mademoiselle Augusta... cette jeune personne que vous avez vue sortir de la maison de campagne de M. Valdener... toutes les apparences l'accusaient... moi-même, je dois en convenir, je ne fus pas non plus sans partager un peu vos soupçons... eh bien, un seul mot va vous prouver combien nous avions tort... et à quel point on doit se défier des apparences.

Mademoiselle Augusta est la fille de M. Valdener.
— Sa fille! — Oui, messieurs, sa fille légitime, car sa mère fut bien mariée à M. Valdener, qui, pendant vingt-deux ans, oublia complètement qu'il était père... et ne permit pas à cette jeune fille de porter le nom qui lui appartenait... ce qu'elle fut sans murmurer... mais sans se plaindre... et ce qui ne l'a pas empêchée de voler près de son père, aujourd'hui que, ruiné, malheureux et malade, il a eu le souvenir de cette jeune fille que, pendant son existence de plaisir et de luxe, il a constamment repoussée de ses bras.

Les jeunes gens ne peuvent revenir de leur surprise. Boucaros s'écrie :
— Ma foi, à présent, je pardonne à ce jeune homme de s'être battu avec moi en l'honneur de cette demoiselle. — Après tout, dit Tamboureau, ce que vous venez de nous apprendre m'étonne peu de la part de M. Valdener.

J'ai tant vu de mères coquettes vouloir cacher leurs filles à tous les yeux, que je conçois d'un monsieur, qui veut à toute force rester jeune, ait eu aussi cette idée-là.

— Ah bien, murmure Arthur en se rasseyant devant sa Vénus, vous voyez combien les apparences peuvent-être trompeuses... si Eléonore était innocente!... Sinagria s'est peut-être vantéi!

Un hourra de rires vient d'accueillir ces paroles, lorsque Rocheville entre dans l'atelier; il pousse un cri de surprise en y apercevant Albert, mais celui-ci se hâte de lui apprendre ce qu'il est venu y faire et de lui conter tout ce qui concerne Augusta. Rocheville est vivement impressionné par ce qu'il vient d'entendre, il presse la main d'Albert en lui disant à voix basse :
— Vous l'aviez mieux jugée que moi... et vous aviez raison de ne point combattre l'amour qu'elle vous inspirait... quant à moi... puisque je l'aime plus que jamais... quoique maintenant j'eusse été fier de lui offrir mon nom... je comprends ce n'est pas vous qui devez plaider ma cause... et... — Vous vous trompez, Achille, car dès ce soir je reverrai mademoiselle Valdener et je ferai près d'elle votre commission. — En vérité... vous seriez capable... mais oui, je vous crois assez généreux pour cela... — Demain matin j'irai vous dire ce qu'elle m'aura répondu. — Demain matin... pas avant midi alors...
— Pourquoi? — Vous le saurez demain.

Albert a dit adieu aux jeunes gens et quitté l'atelier, alors Rocheville s'écrie :
— Messieurs, je viens ici réclamer l'assistance de l'amitié, je me bats demain matin, et il me faut deux témoins. — Allons, bon! encore un duel! dit Benjamin, tandis que Durbinot a eu un mouvement de terreur si vif qu'il a bousculé la Vénus dont il casse la pipe. — Que le diable emporte M. Achille avec ses duels! s'écrie Boucaros, il est cause qu'Arthur vient de me casser une pipe superbe... comment, sapristi, mon élève, parce qu'on parle de se battre, le feu vous monte à la tête..... vous voudriez déjà y être..., vous brisez tout... quel salpêtre êtes-vous... ô mon ami... — Pourquoi mettez-vous une pipe à cette Vénus aussi? — Parce que cela lui allait très-bien. — Et avec qui ce duel? dit Tamboureau. — Voici l'affaire... prêtez-moi vos oreilles... messieurs.

Ce matin je flânais sur le boulevard des Italiens, en me promenant avec quelques amis, lorsque je vois de loin arriver un petit monsieur à figure rose, tête de poupée, bien bichonné, bien cravaté, un air bien heureux, bien content de lui... mais ce n'est pas le tout, le susdit monsieur donnait le bras à une dame... très-jolie, ma foi... figure fort distinguée, fine, spirituelle.... les jeunes gens, près de qui j'étais, s'extasiaient sur les charmes de cette dame... lorsque le couple passe contre nous, je salue cette intéressante personne, en lui souriant d'une façon tout à fait aimable, ce qui fait faire une singulière grimace au petit monsieur si bien frisé.

— Vous connaissez cette dame? me disent aussitôt ceux qui m'entourent, ah! vous êtes heureux... qui est-elle?... — Moi, messieurs, leur dis-je fort tranquillement, je ne la connais pas plus que vous, c'est la première fois que je la rencontre... — Mais vous l'avez

saluée, et comme quelqu'un que l'on connaît beaucoup même...
— C'est vrai... mais c'était pour faire endêver ce monsieur qui lui donnait le bras... c'est une petite plaisanterie que je me permets souvent... — Mais cela pourrait bien déplaire à cette dame... — Elle a toujours le droit de dire qu'elle ne me connaît pas.
Comme j'achevais ces paroles, je me sens touché à l'épaule, je me retourne et je reconnais le petit monsieur à figure rose, qui était passé au rouge foncé cette fois ; il était, seul, il avait probablement déposé sa dame quelque part.
— J'ai deux mots à vous dire en particulier, murmura-t-il en me faisant des yeux de chat en fureur. — Volontiers, monsieur... quatre, si vous voulez.
Je m'éloigne de ma société et je suis ce monsieur. Lorsque nous sommes à l'écart, il me dit :
— Vous avez salué cette dame à laquelle je donnais le bras tout à l'heure ? — C'est possible, monsieur. — Vous la connaissez donc ?... — Cela ne vous regarde pas. — Pardonnez-moi, monsieur, cela me regarde beaucoup.
Cette dame prétend qu'elle ne vous connaît pas. Voyons, monsieur, est-ce la vérité... vous connaît-elle, ou est-ce vous qui avez fait une méprise en la saluant ? L'anxiété du petit monsieur m'amusait beaucoup... je me mis à lui rire au nez, en lui répondant :
— Je ne vous en dirai pas davantage !...
Alors il passa au cramoisi et s'écria :
— Je vous forcerai bien à me répondre, monsieur ! — Je ne crois pas.—Je vous enfoncerai mon épée dans le corps... — Essayez, si vous le pouvez, mais je tâcherai d'y mettre obstacle.
Là-dessus nous prîmes notre heure pour demain matin... c'est à dix heures à la porte Maillot, et voilà pourquoi il me faut deux témoins.
— Parbleu ! voilà un beau sujet de duel, s'écrie Benjamin en haussant les épaules, se battre pour avoir salué une femme qu'on ne connaît pas !..... quelle folie ! — Mon cher ami, les trois quarts des duels ont eu pour motifs des causes aussi futiles encore. — Pourquoi n'avez-vous pas pris pour témoins les jeunes gens avec qui vous causiez sur le boulevard ? — Je m'en serais bien gardé ! ils avaient trouvé fort drôle mon idée de saluer cette dame sans la connaître ; si je leur avais appris que cela me valait un duel, ils n'auraient plus été tentés de m'imiter !
— Ah ! mon cher Achille, je commence à m'apercevoir que vous n'êtes pas toujours bon à imiter. — Taisez-vous, Benjamin, vous tournez à l'ours. — En tous cas je ne vous ferai pas de second, car je ne suis pas encore en état de me tenir longtemps sur mes jambes. — Moi, dit Boucaros, je me suis fait promis de ne plus servir de témoin dans aucun duel depuis que j'ai vu ce qui est arrivé à ce pauvre M. Leminard !... — Mais nous ne nous battrons pas au pistolet... c'est à l'épée, c'est convenu, ainsi il n'y a pas de danger pour les témoins.—Ah ! on ne sait pas... l'un des combattants n'a qu'à trop se fendre !...—Et vous, Arthur ? — Moi... ce serait avec plaisir... assurément... mais demain, cela m'est impossible... j'ai un rendez-vous pour une affaire importante... on doit venir chez moi au point du jour... et ce sera long... — Très-bien !... vous ne pouvez pas, je ne vous demande pas vos raisons... il ne me reste plus pour espoir que Tamboureau... — Puisqu'il ne vous reste plus que moi, il faut bien que je sois votre second, dit le peintre.
— Ah ! bravo ! voilà qui est parler... Après tout, un témoin, c'est bien assez pour une affaire si peu grave... Tamboureau, je n'en veux pas d'autre que vous... — Et c'est pour demain soir ?... — Non pas ! demain matin, veuillez être chez moi avant neuf heures.
Cela vous forcera à vous lever plus tôt que d'habitude... mais une fois n'est pas coutume.
— Je serai chez vous avant neuf heures. — Au revoir, messieurs.
— Bonne chance, monsieur Rocheville ! — Oh ! parbleu ! je suis bien tranquille ! une simple piqûre à ce petit monsieur, et ce sera fini.
Quel est-ce qui dit que ce ne sera pas lui qui sera piqué ? dit Arthur, lorsque Rocheville est parti ; il a une assurance inconcevable ! — C'est déjà la moitié du succès, messieurs, dit Boucaros. — C'est égal, murmure Benjamin, voilà un duel bien ridicule !... et toutes ces blagues... puisque blague il y a, pourraient bien un jour mal finir pour Rocheville...
Le même soir, sur les huit heures, Albert se rendait chez M. Valdener. La vieille servante l'introduit dans le petit salon où Augusta est seule. Elle tend la main à Albert en lui disant :
— Je vous attendais. — Et monsieur votre père ? — Cette faiblesse de tantôt n'a pas eu de suites, mais ce soir il est fatigué et m'a priée de le laisser dormir un peu ; c'est pour cela que vous me trouvez dans le salon.
Albert sent qu'il doit profiter de cette occasion pour savoir enfin ce qu'il peut espérer et pour faire la commission dont Achille l'a chargé ; mais la pensée qu'il va prier Augusta de lui ouvrir son cœur, de lui dire quel est celui qu'elle préfère, lui cause un trouble, une émotion dont il n'est pas maître, et il reste en silence près de la jeune fille, qui balbutie au bout de quelque temps :
— Vous n'avez donc plus rien à me dire, monsieur Albert ?... — Oh ! pardonnez-moi, mademoiselle... c'est au contraire parce que j'ai beaucoup de choses à vous dire... que j'hésite... que je cherche par où... je débuterai. — Qu'importe... je vous écouterai toujours avec intérêt...

— Eh bien, mademoiselle... j'ai vu ce matin Rocheville... je lui ai conté... tout ce qui vous concernait... il sait que vous êtes la fille de M. Valdener... il m'a chargé de vous présenter ses excuses... ses regrets... l'expression de son repentir ; du reste, je dois lui rendre justice, il n'avait pas attendu cette révélation pour me déclarer qu'il vous aimait... d'un amour réel... et maintenant... maintenant... si vous consentez à oublier ses fautes passées, il serait heureux de devenir votre époux...
Augusta ne répond rien ; mais, depuis les premiers mots d'Albert, elle a détourné la tête... celui-ci, ne recevant aucune réponse, se penche pour lire dans les traits de la jeune fille l'impression que lui font éprouver ses paroles, et il demeure tout saisi en voyant que le charmant visage d'Augusta est tout baigné de larmes.
— Mon Dieu, mademoiselle... vous pleurez ? — Oui... murmure Augusta d'une voix tremblante, car je ne croyais pas que c'était pour un autre que vous aviez à me parler !...
Ces mots étaient trop bien sentis pour qu'un amant pût s'y méprendre. Albert tombe aux genoux d'Augusta ; il prend sa main qu'il couvre de baisers en s'écriant :
— J'ai dû tenir la promesse que j'avais faite à Achille ; mais si vous m'aviez répondu que vous l'aimiez encore, je serais mort de ma douleur, car moi aussi je vous aime, je vous adore... et désormais le bonheur de ma vie entière dépend de vous !
Cette fois Augusta a retourné la tête, un charmant sourire s'est fait jour sous ses larmes, et elle met son autre main dans celle d'Albert en murmurant :
— A présent, je suis bien heureuse aussi !
Dès cet instant, la plus douce causerie s'établit entre les deux amants et n'est interrompue que par la sonnette de M. Valdener. Les jeunes gens se hâtent de se rendre près du malade, qui dit se sentir beaucoup mieux. Albert ne croit pas devoir différer plus longtemps à demander qu'il veut faire au père d'Augusta. M. Valdener entend avec joie l'aveu que Achille susceptible de ressentir un grand désespoir parce qu'on ne partage pas son amour.
Et cependant, Albert, qui redoute toujours de causer de la peine à quelqu'un, le cœur serré en montant l'escalier qui conduit chez Achille. Au premier étage, il se trouve en face de Boucaros, qui paraît aussi très-pressé, et lui dit :
— Bonjour, monsieur Montbreilly... vous allez voir Achille... ah ! cette fois, il n'a pas été heureux... *Tant va la cruche à l'eau*... cependant ce n'est pas dangereux... il n'a rien à craindre pour sa vie... le médecin ne répond ; ma foi, à sa place, j'aimerais mieux avoir reçu une bonne blessure qui le tiendrait six mois au lit et qui ensuite ne laisserait pas de traces. — Achille est donc blessé ? — Ah ! c'est vrai, vous ne saviez donc pas qu'il avait un duel ce matin ? — Il avait un duel ?... — Pardon... mais je suis pressé... il s'agit d'un gigot... on doit se mettre à table à midi... je serais en retard ; s'il est trop cuit, ce sera ma faute et je ne m'en consolerais pas.
Sans attendre d'autres explications, mais Boucaros ne l'écoute plus, il est déjà en bas de l'escalier. Enfin Albert entre chez Rocheville qui est sur son lit ; Benjamin et Tamboureau sont assis près de lui. Achille a la tête tellement enveloppée de linges, que c'est à peine si l'on aperçoit son œil gauche et le bout de son nez. Cependant il a vu entrer Montbreilly, et lui tend la main en murmurant :
— Mon cher Albert, si par hasard la réponse de mademoiselle Val-

dener m'était favorable, je vous certifie que maintenant j'en serais fâché, car je ne puis pas décemment lui offrir d'épouser un borgne !
— Un borgne ! mon Dieu !... que me dites-vous là, Achille ? — C'est la vérité, dit Tamboureau.
Ce matin il s'est battu à l'épée. J'ai bien vu sur-le-champ que son adversaire n'était pas fort, et, de son côté, Rocheville se bornait à se défendre, lorsque tout à coup... vous savez... un coup de maladroit... une passe qui n'avait pas le sens commun... Rocheville a reçu dans la figure l'épée de son adversaire... elle lui a percé l'œil droit... c'est sans remède ! l'œil est entièrement perdu.
— Et il paraît que la cicatrice sera affreuse ! dit Benjamin à voix basse, le pauvre garçon sera défiguré. — Mais à propos de quoi ce duel ?
— Parce que, sans la connaître, il avait salué en souriant la dame qui était au bras de ce monsieur... une petite blague, histoire de rire ..
— Mais voilà une blague qui lui coûtera bien cher ! — Messieurs, murmure Achille en essayant de sourire, je porterai un bandeau sur mon œil, cela me donnera un faux air de l'Amour... eh bien, Albert, vous ne m'avez pas répondu ! — Mon ami, Augusta n'accueille pas votre amour.
— Tant mieux... elle a bien raison... c'est vous qu'elle aime, et franchement vous méritez la préférence. Soyez heureux avec elle, je ne serai pas jaloux de votre bonheur. — A propos, messieurs, dit Tamboureau, j'ai appris hier au soir que madame Durbaldé était partie pour la Russie avec un riche boyard, qui lui a donné pour cent mille francs de diamants ! — Bon voyage, dit Benjamin, je ne courrai pas après elle, sa connaissance m'a été trop chère !... désormais je veux être sage... j'ai assez de ces dames qui ne nous prennent qu'au poids de notre bourse... et qui nous quittent dès qu'il se présente quelqu'un pour surenchérir. Je vais retourner près de papa, je me marierai, j'aurai des enfants... Et Benjamin ajoute en baissant la voix :
— Je tâcherai de ne point en faire des blagueurs.

LIII.
Conclusion.

Un mois après ces événements, Augusta était devenue madame Montbreilly.
M. Valdener, dont la santé était toujours chancelante, après avoir marié sa fille, s'était retiré à la campagne, ne se sentant plus le courage de vivre à Paris, sans jeunesse, sans fortune et sans conquête. Mais les jeunes époux allaient souvent le voir et le tableau de leur bonheur, en le rendant heureux, lui faisait sentir qu'il y a des jouissances pour tous les âges. Quelques jours après leur mariage, Albert et sa femme ont vu entrer chez eux un petit jeune homme tout pâle, tout triste, et entièrement habillé de noir ; les jeunes époux ont couru au-devant de lui en lui tendant les bras, car ils ont reconnu Cotonnet, qui leur presse les mains avec affection en leur disant, avec cet air timide et craintif qui ne le quitte jamais :
— Pardonnez-moi d'être venu comme ça... vous déranger... sans vous en avoir demandé la permission ; mais j'avais appris que vous étiez mariés... et je n'ai pu résister au désir de venir vous faire mon compliment, vous dire que je prends bien part à votre bonheur...

— Nous déranger ! vous, Cotonnet ! mais n'êtes-vous pas notre meilleur ami !... — Monsieur Cotonnet, dit Albert, si vous voulez nous faire plaisir, venez souvent nous voir ; car je n'oublierai jamais, moi, que ma femme a toujours eu en vous un protecteur, un défenseur... qui dans aucune circonstance n'a douté de sa vertu. — Je vous remercie, monsieur et madame... je viendrai quelquefois, puisque vous me le permettez... Mais vous paraissez triste... vous aviez retrouvé Coralie, il me semble... — Oui, mam'selle Augusta... pardon, je voulais dire madame... Coralie est morte au moment où elle allait connaître une existence honorable, douce, être heureuse enfin ! — Mon ami, dit Albert en prenant la main de Cotonnet, et la lui pressant avec affection :

On assure qu'une fois il s'est servi de son pistolet pour réveiller son portier qui ne voulait pas lui ouvrir.

Je vous plains, vous, qui aimiez tant cette femme... mais c'est vous seul que je plains. Était-il vrai qu'elle devint heureuse, celle qui avait si mal reconnu votre tendresse sincère, celle qui avait mené une vie si dissolue... Et à quoi servirait-il donc d'être honnête, sage, laborieuse, si ces femmes qui s'abandonnent à tous ces penchants, qui tournent la vertu en ridicule, devaient, en suivant la route du libertinage, arriver aussi au bonheur ! Mais heureusement cela n'est pas, et ceux qui nous ont montré le vice fortuné et la vertu malheureuse ne nous ont fait voir que des exceptions à la règle commune... la Providence ne veut point qu'il en soit ainsi. Le vice n'est pas toujours le marchepied de la fortune... les maladies, la misère, le mépris général,... voilà tôt ou tard où mène l'inconduite. La sagesse, au contraire, a dans l'adversité sa conscience pour soutenir son courage ; et lorsque arrive enfin le jour de la récompense, elle jouit doublement de son bonheur, car elle se sert de sa fortune pour secourir les malheureux.
— C'est possible, murmure Cotonnet en essuyant ses yeux ; mais tout cela ne m'empêche pas de la regretter.

Benjamin Godichon ne tarde pas à retourner près de son père, et c'est là qu'il se marie dans l'espoir d'avoir enfin une femme pour lui seul. Tamboureau continue à se lever tard et à se promener la nuit, ce qui ne l'empêche pas de faire de délicieux tableaux. Boucaros est devenu très-fort dans l'art de faire rôtir un filet de bœuf à point. Arthur Durbinot va très-souvent au tir, et continue de porter un pistolet dans sa poche. On assure qu'une fois il s'en est servi pour réveiller son portier, qui ne voulait pas lui ouvrir. Quant à Rocheville, obligé de porter un bandeau pour cacher l'œil dont il ne voit plus, il salue encore les dames qu'il ne connaît pas ; mais cela ne lui suscite plus de duel, parce qu'il est devenu trop laid pour que l'on soit encore jaloux de lui.

FIN DE LA MARE D'AUTEUIL.

Paris. — Imp. Ve P. Larousse et Cie. — Jules Rouff et Cie, Éditeurs.

Texte détérioré — reliure défectueuse

NF Z 43-120-11

Contraste insuffisant
NF Z 43-120-14

www.ingramcontent.com/pod-product-compliance
Lightning Source LLC
Chambersburg PA
CBHW060207100426
42744CB00007B/1201